자본주의

경제적 인간의 해부에 대한 대담
(왼쪽부터) 애덤 스미스, 토머스 맬서스, 데이비드 리카도, 제러미 벤덤, 존 스튜어트 밀, 프랑수아
마리 샤를 푸리에, 클로드 앙리 생시몽, 오귀스트 콩트, 칼 마르크스, 피에르 조세프 프루동

해부 연구를 이어가다

(왼쪽부터) 토스타인 베블런, 요제프 슘페터, 존 메이너드 케인즈, 앨프리드 마샬

자본주의

ROBERT L. HEILBRONER

어디서 와서 어디로 가는가

THE MAKING OF ECONOMIC SOCIETY

로버트 L. 하일브로너, 윌리엄 밀버그 지음 | **홍기빈** 옮김

자본주의 어디서 와서 어디로 가는가

발행일	2010년 12월 22일 (초판 1쇄)
	2013년 5월 22일 (초판 5쇄)
	2016년 9월 30일 (개정판 1쇄)
	2022년 10월 20일 (개정판 4쇄)

지은이	로버트 L. 하일브로너, 윌리엄 밀버그
옮긴이	홍기빈
펴낸곳	미지북스
	서울시 마포구 잔다리로 111(서교동 468-3) 401호
	우편번호 04003
	전화 070-7533-1848 팩스 02-713-1848
	mizibooks@naver.com
	출판 등록 2008년 2월 13일 제313-2008-000029호

책임 편집	김대수, 박선미
출력	상지출력센터
인쇄	한영문화사

ISBN	978-89-94142-61-6 03320

값	20,000원

블로그 http://mizibooks.tistory.com
트위터 http://twitter.com/mizibooks
페이스북 http://facebook.com/pub.mizibooks

『자본주의: 어디서 와서 어디로 가는가』의 마지막 12판이 출간된 뒤로 전 세계는 극적인 경제적 변화를 겪어 왔다. 미국을 비롯한 많은 나라들이 아직도 2007~2008년의 경제 위기로부터 빠른 회복을 맞지 못하고 있다. 이 위기는 그 규모로 보아도 역사적인 사건이었지만 또한 금융 시장 붕괴, 급속한 실업 증가, 전례 없는 세계 무역 감소, 경기 하락을 반전시키고자 엄청난 규모로 행해졌던 정부 개입 등의 사건을 모두 담고 있는 것이었다. 자본주의는 그 밑동부터 흔들렸으며, 이 책이 처음으로 출간된 1962년 이래로 오늘날처럼 장기적인 경제적 불안감, 심지어 경제 자체의 붕괴에 대한 공포가 광범위하게 확산된 적은 없었다. 이번에 내놓는 『자본주의: 어디서 와서 어디로 가는가』 13판의 주요한 목적 하나는 최근의 경제 위기를 역사적 시각에서 조망하는 것이다. 이번 판에는 이번 위기를 다룬 장 하나가 추가되었으며, 여기에서 우리는 그 위기의 원인들, 결과들, 그리고 이에 대한 정치적 대응 등을 살펴본다. 또한 이번의 "대침체Great Recession"와 1930년대의 대공황을 폭넓게 비교해 볼 것이다. 이번 위기는 경제적 사회의 여러 다른 측면들이 결부되어 있으므로, 이 새 장은 또한 지구화에 대해서 그리고 기술 호황과 2000년대 초의 거품 붕괴에 대해서도 다룰 것이다. 원래 이 책의 다른 장들에 퍼져 있었던 이 논의들을 이번에는 새 장으로 모아놓았다.

근자의 경제 위기는 또한 많은 사람들에게 경제 이론에 대한 신뢰를 흔들어 놓았다. 우리는 장래에 다가올 경제적 도전들을 예측하고 정책 해법을 내놓기 위해서는 경제학이 미래에 어떠한 방향을 취해야 하는가의 논쟁을 촉발시키고자 하는 소망을 가지고 이 책 전반에 걸쳐 이 문제를 다루려 노력했다.

13판의 새로운 것들

이 13판의 가장 중요한 변화들은 다음과 같다.

- 모든 표와 그래프는 필요할 때마다 최근의 데이터를 반영하여 업데이트하였다.
- 경제 문제의 해결 수단 중에서 "전통"이 작동하는 방식들에 대한 논의를 업데이트하였다.
- 중국이 세계 경제에서 중요한 국가로 발흥한 것의 세부적 사항들에 대한 논의를 확장하였다.
- 2007~2008년의 "대침체"에 대해서 그 원인의 분석과 대공황과의 비교를 담은 완전히 새로운 장을 추가하였다.
- "어째서 거품이 생겨나며 어째서 그 거품이 터지는가"에 대해 역사적 자료 그리고 금융 위기의 몇 가지 이론들의 개괄을 담아

새롭게 논의하였다.

● 2007~2008년 경제 위기를 경제학자들이 예측하지 못한 사태에 비추어 경제 사상의 미래가 어떻게 될 것인가를 새롭게 성찰하는 논의를 추가하였다.

하일브로너 교수는 그의 오랜 이력에 걸쳐 25권의 책을 썼지만, 그가 가장 높은 가치를 두었던 것은 『세속의 철학자들The Worldly Philosophers』과 이 『자본주의: 어디서 와서 어디로 가는가The Making of Economic Society』였다. 로버트 하일브로너는 이 책의 12판을 개정하기 시작하는 단계에서 85세를 일기로 타계했다. 하일브로너는 사회과학에 대해서 하나의 비전을 가지고 있었고, 그것이 이 『자본주의: 어디서 와서 어디로 가는가』가 기초로 삼는 토대였다.

"경제학의 목적은 경제생활에 의미를 부여하는 것이다."라고 하일브로너는 어디에선가 쓴 바 있다. 그는 당대의 사회를 이해하려는 이는 누구든 여러 사회들의 역사와 사상의 역사를 진지하게 고찰할 필요가 있다고 생각했다. 우리가 지금 살고 있는 자본주의라는 경제 체제는, 물질적 조달과 사회의 재생산이라는 "경제적 문제"를 풀기 위한 인류의 오랜 노력에 있어서 독특한 단계의 위치를 차지하고 있다. 역사상 존재했던 여러 다른 사회들이 각각 이 경제적 문제에 어떻게 맞섰던가를 알게 되면 오늘날 그 문제를 풀기 위한 우리의 노력 또한 큰 빛을 얻게 될 것이다. 이 책을 읽으면서 곧 아시게 되겠지만, 이것이야말로 『자본주의: 어디서 와서 어디로 가는가』 전체를 관통하는 주제들 중 하나이다.

자본주의는 스스로의 고유한 구조와 논리를 가지고 있지만 또한 다른 사회적 힘들에 의해 이리저리 떠밀리면서 계속 변화하는 것이라고 하일브로너는 강조했다. 자본주의는 그와 독립적인 여러 사상, 정치적 투쟁, 윤리적 규범들에 의해 좌우되는 체제라는 것이다. "경제적 충동과 경제적 제도들에서 역사의 모든 원동력이 나오는 것은 아니다. 사회주의는 실패했지만 이는 경제적 이유보다는 정치적 이유에서였다. 자본주의가 앞으로 성공을 거둔다면 이는 그 경제적 여러 힘들을 길들일 정치적 의지와 정치적 수단을 발견했기 때문일 것이다." 핵심은 경제적 힘들만으로 사회적 변화가 결정되는 것이 아니며, 경제적 변화를 이해하려면 경제가 묻어 들어 있는 사회적 도덕적 맥락을 의식할 필요가 있음을 우리가 이해해야 한다는 점이다.

이 책 대부분은 자본주의를 이해하기 위한 노력에 맞추어져 있다. 중세 사회에서의 자본주의의 기원, 새로운 사회 계급들의 창출, 생산물과 생산 과정들을 혁신하려는 성향, 그리고 오늘날 지구화와 정보 혁명에 의해 또 다시 일어나고 있는 소용돌이 등이 이 책에서 다루어지는 주요 주제들이다. 자본주의는 시대와 장소에 따라 서로 다른 형태를 취하게 되어 있으며, 그 형태는 각각의 경우마다 경제적 힘들과 비경제적 힘들이 포진하고 있는 특정한 배치 상태에 의해 결정된다. 19세기 미국 매사추세츠의 로웰Lowell에 있었던 초기 섬유 공장과 21세기 멕시코의 치와와Chihuahua의 자동차 엔진 공장은 어떤 면에서는 비슷하고(양쪽 모두 기계적 공장 체제로 운영된다.), 어떤 면에서는 아주 다르다(사용되는 기술, 운영의 규모, 필요한 노동 숙련, 노동 조건, 법적 환경, 외국 경영자의 역할 등). 이로 인해 우리는 경제사를 공부하지 않을 수 없게 된다. 그리고 여기에는 시장에 기반을 둔 사회의 기원 그리고 오늘날 지구 전반에 공존하고 있는 여러 다양한 형태의 자본주의와 같은 주제들이 들어갈 것이다.

자본주의의 여러 형태에 나타나는 또 하나의 특징은 그 각각의 형태 모두가 역동적이라는 점 즉 항상 끊임없는 변화의 와중에 있다는 점이다. 그리고 이러한 변화에는 종종 긍정적 부정적 요소들이 함께 포함되어 있다. 경제 성장과 빈곤, 부의 확장과 공해 수준 상승, 기술 혁신과 직업 안정성 감소, 소비의 안락과 보건의 악화 등은 모두 동전의 양면처럼 함께 나타나는 현상인 것이다. 1700년대 후반에 아담 스미스는 이미 이를 경제적 진보의 사회적 (그리고 도덕적) 비용이라는 점에서 "진보의 역설"이라고 포착하였다. 이렇게 사람 정신을 빼놓는 자본주의의 특징을 하일브로너는 이렇게 요약하였다. "역사에서 자본주의가 차지하는 독특함은 그것이 끊임없이 스스로 변화를 발생시킨다는 점이지만, 이러한 역동성이야말로 자본주의의 으뜸가는 적敵이다."

하일브로너는 현대의 경제 이론 대부분을 비판했던 사람이었다. 여러 자본주의 사회를 추동하는 사회적, 심리적, 도덕적 힘들의 풍성한 지평은 대단히 복합적이고 복잡한 것이다. 그런데 현대 경제 이론은 이에 대한 해명의 문제를 정면으로 맞서는 것이 아니라 대개 회피해 버렸다고 생각했기 때문이었다. "관습적인 경제학의 수사라는 베일을 벗겨보고 나면, 우리는 그 아래에 신뢰, 신앙, 정직성 등등과 같은 전통적 행태의 하부 구조가 버티고 있음을 아주 쉽게 발견할 수 있고, 이것은 저 사회의 은폐된 권력 구조뿐만 아니라 모든 종류의 시장 체제 작동에 필수적인 도덕적 기초가 되는 것이다." 하일브로너는 오늘날 경제학 교과서에서 이 "자본주의"라는 어휘조차 사라지고 있는 사태를 염려하였다. 그는 경제학이 다음과 같은 정치 경제학의 큰 문제들에 답을 내는 데에 도움이 되어야 한다고 주장하였다. 경제를 강력하게 만드는 데에 있어서 정부의 역할은 무엇인가? 경제 발전은 건강한 자연환경도 함께 생산해낼 수 있을까? 세계적 빈곤의 문제는 어떻게 해결할 수 있는가? 경제적 지구화는 과연 국제 분쟁을 줄이는 데에 기여할 것인가 아니면 새로운 분쟁들을 낳고 있는가? 『자본주의: 어디서 와서 어디로 가는가』의 목표 하나는 이러한 오늘날의 절박한 문제들에 적실성이 있는 역사적 관점을 제공하는 것이다.

따라서 『자본주의: 어디서 와서 어디로 가는가』는 단순한 역사책이 아니다. 이 책의 목적은 우리가 살고 있는 세상을 조금씩 만들어왔던 물질적 생산과 분배를 둘러싼 극적인 사회적 힘들을 다시 생생하게 재현해내는 것이다. 이 책의 기초가 되고 있는 기초적 생각은, 우리가 현재의 경제적 상황을 이해하고 또 우리가 직면하게 될 미래의 경제적 도전들을 꿰뚫어볼 수 있으려면 역사의 지식이 필요하다는 것이다. 하일브로너가 이 책에서 이루고자 했던 바는 오늘날의 세계를 이해할 수 있는 배경으로서 경제 및 사회생활이 겪어온 극적이고도 때때로 심히 고통스러웠던 변화들을 서술하는 것뿐, 이보다 높은 야심을 가졌던 것은 아니었다.

『자본주의: 어디서 와서 어디로 가는가』의 13판 또한 목적이 같다. 나는 우리 눈앞에 나타나고 있는 세계 경제의 거대한 변화들을 포착하고자 노력하였다. 가장 중요한 점은 금융 붕괴 및 심각한 침체이며, 세계 경제는 이제 막 그것으로부터 회복하기 시작했다. 2007년 이후 주요 자본주의 국가들이 불안정해지면서 규제 없는 시장이 과연 효과적인가에 대해 일반적인 의문이 생겨나게 되었고, 경제학과 경제 정책에 대해서도 대공황 이래 나온 적이 없었던 여러 질문들이 새롭게 쏟아지게 되었다. 우리 시대에 들어서 자본주의와 경제적 사회의 형성은 지난 80년 동안 그 어느 때보다도 뜨거운 논쟁의 주제가 되었다. 경제학자들은 금융 규제에 대해, 경제 성장과 고용에 있어서 정부 지출이 갖는 중요성에 대해, 공공 부채의 지속가능성에 대해, 변동 환율의 중요성에 대해 새롭게 다시 생각하고 있다. 지금은 경제학자들이 마땅히 겸손하게 몸을 낮추어야 할 시대이며, 경제학에 대한 새로운 사고방식의 출현이 무르익은 때라고 할 수 있다. 이 때문에 오늘날은 경제사에 대한 교육이 결정적으로 중요한 시기가 되었다. 자본주의와 경제적 사회의 진화에 있어서 지금이라는 독특한 순간에 우리가 이르게 된 여정을 더 잘 이해하기 위한 질문을 던져야만 한다. 또 이 책이 제시하고 있는 장기적인 역사적 관점과 관련하여 최근의 추세를 보여 주기 위해 표와 그림을 다시 준비하였다.

나는 나의 친우이자 동료인 로버트 하일브로너를 잃게 되어 큰 슬픔에 잠겼다. 하지만 『자본주의: 어디서 와서 어디로 가는가』를 놓고 그와 함께 긴밀하게 일할 수 있었던 것은 큰 즐거움이었다. 하일브로너 교수는 그의 마지막 날까지도 현대 경제학에 대한 엄혹한 비판자의 입장을 견지했지만, 그의 인격적인 따뜻함, 친절함, 인간미, 평등과 기회 균등과 민주주의에 대한 헌신, 절박한 사회 문제들에 대한 깊고도 진지한 논쟁을 즐기는 태도 때문에 경제학자, 사회과학자, 학생들은 물론 사회적 문제에 관심을 갖는 대중 일반에게 소중한 존재였다.

서론의 마지막으로, 나는 다음의 사람들에게 감사하고자 한다. 제인 가이어Jane Guyer, 자넷 로이트먼Janet Roitman, 데이비드 웨이먼

David Weiman은 이 13판에서 새롭게 논의된 특정 주제들에 대해 저자와 토의해 주었고, 얀 카일Jan Keil은 연구 조교로서 값진 도움을 주었다. 또한 13판 본문의 검토를 도와준 다음의 교수들, 미시건주립대학교의 파야즈 후세인Fayyaz Hussain, 샌디에이고주립대학교의 로저 프란츠Roger Frantz, 콜로라도주립대학교의 제임스 로널드 스탠필드 James Ronald Stanfield, 페어필드대학교의 캐서린 낸츠Kathryn Nantz, 네바다-리노대학교의 엘리엇 파커Elliott Parker, 그리고 몬머스대학교의 웬다인 톰슨-도슨Wendine Thompson-Dawson에게 감사한다. 마지막으로 내게 논평, 격려, 인내를 보내어 준 인티그라Integra의 샤이니 라지시Shiny Rajesh와 피어슨 출판사 직원들에게도 감사를 전한다.

차례

일러두기
1. 본문의 *표 각주 설명은 모두 옮긴이가 단 것이다.

THE MAKING OF ECONOMIC SOCIETY

경제 문제

이 책에서 탐구하려는 주제와 방향은 이미 정해져 있으니, 이것 저것 생각하지 말고 곧바로 과거의 경제를 살펴보는 작업으로 들어가자고 하실지도 모르겠다. 하지만 조금 기다려주시기를. 경제사를 더듬어 올라가는 작업 이전에 해야 할 일이 있으니까. 우리는 먼저 경제사란 무엇인가에 대해 알아야 하며, 이를 위해서는 또 먼저 **경제학**이 무엇을 뜻하는지를 밝힐 필요가 있고, 또 경제의 문제라는 말이 무엇을 뜻하는지도 살펴보아야만 한다.

그 대답은 복잡한 것이 아니다. 가장 넓은 의미에서 볼 때, 경제학이란 모든 인간 사회에 나타나게 마련인 과정 즉 **사회의 물질적 안녕에 필요한 것들을 조달하는 과정**에 대한 연구라 할 수 있다. 단순 명료하게 말한다면, 경제학이란 인류가 어떻게 일용할 양식을 확보하는가를 연구하는 것이다.

이렇게 말해놓고 보니 이런 주제를 그것도 역사적으로 세밀히 살펴본다는 것이 그다지 흥분이 끓어오를 만한 일이 아닌 것 같다. 사실 "역사"라고 불리는 것은 보통 엄청난 대사건들이 줄줄이 이어지는 장관의 대행진이니, 일용할 양식을 어떻게 조달했는가 따위의 소박한 문제는 거의 눈에 들어오지도 않는다. 역사책을 펼쳐보면 권력과 영화榮華, 신앙과 광신, 사상과 이념 등 인간 연대기의 거창한 주제들이 쏟아지지 않는가. 비록 인간 생활의 원동력이 일용할 양식을 얻으려는 소박한 노력에 있다는 것이 인류의 숙명이지만, 이는 어떤 철학자가 "지금까지 인류의 역사라고 선전되어 온 국제적 범죄와 대량 학살의 역사"라고 부른 것의 뒤편에 꼭꼭 숨어 있게 마련이다.[1]

그런데 인류가 밥만 먹고 사는 것은 물론 아니지만 밥을 못 먹으면 살 수 없다는 것도 분명한 사실이다. 다른 모든 생물들처럼 인간도 먹어야 하며, 이것이 존속을 위한 으뜸의 절대 법칙이다. 그런데 이 제1의 전제 조건은 보기와는 달리 저절로 해결되는 문제가 아니다. 인간이라는 유기체 자체가 생존을 위해서 그다지 효율적인 장치가 못되기 때문이다. 인간의 몸은 100칼로리의 음식을 먹어봐야 거기서 뽑아낼 수 있는 기계적 에너지가 기껏 20칼로리에 불과하다. 제대로 먹었다고 가정한다고 해도 인간이 하루 종일 내놓을 수 있는 일이란 기껏 말이 한 시간 동안 하는 정도의 일과 비슷한 정도이다. 그리고 일을 한 뒤 지쳐버린 몸을 충전하기 위해 필요한 식량 또한 그 남은 힘으로 조달해야 한다. 마음껏 문명을 건설할 수 있게 되는 것은 일단 그렇게 배를 채울 식량을 생산하고 남는 힘이 있을 때의 이야기이다.

그렇기 때문에 인간의 존속 자체가 불확실한 나라가 허다하다. 아시아와 아프리카의 광활한 대륙에서, 근동 지역에서, 심지어 남미의 몇몇 나라들에서, 동물적 차원의 생존이라는 문제가 아직도 맹수처럼 사람들의 면전에 버티고 서서 노려보고 있는 것이다. 과거 오랜 시간 동안 헤아릴 수조차 없는 사람들이 굶주림과 영양실조로 죽었던 것처럼 오늘날에도 수백만 명이 그렇게 죽어간다. 매일의 삶에서 굶주림을 일상적인 조건으로 마주한다는 것이 어떤 것인지 뼈저리게 알고 있는 사람들은 전 세계 모든 나라에서 찾아볼 수 있다. 한 예로 방글라데시에는 태어나는 날부터 죽는 날까지 배부르다는 느낌을 한 번도 경험하지 못한 채 살아가는 농민들이 있다고 한다. 많은 소위 저개발

underdeveloped 국가 사람들의 평균 수명은 미국인 평균 수명의 절반도 못된다. 그다지 옛날도 아니었다. 몇 년 전 인도의 인구학자가 밝혀낸 바에 따르면, 100명의 아시아 갓난아기들과 100명의 미국 갓난아기들을 비교해볼 때 미국 아기들 중 65세까지 살아남는 수보다 아시아 아기들이 5살까지 살아남는 수가 적다고 한다! 세계의 대부분 지역에 걸쳐 통계 수치를 살펴볼 때 우리를 기가 질리도록 압도하는 것은 삶에 대한 통계가 아닌 영아 사망률의 통계이다.

개인과 사회

이로써 우리는 경제사의 탐구는 생존이라는 결정적 문제 그리고 인류가 그 문제를 해결해온 방법에서 출발해야 함을 알 수 있다. 이렇게 말하고 보니 대부분의 우리들은 경제학이란 자신과는 아주 거리가 먼 것이라고 느끼게 될 것 같다. 우리들 중 계속 숨을 쉬기 위해 죽기 살기로 사투를 벌이는 그런 경험을 비슷하게라도 겪어본 이들이 몇이나 되겠는가. 인도의 촌사람들과 볼리비아의 농투사니peon들이나 경험할 지독한 굶주림의 고통을 몸소 겪는다는 것은 우리 대부분이 생각만으로도 견디기 힘든 일이다.[2]

파국적인 전쟁이라도 벌어지면 모를까 우리들 중 대부분은 생존을 위한 투쟁이라는 것의 의미를 뼈저리게 알게 되는 일이란 없을 것이다. 하지만 우리의 풍요롭고 안전한 사회에서도 인간의 삶이 얼마나 취약한 것인지를 보여주는 것들이 비록 잘 보이지는 않지만 아직도 곳곳에 남아 있다. 그리고 그러한 것들을 목도하는 순간에 우리는 아직도 생존의 문제가 우리 삶의 밑바탕에 그대로 있다는 점을 다시 상기하게 된다. 그것은 인간이 오늘날 개인으로서는 경제적으로 무능력하게 되었다는 사실이다.

참으로 흥미로운 사실은, 가장 원시적 생활을 영위하고 있는 부족들로 다가갈수록 이 개인의 경제적 불안정성이 몇 배로 줄어든다는 것이다. 이누이트, 부시맨, 인도네시아나 나이지리아의 농부는 자기가 사용하는 연장만 지니고 있다면 홀로 남겨져도 상당한 시간 동안 생존할 수가 있다. 그들은 경작지나 사냥감과 멀지 않은 거리에 살고 있기에 스스로의 삶 — 물론 여자들은 '스스로의 삶'이라고 말할 수 있는 경우가 드물지만 — 을 최소한 일정 기간 동안이나마 혼자 힘으로 살아갈 수가 있는 것이다. 몇 백 명밖에 안 되는 작은 공동체들은 심지어 무한히 오랫동안 살아갈 수가 있다. 사실 오늘날도 인류의 상당한 부분은 바로 그런 방식 — 실질적으로 고립된 채 생존에 꼭 필요한 경우에만 외부 세계와 최소한의 접촉을 갖는 작은 농촌 공동체들을 보라. — 으로 살아가고 있다. 이 사람들은 심한 빈곤으로 고생하고 있을지는 몰라도, 일정한 경제적 독립성을 누리고 있는 것 또한 사실이다. 또 그러한 독립성이 없었다면 아마도 오래전에 절멸되어버렸을 것이다.[3]

그런데 뉴욕 사람이나 시카고 사람을 살펴보면, 그 정반대 상황을 발견하고 충격을 받게 된다. 이들 대부분 일상의 물질생활은 용이하게 해결할 수 있지만 동시에 타인에 지독하게 의존하는 삶을 살고 있음을 발견하게 되기 때문이다. 이런 대도시 지역에서는 방금 말한 홀로 사는 개인이나 작은 공동체가 아무런 타인의 도움 없이 생존하는 것을 상상할 수 없다. 상점이나 잡화점을 습격하여 음식과 생필품을 털어가지 않는 한 말이다. 우리들의 압도적인 다수는 한 번도 곡식을 재배해본 적도, 사냥을 해본 적도, 가축을 키워본 적도, 밀가루를 빻아본 적도 없으며, 아마도 밀가루로 빵을 만들어본 적조차 없을 것이다. 스스로 옷을 만들어 입는다든가 자기 집을 짓는다든가 하는 상황이 닥친다면 절망적일 만큼 훈련과 준비가 안 되어 있는 사람들이다. 심지어 자기들이 일상에서 사용하는 기계가 조금만 고장이 나도 우리들 공동체 내에서 자동차 수리나 수도관 수리를 직업으로 삼는 이들을 불러야 하는 판이다. 실로 이해하기 힘든 역설이지만, 아마도 어떤 나라가 부유해질수록 그 평균적 거주자들이 남의 도움 없이 홀로 생존하는 능력은 확실하게 떨어진다고 할 수 있다.

노동 분업

물론 이러한 역설은 얼마든지 설명할 수 있다. 부유한 나라에서 사람들이 생존할 수 있는 것은 대신 일을 해달라고 도움을 청할 수 있는 타인들이 무더기로 존재하기 때문이다. 곡식을 재배할 수 없다면, 사면 된다. 우리에게 필요한 일들을 스스로 할 수 없다면, 할 수 있는 누군가를 고용하면 된다. 이 엄청난 규모의 **노동 분업**을 거치게 되면, 우리의 능력은 천 갑절로 늘어나게 된다. 우리 자신의 기술뿐만 아니라 다른 사람들의 기술까지 갖추어 혜택을 볼 수 있게 되기 때문이다. 다음 장의 논의에서 이 노동 분업이라는 것을 중심적으로 다룰 것이다.

하지만 이렇게 거대한 이득에는 일정한 위험이 또한 따라오게 되어 있다. 한 예로, 1억 3천만 명의 노동력이 존재하는 미국의 경우 석탄과 같은 필수품을 우리에게 공급하는 노동력의 수가 2십만 명에 불과하다는 것을 생각해보면 정신이 번쩍 날 것이다. 전체 비행 노선의 승무원들의 수는 훨씬 적다(약 6만 명). 온 나라의 철도 화물을 운송하는 기관차 운행 노동자의 수는 훨씬 더 적다. 이러한 소집단들 중 하나라도 그 기능을 하지 못한다면 우리는 아무것도 하지 못할 신세가 되고 말 것이다. 우리가 알고 있듯이, 간혹 지독한 파업이 벌어져서 경제 작동의 요충지를 맡은 소수 —— 심지어 쓰레기 수거반조차도 여기에 들어간다. —— 가 맡은 바 작업을 중단하게 되면 경제라는 기계 전체가 비틀거리게 되는 것이다.

그래서 우리에게 익숙한 물질적 풍요의 삶에는 항상 보이지 않는 취약성이 함께 따르게 되어 있다. 이 몇 개 사단 병력만큼도 되지 않는 사람들이 조직적으로 협력할 것으로 확신하여 의지할 수 없다면 우리가 누리는 풍요 또한 보장될 수 없다. 사실, 우리가 계속 부유한 나라로 살아갈 것이라는 주장에는 현존하는 사회 조직의 메커니즘이 계속 효과적으로 기능해줄 것이라는 전제가 암묵적으로 깔려 있는 셈이다. 우리는 부유하지만, 부유한 사회의 한 구성원으로서 부유한 것이지 개인으로서 부유한 것이 아니다. 그리고 우리는 물질적 욕구의 충족을 당연한 것처럼 쉽게 생각하고 있지만, 우리를 하나로 엮어 전체 사회로 만들어주는 유대가 끊어진다면 그 또한 사라져버리게 되어 있는 것이 현실이다.

경제학과 희소성

그런데 참으로 이상한 일이 있다. 우리에게 경제라는 문제를 낳는 주체가 자연이 아니라 인류 자신이라는 점이다. 경제 수준이 일단 기초적 생존의 수준을 넘게 되면 어김없이 그렇게 된다. 물론 경제의 문제 자체, 즉 생존을 위한 투쟁이 필요하게 되는 궁극적인 원천은 자연이다. 만약 모든 재화가 하늘의 공기처럼 공짜라면 경제학 —— 최소한 이 말의 한 가지 뜻에서는 —— 도 사회적 관심사가 될 수 없을 것이다.

하지만 이러한 자연의 부족함은 경제의 문제가 펼쳐지는 무대를 제공할 뿐이다. 사람들이 벗어나기 위해 싸워야 할 굴레는 자연의 부족함뿐이 아니다. 왜냐면 인간이 희소성을 느끼게 되는 것은 자연의 결함에만 원인이 있는 게 아니기 때문이다. 예를 들어 오늘날 우리들이 멕시코 농부들 수준의 삶에 만족할 수만 있다면, 우리의 물질적 욕구는 아마 하루에 한두 시간만 일해도 충분히 충족될 것이다. 그들의 삶에서 희소성이란 거의 혹은 전혀 존재하지 않을 것이며, 경제 문제들도 사실상 사라져버릴 것이다. 그런데 우리가 모든 산업 사회에서 목도하고 있는 바는 정반대이다. 자연이 더 많은 생산물을 내놓도록 만들 힘이 생겨나게 되면 인간 욕구의 범위도 그만큼 늘어나게 된다. 사실 우리 사회처럼 어떤 사람의 사회적 지위가 주로 그 사람의 물적 재화의 소유에 결부되어 있는 곳에서는, 우리가 부자가 될수록 심리적 경험으로서의 "희소성"은 더욱더 두드러지게 된다. 재화를 생산하는 우리의 능력이 점점 쌓여가지만, 자연의 결실을 소유하고자 하는 우리의 여러 욕망이 그보다 훨씬 더 잰 걸음으로 앞질러가는 것이다.

자연이 만족시켜야 할 우리의 "욕구"라는 것은 이처럼 결코 고정된 것이 아니다. 게다가 자연의 소출 자체도 일정하게 고정되어 있는 것이 아니며, 사회가 인간의 에너지와 기술을 어떻게 적용하느냐에 따라서 크게 변하게 되어 있다. 따라서 희소성이란 자연nature만이 아니라 "인간의 자연적 본성human nature"에 또한 그 원인이 있는 것이다. 경제학은 궁극적으로 물리적 환경의 결핍만이 아니라 인간의 욕망 그리고 공동체의 생산적 능력을 똑같이 관심사로 삼게 되는 것이다.

경제 사회의 임무

따라서 우리는 체계적인 경제 분석에 들어가기에 앞서서, 인간의 자연적 본성을 길들여서 사회 전체가 원하는 방향으로 움직이게 하려면 사회 조직이 어떤 기능들을 수행해야 하는가를 열거하는 것부터 시작해야 한다. 이것이 가장 기본적인 질문이지만, 이를 세심히 살펴보면 이 문제가 다시 두 가지의 기초적 과제 — 별개이지만 서로 긴밀히 연결되어 있는 — 로 이루어져 있다는 점을 곧 깨닫게 된다. 사회란,

1. 스스로의 생존을 위해 충분한 양의 재화와 용역의 생산을 보장하는 시스템을 조직해야만 한다.
2. 자신이 생산한 결실이 차후에 더 많은 생산으로 이어질 수 있게 분배되도록 안배해야 한다.

얼핏 보면 경제적 연속성을 보장하기 위한 이 두 개의 과제들은 겉보기에는 아주 단순한 과제처럼 보이지만, 실제로는 전혀 그렇지 않다. 경제사의 대부분은 다양한 사회들이 이 기초적인 문제들을 해결할 방법을 찾기 위해 기를 쓰면서 오만가지 방식으로 좌충우돌했던 이야기라 해도 과언이 아니다. 게다가 더욱 놀라운 일은, 그 대부분이 부분적으로 실패로 끝났다는 것이다. (물론 완전한 실패였을 수는 없다. 그렇게 되면 아예 사회 자체가 존속하지 못했을 테니까.) 따라서, 우리는 이두 개의 주된 경제적 과제에 어떤 어려움들이 도사리고 있는지를 좀더 주의 깊게 살펴보아야 한다.

생산과 분배

동원을 위한 노력

어떤 사회가 자신이 필요로 하는 재화와 용역을 생산할 시스템을 조직할 때에 만나게 되는 장애는 어떤 것인가?

자연이 인위적 가공 없이 우리의 필요에 꼭 맞는 물건을 꼭 맞는 만큼 저절로 제공해주는 경우란 거의 없다. 따라서 통상적으로 생산의 문제란, 수중에 있는 여러 자원들에다 어떻게 공학적 기술적 지식을 적용시킬 것인가, 즉 어떻게 하면 일정한 양의 사회적 노력을 최대한 낭비를 피하면서 최대한 효율적으로 활용할 것인가의 문제가 될 때가 많다.

사실 어떤 사회이건 기술적인 문제는 아주 중요한 과제일 수밖에 없으며, 학교에서 배우는 경제 사상의 상당 부분은 경제economy라는 말에 함축되어 있는 대로 주어진 사회적 노력을 어떻게 알뜰하게 절약economimizing할 것인가를 논구하는 데에 골몰하고 있다. 그렇지만 이는 생산 문제의 핵심이 아니다. 에너지를 어떻게 "알뜰하게" 사용할 것인가를 고민하기 훨씬 이전에 풀어야 할 문제가 있으니, 이는 그러한 생산 과정을 수행할 에너지 자체를 사회가 어떻게 끌어낼 것인가의 문제이다. 즉, 생산에서 가장 기본적인 문제는 생산이라는 목적에 맞도록 인간 에너지를 동원시켜줄 수 있는 사회 제도를 고안해내는 것이다.

이는 아주 기초적인 조건처럼 보일지 모르겠으나, 결코 쉽사리 충족되지 않는다. 예를 들어서 1933년의 미국의 경우 우여곡절 끝에 전체 노동력의 거의 4분의 1에 달하는 에너지가 생산 과정에서 떨어져 나오고 말았다. 길거리에는 간절하게 일자리를 찾는 수백만의 남녀 실업자가 넘쳐나고 있었던 동시에 또 그들의 일손을 기다리는 텅 빈 공장들은 얼마든지 있었다. 이렇게 생산과 소비 양쪽에서 절박한 필요가 있었는데도, 불황이라는 이름의 끔찍하고도 불가사의한 파국이 덮치게 되자 그 전해에 생산된 재화 및 용역의 3분의 1이 순식간에 사라지고 말았던 것이다.

이렇게 일하고 싶어도 일자리를 못 찾는 노동자들이 종종 엄청난 숫자로 불어나는 사태는 미국처럼 발전된 경제에서만 볼 수 있는 일이 결코 아니다. 생산 활동이 너무나도 절실한 가장 가난한 나라들에서조차 대량 실업이 아예 만성적 상태가 되어 있는 모습을 심심치 않게 볼 수 있는 것이다. 수많은 아시아 나라들에서 일자리를 찾지 못한 이들이 길거리를 가득 메우고 있지만, 이는 자연의 희소성 등으로 인해 불가피하게 생겨난 상태라고 할 수는 없다. 한번 따져보라. 본래 인간 세상에 있어야 할 노동의 양이란 한이 있을 수 없다. 더러워진 거리를 깨끗이 청소하는 일, 가난한 이들의 집을 보수해주는 일, 도로를 건설하거나 수로를 뚫는 일 등과 같은 것들만 생각해봐도 이는 쉽게 알 수 있다. 문제는 인간 에너지를 생산적 목적으로 동원하게 해줄 수 있는 사회적 메커니즘이 빠져 있다는 데에 있다. 이는 실업자가 정말로 군대를 이룰 만큼 많은 경우뿐만 아니라 실업자의 비율이 노동력의 극히 일부에 불과한 경우에도 똑같이 적용되는 이야기이다.

이러한 사례들은 우리에게 생산의 문제가 결코 자연과의 물질적 기술적 투쟁에만 국한되는 것이 아님을 보여주고 있다. 어떤 나라가 얼마나 쉽게 물질적 진보를 이룰 수 있는지 또 주어진 노력으로 어느 수준의 물질적 안녕을 성취할 수 있는지 등은 생산 문제의 물질적 기술적 측면에 의해 결정된다. 하지만 그 생산적 노력 자체를 애초에 어떻게 동원할 것인가라는 문제는 그 나라의 사회적 조직이 감당해야 할 도전이며, 그 나라가 자연과 씨름할 때 끌어낼 수 있는 인간 노력의 양은 바로 그 나라의 **사회적 조직의 성공 여부**에 따라 결정되는 것이다.

적재적소의 배치를 위한 노력

하지만 사람들을 일터로 끌어내는 것은 생산 문제 해결의 첫 걸음에 불과하다. 단순히 일을 한다는 것 자체가 중요한 것이 아니라, 이들이 일하여 생산한 재화와 용역이 사회가 필요로 하는 것이어야 하기 때문이다. 따라서 사회의 여러 경제적 제도는 **충분한 양**의 사회적 노력을 확보할 뿐만 아니라 그것이 **적재적소에 배분**되도록 보장할 수 있어야 한다.

인도나 볼리비아와 같이 인구의 대다수가 농촌 마을에서 태어나 농부로 자라는 나라에서는 이 문제를 따로 이해하고 자시고 할 것이 없다. 여기서 사회의 기초적 필요 —— 식량과 의복 —— 란 그 농촌 인구가 "자연적으로" 생산해내는 재화와 정확하게 일치하기 때문이다. 하지만 산업 사회로 오게 되면 사회적 노력을 제대로 적재적소에 배치한다는 것이 엄청나게 복잡한 과제가 된다. 우리들의 수요는 빵과 면화를 훨씬 넘어서서 자동차 같은 것들 또한 필요로 하게 되지만, 자동차란 세상의 "자연적으로" 생산되는 물건이 아니다. 자동차 한 대가 생산되기 위해서는 실로 놀랄 만큼 다양한 특수 과제들이 수행되어야만 한다. 누군가는 철강을 생산해야 하며, 또 누군가는 고무를 만들어야 한다. 게다가 또 누군가는 이러한 조립 과정 자체를 조직해야만 한다. 자동차를 생산하는 공정은 이렇게 전혀 자연적이지 않은 과제들로 조직되어 있으며, 지금 말한 것들은 그 무수한 과제들의 극히 일부에 불과하다.

그런데 앞에서 사회 전체의 생산적 노력을 동원하는 과제도 그랬던 것처럼 그 생산적 노력을 적재적소에 배분하는 과제 또한 사회가 항상 성공적으로 이루어내는 것이 결코 아니다. 예를 들어 자동차를 생산하는 데에 성공했다고 해도 그 양이 너무 많거나 너무 적을 수 있다. 이보다 더 중요한 예를 들어보자. 어떤 사회는 구성원 중 다수가 굶주리고 있는데도 그 에너지를 사치품 생산에 돌리는 경우도 있다. 또 생사가 걸린 중차대한 문제들이 닥쳐오고 있는데도 그 문제들을 해결하는 쪽으로 생산적 노력을 돌리지 못하여 재난을 자초하는 일도 종종 벌어진다.

사회적 노력을 충분한 양으로 동원했다고 해도, 이렇게 적재적소의 배분이 실패하게 된다면 생산의 문제는 심각한 타격을 입게 된다. 어떤 사회가 존속하기 위해서는 단지 재화를 생산하는 것이 아니라 필요한 재화를 생산할 수 있어야 하기 때문이다. 게다가 이 배치의 문제를 따져보면 또 하나의 큰 문제가 떠오르게 되는데, 생산 활동 자체만으로 사회의 존속에 필요한 요건이 제대로 충족되는 것이 아니라는 것이다. 필요한 재화를 충분한 만큼 생산했다고 해도, 그 재화를 분배하는 과제가 여전히 남아 있으며 그것도 생산 과정이 계속 이루어지는 것을 보장하는 방식으로 분배해야 한다는 과제가 남아 있다.

생산물의 분배

조금 전에 이야기했던 스스로 먹을 곡물을 스스로 생산하는 농촌 가정의 경우를 다시 생각해보자. 여기에서는 생산을 적절히 분배하는 문제가 아주 간단히 해결되는 것 같다. 하지만 이러한 아주 작은 규모의 전통 사회를 넘어서게 되면 이 분배의 문제가 그다지 간단하게 해결되지 않는다. 많은 가난한 나라들의 경우, 도시 노동자들이 너무나 형편없는 보수로 인해 일도 제대로 할 수 없을 지경일 때가 많다. 더 나쁜 것은, 어떤 이들은 이렇게 피곤한 몸과 굶주린 배를 움켜쥔 채 일터에서 심신이 시들도록 혹사당하고 있는 판에 다른 이들은 창고가 미어터지도록 곡식을 쌓아놓고 있는 경우이다. 그래놓고서 이 부자들이 가난한 대중들을 게을러 터져서 희망이 없는 자들이라고 매도하기까지 하는 일이 드물지 않다. 이 분배 문제에는 생각해보아야 할 또 하나의 측면이 있다. 비록 분배 메커니즘이 작동한다고 해도 그 분배의 양이 사람들에게 각자가 맡은 업무를 수행하고 싶도록 만들 만큼에 미치지 못한다면 또한 그 메커니즘이 무너질 수밖에 없다는 것이다. 1917년 러시아 혁명이 벌어진 직후 어떤 공장들은 일종의 공동체로 재조직되어, 경영자나 청소부나 모두 다 똑같은 만큼씩을 가져가도록 분배 메커니즘이 결정되었다. 그러자 예전에 좀 더 좋은 보수를 받던 노동자들이 밥 먹듯 공장을 빠지는 결근 사태가 나타났고 아예 산업 생산 자체가 붕괴할 지경이 되고 말았다. 어쩔 수 없이 예전의 불평등한 임금 체계를 복구하고 나서야 비로소 생산이 이전의 궤도를 회복할 수 있었던 것이다.

생산 과정의 경우와 마찬가지로 분배 과정 또한 실패한다고 해서 반드시 전체 경제의 붕괴를 낳는 것은 아니다. 생산과 분배의 노력이 심하게 왜곡된 상태에서도 많은 사회들이 존속할 수 있으며, 사실상 대부분의 사회는 오늘도 그런 상태에서 존속하고 있다. 방금 본 경우처럼 어떤 사회가 분배가 왜곡되어 있다고 해서 그 생산 인원을 배치하는 능력 자체까지 근본적으로 흔들리는 일은 아주 드물다. 분배의 문제가 제대로 해결되지 못한다면 그 문제는 오히려 사회적 정치적 혼란의 형태로 표출 —— 때로는 혁명까지도 —— 될 때가 더 많다.

하지만 이 또한 전체 경제 문제에서 보면 한 측면일 뿐이다. 사회가 스스로를 계속 물질적으로 충전할 수 있으려면 생산을 계속할 수 있어야 하고, 또 성원들에게 그렇게 하고 싶다는 생각이 계속 들도록 해야만 한다. 여기에서 다시 한 번 경제에 대한 탐구의 초점은 인간 사회의 여러 제도들에 있다는 사실을 발견하게 된다. 이제 우리는 어떤 사회가 경제적으로 존속할 수 있으려면, 자연nature이 가하는 제약을 극복할 뿐만 아니라 도무지 쉬이 말을 듣지 않는 인간 본성human nature을 또한 어떻게 억제하고 통제할 수 있는가의 문제를 풀어야 한다는 점을 알 수 있다.

경제 문제를 해결하는 세 가지 방법

이렇기 때문에 경제학자들은 우리 나머지 사람들에게는 익숙지 않은 방식으로 사회를 바라본다. 우리들은 인플레이션, 빈곤, 공해 같은 문제에 관심을 갖지만, 경제학자들은 그러한 현안이 아무리 긴박한 것이라 해도 그 현안에 관심을 갖기 전에 반드시 이해해야 할 과정을 살

핀다. 그 과정이란 사회 자체의 존속에 필수적인 생산과 분배의 복잡한 과제를 달성하기 위한 사회의 기본 메커니즘이다.

그런데 경제학자들은 또 하나의 놀라운 사실을 발견하였다. 현대 사회의 다양한 형태를 모두 살펴보고 또 나아가 그동안 역사적으로 존재했던 사회들을 전부 돌아보아도, 인류가 생산 및 분배의 문제를 성공적으로 해결할 수 있었던 방식은 오로지 세 가지밖에 없었다는 사실이 그것이다. 다시 말해서, 경제적 과정을 인도하고 그 모습을 결정하는 현실의 사회 제도들이 제아무리 다양하다고 해도 그 사회가 처한 경제적인 도전을 해결할 수 있는 사회 체제는 오로지 세 가지 유형들 중 하나이거나 아니면 그 세 가지의 조합일 것이라고 경제학자들은 예견할 수 있다는 것이다. 그 3대 경제 체제는 **전통**에 의해 운영되는 경제, **명령**에 의해 운영되는 경제, **시장**에 의해 운영되는 경제라고 부를 수 있다. 그 각각의 특징을 간략하게 살펴보자.

전통

경제의 문제를 해결하는 방법들 가운데 세계 어디서나 가장 오래되고 또 아주 최근까지 압도적으로 지배적이었던 방식이 바로 이 전통의 방식이었을 것이다. 전통의 방식이란, 아주 먼 옛날에 발명되어 오랜 역사 속에서 시행착오를 거치면서 관습과 신앙이라는 강력한 힘으로 유지되어온 여러 절차들에 기초하여 생산과 분배의 문제를 해결하는 사회 조직의 양식이다. 나이 어린 성원들이 연장자들이 했던 바를 답습하는 것은 어디에서나 볼 수 있으며, 전통이야말로 사회가 필연적으로 연속성을 지니게 되는 근원이기도 하다. 전통 방식이라는 경제 체제의 근저에는 아마도 이러한 것이 깔려 있다고 할 수 있을 것이다.

전통에 기초한 사회들은 여러 경제의 문제들을 아주 능숙하게 해결한다. 첫째, 생산 문제는 전형적으로 아버지에서 아들로 직업의 대를 물리는 방법으로 해결된다. 생산과 분배 과정이 순탄하게 이루어지려면 반드시 수행되어야 할 과제들이 있게 마련인데, 이것을 아버지가 수행하던 일을 아들이 물려받는다는 원칙을 통해 계속 이루어지도록 하는 것이다. 그리하여 어떤 집안이 대를 이어가는 가운데 기술의 전수와 직업의 배분 문제가 동시에 해결되도록 보장되는 것이다. 최초의 위대한 경제학자였던 애덤 스미스가 쓴 바에 따르면, 고대 이집트에서는 "모든 이들이 그 아버지의 직업을 따르는 것이 종교적 원칙으로서 강제되었으며, 만약 누군가가 직업을 바꾸려 든다면 이는 가장 무서운 신성 모독을 저지르는 것으로 여겨졌다."[4] 사회 내의 생산 질서가 전통을 따라 보존된 것은 고대에만 벌어진 일이 아니다. 서구 문화에서도 혈통에 따라 직업을 배분하는 것은 15세기나 16세기까지도 사회를 안정시키는 주요한 힘으로 작동하였다. 물론 농촌에서 도시로 또 직업에서 직업으로 일정한 이동이 벌어지기는 했지만, 어떤 사람이 일생 동안 맡는 역할은 보통 그의 출생으로 결정되었던 것이다. 사람들은 애초부터 특정한 토지나 특정한 직종과 관련을 맺은 채로 태어나게 되어 있었으며, 그 사람의 역할은 그가 태어난 가족이 그 토지와 직종 내에서 어떤 역할을 맡아왔는가에 따라 결정되었던 것이다.

전통은 이렇게 그 사회의 노동이 매일매일 어제와 똑같이 이루어질 수 있도록 보장하는 역할을 하였고, 이를 통해 큰 물결로 반복되는 순환의 배후에서 사회를 안정시키는 동시에 앞으로 나아가게 하는 힘으로 작용해왔다. 산업화가 덜 된 나라들에서는 심지어 오늘날까지도 사회를 조직하는 엄청나게 중요한 역할을 전통이 맡고 있다. 예를 들어 인도에서는 아주 최근까지도 모든 이들이 태어날 때부터 고유한 직업과 연결된 카스트를 가지게 되어 있었다. 인도의 위대한 철학적 윤리적 시가詩歌인 「바가바드 기타Bhagavad Gita」는 "남의 일을 훌륭하게 해내는 것보다는 흠이 있더라도 그대 스스로의 일을 하는 편이 낫다"고 가르치고 있다.

전통은 사회의 생산 문제를 해결해줄 뿐 아니라 분배 문제 또한 조정해준다. 남아프리카의 칼라하리 사막에 살고 있는 부시맨들의 예를 들어보자. 이들은 사냥 기술에 생계를 의존하고 있는 이들이다. 이 부족을 예민하게 관찰했던 엘리자베스 마샬 토머스Elizabeth Marshall Thomas가 1950년대에 내놓은 설명 —— 지금은 고전이 되었다. —— 은 이들이 사냥해온 짐승을 분배하는 문제를 해결하는 데 친족 사회의 여러 "원칙들"이 적용된다고 보고하고 있다.

영양 한 마리가 사라졌다. …… 가이가 뒷다리 두 개와 앞다리 한 개를 가져갔다. 체치웨는 등짝의 고기를 가져갔고, 우크와네는 나머지 앞다리를 가져갔으며, 그의 아내는 발 한 개와 내장, 어린 소년들은 소장을 길게 잘라 가져갔다. 트위크웨는 머리를 받았고 다시나는 젖통을 가져갔다.

부시맨들이 잡아온 사냥감을 분배하는 것을 보면 아주 불평등하다는 생각이 들 것이다. 하지만 이것이 그들의 체제이며, 종국에 가면 아무도 남보다 많이 먹게 되지 않는다. 같은 날 우크와네는 가이에게 고기 한 덩어리를 더 주었다. 가이가 그의 친척이었기 때문이다. 가이는 다시나에게 고기를 주었다. 다시나가 그의 장모였기 때문이다. ……

물론 아무도 가이가 많이 가져간다고 항의하지 않았다. 사냥꾼은 그였고 그가 가져간 몫은 법으로도 정해져 있는 것이기 때문이다. 그런데 그가 가져간 많은 몫을 그가 다른 이들과 나누어 가질 것이라고 모두 믿어 의심치 않았으며, 이들의 생각이 옳았다. 가이는 실제로 자신의 고기를 다른 이들과 나누었다.[5]

이 사례에서 보듯이 사회적 생산물을 분배하는 데 전통이라는 방식은 아주 섬세하고 또 창의적일 수 있지만, 우리의 기준에서 보자면 아주 투박하고 가혹한 것일 수도 있다. 비산업 사회들에서 여성은 전통에 의해 사회적 생산물의 가장 적은 양만을 배분받는 것이 보통이다. 하지만 이러한 전통이라는 방식의 최종 결과가 우리에게 익숙한 도덕적 관점과 크게 벗어나거나 맞아떨어지거나 하는 것과는 별도로, 그것이 사회의 생산물을 나누는 방법으로서 효과적이라는 점은 인식해야만 한다.

| 전통 방식의 비용 |

원시적인 농업 사회나 비산업 사회에서 생산과 분배의 문제를 해결하는 것으로 가장 흔히 볼 수 있는 것이 이 전통이라는 방식이다. 이러한 곳에서는 각자의 멍에처럼 달린 과거를 따지거나 토 달지 않고 묵묵히 받아들이는 태도가 장려된다. 그래야 사회 전체로 보았을 때 여러 경제적 기능도 수행되게 되며 개인 차원에서도 가혹한 운명에서도 스스로를 달랠 수 있는 참을성과 끈기를 얻을 수 있으니까. 심지어 우리의 사회에서도 전통은 경제 문제를 해결하는 데에 여전히 일익을 담당하고 있다. 물론 우리가 생산한 사회적 생산물의 분배에서 차지하는 역할이 미미하기는 하지만, 그래도 웨이터에게 주는 팁이라든가 꼬마들에게 주는 용돈, 근무 시간 외의 노동에 대한 상여금 등은 모두 예전에 재화를 분배하던 방식의 잔재이며, 동일 노동에 대한 남성과 여성의 임금 차이 또한 전통 방식의 잔재이다.

전통이라는 방식의 중요성은 분배보다는 생산 문제를 해결하는 수단으로서 더욱 두드러지며, 심지어 오늘날의 발달된 산업 사회에서도 직업 배치의 문제를 해결하는 방식으로 사용되고 있다. 우리 사회에서 사람을 채용하는 실제 과정을 살펴보면 전통에 크게 의존하는 경우를 많이 볼 수 있다. 아들이 아버지의 직업이나 사업을 그대로 물려받는 가족들을 아주 쉽게 찾아볼 수 있다. 좀 더 시야를 넓혀보면, 우리들이 어떤 직업은 아예 가지려 들 생각을 않게 되는 이유도 전통에 있음을 알 수 있다. 예를 들어서 중산층 가정에서 태어난 아이들은 심지어 보수가 더 낮은데도 사무직을 선호하며 공장 노동자가 되려 하지는 않는다. 블루칼라 직업이 중산층의 삶의 전통이 아니기 때문이다.

이렇게 "전통" 사회가 아님이 분명한 우리 사회에서조차도 관습은 경제 문제를 해결하는 데에 중요한 메커니즘을 제공한다. 하지만 이 전통이라는 메커니즘이 초래하는 아주 중대한 결과도 명심할 필요가 있다. 전통에 의한 생산과 분배 문제의 해결은 정태적이다. 경제 문제를 조정하는 데서 전통 방식을 답습하는 사회는 결국 대규모의 급속한 사회적 경제적 변화는 포기해야만 하는 것이다.

그렇기 때문에 베두인 족이나 미얀마 촌락의 경제는 많은 점에서 백 년 심지어 천 년 전과 비교해도 변하지 않은 모습인 것이다. 전통에 속박된 사회에 살고 있는 사람들의 다수는 매일 매일의 경제생활의 패턴에 있어서 아득한 옛날과 똑같은 일상을 대부분 되풀이하고 있다. 물론 이러한 사회들도 흥망과 성쇠를 겪지만, 이들이 그러한 운명의 부침을 겪게 되는 원인은 주로 외부 사건들 ── 전쟁, 기후, 정치적 모험과 그 실패 등 ── 에 있다. 전통에 속박된 사회의 역사를 살펴볼 때 그 내부에서 스스로 만들어내는 변화란 설령 있다고 해도 미미한 요소에 불과한 것이 대부분이다. 경제 문제는 전통이라는 방식으로 해결할 수 있지만, 그 경우 경제적 진보는 포기해야 한다.[6]

명령

경제적 존속의 문제를 해결하는 두 번째 방식 또한 아주 오래된 계보를 가지고 있다. 권위적인 명령의 강제로 해결하는 방법이다. 이는 기존의 해결 방식을 변동 없이 재생산하여 체제 생존을 계속하는 것이 아니라, 경제적인 최고 명령자의 명령에 따라 체제를 구축하는 것에 기초하고 있다.

　이러한 권위적 방법에 의한 경제적 통제는 전통적 사회를 기반으로 강제되는 경우를 종종 볼 수 있다. 그렇기 때문에 이집트 파라오가 경제적인 독재 권력을 휘둘렀던 것은 이집트 경제가 시작도 끝도 없이 똑같은 주기를 반복하며 지속되는 농촌 경제의 기초 위에 있었기에 가능했던 것이라고 할 수 있다. 이집트의 최고 지배자들은 명령을 통해 엄청난 양의 경제적 노력을 동원하여 피라미드, 신전, 도로 등을 지을 수 있었던 것이다. 그리스의 역사가였던 헤로도토스는 케오프스 Cheops* 파라오가 어떻게 이러한 과업을 조직하였는가를 이야기해준다.

40

그는 모든 이집트인들에게 자신을 위해 일하라고 명령하였다. 이에 따라서 어떤 이들은 아라비아의 여러 산에 있는 채석장에서 돌을 캐어 나일강으로 끌고 오는 일이 배당되었으며, 어떤 이들은 그 돌이 배에 실려 나일강을 건너오면 그것을 받아 내리라고 명령을 받았다. …… 그리고 한 번에 동원되는 사람들의 숫자는 십만 명에 달했으며 그 동원 기간은 3개월이었다. 피라미드를 짓기 위해서는 돌을 끌고 올 도로를 먼저 건설해야 했거니와, 내 생각으로는 이 일도 피라미드를 짓는 일만큼이나 엄청난 일이었다. 이 도로를 짓기 위해 사람들이 계속 부역에 시달린 기간만 해도 10년이나 되었다.[7]

이 권위에 의한 경제 활동의 조직은 결코 고대 이집트에서만 나타난 것이 아니었다. 이는 무엇보다도 저 거대한 만리장성을 건설한 고대 및 중세 중국의 전제 왕권에서도 볼 수 있고, 또 고대 로마의 여러 대규모 공공시설을 지은 노예 노동에서도 볼 수 있으며, 모든 노예 경제 특히 남북 전쟁 이전의 미국 노예 경제에도 물론 해당된다. 단 몇 년 전까지만 해도 우리는 소비에트연방의 경제 당국의 명령에서 이를 발견할 수 있었다. 이보다 좀 부드러운 형태이기는 하지만 미국 사회에서도 조세와 같은 모습을 발견할 수 있다. 조세란 공적 권위를 가진 당국이 공공의 목적을 위해 우리 각자의 소득에서 일정한 부분을 떼어내는 것이니까.

전통 방식과 마찬가지로 이 경제적 명령이라는 방식도 생산과 분배

---

* 케오프스는 이집트 제4왕조 2대 왕이다. 헤로도토스는 쿠푸를 그리스식으로 케오프스라 불렀다.

라는 쌍둥이처럼 붙은 두 문제 모두에 해결책을 제시한다. 특히 전쟁이나 기근과 같은 위기의 시기가 되면 사회가 그 노동자들을 효율적으로 조직하고 또 재화를 효율적으로 분배할 수 있는 방법이 이 경제적 명령뿐일 수 있다. 심지어 미국에서도 커다란 자연 재해로 어떤 지역이 파괴되는 일이 생기면 그 지역에는 계엄이 선포되는 것이 보통이다. 이런 경우 우리는 사람들의 노력을 강제로 동원하고, 가옥을 징발하고, 자동차 등을 사용할 사적 소유권의 제한을 강제하고, 심지어한 가족당 소비하는 재화의 양까지 제한할 수도 있다.

이렇게 위급 상황에 대처하는 방법으로서 명령이라는 방식의 효용이 두드러지는 것은 당연한 일일 것이다. 하지만 위급 상황의 경우가 아니더라도 명령이라는 방식은 많은 효용성을 가지고 있다. 전통 방식과 달리, 명령 방식은 본질적으로 경제적 변화의 속도를 더디게 하는 효과가 없다. 오히려 권위의 행사는 어떤 사회가 스스로에게 **경제적 변화를 강제하는** 가장 강력한 도구인 것이다. 예를 들어 중국과 러시아의 공산주의 시절에 그 생산과 분배의 체제에 근본적 변화를 가져온 도구는 바로 권위였다. 미국의 경우에도 정상적인 경제생활의 흐름을 더 가속화하거나 변화를 가져오는 데에 경제 당국의 권위가 필수적인 때가 종종 있다. 예를 들어 정부는 후미진 곳의 낙후된 동네를 역동적인 경제생활의 흐름에 편입시키기 위해서 조세 수입을 털어 도로망 건설에 쓸 수도 있다. 또 광활한 지역의 경제생활을 극적으로 바꾸어놓을 만한 관개 수리 체계의 건설에 착수할 수도 있다. 아예 고의적으로 여러 사회 계급 간의 소득 분배를 바꾸어놓기 위해 개입할 수도 있다.

| 명령 방식의 충격 |

물론 민주적인 정치 과정의 틀 내에서 작동하는 경제적 명령과 독재 권력이 행사하는 경제적 명령 사이에는 커다란 차이가 있다. 미국의 조세 체제는 미국 의회의 통제하에 있으며, 이는 누구도 거역 못할 절대 권력의 지배자가 강제로 노동을 징발하거나 멋대로 땅을 수용해가는 것과는 사회적으로 엄청난 차이가 있다. 하지만 비록 수단은 훨씬 온건해도 그 메커니즘은 동일하다. 양쪽 경우 모두 상위의 당국이 선택한 여러 목표들을 위해 기존의 경제적 노력의 방향을 바꾸도록 명령한다는 점에서는 똑같다. 양쪽 경우 모두 상위의 당국이 "위"에서 정한 질서를 기존의 생산 및 분배의 질서에 개입하여 새로 만들어내는 점은 똑같다.

이것만으로는 명령이라는 방식을 저주하거나 찬양할 이유가 되지 못한다. 당국이 강제하는 그 새로운 질서라는 것이 우리의 사회적 정의의 관념에 부합될 수도 있고 또 크게 어긋나는 것일 수도 있으며, 또 마찬가지로 그것이 사회 전체의 경제적 효율성을 개선할 수도 있고 또 감소시킬 수도 있다. 명령이라는 방식이 민주주의적 의지의 도구가 될 수도 있고 또 전체주의적 의지의 도구가 될 수도 있다는 점은 분명하다. 따라서 명령이라는 경제적 통제 메커니즘을 놓고 모종의 도덕적 판단을 내리는 것은 모름지기 이치에 닿지 않는 일이다. 그보다는, 전통의 영향을 완전히 벗어던진 사회가 없는 것처럼 그 어떤 사회도 —— 특히 현대 사회에서 —— 명령 방식의 요소 없이 존재할 수 없다는 점에 주목하는 것이 중요하다. 전통 방식을 사회적 경제적 변화를 저지하는 거대한 제동 장치에 비유한다면, 경제적 명령이라는 방식은 변화를 재촉하는 거대한 박차에 비유할 수 있다. 이 두 가지 방식 모두 경제 문제에 대해 성공적 해법을 보장하는 메커니즘으로서의 자격을 갖추고 있으며, 또 두 방식 모두 나름대로의 효용과 단점을 가지고 있다. 인류가 그 장구한 역사의 대부분의 기간 동안 자신을 둘러싼 환경 그리고 자신 스스로를 다루기 위해 벌여온 경제적 노력은 이 두 가지 방식 사이에서 설명할 수 있다. 인간 사회가 아직도 존속하고 있다는 사실 자체가 바로 이 두 방식 모두가 유효하다는 증거이다.

시장의 방식

그런데 여기에 더하여 경제의 문제를 해결하는 세 번째 방식 즉 사회적으로 실현 가능한 생산 및 분배 조직의 세 번째 패턴이 또 있으니, 이는 사회의 시장 조직이다. 이 조직은 사회로 하여금 전통이나 명령에는 최소한만큼만 의지하면서도 그 스스로의 필요를 조달하는 실로 놀라운 모습을 보여준다.

우리는 시장으로 운영되는 사회에 살고 있기 때문에 경제의 문제를 시장으로 푼다는 것이 실로 알쏭달쏭한 일이며 실로 거의 부조리에 가깝다는 사실을 너무 쉽게 간과한다. 이를 느껴보기 위해서 가상의 경우를 상상해보자. 아직 경제 조직의 양식을 결정하지 못한 사회가 있는데 우리가 그 경제 자문이 되었다고 말이다. 예를 들어 어떤 사회가 전통적인 조직 방식에 꽁꽁 묶여 오랜 역사를 보내오다가 방금 거기에서 풀려났는데, 우리가 그 나라의 경제 고문이 되어달라는 부탁을 받았다고 해보자.

아마 그 나라의 지도자들이 이렇게 말할 성싶다. "우리에게 익숙한 삶의 방식은 대단히 전통적인 것입니다. 남자들은 사냥을 하고 여자들은 과일을 채집하는데, 그 방법은 연장자들이 가르쳐주고 몸소 본보기를 보이면 젊은이들이 그것을 따라하는 식으로 전수됩니다. 또경제적 명령의 방식도 어느 정도 알고 있습니다. 필요하다면 명령서에 서명하여 우리나라 남자들의 다수가 집단적 발전을 위한 공동 프로젝트에 참여하도록 징발하는 방법도 알고 있습니다. 우리 사회가성공적으로 기능하도록 조직할 만한 방식이 또 있는지요? 혹시 더욱성공적인 운영 방식이 있다면 좋겠습니다만."

우리가 이렇게 대답한다고 하자. "어흠, 있고 말고요. 사회는 시장경제의 노선에 따라서 조직할 수 있습니다."

지도자들이 말한다. "알겠습니다. 그러면 사람들에게 무얼 하라고할까요? 경제가 굴러가는 데에 필요한 갖가지 작업을 그들에게 어떻게 배치할까요?"

우리는 말한다. "바로 그겁니다. 시장 경제에서는 그 누구도 아무런 작업도 배당받지 않습니다. 사실상 시장 경제의 핵심은 모든 사람들이 자기가 무엇을 할지를 자기 스스로 결정하도록 허락한다는 데에있습니다."

지도자들은 깜짝 놀라 어리둥절해한다. "어떤 이들이 농사를 짓고어떤 이들이 광산에 들어가서 일할지를 정하지 않는다는 말인가요?어떤 여자들이 과일을 따오고 어떤 여자들이 바느질을 할지를 결정하는 방식이 없단 말인가요? 그걸 모두 사람들 스스로가 결정하도록 내버려 둔다고요? 만약 그 사람들이 제대로 된 결정을 내리지 않는다면요? 아무도 광산으로 들어가겠다고 자원하지 않고 또 아무도 버스 운전사가 되어 봉사하겠다고 나서지 않는다면 어떻게 되는 겁니까?"

"걱정은 붙들어 매십시오." 우리는 지도자들에게 말한다. "그런 일은 벌어지지 않습니다. 시장 경제에서는 모든 일자리에 모두 사람을 배치하는 것이 모든 사람들의 이익입니다. 따라서 모든 일자리가 다 채워지게 되어 있습니다."

그들은 우리의 말을 받아들이지만 무언가 찜찜한 표정이다. 결국 그중 하나가 이렇게 묻는다. "저기요⋯⋯. 말씀하신 대로 우리 국민들을 자기들 원하는 대로 하도록 내버려둔다고 합시다. 구체적으로 옷감 생산은 어찌 되는 걸까요? 당신들이 말하는 이 '시장 사회'라는 것에서 정확하게 어느 만큼의 옷감이 생산되어야 하는지를 어떻게 결정할 수 있는 건가요?"

"결정하지 마세요." 이것이 우리의 대답이다.

"결정하지 말라고요! 그럼 옷감이 충분한 만큼 생산될지를 어떻게 압니까?"

"다 생산되게 되어 있습니다." 우리는 말한다. "시장이 그렇게 만들어주게 되어 있습니다."

"그렇지만 옷감이 너무 많이 생산될 수도 있죠!" 그는 또 강하게 저항한다.

"아, 그것도 다 시장이 알아서 하게 되어 있습니다."

"도대체 그 시장이라는 게 뭐기에 이렇게 엄청난 일들을 해낸다는 겁니까? 그건 누가 운영합니까?"

"오, 아무도 시장을 운영하지는 않습니다." 우리는 대답한다. "시장은 스스로를 운영합니다. 사실, '시장'이라고 할 만한 실체가 존재하는 것도 아닙니다. 그건 그냥 사람들이 행동하는 방식을 묘사하기 위해서 쓰는 단어일 뿐이죠."

"하지만 아까는 사람들이 자기들 스스로가 원하는 대로 행동하는 것이라고 하셨잖아요?"

"맞아요." 우리는 말한다. "하지만 걱정할 것 하나 없습니다. 그들은 그들이 행동했으면 하고 당신이 원하는 방식대로 행동하기를 원할 테니까요."

그들의 대표가 나선다. "안됐지만 이건 시간 낭비인 것 같습니다. 우리는 당신들이 무언가 진지한 제안을 가지고 있는 줄 알았어요. 당신들 제안은 아예 생각해볼 여지도 없소. 나가는 문은 저쪽이오."

정말로 우리는 지금 막 생겨나고 있는 나라의 경제 문제를 시장적 해법에 완전히 내맡기라고 진담으로 제안할 수 있을까? 나중에 우리는 이 문제로 다시 돌아오게 될 것이다. 어쨌든 시장이라는 아이디어는 그것에 익숙지 않은 사람에게는 아주 황당하다는 감정을 불러일으킬 수밖에 없으며, 그들이 황당해하는 모습을 보면 우리는 과연 시장이야말로 모든 경제 메커니즘 가운데에서도 가장 세련되고도 흥미로운 메커니즘이라고 더욱 경탄해 마지않게 된다. 아무도 명령하지 않건만 시장 경제에서 광산에 광부들이 생겨나고 공장에 노동자들이 생겨나도록 보장되는 것은 도대체 어찌된 일인가? 옷감 생산을 시장이 알아서 돌보는 것은 도대체 어떻게 이루어지는가? 시장으로 운영되는 나라에서 모든 개인이 자기가 하고 싶은 대로 하는데도 결국 사회 전체가 제시하는 필요를 모두 충족하게 되는 것은 또 어찌된 일인가?

| 경제학과 시장 체제 |
바로 이렇게 시장이라는 방식에서 비롯되는 여러 의문들이 경제학이 주요하게 다루는 문제들이다. 이것이 흔히 경제학이라는 말로 사람들이 뜻하는 바이며, 이 책 거의 전체에 걸쳐 이 말이 쓰이는 뜻이기도

하다. 경제 문제들을 해결하는 데에 주로 전통에 의존하는 사회들은 경제 전문가들보다는 문화 인류학자들 혹은 사회학자들에게 관심의 대상이 된다. 경제 문제들을 주로 명령에 의해 해결하는 사회들은 비록 흥미로운 경제학적 질문들을 품고는 있지만, 그 경제에 대한 연구는 필연적으로 정치학이나 권력 행사의 연구에 종속되는 것일 수밖에 없다.

경제학자들이 특별히 흥미를 갖는 사회는 바로 시장 과정을 통해 조직되는 사회이다. 우리들이 오늘날 맞부닥치고 있는 문제들 중 상당수(물론 다는 아니다.)는 이 시장 체제가 제대로 작동하느냐 마느냐와 관련되어 있다. 시장의 작동으로 인해 우리는 오늘날 여러 가지 문제들을 겪게 되며, 바로 그 때문에 경제학 자체를 연구하게 되는 것이다. 전통이나 명령 방식의 경우에서는 우리가 생산과 분배 메커니즘의 성격을 금세 알 수 있지만, 시장 사회의 경우에는 경제학 지식이 없다면 그 성격을 도무지 종잡을 수가 없기 때문이다. 시장 사회에서는 오로지 자유로운 개인들이 자기들 마음대로 행동하는 것이기에 심지어 가장 간단한 생산과 분배 문제들조차 제대로 해결될지 어떨지 전혀 알 수가 없다. 또 가지가지 사회적 병폐가 어느 정도까지 어떤 방식으로 시장 메커니즘과 연결되는지도 투명하지가 않다. 비시장 경제에서도 공해, 자원의 비효율적 배분, 빈곤 등의 문제가 얼마든지 있지 않은가!

이제부터 이 알쏭달쏭한 질문들을 좀 더 자세히 탐구해 들어가도록 하자. 앞의 논의로부터 우리가 제일 먼저 탐구해야 할 문제가 분명해졌다. 방금 본 새로 생겨난 나라의 지도자들과 나눈 가상 대화에서 느낄 수 있듯이, 시장이라는 해법은 전통이나 명령의 방식으로 자라난 사람들에게는 아주 이상하게 보일 수밖에 없다. 따라서 다음과 같은 질문이 나오게 된다. 시장이라는 해법 자체는 도대체 어떻게 출현하게 된 것인가? 이는 이미 완전히 완성된 모습으로서 사회 밖으로부터 강제로 밀고 들어온 것인가? 아니면 특별한 미래에 대한 계획 없이 그저 어떻게 하다 보니 저절로 생겨나게 된 것인가? 이제부터 우리가 살펴볼 경제사의 이야기는 이 질문에 초점을 맞출 것이다. 전통과 권위가 지배하던 과거의 사회들로부터 어떻게 하여 우리가 살고 있는 시장 체제가 진화하여 나왔는가를 되돌아보는 것이다.

욕구의 조달	1. 경제학은 인류가 그 물질적 효율성을 달성하는 방법 즉 여러 사회들이 자기들의 **물질적 욕구를** 조달하는 과제를 어떻게 해결하는가에 대한 연구이다.
희소성	2. 경제 문제들이 발생하는 원인은 대부분의 사회가 자연적으로 주어진 것보다 더 많은 욕구를 가지고 있기 때문이며, 이것이 **희소성**이라는 보편적 조건을 낳게 된다.
	3. 희소성은 (자연의 척박함에서 생겨나든 아니면 사람들의 욕망이 지나쳐서 생겨나든) 사회에 다음 두 가지의 엄중한 과제를 내놓는다.
생산	● 사회는 **생산**을 위해 자신의 에너지를 동원할 수 있어야 하며, 생산되는 재화의 양도 충분해야 하지만 생산될 필요가 있는 종목을 생산해야 한다.
분배	● '누가 무엇을 얻게 되는가'의 문제를 만족스럽게 풀 수 있도록 **분배**의 문제가 제대로 해결되어야 한다.
노동 분업	4. 이 두 문제는 모든 사회에 존재하는 것이지만, 특히 광범위한 **노동 분업**이 존재하는 선진 사회에서 더욱 해결이 어려워진다. 부유한 사회에 살고 있는 사람들은 단순한 사회에 사는 사람들보다 훨씬 더 사회에 의존하는 정도가 크다.
	5. 지금까지의 역사를 볼 때, 이 두 가지 경제 문제에 대한 세 가지 유형의 해결책이 진화해왔다. 이는 **전통, 명령, 시장** 체제이다.
전통 방식	6. **전통**이라는 방식은 친족 체제 등 여러 사회 제도를 통

50

해 사람들의 신분과 보상을 영구화시킴으로써 생산과 분배의 문제를 해결한다. 전통이라는 방식으로 주어지는 경제적 해결책은 정태적 성격을 가지는 것이 특징이다. 여기에서는 오랜 시간이 흘러도 거의 아무런 변화도 벌어지지 않는다.

명령 방식

7. 명령이라는 방식은 **통치력을 가진 권위**를 빌려 노력과 보상의 배분을 강제함으로써 경제 문제를 해결한다. 명령 방식은 급속하고도 광범위한 경제적 **변화**를 달성하는 수단이 될 수 있다. 이는 또 극단적인 전체주의 형태를 띨 수도 있고 온건한 민주적 형태를 띨 수도 있다.

시장

8. 시장 체제는 겉으로는 통제가 없어 보이는 사회에서 질서와 효율성이 "자발적으로" 생겨나도록 사회를 조직하는 복합적인 양식이다. 우리는 이제부터 이 시장 체제를 세밀하게 살펴볼 것이다.

질문들

1. 만약 우리가 필요로 하는 모든 식량을 우리 집 뒷마당에서 재배하고 또 우리에게 필요한 모든 것들을 우리 집 지하실에서 만들 수 있을 만큼 기술이 진보했다고 해보자. 이 경우에도 "경제 문제"가 존재할까?

2. 모든 사람들이 완벽하게 여러 재주를 가지고 있어서 다른 사람이 하는 일을 맡겨도 똑같이 잘할 수 있다고 해보자. 이 경우에도 사회 내의 노동 분업이 쓸모가 있을까? 있다면 어째서인가?

3. 현대의 경제 사회는 정부 기관이나 대기업의 지휘에 따라 삶을 영위하는 "관료들"에 의존하는 것으로 가끔 묘사된다. 이러한 묘사에 어느 정도의 진리가 있다고 가정했을 때, 현대 사회는 전통, 명령, 시장 중 어떤 것으로 묘사하는 것이 옳다고 생각하는가?

4. 당신이 당신 미래에 대해 세우고 있는 계획은 당신의 부모의 직업과 어느 만큼이나 일치 혹은 불일치하는가? 당신은 이른바 세대 간 단절이 모든 현대 사회에서 나타난다고 생각하는가?

5. 경제학은 희소성을 다루는 과학이라고 불릴 때가 있다. 선진국처럼 상당히 풍요한 사회에서도 경제학에 이러한 명칭을 쓸 수 있을까?

6. 현대 산업 사회에서도 있을 수밖에 없는 전통과 명령 방식의 요소들은 어떤 것이 있을까? 전통 방식에 전혀 의존하지 않고 또 명령을 전혀 행사하지 않고도 현대 사회가 존속할 수 있다고 생각하는가?

7. 생산과 분배의 많은 부분은 **사물들**을 만들고 다루는 작업이다. 그런데 어째서 생산과 분배가 공학적 혹은 물리적 문제가 아닌 사회적 문제가 되는 것일까?

8. 인간의 욕구는 무한하다고 생각하는가? 이로 인해 희소성은 항시 존재하는 것일까?

9. 무지, 빈곤, 인플레이션, 공해, 인종 차별 등은 오늘날의 미국인들을 괴롭히는 문제들이다. 전통 방식으로 운영되는 사회에서는 이러한 문제들을 어느 정도나 볼 수 있는가? 미국이 안고 있는 이러한 여러 문제들에 대해 시장 체제가 어느 정도까지 책임이 있다고 당신은 느끼는가?

고전을 새롭게 하기: "전통" 개념에 대한 더 읽을거리

이 장은 하일브로너 교수가 1963년에 나온 이 책 초판에서 집필했던 원고 거의 그대로의 모습이다. 사회가 그 물질적 필요를 조달하는 방법으로 전통, 명령, 시장을 들었던 하일브로너 교수의 논의는 경제사상사에서 하나의 고전의 위치를 점하고 있다. 하일브로너가 이 장을 집필한 이후 47년이 흘렀으니 그 사이에 여러 경제 인류학자들이 새로운 혜안을 추가로 마련했음은 당연한 일이다. 하지만 나(윌리엄 밀버그)는 하일브로너의 본래 글을 다시 쓰는 것보다는 독자들로 하여금 전통의 문제 또 그것이 경제적 조달과 어떤 관계에 있는가의 문제에 대한 최근의 학계에서의 사유를 스스로 발견할 수 있도록 해 줄 읽을거리의 짧은 목록을 제시하기로 하였다. 가장 최근의 관점을 보여 줄 수 있는 세 권의 책이다.

George Stocking. 1992. *The Ethnographer's Magic and Other Essays in the History of Anthropology.* Madison: University of Wisconsin Press.

George Stocking, ed. 1993. *Colonial Situations: Essays on the Contextualization of Ethnographic Knowledge.* Madison: University of Wisconsin Press.

Henrika Kuklick, ed. 2008. *A New History of Anthropology.* Oxford: Blackwell Publishing.

THE MAKING OF ECONOMIC SOCIETY

| 2장 |

시장 이전의 경제

"**개**가 뼈다귀 하나를 놓고 심사숙고하여 다른 개와 공정한 교환을 벌이는 것을 본 사람은 아무도 없다." 애덤 스미스는 『국부론』에서 이렇게 말한다. "동물이 몸짓과 울음소리를 동원해가면서 다른 동물에게 이것은 내 것이요 저것은 네 것이니 네가 저것을 주면 내가 이것을 주겠다고 의사 표현하는 것 또한 아무도 본 적이 없다."[1]

여기서 스미스가 논하고 있는 것은 "인간 본성에 내재한 모종의 성향 …… 즉, 한 사물을 다른 사물과 교환, 교역, 거래하는 성향"이다. 이러한 성향이 모든 인류에게 보편적인 특징으로서 존재한다는 명제는 진실이 아니지만, 적어도 스미스는 이를 철석같이 믿어 의심치 않았다. 하지만 스미스가 자신이 도식화한 경제생활의 중심에 교환 행위를 놓은 것은 분명히 옳은 것이었다. 스미스가 묘사하고 있는 시장 사회에서 판매와 구매 행위가 가장 중심에 놓여 있다는 것은 의문의 여지가 없다. 그렇다면 시장 사회의 발생에 대한 고찰은 이 시장 자체가 어떻게 발생했는가의 계보를 추적하는 것에서 출발하는 것이 당연한 일일 것이다.

시장의 발생 계보가 얼마나 오래전까지 거슬러 올라가는지를 알게되면 놀라지 않을 수 없을 것이다. 공동체들끼리 서로 교역을 한 것은 적어도 저번 빙하기 때까지 거슬러 올라간다. 러시아의 스텝 지역에서 매머드를 사냥하며 살던 이들이 교역을 통해 지중해의 조개껍데기를 얻었다는 증거가 있으며, 이는 프랑스의 중부 계곡 지역에 살던 크로마뇽인들도 마찬가지였다. 독일 북동 지역 포메라니아의 습지에서 고고학자들은 가죽 어깨끈이 달린 떡갈나무 상자 하나를 발견했는데 그 안에는 단도, 낫의 날, 바늘 등 청동기 시대 제품들이 가득했다. 전문가들의 추정은 이러하다. 자기 공동체의 특화된 제품을 위한 주문을 모으러 다니는 순회 판매 대리인이 있었는데, 이 상자는 그 떠돌이 판매원의 견본 가방이었을 확률이 아주 높다는 것이다.[2]

문명의 여명을 지나 최초의 조직 사회가 나타나는 시기가 되면 교역과 시장의 증거들 또한 급속히 늘어난다. 미리엄 비어드Miriam Beard의 말을 들어보자.

호메로스가 시를 읊고 로물루스와 레무스가 어미 늑대의 젖을 빨던 때보다 이미 몇 천 년 전에, 우루크Uruk와 니푸르Nippur에서는 담카르 damkars(무역상)들이 …… 떠들썩하게 장사판을 벌이고 있었다. 아티둠Atidum이라는 상인은 사무실을 확장할 필요가 있었기에 1년에 1과 6분의 1 셰켈의 은을 주기로 하고(일정액은 일시불로 내고 나머지는 할부로) 샤마시Shamash 신의 여사제인 리바툼Ribatum에게 알맞은 장소를 세내었다. 부유한 운송업자 아부-와카르는 자기 딸이 샤마시 신의 여사제가 되어 신전 근처에 부동산 사무소를 개업할 수 있게 되어 무척 기뻐했다. 일라브라스Ilabras라는 사람이 이비Ibi라는 사람에게 쓴 편지에는 이런 구절이 나온다. "샤마시 신과 마르두크Marduk 신께서 그대를 지켜주시기를. 그대도 알다시피 나는 이전에 여자 노예 한 사람을 가져오는 대가로 어음을 발행했었다. 이제 지불할 때가 되었노라."[3]

이런 것들은 언뜻 보면 아주 옛날부터 시장 사회가 존재했음을 입증하는 증거처럼 보인다. 하지만 이렇게 놀랄 만한 현대성의 증거들은 조심스럽게 해석해야만 한다. 비록 시장, 판매 및 구매, 심지어 고도로 조직된 교역체들까지 고대 사회 거의 어디서나 나타나는 특징이지만 이것들을 그 당시에 시장 사회가 존재했다는 증거라고 혼동하면 안 된다. 교역은 이미 우리가 알고 있는 가장 오래된 시기부터 중요한 것으로 존재했지만, 이는 어디까지나 사회의 부속물일 뿐이어서, 사람들을 생산 활동에 매진하도록 이끄는 기본적 동기 부여라든가 자원을 다양한 용도 가운데 어떤 것에 배당할 것인가 나아가 여러 사회 계급들 사이에서 재화를 어떻게 분배할 것인가 따위의 문제는 시장 과정과는 대개 분리되어 있었다. 즉, 고대의 시장은 그 사회의 기본적인 경제 문제를 풀기 위한 수단이 아니었던 것이다. 고대의 시장은 생산 및 분배의 거대한 과정에 통합되어 있는 것이 아니라 그 보조 수단에 불과했으며, 핵심적 경제 장치의 내부에 있는 것이 아니라 그 "위"에 둥둥 떠 있었던 것이다. 먼 옛날에도 시장은 많이 있었다. 하지만 그것이 풍기는 현대적인 분위기에 속아서는 안 된다. 앞으로 보겠지만, 그러한 옛날의 시장과 오늘날의 시장 경제의 현실과는 엄청난 간극이 있었다. 사회가 그것을 넘어서는 데에는 실로 수천 년이 걸렸다.

고대의 경제 조직

그렇다면 현재 우리가 보는 시장 사회는 어떻게 출현한 것이며 또 그 성격은 무엇인가? 이를 제대로 이해하기 위해서는 그 엄청난 간극의 거리를 우리 스스로 더듬어보아야만 한다. 과거의 사회들을 깊게 파고들어서 그들이 경제의 문제를 어떻게 해결했는가를 제대로 이해하지 못하고서는 오늘날 우리 삶의 환경이 되어버린 시장 사회가 어떻게 진화해온 것이며 거기에 어떤 의미가 담겨 있는가를 이해하는 일은 엄두조차 낼 수 없다.

물론, 과거에 존재했던 시장 이전 사회들은 무수히 다양하며, 그 사회들은 전반적인 모습을 볼 때 서로 큰 차이가 있었다. 기원전 3천 년경의 수메르와 아카드의 획일적인 신전 국가로부터 시작하여 기원전 4, 5세기경의 고전 그리스 로마의 "근대"를 거쳐 기원후의 시대로까지 펼쳐지는 경제사를 훑어 내려가는 길은 따라서 실로 다양하게 서로 다른 문화를 거쳐가는 여정이 되지 않을 수 없다. 하지만 오직 경제사에만 초점을 두고 살펴보게 되면 오히려 고대의 어떤 사회나 큰 차이가 없었음을 알게 된다. 이러한 사회들을 상세히 살펴보게 되면 그 각각을 떠받치는 정치적 통치라든가 종교적 신념 혹은 예술 등의 분야에서는 실로 근본적인 차이점이 발견되지만, 경제적 구조에만 국한해서 본다면 많은 유사점들이 발견되며 이는 그 사회들 사이의 차이점만큼 확실하게 보이는 것이었다. 역사책들은 대부분 극적인 사건들을 설명하는 데에 대부분을 할애하고 경제적 구조는 그저 "배경" 정도로만 취급하기 때문에 고대의 여러 사회에 걸쳐 발견되는 그러한 경제 구조의 유사점을 잘 의식하지 않을 뿐이다. 하지만 우리 논의의 주요한 초점은 바로 이러한 경제적 조직의 여러 특징들을 식별해내는 일이며, 과거로 시야를 돌리는 이유도 바로 그것 때문이다. 그러한 특징들은 어떠한 것일까?

고대 사회의 농업적 기초

제일 먼저 그리고 아마 가장 확연하게 눈에 들어오는 것은 이 모든 고대 경제들이 압도적으로 농업적 성격을 가지고 있었다는 점이다.

물론 인간 공동체는 제아무리 산업화가 진행된다고 해도 모두 땅의 소출로 먹고사는 존재라 할 수 있다. "산업" 사회와 "농업" 사회의 구별은 식량 재배에 종사하는 이들이 얼마나 많은 비농업 인구를 먹여 살릴 수 있는가로 이루어진다. 예를 들어 미국의 농업가farmer 한 사람은 풍족한 장비로 넓은 땅을 경작하여 거의 1백 명에 가까운 비농업 인구를 먹여 살릴 수 있지만, 아시아 일부 지역의 농민의 경우에는 장비라고 해야 땅을 가는 막대기 정도가 다인 데다가 경작하는 땅뙈기도 보잘것없는 크기여서 아무리 온 힘을 쥐어 짜봐야 지주에게 소출을 바치고 나면 자기 가족들 입에나 풀칠하는 것이 고작이다.

고대 전체를 통틀어볼 때 농업 인구가 비농업 인구를 먹여 살릴 수 있는 능력은 극히 제한되어 있었다. 정확한 통계는 구할 수 없지만, 오늘날의 세계 각지의 저발전 지역에서 행해지고 있는 농업은 그 기술이나 생산성이 고대 경제의 그것과 아주 — 심할 정도로 — 닮아 있으니, 이를 과거로 투사해본다면 그 옛날 나라들의 상황이 주로 어떠했는가를 짚어볼 수 있다. 그래서 인도, 이집트, 필리핀, 인도네시아, 브라질, 콜롬비아, 멕시코 등을 살펴보게 되면 비농업 인구 한 가족을 부양하는 데에 농업 인구 두 가족 정도가 필요하다는 것을 알게 된다. 약간 오래전에 이루어진 조사에 따르면 아프리카 열대 지역에서는 "농업 생산성이 너무 낮아서, 먹여 살려야 할 성인 인구 — 식량을 생산하지 않는 성인 인구 — 가 한 **사람** 늘어날 때마다 필요한 식량 생산자 —— 남자, 여자, 아이들을 통틀어 —— 의 숫자가 2명에서 10명까지 늘어날 수 있다.”고 한다.⁴ 슬픈 일이지만 약 50년 전에 이루어진 이 조사는 오늘날에도 대충 현실과 일치한다.⁵

고대 경제가 이렇게까지 열악했던 것은 아니며, 이따금씩은 괄목할 만한 농업 생산량을 보여주기도 한 것이 분명한 사실이다. 하지만 비농업 인구를 먹여 살릴 수 있는 능력이 오늘날 미국의 농업 생산량에 비추어보면 아예 비교의 여지가 없을 정도로 낮은 것이었다. 모든 고대 사회는 기본적으로 농업 경제였다. 앞으로 보겠지만, 고대에도 아주 찬란하고 부유한 도시 사회나 넓게 펼쳐진 국제 무역 네트워크가 발달했던 것도 사실이다. 하지만 고대 사회에서 대표적인 경제인의 이미지는 상인도 도시 거주자도 아닌 흙을 일구는 자였으며, 고대 여러 사회의 경제는 궁극적으로 이 농촌 공동체들에 무게 중심을 두고 있었던 것이다.

그렇다고 해서 그들의 경제생활을 오늘날의 덴마크나 뉴질랜드와 같은 현대적 농업 경제와 비슷했을 것이라고 생각해서도 아니 된다. 오늘날의 농업가들은 사업가들과 마찬가지로 시장 사회에서나 특징적으로 나타나는 거래의 그물망으로 몸을 칭칭 감고 있다. 이들은 자신들의 소출을 시장에 판매하며, 장비나 재료 등도 시장에서 구매한다. 이들이 노력의 대가로 원하는 것도 밀이나 옥수수 따위를 쌓아두는 것이 아니라 돈을 쌓아두는 것이다. 또 이들은 자신들의 활동을 평가하기 위해서 자기들의 이윤과 손실을 기록한 장부를 정기적으로 참조한다. 최신 농업 기술의 정보에도 민감하여 그것을 꼼꼼히 공부하며, 그것이 이윤을 낳는 데에 도움이 된다면 실천에 옮긴다.

우리는 흔히 고대 이집트, 고대 그리스나 로마 혹은 동방의 여러 대

문명에서 살고 있었던 농민들도 "농업가farmer"라는 이름으로 부를 때가 많다. 하지만, 위에 열거한 농업가의 행태들 중 어떤 것도 그들의 고유한 삶과는 거리가 먼 것이었다. 땅을 경작하는 이들은 거의 예외 없이 농민peasant이었고, 농민이란 농업가와는 전혀 다른 사회적 종족이다. 농민은 새로운 기술에 관심을 두기는커녕 자기가 제일 잘 아는 방식을 황소고집을 피워가며 고수한다(그리고 여기서 대단한 수완을 발휘하기도 한다.). 그럴 법도 한 것이 조금이라도 실수가 생기면 돈을 못 버는 정도가 아니라 아예 배를 곯아야 하는 위험에 처하게 되는 처지이기 때문이다. 이들은 자기에게 필요한 장비도 돈 주고 사는 법이 없고 항상 자기 방식으로 스스로 만들어낸다. 마찬가지로 이들이 생산을 하는 으뜸의 목적도 "시장"에 내다 파는 것이 아니라 자기 가족을 먹여 살리는 것이다. 마지막으로 이들은 심지어 자기가 재배한 곡식을 마음대로 소비할 수도 없다. 그중 일정한 양 — 10분의 1, 3분의 1, 2분의 1 혹은 그보다도 많이 — 을 자기들 땅을 소유한 자에게 넘겨주어야 하기 때문이다.

일반적으로 고대 사회의 농민들은 스스로의 땅을 소유하지 못했다. 물론 우리는 고전 시대 그리스*와 공화정 시대의 로마의 자유로운 시민-농업가들의 이야기를 종종 듣기도 하지만, 이런 경우는 예외일 뿐이었고 농민들은 일반적으로 대지주의 소작인들에 불과했다. 그리스와 로마에서조차 그 독립 농민층은 갈수록 엄청난 크기의 상업화된 대농장이 집어삼켜 결국 대농장에 속한 소작인들로 전락시켜버리는 경향이 있었다. 로마의 역사가 플리니우스의 저술을 보면 25만 두의

---

* 기원전 5세기에서 4세기의 그리스 문명.

가축과 4,117명의 노예를 거느린 그러한 거대 농장 즉 라티푼디움lati-fundium(글자 그대로 "넓은 농장"이라는 뜻이다.)의 이야기가 나온다.

결국 고대 사회의 경제에 있어서 뼈와 근육이라 할 농민들은 그야말로 그 시대의 여러 경제가 갖는 비시장적 측면을 드러내는 최고의 예라 할 것이다. 비록 일부 경작자들은 자기들 소출의 일부를 도시의 시장터에 마음대로 내다 파는 경우도 있었지만 대다수의 농업 생산자들은 아예 시장에 들어가는 일조차 없었다. 따라서 이들 대부분이 현금 따위는 거의 존재하지 않는 세상에 살았던 것이다. 이들도 시장 거래의 세계와 이어줄 유일한 연결 고리로서 구리 동전들을 조금씩 가지고 있기는 했지만, 이는 오직 급한 경우에나 쓰도록 조심스레 벽장 속에 숨겨두는 것이 일반적이었다.[6]

결국 고대 농민들의 법적 사회적 지위는 지역과 사회에 따라 다양한 차이가 있었지만, 넓게 보자면 그들의 경제생활은 놀랄 만큼 동일한 색조를 띠고 있었다. 오늘날의 농업가들이나 갖는 거래망이니 이윤 욕구니 하는 것은 이들에게는 들어본 적조차 없는 이야기였다. 고대의 농민들이란 전반적으로 가난하고 등이 휠 만한 세금에 시달렸으며, 억압된 상태에 처한 채 자연의 변덕이나 전쟁으로 인한 착취 같은 일들이 벌어질 때마다 그 희생물이 되는 존재로서, 법과 관습으로 토지에 꽁꽁 묶인 채 전통적인 경제적 규칙의 지배를 받고 있었다. 참고로 오늘날 옛 공산권과 제3세계의 몇몇 나라들은 여전히 이러한 형태의 농민들로 사회를 떠받치고 있다. 이들에게 변화를 가져올 수 있는 주된 자극은 명령 —— 복종이라고 하는 편이 낫겠다. —— 이었다. 그들은 인간이 실존적 차원에서 발휘하게 마련인 미덕 즉 노동과 믿을 수 없을 정도의 인내력 등을 몸소 실천해 보임으로써 문명의 발전을 떠받쳤던 것이다.

도시의 경제생활

이렇게 고대 사회의 기초는 농업 계층이었지만 고대 사회는 이 농민들을 활발한 시장에서 대체로 배제했다. 그리고 이러한 것이 고대 경제 조직에서 공통적으로 나타나는 놀랄 만한 또 다른 측면을 만들었다. 그것은 바로 다양하면서도 생기 넘치고 격정적인 도시의 경제생활이었다. 그리고 이러한 찬란한 도시 경제는 당시 농민들의 모습과의 대조 속에서 더욱더 충격적으로 도드라져 보인다.

고대 이집트, 고전 그리스나 로마 어디로 가든 이러한 정적인 농촌의 삶과 역동적인 도시의 삶이 대조되는 것에 놀라지 않을 수 없다. 오만 가지의 물품들이 피레우스Pireus 항의 선착장으로 쏟아져 들어온다.* 이탈리아에서는 곡물이, 크레타 섬과 심지어 멀리 영국에서는 철이, 이집트에서는 서적이, 그보다 더 먼 곳에서는 향수 등이 들어온다. 기원전 4세기 이소크라테스Isocrates는 『찬사Panegyricus』에서 이렇게 뽐내고 있다. "여기저기 세계 곳곳에 흩어져 있어서 얻기 힘든 모든 물건들도 아테네에서는 손쉽게 살 수 있다." 마찬가지로 로마 또한 대외 상업과 국내 상업이 모두 번영하였다. 4세기가 지난 후 아우구스투스 황제 시대에는 로마 시민들을 먹이기 위해 매년 곡물을 실은 6000척의 나룻배를 황소로 끌어 올려야 했으며,[7] 도시의 광장에는

---

* 피레우스 항은 오늘날에도 유럽 최대의 무역 지대이며, 기원전 5세기경 아테네의 무역항으로서 생겨난 도시였다.

마치 "거대한 주식 시장"처럼 투기꾼들이 우글거리며 모여들었다고 한다.[8]

이렇게 최소한 외견상으로는 오늘날의 사회와 비슷한 모습을 고대의 큰 도시 중심지에서 자주 볼 수 있다. 하지만 그렇다고 해서 이러한 도시 지역이 우리와 비슷한 시장 사회였다고 결론을 내리게 되면 그러한 겉모습에 속아 넘어가게 되는 셈이다. 최소한 두 가지 점에서 고대의 도시와 오늘날의 시장 사회는 근본적인 차이가 있었다.

첫째는 고대 도시에서 시장의 기능이 그 성격에서나 범위에서나 본질적으로 제한적이었다는 점이다. 오늘날의 도시는 멀리 배후지에서 실어온 재화를 수납하는 곳일 뿐만 아니라 재화와 용역을 그 농촌 지역으로 수출하는 중요한 기능 또한 맡고 있다. 하지만 고대의 여러 도시들은 그와 달리 나머지 지역에 대해서 일종의 경제적 기생충과 같은 역할을 맡는 경향이 있었다. 이집트, 그리스, 로마의 거대한 도시 중심지로 들어오는 무역품의 대부분은 도시 상층 계급을 위한 사치품 같은 성격의 것이었으며, 완제품으로 가공하여 소비 경제에 내놓을 원자재 따위가 들어온 것이 아니었다. 이 도시들을 문명을 담은 그릇이었다고 할 수는 있다. 하지만 경제 활동의 중심으로서는 농촌 지역과 건너기 힘든 깊고 넓은 심연으로 분리되어 있었기에 경제생활의 차원에서 보자면 고립된 섬과 같은 곳이었으며, 농촌-도시 경제라는 통합된 구성체의 중심지는 아니었다.

노예제

고대의 도시 경제와 오늘날의 시장 사회를 구별하는 더욱 중요한 두 번째 차이점이 있으니, 고대의 도시가 **노예 노동**에 의존하고 있었다는 점이다.

엄청난 규모의 노예제는 고대의 거의 모든 경제 사회를 떠받치는 초석이었다. 예를 들어 고대 그리스의 피레우스 항구는 현대적인 분위기가 물씬 풍기는 곳이었지만, 그 분위기에 취해서 그 도시의 그리스 상인들이 물건을 살 때 사용하는 은화가 대부분 로렌티움Laurentium의 은 광산에서 2만 명의 노예들이 구역질나는 조건 속에서 일한 덕분에 생산된 것이라는 사실을 잊어서는 안 된다. 아테네의 "민주주의"가 절정에 달했던 기원전 4세기경에 그 노예의 수는 인구의 적어도 3분의 1 이상이었다고 추산되고 있다. 기원전 30년경의 로마에서는 약 150만 명의 노예들 ── 라티푼디움 농장의 노예, 갤리선의 노 젓는 노예, 광산 노예, "공장" 노예, 작업장의 노예 ── 이 경제를 돌리는 주요 동력을 제공했다.[9] 세네카는 놀라운 이야기를 전해준다. 당시 노예들에게 특별한 옷을 입히자는 법안이 제출되었다가 부결되는 일이 있었다는 것이다. 만약 노예들이 자기들과 똑같은 옷을 입은 이들이 그토록 많다는 것을 알게 되면 자기들의 힘을 깨닫게 될까봐 두려워했기 때문이라는 것이다.

물론 노동의 원천으로 노예만 있었던 것은 아니었다. 자유로운 수공업자들과 노동자들도 집단 ── 콜레기아Collegia*와 같은 상호 부조 단체 ── 을 이루어서 로마 도시 내에서 일했으며, 그리스나 다른 곳에서도 이와 비슷한 자유로운 노동자들이 일하고 있었다. 수많은 도시,

---

* 콜레기아는 로마 제정 후기에 나타난 직종 조합이다. 주로 상호 부조를 기능으로 하고 있었다.

특히 후기 로마로 가보면 일군의 실업 노동자들(하지만 노예가 되지는 않은)이 있어서 어쩌다가 우연적인 노동 수요가 발생하면 이를 충족시켜주는 원천이 되었다. 하지만 노예 노동이라는 추동력이 없었더라면 과연 그렇게 찬란한 고대의 도시 경제가 유지될 수는 없었을 것이다. 여기에서 우리는 핵심적 논점에 도달한다. 고대 도시에는 시장 경제가 번성하고 있었던 것은 사실이지만, 이는 어디까지나 전통과 명령에 의해 운영되는 경제 구조라는 기반 위에서 작동했다는 것이다. 고대의 기초적인 경제적 활동에 관한 한, 개인들이 마음껏 자기 이익을 좇아 자유롭게 서로 거래를 맺는 방식 따위는 존재하지 않았다. 고대 도시에 놀랄 정도로 근대적인 시장 구조가 눈에 띈다고 해서 그것만 보아서는 아니 된다. 그 상인들이 무수한 농민들과 노예들의 어깨 위에 서 있었다는 사실을 기억해야만 한다.

사회적 잉여

이렇게 농촌 지역은 빈곤하기 짝이 없었던 가운데 그에 둘러싸인 중심에는 거대한 부를 쌓아올린 도시가 존재했었다. 이 사실을 가만히 음미해보면, 고대의 경제 사회의 또 다른 특징을 알 수 있게 된다. 그 사회의 부와 그 사회의 기초를 이루는 경제적 조직의 관계가 대단히 독특했다는 점이다.

어떤 사회에서든 부가 존재한다는 것은 곧 자연으로부터 뜯어낸 잉여가 존재한다는 것이며, 즉 그 사회가 경제적 생산의 문제를 해결했을 뿐만 아니라 스스로의 존속에 필수적인 것보다 더 많은 양의 활동을 이루어냈다는 것을 뜻한다. 고대의 여러 문명을 볼 때 아마도 제일 먼저 놀라게 되는 점은 기본적으로 빈곤했던 농업 인구로부터 어쩌면 그렇게 많은 잉여를 뜯어낼 수 있었던가 하는 점일 것이다. 고대 아시리아 왕들이 세운 신전들, 아스텍 문명의 놀랄 만한 보물들, 이집트 파라오의 피라미드와 편의 시설들, 아테네의 아크로폴리스, 로마 문명의 장엄한 건축물들과 도로들을 보라. 이는 모두 본질적으로 농업적이던 이 문명들이 엄청난 잉여 생산을 달성하였기에 그중 상당한 양의 노동을 농업에서 다른 용도로 차출할 수 있었고 또 그렇게 차출당한 노동력을 기아선상에서나마 먹여 살릴 수 있었다는 것, 그래서 오늘날 우리 후손들이 아직도 볼 수 있는 거대한 건축물들을 지을 수 있었다는 점을 입증하고 있다.

하지만 이렇게 넋을 빼놓을 만한 과거의 성취는 또 다른 사실을 입증하고 있다. 사회는 기술을 사용하거나 혹은 사회를 조직하는 솜씨를 발휘함으로써 잉여 생산의 잠재력을 실현시켜낼 수 있지만, 그 잉여 생산력을 적용하는 방향은 가지가지일 수 있다는 점이다. 잉여 생산력을 수로나 댐 등의 건설에 쏟아서 농업 생산력을 개선하고 수확량을 훨씬 더 늘리는 데에 쓸 수도 있다. 도시의 직공들이 사용하는 도구와 장비를 개선하여 그들의 생산력을 올리는 데에 쓸 수도 있다. 아니면 이 잉여 생산물을 노동하지 않는 종교 조직의 성직자들, 궁정에 기생하는 이들, 게으른 귀족 계급을 부양하는 데에 쓸 수도 있다. 우리 사회도 잉여를 생산할 수 있는 그 엄청난 역량이 없다면, 다시 말해 자체의 경제가 스스로가 존속하는 데에 필요한 것 이상의 산출을 낳을 수 없다면, 우리나라의 군대를 부양할 수 없었을 것이다. 이는 옛날의 소련도 마찬가지이다.

따라서 어떤 사회이건 축적된 부가 어떤 사회적 형태를 취하는가를 살펴보게 되면 그 사회에 대해 실로 많은 것이 드러나게 된다. "누가 잉여를 가져가는가?"야말로 그 사회 내부의 권력 구조를 어김없이 밝혀내는 등불이 되는 질문인 것이다.

부와 권력

고대 사회의 부는 누가 가져갔는가? 얼핏 보면 이 질문은 한마디로 답할 수 없어 보인다. 황제들, 귀족들, 성직자들, 상업 교역자들, 이 모든 이들이 고대 사회의 부를 돌아가면서 누렸던 이들이었으니까. 하지만 좀 더 자세히 보게 되면 흥미롭고도 의미심장한 일반화가 가능해진다. 대부분의 부는 엄밀한 의미에서 경제적 역할을 한 이들에게는 돌아가지 않았다는 것이다. 물론 이집트나 로마 시대의 기록에는 영리한 노예들이 부자가 된 이야기들이 있고 또 고대 사회의 여러 연대기들에는 부유한 상인들과 은행가들이 항상 나오지만, 이들의 직업은 부를 얻을 수 있는 주된 방법이 아니었다. 고대 문명에서 부란 일반적으로 경제적 활동의 보상이 아니라 정치적, 군사적 혹은 종교적 권력 및 신분에 주어지는 보상이었다.

여기에는 그럴 만한 이유가 있다. 사회는 다양해도 그 사회가 가장 높게 평가하는 활동이 가장 많은 보상을 받는다는 점은 어디서나 똑같다. 그리고 파란만장했던 고대의 오랜 역사를 볼 때 사회의 생존에 필수적인 쪽은 교역의 기술 쪽이 아니라 정치적 지도력, 종교적 감화력, 군사적 기술 같은 쪽이었음 또한 의문의 여지가 없다. 사실상 이러한 고대 사회에서 많은 경우 경제적 활동 자체는 본질적으로 천한 것으로 경멸당했다. 아리스토텔레스가 『정치』에서 쓴 것처럼, "가장 제대로 통치되는 폴리스에서라면 …… 직공이나 상인의 삶을 사는 시민이 있을 리 없다. 왜냐면 그런 직업이란 고상함이란 찾아볼 수 없는 삶이며 또 인격의 완성에 아주 해로운 삶이기 때문이다." 훗날 기원후 1세기에 키케로는 논고 『의무론』(1권)에서 이 명제를 확장시켜 이렇게 말한다.

> 돈을 주고 고용한 노동자는 기예技藝가 아니라 그저 노력 봉사를 바쳐 돈을 받는 이이며, 이런 짓은 성격상 비천한 것으로서 자유인이 할 짓이 못 된다. 왜냐면 이 경우에 그가 받는 돈은 노예가 되어준 대가로 받는 돈이기 때문이다. 또 도매로 물건을 떼와서 소매로 판매하는 직업 또한 비천한 것이다. 그 과정에서 이윤을 남기려면 수많은 거짓말을 해야만 하니까. …… 소규모의 소매상은 비천한 직업이지만, 대규모로 도매업을 벌여서 세계 곳곳으로부터 여러 물품을 수입하여 사기 치는 일 없이 많은 이들에게 분배하는 경우라면 너무 심하게 비난해서는 아니 된다…….

위대한 법률가 키케로는 여기에 이렇게 덧붙인다. 특히 "이러한 무역을 행하는 자가 결국 돈에 신물이 나거나 최소한 자기 이익에 만족하여 시골의 토지로 낙향할 경우에는 더욱 비난해서는 아니 된다."

이렇게 상인의 사회적 기능은 장군, 집정관, 사제 등에 비해 중요성이 덜한 것으로 평가되었으니, 이렇게 "비천한" 경제적 활동으로 획득한 부에 대해 멸시가 쏟아졌다는 사실은 당시의 아주 중요한 경제적 사실 하나를 반영하고 있다. 사회가 아직 부의 생산과 재화의 생산을 하나로 통합하지 못했다는 것이다. 아직도 부란 그저 정복을 통해 강탈하거나 사회의 근저를 이루는 농업 및 노예 노동 인구를 쥐어짜내는 것에 불과하였다. 생산을 지속적으로 증가시켜서 확장된 사회적 총생산의 일부를 여러 계급들에 배분하는 시스템이 나타나 그 결과물로서 부가 등장하는 것은 아직 멀고 먼 훗날의 일이었다.

이 상태가 그 뒤로도 몇 천 년 계속된다. 오늘날과 같이 사회의 모든 크고 작은 활동에 가격표가 붙고 구매와 판매 그리고 입찰과 가격 제시 같은 행위가 사회의 최하층에까지 침투하는 세상은 먼 훗날에나 찾아올 일이었으며, 그때까지는 계속 부의 축적이 경제의 문제가 아니라 정치, 군사, 혹은 종교적인 권력의 문제로 남아 있었다. 요약해 보자. 전前 시장 사회에서 부란 권력을 쫓아가는 경향이 있었으며, 권력이 부를 쫓아가는 경향을 갖는 일은 시장 사회가 도래한 뒤에야 벌어진다.

고대 사회의 "경제학"과 사회 정의

이러한 고대 사회의 경제 체제가 어떠한 변이와 진화를 겪게 되었는가로 넘어가기 전에 한 가지 질문을 더 다룰 필요가 있다. 당대의 경제학자들은 자신들의 경제 체제에 대해 어떻게 생각했을까?

대답은 아주 흥미롭다. 우선 당대에는 "경제학자들"이란 존재하지 않았다. 우리가 "고대"라고 부르는 시기는 역사의 오랜 기간에 걸쳐 있으며, 그 기간에 활동한 이들 중에는 역사가들, 철학자들, 정치 이론가들, 예절과 도덕에 대해 저술을 남긴 이들이 무수히 많다. 하지만 경제학자들이라고 부를 만한 이들은 존재하지 않았다. 그 이유는 멀리에서 찾을 필요가 없다. 당시 사회의 경제학 —— 즉 사회가 경제적 존속이라는 기본적 과제를 해결하기 위해 스스로를 조직하는 양태에 대한 탐구

── 이란 것이 생각이 깊은 이들의 호기심을 자극할 만한 문제가 되지 못했기 때문이다. 화폐처럼 실제 경제의 작동을 알기 위해서 꿰뚫어 보아야 할 "베일"이 있었던 것도 아니었고 시장에서의 계약처럼 복잡하게 칭칭 엉켜 있는 관계를 풀어내야 하는 것도 아니었고 사회의 경제적 리듬이 존재하여 그것을 해석해야 했던 것도 아니었으니까. 농지 소유자, 노예, 소상공업자, 상인들의 운명을 결정하는 것은 그저 풍년이 드느냐 마느냐, 조세 체제가 정의롭게 작동하느냐 마느냐, 전쟁과 정치에서 운수가 어떻게 풀리느냐 등과 같이 표면에 모두 드러나 있는 문제들이었다. 교역의 맥박을 결정하는 것도 그저 국가 간의 군사적 힘 관계가 어떻게 바뀌느냐, 개별 상인들의 운수가 어떻게 풀리느냐, 기술이 번영하느냐 쇠퇴하느냐 등과 같은 것이었다. 경제 "성장"과 닮은 것이 있었다고 해도 이는 그 크기가 너무 작거나 주목을 끌기에는 너무 불규칙적이었기에 사람들의 시야에 잡히지 않았다. 부를 획득하고자 하는 개인들의 운명은 전쟁이나 정치의 성패가 어떻게 되는가 혹은 지역의 독점체들이나 그들의 통혼 관계가 어떻게 되는가에 따라 결정되는 신세였다. 이러한 상황이었으니 굳이 경제적 시각을 갖춘 관찰자가 분석 능력을 발휘하고 어쩌고 할 여지가 거의 없었던 셈이다.

흉작이나 전쟁의 운명 등과 같은 영구적인 문제들 외에 경제적 문제가 있었다면 그것은 사회 정의의 문제와 불가분으로 얽혀 있는 문제였다. 이미 아득한 옛날 아시리아의 점토판에서도 농민들의 조세를 경감코자 했던 개혁가들의 기록이 나오고 있다. 또 성경 전반에 걸쳐서 원시적 공산주의와 평등한 공유라는 주제가 종교 사상의 배경 아래에 흘러 내려오고 있고 이는 중세 유럽으로까지 이어진다. 예를 들어 구약성경의 「레위기」를 보면 희년禧年jubilee이라는 흥미로운 관습이 언급되고 있다. 토지의 임차는 50년이 그 한도이고, 이를 지나면 모든 토지 소유자는 자기 소유의 땅을 "본래 주인에게 각각 돌려주어야 한다."[10] 하지만 종교인들이 부와 빈곤의 문제에 관심을 가졌고 따라서 경제학에서의 분배 문제에 관심을 가졌던 것은 사실이지만 부와 빈곤을 낳는 **사회 체제**를 체계적으로 탐구한 저작은 고대 시대 전체를 통틀어 거의 찾아볼 수가 없다. 부자들이 사회적으로 경멸을 받는다고 해도 이는 탐욕스런 인간들이 개인적으로 겪어야 할 좌절일 뿐이라는 것이다. 그리고 사회 정의를 달성할 수 있는 방법은 자선이나 기부와 같은 개인적 차원의 재분배밖에는 없다는 것이다. 사회를 정치적으로나 도덕적으로가 아니라 "경제적으로" 연구한다는 생각은 너무나 눈에 띄지 않아서 오히려 눈에 띌 정도이다.

하지만 우리가 주목해야 할 중요한 예외가 있다. 플라톤의 위대한 제자였던 아리스토텔레스는 그 특유의 강력한 성찰의 힘을 경제 문제들에 돌렸다. 체계적인 경제학 연구라 할 만한 것이 진정으로 시작된 것은 아리스토텔레스로 말미암은 것이었다. 아리스토텔레스가 급진적 사회 개혁가였던 것은 전혀 아니었다. 다음과 같은 그의 유명한 문장은 실로 많은 의미를 담고 있다. "인간은 세상에 태어나는 순간부터 어떤 이들은 종속되도록 어떤 이들은 지배하도록 각각 정해져 있다."[11] 하지만 경제 사상사를 연구하다 보면 고금을 꿰뚫어 오늘날까지 내려오는 중요한 질문들, 이를테면 "가치란 무엇인가?" "교환의 기초는 무엇인가?" "이자란 무엇인가?" 같은 것들이 결국 아리스토텔레스로 거슬러 올라간다는 것을 알게 된다.

이 질문들에 아리스토텔레스가 내린 여러 대답을 자세히 논할 수는 없지만, 경제 활동 자체에 대한 고대 사회의 태도에 대해 우리가 했던 이야기와 조응하는 그의 논점 하나만은 짚고 넘어가야겠다. 아리스토텔레스는 경제적 과정을 두 개의 분야로 나누었는데, 우리처럼 생산과 분배로 구분한 것이 아니라 **사용**과 **이득**으로 나누었다. 좀 더 자세히 말하자면 외코노미아oeconomia —— 여기에서 "경제학economics"이라는 말이 나왔다. —— 와 크레마티스티케chrematistiké —— 여기에서는 특별히 파생된 현대어가 없다. —— 로 나누었던 것이다. 이 그리스 철학자는 외코노미아라는 말로써 집안의 살림살이, 가산의 관리, 자원을 알뜰하게 절약하는 것 등을 뜻하였다. 반면 크레마티스티케란 재물을 얻기 위한 목적으로 사람의 기술이나 자연 자원을 사용하는 것을 의미하였다. 이는 교역을 위한 교역으로서, 사용이 아니라 이윤의 획득을 그 동기와 목적으로 삼는 경제적 활동이다. 아리스토텔레스는 외코노미아는 찬성할 만한 것으로 인정했지만 크레마티스티케에 대해서는 부정적이었는데, 이는 고대의 시장 구조가 본질적으로 제한적인 것이었다는 점 그리고 도시의 상인들이 걸핏하면 시골의 농민들을 착취했었다는 점을 생각해보면 능히 이해할 수 있는 점이다. 그렇다면 만약 **모든** 사람들이 이득을 위해 뛰어다니는 시장 사회는 어떨까. 찬성할 만한 것으로 인정받을 수 있을까. 이 질문은 훨씬 대답하기 어려운 것이겠으나, 이러한 상황 자체가 고대사에서 결코 나타난 적이 없기에 이 질문 또한 아리스토텔레스의 저작에 보이지 않는다. 경제적 질서와 경제적 윤리라는 것에 대해 정작 골치 아픈 질문들이 쏟아지는 것은 시장 사회에서의 일이고 이는 아직 나타나지 않았던 것이다. 시장 사회가 출현하기 이전이니 시장 사회를 합리화하는 데에 필요한 철학도 찾아볼 수 없다는 점 또한 충분히 이해할 수 있는 일이다.

중세의 경제적 사회

지금까지의 논의는 고대의 대문명들에 국한하여 멀리서 개관한 것이다. 이제 우리는 초점을 좀 더 좁혀서 우리와 시간적으로도 더 가깝고 또 사회적 진화와 관련해서도 직계 선조이기에 더욱 중요한 시대를 자세히 살펴보자. 이 시대는 우리가 중세라고 부르는 시기로서, 공간적으로는 스웨덴에서 지중해까지 펼쳐져 있으며 시간적으로는 5세기 로마 제국의 몰락에서 "시작해" 1천 년 후의 르네상스로 "끝나는" 실로 방대한 역사의 장이다.

오늘날의 학자들은 이 방대한 시간과 공간에 나타나는 다양성을 더욱 강조하고 있다. 시간 축으로 보아도 세기마다 모습이 다르며 공시적으로 보아도 지역마다 다른 특징이 보인다는 것이다. 예를 들어 10세기 노르망디 지방의 농촌 공동체에 사는 보통 거주민은 일생 동안 2백 명에서 3백 명 이상을 만나지 못했을 것이며 사용하는 언어도 6백 단어를 넘지 못했을 것이라고 추산된다.[12] 그런데 같은 중세라도 14세기의 세계 도시 피렌체에서 보카치오가 그토록 세밀한 붓으로 묘사하고 있는 "삶"은 이와는 아주 다른 종류의 것이다.

게다가 우리는 중세라는 시기를 경제적 다양성과 변화라는 관점에서 또한 생각해볼 필요가 있다. 봉건제 초기 경제생활의 전반적인 복지는 중기나 후기 생활의 복지와 크게 다르다. 봉건제가 개시되던 시기는 끔찍할 정도의 빈곤과 인구 감소의 시기와 겹친다. 5세기 전반에 걸쳐서 로마 도시의 인구는 실제로 150만에서 30만으로 줄어들어버렸다. 하지만 12세기경이 되면 다시 도시가 발전하여(이 회복에 600년이 걸렸다!) 그 범위가 예전 로마 제국의 영토 전반을 다 채우고 또 그것을 넘어서 넘쳐나기까지 했으며, 14세기 초가 되면 유럽의 여러 지역이 아주 상당한 정도의 부를 누리기도 했다.[13] 그다음에는 일련의 파국이 줄줄이 나타난다. 1315년에는 소름끼치는 2년간의 기근이 찾아온다. 그 뒤로 1348년에는 흑사병이 번져 도시 인구의 3분의 1에서 3분의 2 정도가 사라져버리며, 그다음엔 영국과 프랑스 사이에서 또 독일과 이탈리아의 작은 공국公國들 사이에서 파멸적인 전쟁이 백 년간 벌어진다. 이러한 모든 불행한 사태 속에서 경제 수준은 바닥모를 나락으로 무섭게 떨어져버렸다. 봉건제 시기의 긴 역사를 특징짓는 것은 정체 상태라든가 부드러운 단선적 진보 같은 것이 아니라 세기마다 엄청난 파도가 불규칙하게 덮치는 식의 그림으로서, 이러한 발전 과정을 단순하게 일반화해서는 안 된다고 경고하고 있다.

하지만 우리의 목적은 이러한 엄청난 파도들을 추적하는 것이 아니라, 그러한 흥망성쇠의 널뛰기 아래에 버티고 있던 **경제 구조**를 전반적으로 그려내고 그것이 어떤 특징을 가지고 있기에 봉건제 시대가 서구의 경제사에서 독특한 위치를 점하는지를 살펴보는 것이다. 그 출발점으로 그 경제 구조의 탄생에서 기초가 된 지극히 중요한 사건에 주목해보도록 하자. 그것은 대규모 정치 조직의 붕괴였다.

로마의 몰락

로마가 "몰락"하자 그 뒤를 이어 동쪽, 북쪽, 남쪽에서 침략과 약탈이 연이어 벌어져 유럽의 농촌이 모두 갈가리 찢겨져버렸고, 법과 질서를 떠받치던 거대한 행정의 틀도 사라지고 대신 작은 규모의 정치 단위들이 만들어졌다. 9세기가 되면 샤를마뉴가 실로 광활한 지역을 통합하여 신성 로마 제국을 건설하지만,* 심지어 이때가 되어도 그 통일된 "국가"의 얇은 표면을 뚫고 들어가보면 정치적 혼돈 상태가 계속되고 있었다. 통일된 언어도 없었고, 잘 조정된 중앙 정부도, 통합된 법률, 통화 제도도 없었으며 무엇보다도 어떤 "민족적" 귀속과 충성의 의식이 존재하지 않았기에 샤를마뉴 시대의 작은 국가들은 걸핏하면 해체되어버리기 일쑤였던 것이다.

고대 사회와 중세 시대의 이러한 놀랄 만한 차이를 보게 되면 정치적 해체가 얼마나 엄청난 경제적 결과들을 낳았는가를 뚜렷이 볼 수 있게 된다. 로마 제국이 제공하던 안전과 안보가 사라지고 각 지역이 폐쇄적인 단위로 쪼개져 무정부 상태가 되자, 먼 거리로 여러 상품을 운반하는 일은 지극히 위험한 일이 되었고 결국 한때 활기로 가득 찼던 대도시의 생활도 유지될 수 없게 되었다. 보편적으로 통용되는 화폐와 법률이 사라지게 되자 프랑스 지역의 상인들은 이제 이탈리아의 상인들과 사업을 할 수 없게 되었고, 전통적으로 내려오던 경제적 연결망도 끊어지거나 방기 상태가 되고 말았다. 질병과 침략이 잦아지면서 농촌의 인구도 격감하게 되었으며, 그러자 사람들은 어쩔 수 없이 자급자족을 통해 일단 목숨부터 부지하고 보자고 하는 가장 수세적 형태의 경제 조직에 의존하지 않을 수 없게 되었다. 이에 새로운

---

* 정확히 말하면 샤를마뉴는 재건된 "서로마 제국"의 황제로서 로마 교황으로부터 인정을 받은 것이고, 신성 로마 제국의 명칭으로 황제 자리에 오른 것은 동프랑크 왕국의 왕이었던 오토 1세였다(962년).

요구가 생겨나게 되었으니, 이는 존속 가능한 사회 조직의 형태를 가능한 최소의 규모로 압축해야 한다는 필요였다. 여러 세기에 걸쳐서 이러한 경제생활의 고립성과 극단적인 자력갱생이 중세의 경제를 특징짓는 성격이 되었던 바, 그 전반적인 사회적 정치적 질서의 양식을 우리는 **봉건제**라고 부른다.

장원의 사회 조직

봉건제와 함께 경제 조직의 기본 단위로서 새로이 등장한 것이 바로 **장원**莊園manorial estate이었다.

이는 어떠한 모습이었을까? 장원은 종종 수천 에이커에 이르는 큰 규모의 토지로서 이를 "소유"한 것은 봉건 영주였고, 봉건 영주에는 다시 세속적 영주와 종교적 영주가 있었다.[14] 이 "소유"했다는 말에 따옴표를 친 이유는 장원이 모종의 경제적 소유 재산이라고는 절대로 말할 수 없기 때문이다. 장원은 오히려 사회적 정치적 단위로서, 장원의 영주는 땅의 주인이었을 뿐만 아니라 보호자, 재판관, 보안관, 행정관 등의 역할 또한 수행하였다. 물론 이 각각의 영주들도 모두 자기들끼리의 거대한 위계 구조 서열에 묶여 있어서 어떤 영주는 다른 영주의 하인이라는 식이었다. (심지어 교황조차도 신의 하인이었다.) 하지만 봉건 귀족은 적어도 자신의 장원 안에서만큼은 정말 글자 그대로 "그 토지의 주재자lord of the land"였다. 영주는 자기 토지 위에서 살고 있는 이들 다수의 주인이자 소유자였으며, 여기에 시비를 거는 자는 아무도 없었다. 장원 안에 살고 있는 농노들은 비록 노예는 아니었지만, 그래도 여러 면에서 볼 때 영주의 (혹은 농노들의) 가옥, 가축, 농작물 등과 다를 바 없는 영주의 재산이었던 것이다.

장원의 중심지에는 영주의 거주지 즉 거대한 저택이 있었다. 이 저택은 습격에 대비하기 위해 단단히 무장되어 있었고 주변의 농촌과는 거대한 성벽으로 격리되어 있었으며 어떨 때는 정말로 성채 정도로 큰 것도 있었다. 저택 내의 울타리 쳐진 마당에는 온갖 작업장들이 있어서 여기에서 직물을 짜고, 포도를 압착하고, 식량을 저장하고, 간단한 대장장이 일 등이 행해지고, 날곡식을 빻는 등의 일이 벌어졌다. 이 저택의 사방으로 경작지 땅뙈기가 조각조각 이어져 있었으니, 이 땅뙈기들은 보통 1에이커나 2분의 1에이커 정도의 지조地條 strip*들로 다시 나뉘었다. 이 지조들에는 각각 정해진 작물을 기르게 되어 있었으며 일정 기간 농사를 지은 뒤에는 지력地力을 회복하도록 묵혀두는 것이 전형적인 모습이었다. 이 모든 작물들은 절반 혹은 그 이상이 영주에게 직접 귀속되었고, 나머지는 장원을 이루고 있는 자유농, 반자유농, 예속농의 가족들로 구성된 위계에 따라 "귀속되었다belonged." 이 법적 용어가 갖는 여러 다양한 뜻에 따라서.

이 "귀속"이라는 말의 정확한 의미는 농노, 자유민, 그 밖에 누구나 태어나면서 저절로 가지게 되는 신분 범주에 수반되는 의무와 권리에 따라 다양하게 변하였다. 하지만 심지어 자신의 땅을 "소유한" 자유민이라 해도 그 땅을 다른 봉건 영주에게 팔아버릴 수는 없었다는 점에 주목하라. 그가 그 땅을 "소유"했다는 의미는 기껏해야 그 자신의 땅에서 쫓겨나는 일이 없을 것 ── 특별한 상황을 제외하면 ── 이라는 정도에 불과했다. 자유민보다 낮은 신분에 있는 이들은 이러한 안전 보

---

* 긴 띠 모양의 땅 조각.

80

장조차 없었다. 전형적인 농노는 글자 그대로 "그의" 땅뙈기에 속박되어 있는 신세였다. 그는 자신의 거주지를 떠나 같은 장원 안에서이건 아니면 다른 장원으로이건 이주할 수 없었다. 특별한 허락을 받는다면 가능할 수도 있었지만 이 또한 특별히 영주에게 무언가를 지불해야 하는 것이 보통이었다. 또 모든 이들은 그 신분에 따라서 일련의 의무를 부과받았으니, 바로 이것이 장원이라는 경제 조직을 형성하는 가장 중요한 핵심이었다. 그 의무란 영주를 위해 노동한다는 것 즉 영주의 땅을 경작하고 그의 여러 작업장에서 일하고 또 영주에게 자신의 작물의 일부를 바친다는 것 등으로 구성되어 있었다. 이렇게 영주에게 바쳐야 하는 노동의 양과 성격은 장원에 따라, 또 시대에 따라 다양했다. 어떤 지역에서는 이것이 1주일에 무려 4일 심지어 5일에 달했으니, 이는 곧 농노의 아내와 자식들이 나가서 일하지 않는다면 그 자신의 땅은 경작할 수 없다는 것을 뜻했다. 마지막으로 농노들은 적은 액수이지만 화폐로 일정액을 꼬박꼬박 바쳐야 했으니, 사망세 chevage, 토지 상속세heriot, 결혼 수수료merchet, 그리고 그 밖에도 영주의 방앗간이나 가마를 사용하는 세금 등이 그것이었다.

안전의 제공

하지만 이 모든 것에는 지극히 중요한 대상물이 존재했다. 농노가 영주에게 자신의 노동과 자기가 땀 흘려 일군 것들의 많은 부분을 바쳐야 했지만, 영주는 그 대가로 농노가 스스로는 획득할 수 없는 것들을 제공했던 것이다.

그중에서도 가장 중요한 것이 일정하게 인신의 안전을 보장했다는 것이다. 봉건제 시대의 대부분은 폭력의 색조로 얼룩져 있다. 그것을 재구성하는 일은 쉽지 않지만, 한 연구자가 제시한 통계에 따르자면 1330년과 1479년 사이에 영국 공작들의 아들 중 46퍼센트는 폭력으로 목숨을 잃었다고 한다. 이 아들들의 평균 수명은 그렇게 폭력으로 죽은 이들을 빼고 계산해보면 31세였으며, 그들을 넣고 계산해보면 겨우 24세에 불과했다고 한다.[15] 농민들은 전사戰士가 아니었기에 지속적인 전투나 암살 등의 위험에 직업적으로 노출되지 않았지만, 다른 곳의 영주가 습격을 감행해 들어올 경우 제일 쉽게 먹잇감이 되어 희생당하거나 포로로 납치당하기도 하는 신세였고, 또 보잘것없는 그의 소유물들을 부수는 것을 막을 힘도 없었다. 따라서 우리는 어째서 심지어 자유민들까지 제 발로 영주를 찾아가서 스스로를 "위탁 commend"하여 농노가 되었는지를 이해할 수 있다. 경제적 사회적 정치적으로는 영주의 종복 신세가 되지만 그래도 그 대신 영주가 이들에게 군사적 보호라는 가치조차 매길 수 없이 소중한 외투를 입혀주게 되니까.

여기에 더하여 영주는 일정한 경제적 안전의 요소 또한 제공해주었다. 기근이 찾아올 때 자신의 저택 창고에 비축해 둔 것들을 꺼내어 농노들을 먹이는 것이 바로 영주였다. 또 비록 대가는 지불해야 하지만, 농노들은 자기와 영주의 지조를 경작하는 데에 영주가 소유한 가축들과 장비를 사용할 권한을 보유하였다. 보통의 농노들이 거의 아무런 연장도 갖지 못하고 있던 당시로서는 이것이 아주 큰 은전을 베푸는 것이었다.[16]

그런데 이러한 사실들로 말미암아 봉건 시대의 삶에 대해 목가적인 이미지를 가져서는 곤란하다. 영주와 농노의 관계는 종종 아니 거의 통상적으로 지극히 착취적인 것이었다. 하지만 그 관계가 또한 서로 서로를 지탱해주는 것이었음 또한 알아야 한다. 큰 틀의 정치 조직이 붕괴하고 사실상 안정성이 사라져버린 세상에서 양쪽은 서로의 존속에 필수적인 서비스를 제공했던 셈이다.

장원 생활의 경제학

장원 생활은 지극히 자급자족적이었지만, 그래도 고대 사회의 경제 조직과 닮은 점들도 많이 있다.

우선 장원 또한 그 이전의 다른 사회들처럼 전통 방식으로 조직된 경제 사회의 한 형태였음이 명백하다. 사실상 이 시기만큼 관습의 힘이 강했던 적도 없었다. 중세 장원의 영주의 법정에는 저 유명한 "까마득한 예로부터의 관습ancient customs"이라는 것이 있어서, 보호받을 길이 없게 된 농노들이 그 관습을 자신의 변호인으로 삼아 호소하는 일이 자주 있었다. 강력한 통일 중앙 정부가 없었기에 경제 문제를 해결하는 데에서 명령이라는 방식도 상대적으로 힘이 약할 수밖에 없었다. 그 결과 경제적 변화와 발전이 없었던 것은 아니지만 그 속도가 중세 시기 초기에는 지극히 느릴 수밖에 없었다.

두 번째, 장원 경제는 놀랄 만큼 화폐 거래가 없었던 것을 특징으로 삼는 사회 형태였으니, 이 점에서는 심지어 고대 사회보다 더했다. 로마의 라티푼디움은 그래도 생산물을 도시에 내다 팔았지만 중세의 장원은 오직 스스로만을 부양하기 위해 생산했으며, 아마도 기껏해야 그 지역에 있는 도시 하나 정도를 부양하는 데에 그쳤을 뿐이다. 물론 외부 세계와의 화폐적 연관을 완전히 버릴 수 있을 만큼 자급자족을 달성한 장원은 없었다. 심지어 농노들조차 몇 가지 상품들을 구매하였고 계란을 몇 개씩 팔기도 했다. 그리고 영주는 이따금씩 스스로 생산할 수 없는 물품들을 상당한 양으로 사들여야 했다. 하지만 전체적으로 볼 때 화폐의 유통은 지극히 적었다. 중세 경제사의 권위자인 앙리 피렌Henri Pirenne은 이렇게 말했다.

> …… 소작인들은 영주에 대한 각종 공납을 현물로 지불했다. 모든 농노들은 …… 일정한 일수의 노동과 일정한 양의 자연 산물 혹은 스스로 손으로 만든 물품들, 옥수수, 계란, 거위, 양, 돼지, 마麻로 꼬은 밧줄, 린넨이나 모직 옷감 등을 바쳐야 했다. 물론 몇 펜스의 화폐 또한 내야 했지만 이는 그 양이 무척 작았으므로 장원 내의 경제가 자연 경제였다고 결론을 내리는 데에는 아무 지장이 없다. …… 장원 경제는 상업과 관련을 맺지 않았으므로 화폐를 사용할 필요도 없었다…….[17]

도시와 정기시

하지만 중세의 삶이 시장 사회에서 볼 수 있는 현금 거래나 가격 흥정 등과는 담을 쌓은 경제였다고 결론을 내린다면 잘못이다. 고대 사회에서 그랬던 것처럼 중세의 경제적 사회 또한 정태적이고 화폐가 거의 사용되지 않은 거대한 덩어리의 농업 생산과 그것을 기반으로 삼아 역동적인 여러 활동들을 아주 다양하게 펼치며 번성한 도시 경제로 이루어져 있었다고 생각해야 한다.

우선 비록 쪼그라들기는 했으나 옛날 로마의 도시들이 장원들과 나란히 여전히 명맥을 유지하고 있었고(나중에 보겠지만 이것이 새로운 도시의 핵이 되었다.), 이 작은 도시들은 살아가기 위해서 당연히 여러 시장의 네트워크를 가져야만 했다. 모든 도시마다 인근 농민들이 자신들의 작물을 좀 가져와 팔 수 있도록 자체의 판매대를 두고 있었다. 더욱 중요한 점은 이 도시들이 장원과는 명백하게 다른 사회 단위였기에 장원의 여러 법률과 관습이 도시에 적용되지 않았다는 것이다. 도시들도 인근 장원 영주의 보호 아래로 들어가게 되는 때가 있었지만 심지어 이때에도 도시 주민들은 조금씩 조금씩 중세적 부역의 의무에서 자유를 얻어냈으며, 더욱 중요한 점은 봉건제의 법적 의무로부터도 자유를 얻어냈다는 사실이다.[18] 장원에서의 "까마득한 예로부터의 관습"과 달리 도시 성벽 안에서는 대부분의 상업 활동을 규제하는 것이 "상인법law of merchants"이었다. 이 법은 새로이 만들어진 것이었고 또 계속 진화해나가는 법이었다.*

---

* lex mercatoria. 중세의 상인들은 여러 도시를 오가며 상행위를 벌였는데, 분쟁이 생길 때 어떻게 처리할 것인가가 어려운 문제가 되었다. 만약 교회 혹은 영주의 법정에서 문제를 해결한다면 어느 도시 쪽의 법정으로 갈 것인가도 시비의 대상이었지만 신속하게 문제를 해결하고 움직여야 할 상인들로서는 이 도시 밖의 법정에 묶여 있는 것이 시간적으로도 부담스러웠고 또 지불해야 할 비용도 컸을 뿐만 아니라 무엇보다도 상인들의 관행의 실정에 낯선 이러한 법정들이 만족스런 결과를 낼지도 의심스러웠기 때문이다. 그래서 상인들은 분쟁 당사자들과 상인 네트워크에서 존경받는 경험 많은 이를 중재관으로 하여 일종의 중재arbitrage로 문제를 해결하는 관행을 만들었다. 이것은 강제력은 없었지만, 이러한 중재의 결과를 승복하지 않는다면 상인 네트워크 내부에서의 평판에 심각한 영향을 줄 수 있는 것으로 힘을 발휘하였다. 이후 상인법은 근대 주권 국가 출현 이후 국내법으로 통일되지만, 중재의 관행은 지금도 남아 있으며 특히 국제적 상거래의 영역은 국제법으로 해결하는 데에 무리가 있으므로 19세기 이후 국제적 중재의 관행으로 크게 발전하였다. 지구화가 진행되고 지구적 자본 투자의 권력이 증대된 오늘날에는 심지어 자본 투자 협정을 맺은 주권 국가도 중재 분쟁의 대상으로 삼는 소위 '투자자-국가 분쟁Inversto-State

활동적인 경제생활이 벌어졌던 또 하나의 장소가 정기시定期市 fair
였다. 정기시는 일종의 유랑 시장으로서, 일정한 장소에서 일정한 날
짜에 열리는 것이었고 전 유럽의 상인들이 여기에 모여 진정 국제적
인 교환을 행하는 곳이었다. 큰 규모의 정기시는, 비록 일 년에 한 번
만 열리는 것이 보통이었지만, 사회 전체의 휴일이자 종교적 축제 그
리고 열띤 경제 활동이 함께 어우러져 장관을 이루는 대단한 날이었
다. 프랑스의 샹파뉴Champagne나 영국의 스토어브릿지Stourbridge
같은 곳의 정기시에는 레반트에서 온 비단, 책과 양피지, 말, 약품, 향
료 등등 실로 다양한 상품이 판매되었다. 오늘날에도 파리 교외의 유
명한 야외 바자인 벼룩시장Flea Market이나 미국의 뉴잉글랜드 혹은
중서부 농촌 지역의 정기시에 가보면 그러한 중세 시장의 공기 비슷
한 것을 맛볼 수 있을 것이다. 갑갑한 중세 사람들의 삶에 이러한 정
기시들이 얼마나 대단한 흥분을 자아냈을까를 상상해보는 것은 어렵
지 않다.

길드

마지막으로, 도시는 비록 크기는 작아도 중세적 "산업" 생산의 대단히
중요한 중심지였다. 장원은 제아무리 규모가 크다고 해도 팽창은 고
사하고 그 스스로를 유지하는 데에 필요한 모든 기술자들도 먹여 살
려줄 수가 없었다. 유리공, 석공, 전문적인 갑옷 기술자와 철공 기술

Dispue' 으로까지 발전하였다. 졸저 『투자자-국가 직접소송: 한미 FTA의 정치경제
학』(녹색평론사) 참조.

자, 고급 직물을 만드는 직공과 날염공 등의 생산물이나 일손은 필요할 때마다 돈을 주고 사는 수밖에 없었고, 이런 기술자들은 도시에만 특징적으로 존재하는 여러 중세적 기관에서 찾을 수밖에 없었다. 그리고 농촌의 전형적인 삶이 장원이었던 것처럼 도시의 전형적인 삶의 방식은 이러한 중세적 기관들로 규제되었다.

이 기관들이 바로 길드guild였다. 그 기원은 로마 시대로 거슬러 올라가며, 직종, 전문 직업, 기술 등을 공유하는 이들이 모인 조직이었다. 이 길드라는 조직이 바로 중세기의 "사업 단위"였다. 사실상 어떤 길드에 소속되지 않는 한 "사업"을 시작할 수조차 없었다. 이렇게 길드는 일종의 배타적인 조합이었지만, 그 성격은 노동자들의 조합이 아니라 장인匠人master들의 조합이었다. 길드의 주요한 구성원은 길드 장인들이었으니, 이들은 독립적 제조업자로서 각자 스스로의 작업장을 가지고 있었으며 함께 모여서 길드 자치 정부를 세워서 이를 통해 길드 내부의 여러 문제들을 처리하는 규칙을 스스로 정하는 이들이었다. 이러한 길드 장인들은 그 아래에 소수의 장색匠色journey-man들과 예닐곱 명 정도의 도제apprentice들을 거느리고 있었다. 장색이란 도제 수습 훈련을 마치고 여러 장인들을 찾아다니며 하루 단위로 품삯을 받는 이들이었고, 도제란 보통 10세에서 12세 정도의 어린이들로서 3년에서 12년의 기간 동안 장인을 법적 보호자로 삼아 거기에 묶여 있는 수습공들이었다. 시간이 지나면 도제는 장색이 될 수 있고, 장색이 된 뒤에는 그동안 갈고 닦은 기예를 발휘하여 그만의 "걸작 masterpiece"[19]을 완성시킴으로써 일가를 이룬 완벽한 대장인의 지위로 올라갈 수 있었다. 최소한 중세인들의 이야기 속에서는 그렇게 되어 있다.

중세의 도시 생활을 묘사한 이야기들에는 항상 각양각색의 길드 조직 이야기가 나온다. 수예공들과 장갑 제조업자들, 모자 제조업자들과 대서 공증인들, 배 만드는 목수들과 양탄자 제조업자들, 이 각각이 모두 스스로의 공회당을 가지고 눈에 띄는 유니폼을 맞추어 입고서 자신들 내부에 아주 정교하게 규칙을 마련하여 살았다는 것이다. 하지만 비록 길드 내에서의 삶과 정기시에서의 삶이 장원의 갑갑한 삶과 날카로운 대조를 보여준다고 해도, 이러한 겉모습에 속아서 길드나 정기시가 비록 중세의 옷을 입었지만 사실상은 현대적인 삶이 펼쳐진 곳이라고 생각해서는 아니 된다. 길드에서부터 오늘날의 현대적 영리 기업이 나타나는 과정에는 실로 멀고 먼 여정을 거쳐야 했다. 이제 그 차이점들 몇 가지를 똑똑히 짚고 넘어가는 것이 좋겠다.

길드의 기능들

무엇보다도, 길드는 단순히 생산을 조직하기 위한 제도가 아니었다. 길드의 규제가 주로 임금, 노동 조건, 생산물의 세부 사항들에 대한 것이기는 했지만, "비경제적" 문제들에 대해서 또한 자세한 규정이 있었다. 그래서 각 구성원이 내야 할 자선 기부, 그가 성원으로서 떠맡아야 할 역할, 적절한 복장, 심지어 그의 품행에 대해서까지도 길드의 규제가 있었다. 즉 길드는 생산을 규제했을 뿐만 아니라 구성원의 사회적 행동 또한 규제했던 것이다. 런던의 포목상 길드의 한 조합원이 물품을 놓고 말싸움 끝에 다른 조합원의 "머리통을 깨"자 두 사람 모두가 10파운드의 벌금을 물게 되었을 뿐만 아니라 이런 불미스런 일이 다시 없을 것이라는 서약과 함께 200파운드를 담보로 잡혀야 했다.

또 다른 길드에서는 패싸움에 뛰어든 구성원들이 맥주 1통을 벌금으로 내어 나머지 길드 성원들이 실컷 마셔대기도 했다.

하지만 이러한 가부장적 온정주의로 속속 배어 있었다는 것 말고도 길드와 현대적 영리 기업 사이에는 훨씬 더 근본적인 차이점이 있었다. 길드는 현대 기업과는 달리 돈을 버는 것이 최고의 목적이 아니었다. 길드의 목적은 일정하게 질서 잡힌 생활 방식을 보존하는 것이었다. 물론 이 생활 방식에서는 장인 기술자들이 괜찮은 소득을 얻는 것을 상정하고 있었지만, 그렇다고 해도 그들 중 누군가가 "대"사업가나 독점 기업가가 되는 것은 추호도 허용하지 않았다. 오히려 길드는 그 구성원들 사이에서 그렇게 막가는 투쟁이 벌어지는 일을 막기 위해 특별히 고안된 것이었다. 노동 조건, 임금, 도제와 장색들이 승급하는 과정 등은 모두 관습으로 고정되어 있었다. 판매 조건도 마찬가지였다. 어떤 항목의 생산물을 만약 어떤 길드 구성원이 자기 창고에 숨겨서 쌓아놓고 있다면 이는 사재기forestalling의 혐의를 받아 엄격한 처벌을 받았고, 소매로 팔기 위해 도매로 한꺼번에 물건을 사들이는 구성원도 가격을 올리기 위한 매점engrossing or regrating 행위를 했다는 죄로 마찬가지의 처벌을 받았다. 따라서 경쟁은 엄격하게 제한되어 있었고 이윤도 미리 정해진 수준으로 묶여 있었다. 광고 행위는 금지였고 심지어 동료 길드 구성원들보다 더 나은 기술적 진보를 이루는 것조차 불충스런 짓으로 간주되었다.

예를 들어 14세기 피렌체의 한 거대한 직물 길드의 경우 다른 가게의 문 앞에 서 있는 손님을 끌어오는 호객 행위는 물론, 그의 형제 길드 조합원들과 다른 방식으로 직물을 처리하는 것까지도 금지였다. 직물의 생산과 처리 과정은 그야말로 철저하게 세세히 검토된 표준으로 규제되었다. 한 예로 자주색 염료에 불순물을 섞은 것이 발각되자 그 짓을 저지른 자는 엄청난 벌금을 물어야 하며 이를 지불하지 않을 시에는 오른손을 잘라버린다는 조치를 받고 말았다.[20]

장원과 비교해보면 길드가 좀 더 봉건제 삶의 "근대적" 측면을 대표한 것은 분명하지만 길드 생활의 전체적 정조는 현대 영리 기업의 목적이나 이상과는 여전히 거리가 멀었다. 가격을 마음대로 책정할 수도 없었고 자유 경쟁도 없었으며 쉴 새 없이 유리한 고지를 차지하기 위한 노력도 없었다. 길드는 비교적 화폐가 사용되지 않았던 중세 사회의 주변에 위치했기에 자신들의 빈약한 사업 조직으로부터 리스크를 제거하기 위해 여러 억지스런 일을 벌이지 않을 수 없었다. 이들의 목적은 증산이 아니라 보존, 안정성, 질서였다. 이들은 진정 장원과 다를 바 없이 중세의 분위기에 속속들이 젖어 있었던 것이다.

중세의 경제학

이러한 차이 이상으로 중세의 경제 사회와 시장 경제의 경제 사회 사이에 더욱더 깊은 심연이 존재하고 있었다. 그것은 중세 사회와 그 경제생활에서는 경제적 활동이 아직 사회적 종교적 활동과 불가분으로 섞여 있었던 데에 반해 시장 경제에서는 경제생활이 그야말로 독자적인 특수 범주로서 나타나게 된다는 데에서 오는 차이였다. 우리는 다음 장에서 시장 사회가 경제적 존재라는 특수 영역을 창출하는 과정을 살펴볼 것이지만, 중세의 경제 사회에 대한 소개를 맺기 전에 당시에는 그러한 경제라는 특수 영역이 존재하지 않았다는 사실에 각별히 주의를 환기해야 한다. 중세 사회에서는 경제가 삶의 지배적 측면이 아니라 종속적 측면일 뿐이었다.

그렇다면 중세적 삶의 지배적 측면은 무엇이었던가? 말할 것도 없이 중세적 삶의 다른 측면들과 마찬가지로 경제 문제에 있어서도 지도력을 발휘했던 것은 종교적인 이상이었다. 혼란의 시대였던 당시에 그나마 사회적 안정을 떠받치던 거대한 기둥 역할을 한 것은 가톨릭교회였으며, 이것이 다른 모든 문제들에서와 마찬가지로 경제 문제에 대해서도 궁극적인 권위를 가지고 있었던 것이다.

하지만 중세 가톨릭교회의 경제학이 관심을 둔 것은, 기업이 성공하려면 그 대차대조표를 어떻게 짜야 하는가와 같은 문제가 아니라, 기업가들을 구원으로 이끌려면 그들 영혼의 대차대조표를 어떻게 짜야 하는가의 문제였다. 이 문제에 대한 가장 위대한 연구자 중 한 사람인 R. H. 토니R. H. Tawney는 이렇게 쓴 바 있다.

…… 중세 사상가들의 저작은 경제 이론의 기술적 측면에 특별히 기여한 바는 미미하지만 그 저작이 기초를 두고 있는 전제들은 대단히 중요하다. 이들은 두 가지 가정에서 출발하고 있었으며, 그 둘 모두가 16세기와 17세기의 사회사상에 깊은 흔적을 남기게 된다. 첫 번째는 경제적 이해관계란 인생의 진정한 사업인 영혼의 구원보다 하위의 목표라는 것이며, 두 번째는 경제적 행동 또한 사람의 인격적 활동의 한 측면이니 다른 것들과 마찬가지로 마땅히 도덕의 여러 규칙들로 제약되어야 한다는 것이었다. …… 물질적 부가 없다면 인간은 스스로를 부양할 수도 없고 다른 이들을 도울 수도 없으니 반드시 필요한 것이다. ……하지만 경제적 동기라는 것은 의심쩍은 것이다. 이는 대단히 강력한 욕망이므로 인간들은 이를 두려워하며 그것을 대놓고 찬양할 만큼

뻔뻔스럽지 못하다. 따라서 다른 강력한 욕망들과 마찬가지로 사람들이 이 경제적 동기에 대해서도 해야 할 바는 그것이 맘껏 펼쳐지도록 멍석을 까는 것이 아니라 그것을 억누르는 것이라고 생각했던 것이다......[21]

따라서 중세 전체에 걸쳐서 종교 사상에는 경제 사회의 각종 관행에 대한 불편한 감정이 속속들이 배어 있었다. 교역 행위에 대한 가톨릭 교회의 태도는 본질적으로 의심의 눈초리를 번득이는 것이었고, 이는 다음과 같은 격언에 잘 집약되어 있다. "상인은 거의 혹은 결코 신을 기쁘시게 할 수 없다Homo mercator vix aut numquam Deo placere potest."

공정 가격

영리적 동기를 의심쩍어 하는 이러한 태도는 "공정 가격"이라는 생각에 대한 교회의 관심에서 잘 드러난다. 공정 가격은 무엇인가? 어떤 것을 그 가치대로 팔며 그 이상 받지 않는 것이다. 토마스 아퀴나스는 이렇게 쓴다. "어떤 것을 그 공정 가격보다 비싸게 팔려고 사기를 치는 것은 이웃을 속여 손해를 보게 하는 짓이므로 큰 죄악이다."[22]

그런데 어떤 것의 "가치"란 무엇인가? 그것을 얻거나 만드는 데에 들어가는 비용이라고 상정되었다. 하지만 만약 어떤 판매자가 자신의 물건을 지나치게 비싼 값으로 사왔을 경우라면 그 물건을 다시 팔 적에 어떻게 "공정 가격"을 매길 것인가? 혹 너무 싼 값에 사온 경우라면? 이때는 큰 물질적 이익은 얻겠지만 대신 영혼을 잃을 위험에 들게 되는 것인가?

　이런 것들이 중세의 "신학자-경제학자"들이 골몰한 질문이었으며, 이는 경제학과 윤리학이 뒤범벅이 되어 있는 그 시대의 특징을 증언해준다. 이러한 경제 신학이 실제의 경제 과정에 참여하는 이들을 크게 황당하게 만들기도 했다는 기록이 있다. 10세기 오릴라Aurillac에 살던 성 제랄드St. Gerald는 로마에서 이상하게 싼 가격으로 성직 의상을 구입하였는데, 지나가는 떠돌이 상인들로부터 그 정도 가격이었다면 정말로 "땡잡은bargain" 것이라는 말을 듣자 흐뭇해하기는커녕 그 옷을 팔았던 이에게 웃돈까지 붙여서 서둘러 돌려주었다. 탐욕의 죄에 빠질까 두려워서였다.[23]

　성 제랄드의 태도가 당시로서 예외적인 것이 아니었음은 의심의 여지가 없다. 공정 가격을 실시하라는 명령이 이득을 좇는 사람들의 욕망을 잠재우는 데에는 실패하였지만, 그래도 이득 추구의 열광에 고삐를 씌우는 데에는 분명히 성공하였다. 보통의 사업가들은 종종 일을 멈추고 자기 영혼의 재무제표 상태를 찬찬히 계산해보았다. 이따금씩은 온 도시 전체가 고리대의 죄악을 회개하고 거액의 배상을 지불하는 일도 있었고, 강두플 르 그랑Gandoufle le Grand처럼 임종의 침상에서 자기가 이자를 뜯어낸 모든 이들에게 다시 원금과 배상금까지 돌려줄 것을 명령하는 상인들도 있었다. 12세기와 13세기의 사업가들은 종종 유서에다가 아들들에게 자신의 뒤를 따라 장사꾼이 되는 함정에 빠지지 말라는 보족서codicil를 덧붙이기도 하고 또 자선 기관에 유산을 기부함으로써 자기들이 장사를 하며 저지른 죄를 보속하려 하기도 했다. 중세 런던의 한 상인은 14파운드의 돈을 털어 신학 장학금을 설립하였는데, "그 정도 액수라면 내 인생 동안 다양한 사람들을

속여서 번 돈과 맞먹는다고 나의 양심의 소리가 말하기 때문"이라는 것이었다.[24]

이득은 부끄러운 것

따라서 이렇게 신학적으로 의심을 사게 되었으니 돈벌이의 과정에도 완전히 새로운 색깔이 씌게 되었다. 역사상 처음으로 신학적 비판으로 인해 돈벌이가 죄악과 연결된 것이다. 고대 사회에서 재산을 축적하던 이들은 모두 한 점 부끄러움 없이 맘껏 온갖 금은보화를 게걸스레 축적했지만, 중세의 이윤 축적자들은 이득을 거두어들이면서도 항상 그로 인해 자신의 영혼이 위험에 처할지 모른다는 생각에 시달려야 했다.

이러한 돈벌이에 대한 나쁜 사회적 평판은 고리대 즉 이자를 받고 돈을 빌려주는 행위에 대해 가톨릭교회가 보여준 경악에 가까운 혐오에서 잘 드러나 있다. 아리스토텔레스 이래로 화폐 대부는 본질적으로 기생적 활동으로 여겨졌다. "생식 능력이 없는" 상품인 화폐로 하여금 새끼를 치게 하려는 짓이니까. 고대에도 고리대금업은 평이 좋지 않은 활동이었지만 그 비판은 논리가 모호했었다. 또 상업도 기껏해야 인기가 없는 활동으로 치부된 정도에 불과했었다. 하지만 중세에 들어서 일단 이것이 교회의 깐깐한 감시 아래로 들어가자 이제는 심히 사악한 활동으로 낙인찍히게 된다. 교황은 이제 고리대가 죽음에 이르는 대죄mortal sin*라는 칙령까지 내린다. 13세기 및 14세기의 리옹 공의회와 빈 공의회에서는 이렇게 선언되었다. 고리대금업자는 사회의 추방자pariah**이므로 아무도 이들에게 집을 세주어서는 아니

되며 이를 어기는 자가 있으면 그 또한 파문당해야 한다는 것이었다. 또 이들은 고백 성사도 허용되지 않으며, 시신을 기독교인들의 묘지에 매장할 수 없고, 이들의 유서도 법적 효력이 없다는 것이었다. 그리고 심지어 누구든 고리대를 옹호하려는 자가 있다면 이 또한 이단의 혐의를 받아야 한다는 것이었다.

이렇게 험악한 교회의 감정은 단지 신학적 양심 때문에만 생겨난 것은 아니었다. 그 반대였다. 고리대와 이윤 추구에 대한 교회의 반대는 대부분 가장 세속적인 현실에 그 뿌리를 둔 것이었다. 기근은 중세기 전체를 휩쓴 재앙이었던바, 이로 인해 가장 파렴치한 경제적 갈취가 나타나고 말았다. 당장 먹을 것이 없어 굶주리는 이들에게 빵을 살 돈을 꾸어주고서 거기에 40퍼센트에서 60퍼센트에 달하는 이자를 매긴 것이다. 이러한 인정머리 없는 관행이 중세기에는 넘쳐났으니, 이윤 추구와 이자 수거에 대한 혐오는 대부분 그것을 이러한 파렴치한 관행과 똑같은 짓으로 본 것에서 기인했다.

마지막으로 이득과 이윤이 오명을 뒤집어쓰게 된 아마도 가장 근본적인 이유가 또 있었다. 이는 경제적 생활의 조직 자체가 본질적으로 정태적이었다는 사실이다. 당시의 삶이 기본적으로 농업적인 것이었

---

* (앞쪽) 「요한1서」 5장 16절에서는 영혼의 죽음을 가져오는 죄와 그렇지 않은 죄의 구별이 나온다. 그리하여 죄는 단지 신과의 관계를 약화시킬 뿐인 보통의 죄와 신과의 관계 자체를 끊어버릴 수 있는 대죄mortal sin으로 나뉘었으며, 후자의 경우에는 따로 죄를 고백하고 이를 사함받는 과정을 거쳐야 하며 그러지 않을 때에는 영혼이 지옥으로 떨어질 수 있다고 여겨졌다. 이는 단순히 인간 본성의 약함을 열거하는 큰 죄deadly sin와 다른 것이다.

** (앞쪽) 이 말은 본래 인도의 불가촉천민들을 부르는 말에서 왔지만, 전근대 사회에서 보편적으로 존재했던 "공동체의 일원으로 간주되지 않는 인간 이하의 존재들"을 총칭하는 말로 쓰인다.

으며 또 당시의 농업이 농민들 제각각이 경작하는 지조로 한없이 쪼개져 있어서 효율성과는 거리가 멀었다는 사실을 기억할 필요가 있다. 앙리 피렌으로부터 한 번 더 인용해본다.

…… 이윤이라는 생각 전체 아니 실로 이윤의 가능성 자체도 중세의 대지주들이 처했던 입장과는 모순이었다. 시장이 없었기에 판매를 위해 생산을 한다는 것이 불가능하였고, 또 그래서 대지주들이 자기들이 거느린 인간과 토지로부터 잉여를 뜯어내봐야 골칫거리가 될 뿐이었으므로 굳이 이를 위해 머리를 돌리고 재주를 피울 필요도 없었던 것이다. 또 이 대지주들은 그 스스로의 생산물을 소비해야 했으므로 그것의 양을 자기들 필요로 제한시켰다. 그들의 생존 수단은 대대로 내려오는 전통적 조직의 작동으로 보장되었기에 그것을 굳이 개선시키려 들지도 않았다.[25]

이러한 농촌의 실정이 도시 지역에도 적용되었다. 확장되는 경제라든가 생산 규모의 성장 그리고 생산 증대와 같은 생각 자체가 농노나 지주들에게와 마찬가지로 길드의 장인들이나 정기시의 상인들에게 또한 아주 낯선 것이었다. 중세의 경제적 조직은 과거의 물질적 안녕을 재생산하는 수단으로 여겨졌지 그것을 개발하고 발전시키는 수단으로 생각되지는 않았다. 그 핵심 원리는 대대손손 영원하라는 것이었지 진보를 이룩하자는 것이 아니었다. 이렇게 정태적인 조직에서 이윤이나 이윤 추구가 본질적으로 반가운 경제 현상이 아니라 혼란만 잔뜩 낳는 것이라고 여겨졌던 것도 자연스러운 일이다.

변화의 조건들

우리는 지금까지 서구의 경제 조직의 흐름을 대략 10세기 혹은 12세기까지 대충 크게 묘사하였다. 다시 한 번 말해두지만 이 큰 그림 아래에 감추어진 다양한 흐름들의 차이를 구별하지 않고 무시해버리는 일이 너무 많다. 지금까지 우리는 고대에서 중세까지를 주마간산 격으로 훑어보았지만, 우리의 이야기는 기껏해야 각 시대의 지배적인 분위기, 지배적인 경제적 조건, 주요한 제도들과 사람들이 경제적 노력을 조직한 사상 등을 흘낏 스쳐간 것에 지나지 않는다.

하지만 한 가지는 분명하다. 지금까지의 이야기는 현대 경제생활의 분위기나 속도와는 거리가 멀다는 것이다. 장원과 도시의 느릿느릿한 세계에서도 몇 번 파란이 일기는 했지만, 이는 이후에 나타날 엄청난 변화의 전주곡에 불과한 것이었으며, 그 변화는 다음 몇 세기에 걸쳐서 경제 조직의 기본적 형태 자체를 극적으로 바꾸어놓게 된다. 그래서 전통과 명령이라는 옛날의 결속 방식은 사라지고 그 자리에 시장 거래라는 새로운 결속 방식이 나타나게 되는 것이다.

그러한 변화가 어떻게 현실에서 벌어졌는가는 다음 장에서 다룰 것이다. 하지만 이야기의 흐름을 파악하도록 돕기 위해서 지금까지 본 것과 이제부터 나올 이야기를 연결해서 볼 필요가 있을 것이다. 이제 우리는 시장 이전의 사회란 비록 시장이 있긴 했지만 경제 문제를 해결하는 데에 시장 메커니즘에 의존했던 사회가 아니었다는 것을 알게 되었다. 그렇다면 이러한 사회를 진정한 시장 경제로 전환시키려면

어떤 변화가 필요했을까?

1. 경제 활동에 대한 태도가 바뀌어야 한다.

시장 사회가 작동하려면 사람들이 자유롭게 이득을 추구해야 한다. 그러려면 이윤, 변화, 사회적 이동성 등에 대한 의구심과 불편한 감정이 그런 태도와 활동을 고무하고 찬양하는 생각으로 전환되어야만 한다. 또 19세기 중반의 유명한 법사학자 헨리 메인 경Sir Henry Maine 의 말을 빌리자면, 신분 사회가 사라지고 대신 계약 사회가 나타나야만 한다. 즉 사람들이 타고난 지위에 따라 제약받는 세상이 아니라 자기의 지위를 스스로 결정할 자유를 누리는 세상이 되어야 하는 것이다.

이러한 사상은 중세인들의 관념에서는 전혀 정당화될 수 없는 생각이었다. 중세인들은 만인이 보편적 자유를 누리면서 각자가 받는 보상 또한 그러한 자유 속에서 결정되는 세상, 그 속에서 실패하여 추락하는 이들과 또 위로 떠 보겠다고 한없이 날뛰는 이들이 있어도 이들을 받쳐주거나 억눌러줄 바닥도 천장도 없는 그런 세상은 아마 전혀말도 안 되는 것이라고 느꼈을 것이며 심지어 신성모독이라고까지 생각했을 것이다. 다시 한 번 토니의 말을 들어보자.

자연의 여러 힘들과 마찬가지로 경제적 이득에 대한 욕망 또한 긍정되어야 …… 한다는 전제를 사회 과학의 기초로 삼는 것은 …… 중세의 사상가들에게는 싸움박질 근성이나 성적 본능과 같은 필수적인 인간 속성을 마음껏 허용하는 것을 기초로 삼는 사회 철학이나 마찬가지로 비합리적이고 비도덕적인 것으로 보였을 것이다.[26]

하지만 이렇게 자유롭게 경제적 이득을 추구하게 하는 것, 즉 개인과 개인이 직접 계약을 맺는 새로운 관계 속에서 그런 공격적인 경쟁이 벌어지는 것이 시장 사회가 출현하는 데에 필수적인 요건인 것이다.

2. 경제생활의 화폐화가 진행되어 완성되어야 한다.

시장 경제의 요건 하나가 이제는 명확해졌다. 시장 경제란 사회의 모든 수준에서 판매와 구매의 교환 과정이 벌어진다는 것을 함축하고 있다. 하지만 이러한 일이 벌어지려면 사람들이 시장에 가지고 올 준비물 즉 현금이 있어야만 한다. 또 반대로 사회 전체에 속속들이 현금이 침투하려면 사람들이 자기 노동의 대가를 화폐로 벌어들여야만 한다. 다른 말로 하자면, 시장 사회가 존속하려면 사회에서 수행되는 거의 모든 일이 화폐로 보상되어야만 한다.

심지어 현대 사회처럼 고도로 화폐화된 사회에서도 모든 서비스에 돈을 지불하지는 않는다. 가장 눈에 띄는 예로서 집안에서 벌어지는 육아라든가 집안 살림 같은 것들은 돈을 벌어들이는 행위는 아닌 것이다. 하지만 시장 사회 이전의 전 시기 동안 화폐로 지불되지 않는 서비스 — 금전적 보상 없이 수행하도록 법으로 정해진 노동 — 의 양은 현대 사회에 비교할 수 없을 만큼 방대했다. 노예 노동에는 말할 것도 없이 금전 보상이 따르지 않았고, 대부분의 농노 노동도 마찬가지였다. 심지어 도제들의 노동조차도 그 보상은 주로 숙식 제공과 같은 현물 형태였지 현금은 아니었다. 따라서 고대 혹은 중세 경제에서 실제로 일하던 인구의 70퍼센트에서 80퍼센트의 사람들은 아마도 화폐로 정기적으로 지급되는 봉급 따위는 전혀 받지 않은 채 일했을 것이라고 보아야 한다.

이러한 사회에서 고도로 연결된 교환 경제가 출현할 가능성은 억눌리게 됨이 분명하지만, 그보다 더욱 중요한 결과에 주목해야 한다. 사람들의 노동의 대가를 화폐로 지불하는 관행이 널리 행해지지 않았다는 것은 곧 생산자들을 위한 시장 또한 널리 존재하지 않았다는 것을 뜻한다. 오늘날 우리의 생산 활동을 지배하고 또 방향을 지휘하는 것은 "구매력"의 흐름이기에, 화폐 소득이 일반적 규칙이 아니라 예외적인 현상이던 사회에서는 "구매력" 비슷한 것조차 나올 수가 없었던 것이다.

3. 사회의 여러 경제 활동에 대한 규제와 조정이 사라지고 자유롭게 작동하는 시장 "수요"의 압력이 들어서야 한다.

이미 본 것처럼 고대와 중세를 통틀어서 경제 문제를 해결한 것은 전통 방식이거나 명령 방식이었다. 사회적 보상의 배분을 규제했던 힘 또한 전통과 명령이었다. 하지만 시장 사회가 되려면 또 다른 통제 수단이 나타나서 전통과 명령을 대체해야 한다. 모든 것을 아우르는 화폐 수요의 흐름이 사회를 추동하는 거대한 메커니즘이 되어야 하며, 이는 모든 경제적 활동이 화폐화함에 따라 생겨나는 현상이기도 하다. 사람들은 명령을 받아서 각자의 위치로 가는 것이 아니라 그 위치에서 돈을 벌 수 있기 때문에 가는 것이 되어야 한다. 생산자들은 자신의 생산량과 품목의 다양성을 결정할 때 장원이나 길드가 그렇게 하라고 규칙을 정했기 때문이 아니라 개별 물품들마다 각자 해당하는 시장 수요가 있기 때문에 그렇게 결정하는 것이어야 한다. 시장이라는 새로운 지향성이 사회의 머리끝에서 발끝까지 생산 활동과 분배 활동을 모조리 빼앗아 와야 하는 것이다. 사회의 필요를 충족하고 꾸준히 그것을 조달하면서 또 진보까지 이룬다고 하는 전체 과제가 이제는 노동과 재화에 대한 전반적인 수요라는 손에 맡겨져야 한다는 것이다.

그렇다면 중세의 경제 조직을 이렇게 화폐와 보편적 시장과 이윤 추구가 지배하는 세상으로 몰아갔던 궁극적 힘은 무엇이었을까? 이제 이 근본적으로 중요하면서도 어려운 질문에 대답할 때가 되었다. 이토록 거대한 변화를 가져올 수 있었던 요인들이 어떤 것이 있었는가를 다음 장에서 고찰해보자.

시장	1. 우리는 시장과 시장 사회를 구별해야 한다. 전자는 대단히 오래된 계보를 가지고 있으나 후자는 그렇지 않다. 시장 사회에서는 경제 문제 자체 —— 생산과 분배 모두 —— 가 판매자와 구매자 사이의 광범위한 교환에 의해 해결된다. 시장을 가지고 있던 고대 사회는 여럿 있지만, 그 시장이 사회의 기본적 활동을 조직했던 것은 아니었다.
	2. 고대의 경제 사회는 몇 가지의 공통 특징을 가지고 있었으며, 그 다수는 현대 시장 경제의 특징들과 날카롭게 대조된다.
영세 농업	● 고대의 경제 사회는 영세 농업peasant farming이라는 농업적 기초 위에 서 있었다.
	● 고대의 도시들은 경제적 관점에서 보면 기생적인 소비의 중심이었지 생산의 능동적 중심은 아니었다.
노예제	● 노예제가 일반적이었고 대단히 중요한 노동 형태였다.
잉여	● 덧붙여서, 고대 경제는 현대 경제 체제와 마찬가지로 아주 상당한 잉여를 생산하였다.
부와 권력	3. 그 결과, 고대의 경제 사회에서는 삶의 경제적 측면이 정치적 측면에 종속되어 있었음을 발견할 수 있다. 성직자, 전사, 국가 지도자는 상인 혹은 교역자들보다 우월하였다. 부가 권력에 따라오는 것이었으며, 나중에 나타나는 시장 사회처럼 그 반대가 아니었다.
봉건제	4. 중세의 경제생활은 로마 제국의 법과 질서가 쇠퇴한

후에 나타난 파멸적인 사회 해체 속에서 나타났다. 이를 특징짓는 것은 장원 체제라고 불리는 새로운 형태의 조직이었으니, 장원에서는

영주

- 지방의 영주들이 정치적, 군사적, 경제적, 사회적 권력의 중심이었다.

농노

- 대부분의 농민들은 농노로서 특정 영주에 속박되어 있었고, 영주를 위해 일해야 했고 또 영주에게 노동과 조세 혹은 공물을 바쳐야 했다.

- 영주는 농노들에게 도적떼나 다른 영주들로부터의 신체적 안전을 제공했으며, 또 궁핍의 시기에는 일정한 경제적 안전 또한 제공하였다.

장원 체제

5. 특히 봉건제 초기에는 장원 체제가 정태적 경제 체제였으며 여기에서 화폐에 의한 지불 행위는 큰 역할을 하지 못했다. 장원의 주된 목적이자 또 가장 두드러진 특징은 자급자족이었다.

정기시

6. 장원과 나란히 도시의 경제생활도 존재했다. 도시에서는 화폐 교환이 항상 한결 중요한 역할을 했으며, 정기시와 같은 더욱 활동적인 경제적 생활 조직에서도 화폐 교환이 중요했다.

길드

7. 도시에서 생산이 조직되는 주된 형태는 길드였다. 길드는 현대의 영리 기업과는 아주 다른 것이었으니, 경쟁이나 이윤 추구를 방지하고 생산 방식, 임금률, 판매 관행 등에 대해 보편적인 규칙을 강제하는 조직이었다.

고리대

8. 중세 시대 내내 주된 사회 조직이었던 가톨릭교회는 판매와 구매 활동을 미덥게 보지 않았다. 이는 부분적으

로는 당시의 착취적인 관행들에 대한 혐오를 반영하는 것이었고, 또 부분적으로는 고대부터 내려온 돈벌이 특히 화폐 대부(고리대)에 대한 경멸적 태도의 결과였다. (크레마티스티케에 대한 아리스토텔레스의 혐오를 상기하라.) 당시의 종교 지도자들의 관심사는 "공정 가격"이었으며, 구매와 판매 행위를 규제하지 않고 풀어두어도 공정 가격이 생겨날 수 있다는 가능성을 인정하지 않았다.

시장 사회

9. 중세 사회를 시장 사회로 전환하는 데에는 세 가지의 근본적이고도 사회 곳곳에 미치는 변화가 필요했다.

● 돈벌이에 대한 새로운 태도 즉 이윤 추구를 의혹의 대상으로 보던 중세의 태도 대신 이를 합법적 활동으로 인정하는 태도가 나타나야 했다.

화폐화

● 중세의 좁은 벽에 갇혀 있었던 화폐화의 망이 확장되어야 했다. 즉, 모든 생산물들 그리고 거의 모든 경제 활동을 통제할 수 있도록 되어야 했다.

● "수요"와 "공급"의 흐름이 영주들의 명령과 관습적 사용으로부터 경제 활동의 방향을 제시하는 위치를 넘겨받을 수 있도록 되어야 했다.

질문들

1. 미국의 농부들과 미국의 사업가들의 경제적 행태와 사고방식에는 어떠한 차이점이 있는가(혹은 없는가)? 그 둘을 비교해보면 이집트 농부와 이집트 상인의 행태와 태도에도 똑같이 적용될까?

이 두 사회의 차이점을 설명해주는 것은 무엇인가?

2. 율리우스 카이사르와 J. P. 모건은 모두 부유하고 권력 있는 이들이었다. 이 둘의 부와 권력의 원천 사이에는 어떤 차이점이 있는가? 현대의 시장 사회에서도 여전히 권력이 부에 따라오고 있으며, 오늘날의 비시장 사회에서는 여전히 권력에 부가 따라오고 있는가?

3. 고대 로마에서 사회의 잉여가 사용되는 방식은 무엇이었는가? 봉건제 사회에서는? 현대의 미국에서는? 현대의 중국에서는? 이 각각의 사용 방식에 따르는 의미와 중요성은 무엇인가? 이러한 잉여의 사용 방식은 그 사회의 구조에 대해 어떤 것을 말해주는가?

4. 경제 활동의 목적이 **사용**을 위한 활동인 경우와 **이득**을 위한 활동인 경우를 구별한 아리스토텔레스의 주장은 유효하다고 생각하는가?

5. 농노와 현대의 농장 노동자는 **경제적 존재**로서 볼 때 어떠한 차이점이 있는가? 노예는 산업 노동자와 어떻게 다른가?

6. 길드가 현대의 영리 기업처럼 되기 위해서는 어떠한 변화가 필요할까?

7. 성경에는 돈벌이에 대한 적대적인 언급이 무수히 나온다. "부자가 하나님의 나라에 들어가는 것보다 낙타가 바늘구멍에 들어가는 것이 쉽다." 부에 대해 옛날의 교회가 이러한 태도를 가졌던 것을 어떻게 설명할 수 있을까? 오늘날의 종교 또한 돈벌이를 미덥지 못하게 여기고 있는가? 어째서인가?

8. 우리 사회에서도 "공정" 가격(혹은 "공정" 임금)이라는 사고를 여전히 만나볼 수 있는가? 이러한 말들이 보통 의미하는 바는 무엇인가? 이러한 사고가 시장 체제와 양립 가능하다고 생각하는가?

9. 장원 체제는 거의 1천 년간 존속하였다. 어째서 변화가 나타나는 데에 그렇게 오랜 시간이 걸렸다고 생각하는가?

10. 고대 그리스 로마는 중세 유럽과 비교했을 때 그 분위기가 훨씬 더 "현대적"이었지만, 현대적 경제 체제와는 실로 거리가 멀었다. 어째서인가?

THE MAKING
OF
ECONOMIC SOCIETY

3장

시장 사회의 출현

전통, 변화의 부재, 질서, 이런 것들이 중세 경제 사회의 핵심 개념들이었으며, 앞 장에서 이렇게 낯설고 정태적인 중세 생활 방식을 소개한 바 있다. 하지만 이 장의 목적은 다르다. 이 장의 목적은 중세 사회가 경제적으로 안정되도록 해준 요인들을 서술하는 것이 아니라 중세 사회의 경제적 안정성을 산산이 부수고 말았던 여러 힘들을 확인하는 것이다.

다시 한 번 주의하고자 한다. 이 장 또한 엄청나게 상이한 역사적 경험들을 넘나들게 된다. 우리는 이 장에서 주로 묘사되는 변화의 힘들이 지역마다 세기마다 똑같이 작동했다거나 그런 변화로 인해 생겨난 이행이 유럽 대륙 전체에 획일적인 결과를 낳았다고 생각하지 않도록 조심해야 한다. 이 장에서 보게 될 거대한 진화는 날카롭고 선명한 것이 아니라 흐릿하고 불규칙하게 일어났던 것이다. 이탈리아와 네덜란드의 중세 도시들에서 진정 근대적인 시장 사회가 출현했다는 증거들이 보이기 시작한 순간에도 봉건적 관계의 낡은 형태들이 여전히 이탈리아와 네덜란드의 농촌은 물론 심지어 다른 나라들의 도시 생활에까지 꿋꿋이 남아 있었던 것이다. 우리는 이 장에 나오는 역사적 과정들이 10세기에서 17세기(어떤 지역에서는 심지어 18세기와 19세기까지)에 이르는 장구한 기간에 걸쳐서 벌어졌으며, 또 똑같은 방식으로 진행된 나라는 하나도 없다는 점을 명심해야 한다.

이러한 경고를 기억한다면 이제 이 거대한 진화 과정 자체로 주의를 돌려보자. 시장 사회에 필요한 주요 역사적 변화들을 가져올 만큼 큰 힘을 가진 이들이 누구였을까?

변화를 가져온 여러 세력들

유랑 상인

이러한 거창한 변화의 첫 번째 세력은 좀 의외의 모습을 띠고 있었다. 나름대로 무장을 한 채 불규칙한 주기로 중세의 제대로 닦이지도 않은 거친 길들을 총총 뛰어다니던 작은 무리들이 그 세력이다. 맨 앞에는 색색으로 그려진 깃발을 든 기수가 앞장을 서고, 그 뒤로 군대의 대장이 서고, 그 뒤에는 활과 칼을 든 일군의 기병이 서고, 맨 뒤에 상자, 꾸러미, 가방, 보따리를 잔뜩 실은 말과 당나귀에 올라탄 상인대가 지나가는 형국이었다.

중세의 생활에 익숙지 않은 이라면 이러한 대형을 작은 군대의 보급 부대 정도로 여기기에 딱 좋다. 하지만 잘못 본 거다. 이들은 군인이 아니라 상인들이었으며, 12세기 영국인들이 "파이 가루들 pie-powders" —— 이 말은 먼지 낀 발을 의미하는 pieds poudreux에서 왔다.* —— 이라고 부르던 유랑 상인들이었다. 이들이 먼지를 잔뜩 쓰고 있었던 것도 당연하다. 이들은 엄청나게 먼 거리를 유랑하고 다닌 데에다

---

* 스코틀랜드인들이 먼 곳에서 온 외국 상인을 부르기 위해 차용한 중세 프랑스어가 이렇게 변형되어 남아 있다.

가 그 길이라는 것이 너무나 상태가 안 좋아서 거의 길 없는 맨 땅이나 다를 바가 없었기에, 농민들이 아예 이 "도로"를 농지로 개간해버리려는 것을 주변의 교회 영주가 끼어들어서 겨우 막은 경우도 있었다고 한다. 이들의 가방과 꾸러미 안에는 유럽 전역에서 이런 위험한 여행길을 뚫고 운반된 것들이 있었고 어떤 것은 심지어 아라비아와 인도에서 온 것들까지 있었다. 이 유랑 상인들이 중세의 농촌들을 이리저리 비집고 다니면서 마을마다 또 정지점마다 이 물건들을 팔았던 것이다.

실로 이들은 모험가들이었다. 유럽은 당시 거대한 장원 토지들로 구성되어 있었고 또 이 장원들은 고정된 위계 서열을 가지고 있었다. 따라서 이렇게 전혀 봉건적이지 않은 돈 계산과 장부 계산(이 기술은 아주 조잡한 상태였다.)과 같은 습관을 가지고 화폐 교역에 걸신이 들려 부평초처럼 떠다니는 장똘뱅이들이 깃들 수 있는 장소가 있을 리 없었다. 이 유랑 상인들의 사회적 신분은 대단히 낮았다. 이들 중 일부는 분명히 농노의 자식들이었고 심지어 야반도주한 농노 본인들일 때도 있었다. 이들의 신분적 예속 관계를 입증할 수 있는 사람이 아무도 없는 상태였으므로 이들은 "자유"라는 선물 —— 비록 적극적으로 인정된 것은 아니었지만 —— 을 얻게 되었다. 그러니 귀족들의 눈에는 이들이 방자한 놈들이며 일상의 질서를 교란할 놈들로밖에 보이지 않았다.

하지만 모두가 이들의 서비스에 의존할 수밖에 없었다. 정기시에 가보면 이들이 쳐놓은 밝은 색깔의 천막 매장에 장원의 영주들과 귀부인들뿐 아니라 들판에서 일하는 갑남을녀들Bodos and Ermentrudes*도 떼로 모여들었다. 사실 여기가 아니면 어디서 후추나 자주색 염료를 살 것이며 또 예수가 못 박혔던 진짜 십자가의 한 조각이라는 보증이 달린 나무 덩어리* 같은 신기한 물건들을 구할 수 있겠는가? 토스카나에서 짠 기적과 같은 옷감을 어디에서 살 것이며 또 "유리병jar"이나 "시럽syrup"과 같은 아라비아 말에서 온 신비한 단어들을 들어보겠는가? 이 상인들은 중세적 생활이라는 반죽에 끼어든 골치 아픈 곰팡이였을지도 모른다. 하지만 이렇게 약간의 효모酵母라도 신나게 발효를 해주지 않는다면 중세적 생활은 그저 멋대가리 없는 반죽 덩어리처럼 뚱 하니 시무룩하게 앉아 있기만 했을 것이다.

먼저 8세기와 9세기의 유럽 유랑 상인들을 살펴보고 그들이 14세기와 15세기까지 어떻게 진화해갔는가를 살펴보자. 이 나중 시기가 되면 이 유랑 상인들 스스로의 노력의 결과로 상업이 충분히 조직되어 더 이상 이 유랑 상인들이 필요하지 않을 만큼으로 발전한다.[1] 8세기 이전의 유럽은 거의 교역이 없이 자급자족의 장원들만 있는 침체된 상태에 머물렀는데, 여기에다가 상업과 그를 통한 접촉의 숨결을 처음으로 불어넣었던 것이 이 유랑 상인들이었던 것이다. 이 악착같은 상인들은 심지어 프랑스의 포르칼키에Forcalquier와 같은 작고 고립된 읍 ── 인구는 몇 백 명도 되지 않으며 바깥세상으로 나올 도로조차 없는 그야말로 지도상의 한 개의 점 ── 까지 지나다니며 길을 냈다. 우리는

---

* (앞쪽) 샤를마뉴 시절 빌라리스Vilaris 지방에 살았던 남편 보도Bodo와 부인 에르망트뤼드Ermentrude. 당시의 평범한 농노의 삶을 알 수 있는 그 당시 문서에 자세히 기록된 가정의 얘기에 중세사를 다룰 때 종종 평범한 농노 '홍길동 부부'로 등장한다.

*제4차 십자군은 예루살렘이 아닌 비잔틴 제국을 침략했으며, 거기에서 예수가 못박힌 것으로 알려진 십자가를 손에 넣는다. 성물聖物 숭배의 관습이 있었던 서유럽인들은 이 십자가의 가치를 도저히 매길 수가 없어, 그것을 도끼로 조각조각 내어 그 한 조각 한 조각을 엄청난 가격으로 팔아먹는다. 그렇게 진짜라는 보증이 붙은 '십자가 조각'이 당시 유럽 전역에 유통되었다고 한다.

당시의 원시적인 회계 장부에서 1331년 5월 유랑 상인 36명이 위고 테랄Ugo Teralh이라는 공증인의 집과 "점포"에서 거래를 했다는 기록을 찾을 수 있다.[2] 이런 식으로 유랑 상인들은 수천 개의 고립된 공동체들을 찾아다니면서 조금씩 천천히 경제적 상호 의존의 망을 짜나갔던 것이다.

도시화

이 유랑 상인들 덕분에 생겨난 아주 중요한 부산물 하나가 바로 새로운 도시와 촌락의 창출이었다. 이를 통해 중세적 생활도 천천히 도시화를 겪기 시작한다. 유랑 상인들이 길을 멈출 경우엔 당연히 지역의 성채나 목책木柵burg 아니면 교회 등과 같이 자신들을 보호할 수 있는 장소를 찾아야 했다. 이렇게 보호에 유리한 곳에 있는 성채 —— 이를 포리스 부르기스foris burgis라고 불렀으니 여기에서 "교외"를 뜻하는 프랑스어 단어 포부르faubourg가 나왔다. —— 의 벽 주위에서 상당히 영구적인 교역 장소를 오늘날에도 발견할 수 있는데, 이 목책 등을 내부 핵으로 삼아 그 주변으로 작은 도시가 성립하게 되었다. 이 새로운 목책들은 비록 스스로를 보호하기 위해 영주의 성채나 성당의 벽에 바싹 붙어 있어야 했지만 영주의 소유는 아니었다. 그 안에 사는 사람들 —— 이들을 부르는 말로는 부르게스burgess, 부르거burgher, 부르주아bourgeois 등이 있다. —— 은 장원 세계와 관계를 맺는 경우도 있었지만 그 관계는 항상 변칙적이고 불안정한 것이었다. 앞 장에서 본 것과 같은 "까마득한 예로부터의 관습ancient customs" 즉 오랜 시간을 거쳐 내려와 감히 어길 수 없는 규칙들이란 장원에나 있는 것이었으며, 도시 거주자들의 분쟁은 이러한 규칙들로 다스릴 수가 없었다. 이 상업 지역에서는 그런 관습 따위가 아예 없었기 때문이다. 또 이들이 그 지역의 영주들에게 어느 정도의 조세를 바치고 어느 만큼의 충성을 바쳐야 하는가 등에 대해서도 명쾌한 규칙이 없었다. 더욱 문제를 복잡하게 만든 것은 이렇게 성장하는 도시들 중 일부가 스스로의 성곽으로 자신을 둘러싸기 시작했다는 점이다. 예를 들어 브뤼헤Bruges 지역의 상업 도시는 12세기경이 되면 이미 너무나 크게 성장하여 마치 조개 속의 진주처럼 옛날의 성채를 완전히 삼켜버리고 만다.

아주 흥미로운 일은 바로 이렇게 도시가 봉건 사회의 틈바구니 속에서 생존하기 위해 몸부림치던 과정 자체가 새로운 사회 경제적 질서를 발전시키는 —— 적어도 도시 내에서라도 —— 원동력이 되었다는 것이다. 그 이전에는 도시란 어느 문명에서나 중앙 정부의 전초 기지였다. 이제 처음으로 도시는 사회적 권력의 중심 틀에서 빠져나와 독립적 실체로 존재하게 된 것이다. 그 결과 이들은 자신들의 법전과 사회적 행위 규범 그리고 일련의 자치 기구들을 스스로 규정할 수 있었고 또 그래야만 했다. 이런 것들이 나중에 가면 결국 봉건적 농촌의 법과 규범과 기관들을 대체하게 된다.

이 과정이 그렇게 오래 걸렸던 것은 도시의 성장률이 종종 아주 낮았기 때문이다. 예를 들어 1086년과 1279년 사이의 거의 두 세기 동안 영국 케임브리지 시의 가옥 수는 1년당 평균 하나밖에 늘지 않았다.[3] 이렇게 성장률이 낮았던 이유 가운데 하나는 끔찍한 도로 사정으로 사람과 물자가 이동하기 어려웠다는 것이다. 그 원인은 적잖이 로마 제국의 쇠퇴에 있다. 로마 제국의 도로 체계는 한때 대단했지만 제국이 멸망하고 최악의 사회 해체를 겪는 여러 해 동안 사람들이 그 도로의 돌을 모두 뽑아 훔쳐가버렸던 것이다. 도로가 복구되지 않아 경제적인 이동은 제한적이었고 비정상적이었다. 또 유럽의 여러 항구로가 보아도 고대 로마 때만큼 효율적인 교통 체계가 18세기나 심지어 19세기까지도 복구되지 않았다는 점도 기억해둘 필요가 있다. 그래서 나폴레옹이 프랑스에서 이탈리아를 침략하러 갔던 시간이나 카이사르가 그 반대 방향으로 침략했을 때 걸렸던 시간이나 거의 비슷했던 것이다.

속도는 느렸어도 성장은 꾸준히 계속되었다. 케임브리지보다 훨씬 성장이 빠른 마을들도 있었다. 중세기 1천 년 동안 유럽에는 거의 1천 개의 도시가 태어났으며, 이것이 삶의 상업화와 화폐화에 엄청난 자극제가 되었다. 도시마다 그 지역을 포괄하는 장터가 있었고, 유료 도로가 있었으며, 심지어 지방에서 통용될 동전을 주조하는 조폐청까지 있는 경우도 있었고, 그 밖에도 곡물 창고와 가게, 술집과 여인숙 등 그야말로 "도시 생활"의 분위기를 흠뻑 담고 있었기에 농촌의 분위기와 확연한 대조를 보였다. 비록 느렸지만 자생적인 도시적 생활의 성장은 유럽의 경제생활에 시장의 풍미를 들여온 주요한 요인이었다.

십자군

유랑 상인의 출현과 도시의 발흥은 중세의 경제생활에서 시장이 서서히 진화해나오는 양대 요인이었다. 그리고 세 번째 요인은 십자군 전쟁이었다.

사실 중세 최고의 종교적 모험이었던 십자군 전쟁이 교회가 그토록 반대하던 사회를 확립하는 데에 크게 기여하고 말았으니, 이는 아이러니가 아닐 수 없다. 하지만 십자군을 그 종교적 충동의 관점에서 보지 말고 그저 거대한 탐험과 식민화의 원정이었다고 보면 그것이 가져온 경제적 충격 또한 훨씬 쉽게 이해할 수 있을 것이다.[4]

십자군 전쟁을 통해서 아주 다른 두 세계가 급작스레 충격적인 접촉을 하게 된다. 한쪽은 아직도 깊이 잠들어 있는 유럽 봉건제 사회로서, 농촌은 타성에 젖어 있고 교역에 대한 혐오로 꽉 차 있으며 영리 활동에 대해서 아무 개념이 없는 사회였다. 그리고 다른 하나는 비잔티움과 베네치아에서 번성하는 찬란한 사회로서, 도시의 활력으로 가득 차 있고 사람들은 물릴 줄 모르고 돈벌이에 몰두했으며 또 영리 활동의 방식도 대단히 세련된 사회였다. 십자군들은 동방으로 가면 그저 무식한 이방인 야만족들을 만날 것이라고 생각했다. 그런데 되레 지루하기 짝이 없는 장원의 일상에 갇혀 바람이 숭숭 새는 성채에 살다온 자신들보다 훨씬 문명화되어 있고 비교도 할 수 없을 만큼 사치스럽고 또 화폐 지향적인 민족을 만나게 되자 놀라지 않을 수 없었다.

그 결과, 단순 무식한 십자군들은 상업적 이해관계라는 것을 도무지 알아먹을 수 없었기에 거기에 놀아나는 봉이 되어버렸다. 처음 3차에 걸친 십자군 원정 동안 선박을 제공한 것이 베네치아인들이었다. 그런데 이들은 십자군을 마치 장터에 처음 나온 시골뜨기 촌놈을 가지고 놀듯 파렴치하게 벗겨먹었다. 그래서 십자군은 완전히 껍데기가 홀랑 벗겨질 정도로 갈취를 당해야 했고, 천신만고 끝에 성지 예루살렘에 도착했지만 그 결과도 아주 애매한 것이었다. 그러다가 마침내 저 악명 높은 4차 십자군(1202~1204년) 때에는 아흔네 살이나 먹은 노회한 베네치아 총통doge 단돌로Dandolo의 꼬임에 완전히 농락당하여 종교적 원정 따위는 아예 때려치우고 성격을 거대한 약탈 작전으로 바꾸어 결국 베네치아인들의 배만 불려주는 꼴이 되고 말았다.

먼저 단돌로는 성지까지의 항해 비용으로 8만 5천 은銀마르크를 요구했는데 이는 화폐 재산을 갖지 못한 당시의 귀족들로서는 있는 대로 박박 긁어모아야 겨우 낼 수 있는 돈이었다. 그렇게 해서 겨우 돈을 모으자 이번에는 단돌로가 십자군들에게 성지로 가기 전에 먼저 자다르 시*부터 공격해야만 거래가 성사된 것으로 보겠다는 조건을 새로 걸었다. 자다르는 부유한 도시로서 베네치아의 상업적 경쟁자였던 것이다. 그런데 자다르는 기독교 공동체였고 "이슬람 이방인 infidel"의 도시가 아니었다. 그래서 교황 인노켄티우스 3세는 깜짝 놀라서 자다르 대신 이방인들의 나라 이집트로 공격 방향을 돌리자고 제안하였다. 하지만 이집트는 베네치아의 가장 훌륭한 고객이었기에, 이번에는 단돌로가 한 술 더 뜨며 기겁을 했다. 결국 옴짝달싹 못하게 묶인 십자군들은 별도리 없이 자다르의 공격에 들어갔고 자다르는 곧 함락되었다. 그런데 이게 끝나자 단돌로가 이번에는 기독교 도시인 콘스탄티노플**을 또 털러가야 한다고 우겨댔다. 결국 4차 십자군은 저 "이방인들의" 동방에는 끝까지 발도 들여놓지 못하고 끝났지만, 베네치아는 어마어마한 이윤을 얻었다.

하지만 이익을 베네치아만 본 것은 아니었다. 십자군들 자신도 종교적 영향보다는 경제적 영향을 훨씬 더 무시무시하게 겪었다. 물론 많은 경우 그 영향은 아주 파괴적이었다. 자신들의 은판을 녹여 십자군에 합류했던 기사들은 빈털터리가 되어 폐허가 된 자신들의 장원으

---

* 현재 크로아티아의 도시
** 동로마 제국 즉 비잔틴 제국의 수도. 오늘날의 이스탄불.

로 돌아왔으니까. 하지만 다른 이들은 십자군 전쟁을 통해 새로운 경제적 동력을 얻게 되었다. 한 예로 1101년 제노바인들이 팔레스타인의 항구였던 카이사리아Caesarea를 약탈했을 때 군인들과 선원들은 모두 1인당 약 48솔리두스solidus의 화폐와 2파운드의 후추를 받았고, 여기에서 8천 명의 소자본가들이 탄생하였다.[5] 콘스탄티노플이 함락된 1204년에는 기사들 모두가 전리품 배당으로 일인당 20마르크를 은으로 받았을 뿐만 아니라 종자從者들과 궁수弓手들조차 몇 마르크씩 상으로 받았다.

십자군 전쟁은 유럽을 엄청나게 비옥하게 만드는 경험이었다. 토지에 기초한 예전 형태의 부는 이제 새로운 화폐적 기초와 맞닿게 되었고, 이 새로운 부의 기초가 훨씬 더 강력하다는 것이 입증되었다. 이렇게 단지 더 부유할 뿐만 아니라 더 명랑하고 더 활력 넘치는 문명의 존재를 흘끗 보는 것만으로도 예전의 삶의 관념 자체가 완전히 바뀌지 않을 수 없었다. 십자군 전쟁은 타성에 빠져 정체되어 있는 사회를 흔들어놓음으로써 유럽의 경제적 전환의 속도를 올리는 데에 엄청난 역할을 했던 것이다.

국가 권력의 증대

경제생활이 서서히 상업화하게 만든 또 하나의 요인은 조각조각 나뉘어 있던 유럽의 경제적 정치적 단위들이 조금씩 큰 덩어리로 합쳐지게 되었다는 것이다. 로마 제국이 붕괴함에 따라 경제생활도 붕괴된 것에서 볼 수 있듯이, 강력한 경제 사회는 강력하고도 폭넓은 정치적 기초를 필요로 한다. 유럽의 정치 단위가 다시 복구되는 점진적 과정이 시작되면서 그 경제적 속도 또한 다시 올라가기 시작했다.

중세 시대의 충격적인 특징이자 경제 발전을 저해한 가장 큰 장애는 중세 특유의 칸막이로 정치적 권위가 구획되었다는 점이다. 유랑 상인들은 단 100마일만 지나가도 규칙, 규제, 법률, 도량형, 통화 등이 모두 다른 주권체들을 10개가 넘도록 통과해야 했다. 더욱이 국경마다 통행세를 뜯는 초소가 버티고 있기 십상이었다. 13세기에서 14세기로 넘어가던 무렵에는 베저Weser 강가를 따라 통행세 초소가 30개가 넘게 있었고 엘베Elbe 강가에도 적어도 35개가 있었다. 그러다가 1세기 후가 되면 라인 강가에는 그런 통행세 초소가 60개가 넘게 있었으니 이것들은 대부분 각 지역 교회 영주들의 것이었다. 영국의 연대기 사가인 토머스 아이크Thomas Eykes는 이러한 체제를 "도둑질에 눈이 뒤집힌 튜튼인들*의 강도병"이라고 묘사했다. 하지만 이는 독일에만 나타난 질병이 아니었다. 프랑스의 센Seine 강변에도 15세기 후반이 되면 이러한 통행세 초소가 너무나 많아져서 강을 따라 식량을 싣고 200마일만 내려가면 통행세로 내야 할 돈이 물품 가격의 절반까지 올라갔다.[6] 중세의 중기와 후기 동안 내부적으로 통일된 시장을 가질 수 있었던 나라는 전 유럽 나라들 중에서 오직 영국뿐이었다. 이는 영국이 최초의 거대한 유럽의 경제 대국으로 떠오르는 데에 크게 기여한 요인이었다.

이렇게 조각조각 파편화된 유럽의 여러 시장들을 꿰매어 붙이는 작업은 본질적으로 경제적 과정일 뿐만 아니라 정치적 과정이기도 했

---

* 튜튼Teuton은 보통 독일과 북유럽의 게르만-노르만인들을 넓게 부르는 말이며, 이 맥락에서는 독일인을 뜻한다.

다. 권력이 점차 중앙으로 집중되면서 10세기에는 거의 무한에 가깝게 많은 정치체들이 복작거리던 유럽의 지도가 16세기에 오면 어느 정도 "근대적" 지도로 변하게 되었는데, 파편화된 시장의 통합도 이를 뒤따라가는 과정이었던 것이다. 여기서 다시 한 번, 막 피어나고 있던 도시들이 중심적이고 결정적인 역할을 맡는다. 막 생겨나고 있었던 중앙의 왕권과 든든한 동맹군이 되어준 것이 바로 도시의 시민들이었으니까. 이들은 이를 통해 지역의 봉건 군주로부터 더욱더 많은 자유를 얻는 한편, 아직 기초가 부실한 왕권을 위해서 왕국 건설에 절대적으로 필요한 것 즉 현금을 공급해주기도 했다.

군주와 부르주아들은 함께 힘을 합쳐 중앙 집권 정부를 서서히 키워나갔다. 정부가 중앙 집권화되면서 법률과 통화가 통일되었을 뿐만 아니라 상업과 산업을 발전시키기 위한 직접적인 자극도 마찬가지로 주어졌다. 예를 들어 프랑스에서는 왕실이 나서서 제조업을 육성한 덕에 저 유명한 고블랭Gobelin 양탄자와 세브르Sèvres 도자기 작품들이 나오기도 했고, 왕의 궁전과 연회장의 수요 때문에 무수한 장인들과 기술자들이 일거리를 얻게 되었다. 다른 영역에서도 국가 권력이 증대됨에 따라 새로운 자극이 생겨났으니, 해군도 창설되었고, 군대는 새로운 장비를 갖추어야 했고, 이 새로운 "국가"의 군대 ── 이들 중 다수가 용병傭兵이었다. ── 에 봉급을 주어야 했다. 이 모두가 화폐 유통의 펌프를 더욱 힘차게 눌러대기 시작했다.

탐험

정치 권력이 서서히 공고해짐에 따라 생겨난 또 하나의 경제적 동력이 있다. 미지의 땅에 대한 탐험을 국가가 공식적으로 장려한 것이었다. 중세의 오랜 세월 동안 대담한 모험가들이 없었던 것은 아니었다. 예를 들어 마르코 폴로는 전설에 나올 정도로 부유한 인도로 가는 지름길을 찾아서 멀고 먼 지역으로 나아갔다. 그리하여 14세기 초가 되면 극동 지역으로 가는 길이 아주 잘 알려져서 중국에서 오는 비단의 가격이 카스피 해 지역 ── 중국까지의 거리의 절반밖에 되지 않는다. ── 의 비단 가격의 절반밖에 되지 않았다.

하지만 이렇게 유럽을 떠나 멀리까지 위험한 여정을 용감하게 뚫고 나가는 일은 어려웠고, 그들이 만든 연결망도 아주 가느다란 거미줄 정도였을 뿐이다. 미지의 땅을 체계적으로 탐험하는 일은 아직 시도되지 않았기에 왕이 후원하는 모험가들을 국가 차원에서 보내는 수밖에 없었다. 콜럼버스와 바스쿠 다 가마, 카브랄과 마젤란 등은 시대를 획할 만한 위대한 모험을 이루었지만, 이들은 일개 상인으로서 (물론 이들 모두가 이 모험으로 횡재를 원했지만) 모험을 한 것이 아니었다. 이들이 타고 간 함선은 왕실의 돈으로 사고 또 장비를 마련한 배들이었고, 이들은 왕실의 돈궤를 늘려줄 거라는 기대 속에서 왕실의 인증서를 지니고 파견된 이들이었다.

이러한 놀라운 모험들이 가져온 경제적 귀결은 가늠할 수 없을 만큼 크다. 우선 이들이 개척한 길을 따라 신대륙의 귀금속이 쏟아져 들어오면서 유럽 경제에 활력을 불어넣었다. 스페인은 멕시코와 페루에 거대한 광산을 개발하여 금과 은을 긁어모았고, 이 금은은 스페인이 외국 수입품의 대가로 금화를 지불함에 따라 점점 다른 나라들로 재분배되었다. 그 결과 유럽 전체의 가격 수준이 상승하여 1520년과 1650년 사이에만도 가격 수준이 두 배와 네 배로 뛰었다고 추산된다.

이는 산업을 자극하기도 하고 압박하기도 했지만, 상업과 투기에서는 거대한 물결을 일으키게 되었다.

물론 여기에 더하여 탐험은 더욱 장기적으로 볼 때 훨씬 더 중요한 경제적 자극이 되었다. 16세기와 17세기의 식민지 건설 그리고 이를 통한 신세계와의 교역을 향유하면서 유럽은 아주 야단스런 상업 사회로 변할 추동력을 얻은 것이다. 신세계의 발견은 애초부터 구세계에 촉매적이고 혁명적인 영향을 주었다.

종교적 분위기의 변화

지금까지 이야기한 변화의 여러 힘들은 아주 가시적인 것들이었다. 비시장 사회에서 시장 사회로 이행하는 오랜 기간 유랑 상인, 도시의 확장, 십자군, 국가 권력 증대, 원정 탐험 등은 언제든 목격할 수 있는 장면이었다. 하지만 봉건제를 잠식하고 상업 사회를 가져온 힘들은 이런 것들만 있는 것이 아니었다. 유럽인들의 지적인 분위기, 신념, 세계관 등에 영향을 준 강력한 흐름도 중요한 요인이었지만, 이는 눈에는 보이지 않는 것이었다. 그중 특히 중요한 것이 당시의 종교적 분위기였다.

앞 장에서 우리는 가톨릭교회가 이득이라는 원리 —— 특히 이자 취득 혹은 고리대 —— 에 대해 얼마나 신학적인 혐오를 품고 있었는가를 보았다. 당시 교회의 입장을 아주 잘 보여주는 재미난 얘기가 있다. 홈베르투스 데 로마니스Humbertus de Romanis라는 수도승에 의하면 피렌체의 수도원에는 악마를 찾아낼 줄 아는 사람이 있었다고 한다. 그런데 그는 수도원에서는 복도마다 방 구석구석마다 악마를 찾아냈었는데 시장터에서 찾아낸 악마는 단 하나였다는 것이다. 홈베르투스의 설명에 의하면 그 이유는 이렇다. 사람을 타락시키려면 한 사람당 하나의 악마가 그 가슴에 깃들어야 하지만, 시장터 전체를 타락시키는 데에는 악마 하나로 족하다는 것이었다.[7] 이렇게 적대적인 분위기에서 생활의 상업적 측면이 번성하기는 힘들었다.

이렇게 이익이나 고리대에 호통을 터뜨리는 한편으로 시간이 지나면서 가톨릭교회 자체가 대단히 중요한 경제적 위치를 차지하게 된다. 교회는 십일조와 성직록benefices을 통하여 유럽 전체에서 화폐를 거두어들이고 또 분배하는 가장 큰 존재가 된 것이다. 은행이나 안전한 현금 보관처가 없었던 당시로서는 봉건적 재산의 대부분을 보관했던 곳이 교회였다. 교회 조직 산하 조직들 일부는 예를 들어 성당기사단Knights Templar처럼 어마어마한 부를 누리면서 은행 조직으로 기능하였고 곤궁에 처한 왕들에게 아주 센 조건으로 돈을 꾸어주기도 했다. 하지만 이렇게 평판이 좀 의심스런 활동들이 벌어졌다고 해서 영리 활동을 저주하는 가톨릭교회의 지독한 확신이 변한 것은 아니었다. 오히려 정면으로 배치되는 것이었다. 교회가 부의 추구를 인정하지 않았던 것은 우연한 것이 아니었다. 그 배후에는 아주 깊숙이 자리 잡은 신학적 확신이 버티고 있었다. 이 땅에서의 삶이란 아주 잠깐 지나가는 것에 불과하고 정말로 중요한 것은 저 영원히 계속될 내세를 준비하는 것이라는 굳건한 믿음이 그것이었다. 교회는 살기 위해 아등바등하는 이 속세의 존재에서 눈을 들어 저 높은 천상을 바라보았고, 그 높은 곳으로 다른 이들의 눈 또한 들어올렸다. 비록 우리의 이 약한 육신은 속세의 탐욕스런 활동들의 유혹에 너무 쉽게 무너지지만, 교회는 이를 부정하고 지상에서의 삶의 중요성을 최소화하기 위해 전력을 바쳤던 것이다.

칼뱅주의

돈을 실컷 벌어보려는 욕망이 사람들 마음속에 꿈틀거리다가도 이러한 교회의 설교가 찬물을 끼얹어버리면 그 욕망도 쪼그라들지 않을 도리가 없다. 이러한 세계관이 어떻게 변하게 되었을까? 독일 사회학자 막스 베버와 영국 경제사가 R. H. 토니에 따르면, 그 근본적인 원인은 개신교 종교 개혁가였던 장 칼뱅Jean Calvin(1509~1564년)의 가르침에 담긴 신학적 관점이 확산된 것에 있다.

칼뱅주의는 아주 가혹한 종교 철학이었다. 그 핵심은 예정설prede-stination 즉 신께서는 이미 태초부터 지옥으로 떨어질 자와 구원받을 자를 미리 정해 놓으셨고, 그 명단은 지상의 어떤 인간도 고칠 수 없는 불가침의 문자라는 것이었다. 게다가 칼뱅에 따르면 구원받을 자들은 지옥으로 갈 자들에 비하면 그야말로 한 줌도 채 되지 않으며, 따라서 보통 사람들에게 이 속세의 삶이란 조금 있다가 시작되어 영원토록 계속될 지옥불의 저주에 앞서서 아주 잠깐 주어지는 은총에 불과하다는 것이다.

아마 신에게서 이런 무시무시한 선고를 받고도 생을 살아갈 수 있는 사람은 칼뱅과 같은 강철 인간뿐이리라. 그래서 네덜란드와 영국으로 칼뱅주의가 전파되는 가운데에 그 제자들은 이 불가사의하고 무자비한 교리를 완화하기 시작한다. 그들은 여전히 예정설을 설파했지만, 죽은 뒤에 어떤 세계로 가게 될지를 암시하는 힌트가 이 땅에서의 삶 동안 흘낏흘낏 보이게 되어 있다는 식으로 희망을 주었다. 영국과 네덜란드의 신학자들은 이렇게 가르쳤다. 경박하고 행실 나쁜 이들은 당연히 지옥으로 가게 되며, 심지어 겉보기에는 완전히 성자 같은 이들도 결국 지옥으로 가게 될 수 있다. 구원의 희박한 가능성이 여전히 남아 있다는 것을 증명하려면 오직 흠결 없는 삶을 사는 수밖에 없다는 것이다.

칼뱅주의자들은 청렴하고 엄격한 삶을 살라고 강조했고, 무엇보다도 근면한 삶을 살라고 가르쳤다. 가톨릭 신학자들은 세속에서의 활동을 헛된 것으로 경멸하는 경향이 있었지만, 칼뱅주의자들은 정반대로 살아가면서 어느 만큼의 땀을 흘리는가가 그 사람의 영혼의 가치를 보여주는 지표라는 성스러운 의미를 부여하였다. 정말 그랬다. 칼뱅주의자들의 손에서 자신의 일에 전념하는 인간, 그야말로 그 일을 하도록 "신의 부름을 받은" 인간이라는 생각이 자라나게 된 것이다. 어떤 사람이 자신의 직업calling*에 열성적으로 전념한다는 것은 그래서 종교적 목표에서 멀어지는 증거이기는커녕 종교적 삶에 온몸을 바치고 있다는 증거로 받아들여지게 된 것이다. 정력적인 상인은 칼뱅주의자들이 보기에는 하나님의 사람이지 불경한 인간이 아니다. 이렇게 그 사람의 일과 그 사람의 가치를 동일한 것으로 보는 태도가 나오게 되면 곧이어 어떤 사람이 큰 성공을 거둘수록 그 사람은 가치 있는 사람이라는 생각이 자라나게 된다. 칼뱅주의는 가톨릭과는 정반대로 부의 추구와 영리적 세계의 기질을 적극 장려하는 종교적 분위기를 깔아주었던 것이다.

---

* '소명召命으로서의 직업'을 의미하는 영어 단어가 그래서 calling이 된 것이라고 한다. 독일어 단어 Beruf 또한 '부르다'라는 동사 berufen과 관련이 있다.

이렇게 부의 추구를 장려한 것보다 더 중요한 칼뱅주의의 영향은 아마도 그렇게 축적된 부를 어떻게 사용하느냐일 것이다. 대부분의 부유한 가톨릭 상인들의 태도는 이 지상에서 성공의 목적은 편하고 사치스런 삶을 즐기는 것이라는 것이었다. 반면 가톨릭 귀족들은 간혹 부에 대해 완전히 기괴할 정도의 경멸을 보이곤 했다. 파리가 도박의 난장판이 되어버렸던 17세기 끝 무렵 어느 귀족은 자신의 정부情婦에게 5천 리브르 가치의 다이아몬드를 보냈는데, 그녀가 그 다이아몬드가 너무 작다고 거절하는 답장을 써서 보내자 그것을 가루 내어 그녀의 답장 위에 뿌리기도 했다. 결국 그 귀족은 1년에 자그마치 6십만 리브르의 소득을 모조리 도박으로 날려버렸다. 프랑스의 어떤 원수元帥maréchal는 손자에게 금지갑을 선물로 보냈지만 손자가 이를 거들떠도 보지 않자 그것을 길에 내던져버렸다. "그럼 청소부에게 주어버리지 뭐."[8]

칼뱅파 제조업자나 상인은 부에 대한 태도가 아주 달랐다. 칼뱅주의는 근면을 높이 인정했지만 방종은 단연코 인정하지 않았다. 부는 축적했다가 좋은 용도에 써야지 함부로 써버려서는 아니 되는 것이라는 것이었다.

프로테스탄트 윤리

칼뱅주의는 경제생활의 한 특정 측면을 크게 장려하였는데, 그 측면이란 지금까지 그 누구도 들도 보도 못했던, 검약이라는 것이었다. 소득을 마음껏 써버리고 즐기지 않고 이를 의식적으로 삼가는 미덕이 바로 저축이라는 것이었다. 또 투자라는 것도 있었다. 저축을 생산적 목적으로 사용하는 투자야말로 이윤의 도구일 뿐 아니라 종교적 경건함을 실천하는 도구라는 것이었다. 비록 다양한 전제 조건을 달기는 했지만 심지어 이자 지불까지도 너그러이 보아주었다. 사실상 칼뱅주의는 경제생활에 대한 새로운 관념을 낳은 것이었다. 예전에는 "분수"를 알고 지킴으로써 사회적 경제적 안정성을 갖는 것이 이상이었지만, 칼뱅주의는 경제적 성장, 물질적 개선 및 이를 위한 투쟁 등의 이상을 존경할 만한 것으로 만들었다.

이익을 중심으로 하는 세속 철학이 나타나게 된 원인을 정확히 어느 만큼이나 이러한 "프로테스탄트 윤리"의 영향에 돌리는 것이 합당한가는 경제사가들 사이에서 여전히 논쟁 중이다. 따지고 보면 네덜란드의 칼뱅주의자가 이탈리아에 사는 가톨릭 은행가에게 사업가로서의 삶에 대해 설교할 기회가 많았을 리 없다. 하지만 이후에 벌어진 경제적 진보의 과정을 돌아보게 되면 거기에서 앞서 나간 나라들이 예외 없이 노동과 근검절약이라는 "청교도적 경향"을 가진 프로테스탄트 나라들이었다는 사실에 충격을 받지 않을 수 없다. 이러한 새로운 종교적 세계관은 16세기와 17세기에 불었던 강력한 변화의 바람들 중 하나로서, 시장 사회로 진화하는 데에 큰 도움이 되었던 순풍으로 간주해야 한다.

이러한 변화의 바람은 종교뿐 아니라 정치나 철학 저작들과 같은 당시의 일반 저작물에서도 명백히 보이고 있다. 금전욕, 권력욕, 성욕보다는 "영광"의 추구를 더욱 가치 있게 보는 중세적 관념이 서서히 사라지고 좀 더 안전하고 예측 가능한 이익 추구의 관념과 심지어 개인의 자기 이익이라는 관념까지 그 자리를 메우기 시작한다. 이미 1638년에 위그노파* 정치가였던 로한Rohan 공작은 "인민을 다스리는 것은 군주들이지만 군주들을 다스리는 것은 이익이다."라고 썼다. 이러한 이익에 대한 관심은 그 즉시 이성과 합리성에 대한 강조로 이어지게 된다. "합리적인 경제적 인간"의 관념은 잘 갖추어진 형태의 자본주의 경제가 출현하기 이전에 이미 존재했던 것으로 보인다.[9]

장원 체제의 붕괴

이렇게 몇 가지의 큰 경향들을 나열했지만 옛날 유럽의 고정된 경제 질서를 무너뜨린 힘들은 이것만이 아니다. 그 목록을 계속 나열하고 또 다듬는 일이 가능할 것이다.[10] 물론 너무 과장해서는 안 되겠지만, 이제는 중세 경제생활의 틀을 부수고 시장 거래라는 새로운 역동적 틀이 나오는 길을 닦은 여러 사건들 ── 십자군 전쟁같이 구체적인 사건도 있었고 종교적 이상의 변화처럼 널리 퍼져 있는 경향들도 있다. ── 이 엄청난 크기의 눈덩이처럼 서로 하나로 뭉치기 시작하는 것을 뚜렷이 볼 수 있다.

이러한 근본적 변화에 있어서 중요한 측면 하나는 중세적 의무가 점점 화폐적인 것으로 바뀌었다는 것이다. 예전에 **현물** ── 일정한 일수의 노동 혹은 소작인이 영주에게 내야 하는 닭이나 계란 ── 로 지불되었던 중세적 공납이 이제는 서서히 **화폐** 조세와 **화폐** 지대로 바뀌어가는 흔적을 지역마다 추적할 수 있다.

중세적 지불 방식이 이렇게 바뀌게 된 것에는 수많은 원인이 있다. 첫째, 도시 인구가 불어나면서 그 식량 수요가 늘었기 때문이다. 도시

---

* (앞쪽) 프랑스와 네덜란드 지역의 칼뱅주의파. 제조업자들과 수공업자들이 많았다.

를 중심으로 여러 개의 동심원을 그려볼 때, 화폐는 점점 더 큰 동심원의 농촌 지역으로 침투해 들어갔으며 그런 가운데 농촌 지역에도 도시의 물품들에 대한 입맛을 심어 놓고 동시에 그 물품들을 살 수 있는 능력도 함께 길러놓았다. 그리고 귀족들 또한 이렇게 다양해지는 물품들을 사기 위해 화폐 소득을 늘리고 싶어 하던 판이었으니 조세와 지대를 현물로 내는 것보다는 화폐로 내는 것을 더욱 반겼다. 하지만 그렇게 하는 과정에서 장원 체제가 더욱 심각하게 악화될 원인 하나를 자기들 스스로가 제공했다는 것을 알지 못했다. 예전 봉건제에서 영주가 거두어들이던 여러 봉납은 이제 고정된 액수의 화폐 지불로 전환되는 것이 다반사가 되었다. 이는 일시적으로는 영주들의 현금 사정을 좋게 해주었지만 곧 인플레이션 —— 물가가 오르면 화폐 가치가 떨어져서 일정 액수의 화폐를 받게 되어 있는 채권자는 큰 손해를 보게 된다. —— 이 닥치면서 영주들을 지독히 쩔쩔매게 만들었다. 귀족들이 돈독이 오른다 해도 공납의 양도 따라서 함께 증가해주는 것이 아니었기에 귀족들은 항상 돈이 모자라는 상태였다. 따라서 공납의 양이 고정되지 않았을 때에는 영주가 또 다른 봉건적 의무들을 새로 부과함으로써 현금으로 바꿀 수 있는 것들을 더 끌어낼 여지가 항상 있었다. 하지만 물가가 오르고 화폐화된 생활 방식이 더욱더 확장되어감에 따라 영주의 현금 지불 능력도 바닥이 났다. 게다가 귀족들은 자기들 토지의 경영자들로서는 영 실격인 자들이었기에 그들의 경제적 쇠퇴의 과정은 훨씬 더 가속화되었다. 베네치아의 장사꾼들에게 돈을 털리던 십자군의 자손들이 어디 가겠는가. 후손들도 사업 면에서는 조상들보다 거의 나을 바가 없었던 것이다.

그 결과 농촌의 귀족들은 이제 점점 더 소득을 위해 지대와 조세에 의존하게 되었고 서서히 경제적 권력을 잃어갔다. 16세기부터 우리는 몰락한 귀족이라는 새로운 계급이 출현하는 것을 보게 된다. 1530년 프랑스의 제보당Gevaudan 지역에는 121명의 영주가 모두 합쳐 21,400리브르의 소득을 얻고 있었지만 그중 한 사람의 수입이 5천 리브르였고 또 한 명이 2천 리브르였기에 이 둘을 제외하고 평균을 계산해보면 한 사람당 겨우 121리브르라는 알량한 액수가 나온다.[11] 사실상 현금의 부족으로 고통 받은 것은 하층 귀족들뿐 아니라 군주 자신도 마찬가지였다. 신성로마제국의 황제인 막시밀리안 1세조차 심지어 여행 중 자신의 수행원들을 숙박시킬 돈도 없을 때가 있었다. 그의 손자들이 헝가리 왕의 자손들과 결혼식을 올릴 때에 들어간 혼수품 ── 장식을 입힌 2천 마리의 말, 보석, 금판과 은판 ── 은 모두 상인 은행들로부터 꾸어온 돈으로 장만하였다. 황제는 이들에게 편지를 써서 곤핍에 빠진 자기를 버리지 말아달라고 애원하기도 했다.

현금 경제의 발생

분명히 장원 체제는 현금 경제와 양립할 수 없었다. 귀족들은 올라가는 물가와 멈춰 있는 소득 사이에서 쪼들려가는 한편, 자연히 현금이 몰려들게 되어 있는 상인 계급은 꾸준히 힘을 키워갔다. 앞에 나온 제보당 지역에서는 제일 부유한 영주의 소득이 5천 리브르였던 반면 도시의 가장 부유한 상인들의 소득은 6만 5천 리브르까지 올라갔다. 이탈리아의 경우도 마찬가지였다. 피렌체의 잠피글리아치Giamfigliazzi는 "시시한 인물"이었지만 피에솔레Fiesole의 주교에게 돈을 꾸어주어 나중에는 주교의 재산을 모조리 벗겨먹고 알거지로 만들어버렸다. 토

130

스카나 지방에서는 10세기만 해도 고리대금업자들을 지독히 경멸하던 영주들이 12세기와 13세기가 되자 고리대금업자들에게 모든 토지 재산을 빼앗기고 만다. 독일에서 막시밀리안 황제가 돈이 없어 쩔쩔매고 있을 때 아우구스부르크의 대은행 가문들은 황제의 전체 수입보다 훨씬 큰 소득을 부리고 있었다. 유럽 전체에 걸쳐 사회적 신분이 높은 자들이 돈을 잘 버는 것이 아니었다. 툴루즈의 장 아미치Jean Amici라는 이는 백 년 전쟁을 틈타서 영국에서 가져온 전리품으로 한 밑천을 잡는다. 기욤 드 생-용Guillaume de St.-Yon이라는 자는 파리에서 파렴치할 정도의 높은 가격으로 고기를 팔아 재산을 모은다. 그 중에서도 가장 대단한 이는 자크 쾨르Jacque Cœur라는 이로서, 그는 상인이었다가 왕실 주조국 주조장으로 출세하고 그다음에는 다시 왕의 조달관이 되었다가 결국은 왕을 위해 일하는 징세 대리인이 아니라 왕을 대상으로 돈놀이를 하는 금융가로까지 출세하게 되는데, 이 과정에서 약 2천7백만 에퀴로 추산되는 재산을 긁어모은다.[12]

인간 생활의 경제적 측면이 모습을 나타내다

이렇게 밑바닥을 흔들어놓는 사건들의 배후에서 유럽 경제 조직을 글자 그대로 혁명적으로 바꾸어 놓는 엄청난 변화 과정을 확인할 수 있다. 10세기까지만 해도 화폐와 현금 거래는 경제 문제를 푸는 데에 주변적인 것일 뿐이었지만, 16세기와 17세기가 되면 화폐와 현금 거래가 이미 경제 조직을 엮어주는 원초적인 구심력을 제공하기 시작한다.

하지만 이렇게 전반적인 삶이 화폐화하면서 더욱 근본적일 수 있는 변화가 벌어지고 있었다. 경제 활동의 영역이 그것을 둘러싼 사회생활의 모태로부터 떨어져 나오기 시작한 것이다. 이 경제 활동이라는 영역은 인류 역사상 그 이전 어느 때에도 독자적으로 존재한 적이 없지만, 이때 이후로는 인간 존재의 전체를 지배하는 특징이 되어버렸다.[13]

고대와 중세에 걸쳐 전 인류의 경제적 동기는 물론이고 경제 활동 또한 일상생활 자체와 쉽게 분리할 수 있는 것이 아니었다. 호랑이 담배 피우던 시절부터 누천년 똑같은 방식 그대로 농사를 지어온 농민은 사실상 특별히 "경제적인" 동기에 따라 의식적으로 활동하는 것이라고 할 수 없다. 그는 그저 영주의 명령이나 관습이 명하는 바에 복종하고 있는 것뿐이다. 영주 또한 경제적 동기라는 지향성을 가지고 있는 것이 아니었다. 그의 이익은 군사적이거나 정치적 혹은 종교적인 것이었으며, 기본적으로 이득이나 이윤 확대 같은 것을 지향하는 생각이 있는 게 아니었다. 앞에서 보았듯이, 심지어 도시에서조차 일상의 사업 활동은 비경제적 관심들과 불가분으로 섞여 있었다. 인간이 탐욕스러운 존재까지는 몰라도 재산을 좋아하는 성질을 가진다는 것은 부인할 수 없는 사실이다. 하지만 아직 이러한 성질이 인간 생활 전반을 지배하는 것은 아니었다. 앞에서 자세히 이야기했듯이 돈벌이라는 것은 고대인이나 중세인의 존재에 있어서 중심적이 아닌 부수적인 문제에 불과한 것이었다.

노동, 토지, 자본의 출현

그런데 화폐화의 범위가 계속 넓어지면서 그전에는 존재하지 않던 진정 새로운 삶의 요소가 서서히 전면에 등장했다. 예를 들어 노동은 옛날과는 사뭇 다른 활동의 모습을 띠기 시작했다. 이제 더 이상 "노동"은 한 사람(농노나 도제)이 다른 사람(영주나 장인)을 위해 일을 해주고 최소한의 생활을 보장받는다고 명시된 사회적 관계의 일부가 아니었다. 노동은 이제 그저 일정량의 인간 노력으로서 시장에서 제일 좋은 가격으로 구입하는 "상품"이 되어버렸으니, 이제 노동을 사는 사람은 임금 지불 이외에는 그 어떤 상호 책임도 질 필요가 없게 된 것이다. 그 임금이라는 게 만약 생계조차 보장할 수 없는 수준이라면? 안됐지만 그것은 노동을 산 사람의 책임이 아니다. 그는 그저 "노동"을 구입했을 뿐, 그것으로 끝이다.

이것이 바로 "추상" 노동이다. 살아 있는 노동자로부터 분리된 것으로서, 딱 일정한 양만큼만 시장에서 사올 수 있는 인간 노력이라는 개념이 출현한 것이다. 그런데 이 "추상" 노동 개념의 출현은 그와 나란히 두 개의 주요한 경제생활 요소들과 짝을 이루고 있었다. 그중 하나가 토지였다. 토지는 예전에는 대영주 영토의 일부로 혹은 근대 국민 국가 영토의 일부라고 여겨졌지만 이제는 그 경제적 측면이 강조되어 경제적 수익을 위해 매매 혹은 임대할 수 있는 것으로 여겨지게 된 것이다. 예전에 정치적 행정적 권력의 핵심이었던 토지가 이제는 시장 가격이 붙은 "재산property"이 되어 공장을 세우건 무엇을 하건 아무 용도로나 쓸 수 있게 되었다. 옛날에 토지의 소유에 딸려오던 공납, 현물 지대, 무형적인 권력이나 명예와 같은 것들은 사라지고, 이제는 오직 이윤을 위해 땅을 사용하여 거기에서 파생되는 수익 즉 지대rent 라는 단 하나의 범주만이 남게 된 것이다.

재산 일반도 이와 똑같은 변형을 겪게 된다. 재산이란 고대 시대에서나 또 중세 시대 대부분의 시기 동안 판 모양 혹은 덩어리 모양의 금은 또는 보석 등과 같이 손에 잡히는 유형의 부라고 여겨졌다. 아주 당연하게도, 이는 사치스러운 저택, 성과 군비軍備, 비싼 옷과 장신구 등의 모습을 하고 있었다. 하지만 사회가 화폐화 및 상업화를 겪게 되자 재산이라는 것도 이제는 화폐적 등가물로 표현되기에 이르렀다. 사람조차도 일정 숫자의 리브르, 에퀴, 파운드 등의 돈 액수의 "가치worth"를 갖는 것으로 이야기되기 시작했다.* 재산은 더 이상 구체적인 이런저런 재화의 모습으로서 존재하지 않는다. 재산은 이제 모종의 추상적인 총액으로서, 그 용도가 무한히 탄력적이면서 이자나 이윤을 벌어들이는 능력에 따라 그 "가치"가 결정되는 자본capital이 된 것이다.

그런데 여기서 강조해두어야 할 것이 있다. 이러한 변화 중 그 어떤 것도 누가 계획하거나 예견한 것이 아니었으며, 환영을 받았던 것은 더욱 아니었다. 중세 위계질서의 상류층은 자신들의 특권을 상업 계급들이 이런 식으로 야금야금 먹어 들어오는 것을 편한 마음으로 볼 수 없었다. 또 전통을 수호하려던 길드의 장인들 또한 경쟁에 시달리면서 항상 시장의 가격 신호에 목을 매어야 하는 "자본가" 즉 사업가로 변신해야만 하는 이런 상황을 원했던 것도 아니었다. 하지만 이러

---

* 어떤 사물의 가치를 묻는 표현인 worth 구문이 어떤 이의 재산을 물어볼 때에도 똑같은 형태로 쓰인다.

한 전환 과정이 가장 고통스러웠던 사회 계급은 아마도 농민이었을 것이다. 이들은 이 역사 과정의 볼모가 되어 졸지에 생계 수단을 모조리 빼앗기고 땅도 없이 떠도는 노동자가 되어야 했으니까.

울타리치기

농민들이 겪어야 했던 이러한 과정이 바로 울타리치기 운동enclosure movement이었다. 이는 중세 생활이 화폐화됨에 따라 나타난 부산물로서 특히 영국에서 중요했다. 이미 13세기부터 현금 압박을 받아온 토지 귀족들은 자기들의 땅을 조상 대대로 물려받은 봉토fief로서가 아니라 현금 수입을 더 끌어낼 수 있는 원천으로 보기 시작하였다. 그래서 이들은 환금 작물cash crop*을 더 많이 키우려고 그전에는 "공유지common land"로 여겨지던 땅에다가 "울타리치기enclosures"를 시작하였다. 이 공동의 목초지는 공동체 성원 누구나 사용할 수 있는 것이었지만 소유 관계로만 보면 이미 그전부터 영주의 것이었는데, 이제 영주가 이 목초지를 취하여 오로지 자기의 이익을 위해서만 쓰겠다고 주장하고 이 땅을 양들의 방목지로 바꾸어버린 것이다. 왜 하필이면 양일까? 당시 모직물에 대한 수요가 커지면서 양을 기르는 것이 아주 수지맞는 업종이 되어버렸기 때문이다. 중세사가인 에일린 파워 Eileen Power는 이렇게 쓴다.

---

* 스스로가 먹고 쓰기 위해 기르는 작물이 아니라 애초부터 시장에 내다 팔아 높은 현금 수익을 올리기 위해 경작하는 작물.

영국 상원을 방문한 이들은 그 장엄한 회의장을 존경의 시선으로 올려다보다가 의장석을 보는 순간 난데없이 뚱뚱하고 꼴사나운 물건이 눈앞에 나타나는 것을 보고 깜짝 놀라지 않을 수 없게 된다. 의회의 회기 내내 영국의 대법관 즉 상원 의장Lord Chancellor은 이 못생긴 물건을 깔고 앉는 것이다. 그 물건은 양털을 넣은 부대로서, 이 방석 안에는 상원 의장의 사무실 이상으로 영국 역사의 사연으로 꽉꽉 채워져 있다. …… 영국의 대법관 상원 의장이 이 양털 부대를 방석으로 삼는 것은 이 멋진 나라가 잘 살게 된 기초가 바로 양털 부대였기 때문이다.[14]

영국의 울타리치기 운동 과정은 여러 세기에 걸쳐 불규칙한 속도로 진행되었고, 이것이 완전히 사회 전체를 삼켜버린 절정에 달하는 것은 18세기 후반과 19세기 초반이나 되어야 벌어지는 일이다.[15] 이것이 끝날 때쯤에는 약 1천만 에이커 그러니까 영국 농경지의 거의 절반이 "울타리 쳐졌다." 튜더 왕조 초기에는 상당히 고압적인 방식으로 "공유지"를 양떼 목초지로 전환했었던 반면, 마지막 단계에 오면 지조strip와 땅뙈기를 강제로 통합하여 상업적 경작에 적합하도록 직사각형 모습의 땅tract으로 전환하는 식이었고 이에 대해 소작인들은 "공정한 보상"을 받은 것으로 여겨지고 있다.

경제학적으로만 보면 울타리치기 운동은 환영할 만한 것임에 틀림없다. 그전에는 아주 조금밖에 소출이 나오지 않던 땅을 이제 생산적으로 사용하게 되었으니까. 사실 특히 18세기와 19세기에 울타리치기야말로 영국이 농업을 "합리화"하여 마침내 전통적 장원의 지조 체제의 비효율성에서 탈출할 수 있었던 수단이었다. 하지만 잔혹한 측면도 있었다. 공유지에 울타리가 처지면서 소작인들이 살아가기가 훨씬 힘들어진 것이다. 최초의 울타리치기가 절정에 달했던 15세기와 16세기에 어떤 장원에서는 무려 4분의 3에서 10분의 9에 달하는 소작인들이 농장에서 쫓겨나야 했다. 아예 부락 전체가 깨끗이 사라지는 일도 있었다. 토머스 모어 경Sir Thomas More은 저서 『유토피아Utopia』 1권에서 이를 다음과 같이 잔혹하게 묘사한다.

양은 한때 그토록 온순하고 말 잘 듣고 또 먹는 것도 적은 동물이었지만, 이제는 아주 지독한 폭식에다가 지독하게 거친 동물이 되어 사람들까지 통째로 집어삼키는 놈이 되었다는 소문입니다. 양들이 아예 들판 전체와 집들과 도시까지 파괴하고 무너뜨려 모두 집어삼킨다는 겁니다. 왕국 전체에서 가장 곱고 가장 비싼 양털이 나오는 지역들을 보세요. 이런 곳은 모조리 경작지가 다 사라져버렸습니다. 이런 곳의 귀족들, 향신들뿐만이 아니에요. 심지어 경건한 하나님의 사람인 일부 수도원장들까지 모두 나서서 그들 땅의 조상들과 전임자들이 벌어들이던 연간 수입과 이윤에 만족하지 못해서 그 땅을 모조리 양의 방목지로 울타리를 쳐버리고, 집들을 부수고, 도시를 아예 뿌리째 뽑아 쑥밭으로 만들어버린 거죠. 딱 교회 건물만 남겨 놓았는데, 그나마 …… 양 우리로 쓰기 위해 남긴 거랍니다.

이러한 울타리치기 과정은 봉건적 유대가 해체되고 시장 사회라는 새로운 관계가 형성되는 강력한 동력을 제공하였다. 농민들을 알거지로 만들어버림으로써 새로운 종류의 노동력이 창출된 것이다. 보잘것없지만 전통적으로 내려오던 소득 원천을 완전히 빼앗겼기에 이들은 이제 임금이라도 벌지 못하면 먹고살 수가 없었다. 그래서 어떤 일이건 기회만 주어지면 일자리를 찾기 위해 노력하지 않을 수 없는 이들이 나타난 것이다.

프롤레타리아의 출현

이러한 농업 프롤레타리아와 함께 도시 프롤레타리아도 출현하기 시작한다. 부분적으로는 길드가 좀 더 "영리적인" 기업으로 조금씩 변화한 것과 또 부분적으로는 새로 토지를 잃게 된 농민들 일부가 도시로 이주한 것이 그 원인이었다. 게다가 18세기 중반부터는 인구가 증가하여(이는 또 울타리치기로 식량 생산이 증가한 것에 상당 부분 원인을 돌릴 수 있다.) 노동 시장으로 더 많은 이들이 쏟아지면서 상황이 악화되었다. 이렇게 원인 결과가 복잡하게 얽혀 돌아가는 가운데에 영국은 "떼거지wandering poor"*의 문제에 시달리게 된다. 그래서 이 떼거지들을 모두 "공포의 집Houses of Terror" ── 어느 사회 개혁가가 붙인 이름 ── 에 감금해야 한다는 것이 18세기에 종종 나왔던 제안이기도 했다.

---

* 16세기 이후 유럽 전반에서 폭증한 빈민들은 통제하기 힘든 숫자로 여기저기 몰려다니면서 사회 질서를 위협할 만한 행동을 서슴지 않았기에 사회적 안보를 심히 위협하는 것으로 여겨졌다. 비록 절대주의 왕정이 확립되면서 이 물결은 법적 통제 아래로 들어가지만, 17세기 말 프롱드의 난에서 왕정에 반기를 든 세력들이 파리의 걸인 집단을 이용하듯 이후에도 그 흔적은 남는다. 우리말의 "떼거지" 또한 이와 비슷하게 우르르 몰려다니며 지나는 곳마다 초토화시켜버리는 걸인 집단을 일컫는 뜻이다. 가장 극적인 경우로는 한국 전쟁 발발 초기의 국민방위군 사건이 있다. 전쟁이 터지자 방위군으로 징집되어 부산까지 이동하도록 서울에 집결한 부대는 식량을 군대 고위 인사들이 착복하는 바람에 숱한 아사자를 남기면서 남한 전역을 구걸하면서 지나는 마을마다 초토화시키는 부랑 집단으로 변해버렸는데, 이 사건이 "떼거지"라는 말이 본격적으로 사용된 계기였다고 한다.

이렇게 시장 지향적 체제의 출현은 "노동력"의 출현을 가져왔다. 다른 사회 계급들의 적응 과정도 비록 농민들만큼 잔혹하지는 않았지만 나름의 사회적 대가를 지불해야 하는 것이었다. 길드 장인들은 제조업자들이 전통적인 보호 구역을 침범하고 들어와 기성의 생산 방식을 새로운 기계로 흩트려놓는 것에 맞서 자신들의 직종을 보호하기 위해 끈질기게 투쟁했다. 또 토지에 기반을 둔 귀족들도 돈만 잔뜩 쥔 졸부들nouveaux riches이 옛날부터 내려온 자신들의 특권을 침범하는 것을 한사코 막으려 기를 썼다.

하지만 이 과정은 막을 수 없었다. 경제가 확장되면서 과거에 확립된 일상도 무너졌고, 모든 사회 계급의 권력과 명예 또한 다시 조정될 수밖에 없었다. 이 과정은 실로 인정사정없이 자신의 역사적 여정을 밟아나갔고 그 속에서 역사의 보상과 희생을 공정하게 배분하였다. 이 과정이 비록 오랜 기간에 걸쳐 벌어지기는 했지만 그래도 이는 진화라기보다는 유럽의 경제 사회 전체를 휘어잡은 완만한 혁명이었다고 보는 것이 옳다. 교역의 세계가 "자연적"이며 "정상적"으로 보이기 시작한 것은 유럽 사회가 그 과정에서 인간 역사상 가장 가혹하게 주리를 틀려 힘줄과 뼈가 다 떨어져나가는 고통을 겪은 후에야 비로소 벌어진 일이며, "토지", "노동", "자본"과 같은 범주들이 사실과 일치하는 범주들로 보이게 된 것도 그런 고통을 겪은 후에야 벌어진 일이다. 그런데 일단 이렇게 되자 이번에는 오히려 이러한 범주들이 그전에 존재하지 않았다는 사실을 믿기 힘들게 된 것이다.

생산 요소들

이미 보았듯, 임금으로 생활하는 자유 계약 노동자, 이윤을 낳는 토지, 투자를 불러들이는 유동적 형태의 자본과 같은 것들은 전혀 "자연적"이지도 "정상적"이지도 않은 것들이다. 이들은 시장 이전의 사회가 시장 사회로 거대한 전환을 이루면서 생겨난 것들이다. 경제학에서는 이렇게 생겨난 것들을 생산의 제요소라고 부른다. 생산 과정의 이세 기본 구성 요소가 시장 메커니즘을 통해서 어떻게 결합되는가를 분석하는 작업이 경제학의 상당 부분을 차지한다.

하지만 이 단계에서 알아두어야 하는 것은, "토지", "노동", "자본"이 어느 사회 조직에서나 항상 존재하는 것들이 결코 아니라는 점이다. 물론 토양, 인간의 노고, 생산에 투입되는 인공물들은 어느 시대에서나 생산 과정을 구성하는 것들이지만, 이 세 가지를 이렇게 서로다른 것으로 깨끗이 가르는 것은 시장 사회에서만 특징적으로 볼 수있는 형태이다. 시장 경제 이전에는 노동, 토지, 자본은 모두 노예와농노 혹은 영주와 길드 장인이라는 존재 속에 서로 불가분하게 뒤엉켜 있었으며, 일정한 가격에 제공되는 특정한 경제적 기능의 체현물따위로서 제각각 생산 과정에 들어오는 것이 아니었다. 노예는 "노동자"가 아니었고, 길드 장인은 "자본가"가 아니었으며, 영주는 "지주"가 아니었다. 노동이 판매되고 토지가 임대되고 자본이 자유로이 투자되는세상으로 사회 체제가 진화한 뒤에야 비로소 경제학의 여러 범주들이 나타나게 되었던 것이다.

이러한 놀라운 사회적 과정은 인간 자체에 대한 소유 관념의 진화에서 가장 분명하게 드러난다. 앞에서 보았듯 고대 사회에서는 사람들이 사람들을 소유하였다. 즉 노예란 글자 그대로 그 소유주가 마음 껏 사용하고 또 학대하며 심지어 어떤 경우엔 목숨까지 뺏을 수 있는 가축이었다. 중세에는 이러한 인간 재산이라는 생각이 농노제의 개념 으로 진화하였다. 우리가 본 것처럼 농노 또한 주인의 재산으로서 여 러 속박과 의무로 묶여 있는 몸이었지만, 그 소유권이 그렇게까지 전 면적인 것도 아니었고 또 영주 쪽에서도 상호적인 의무를 져야 하는 관계였다.

드디어 우리는 모든 사람들이 자신을 재산으로 소유하는 근대 상업 사회에 도달하게 되었다. "생산 요소"의 하나가 된 노동자는 자신의 노동을 소유하면서 이것을 가능한 한 유리한 조건으로 판매하게 되는 데, 이는 노예나 농노로서는 꿈도 꾸지 못하던 일이다. 또 이 자유 노 동자는 아무의 재산도 아님과 동시에 아무도 이들에게 의무를 갖지 않는다. 고용주는 피고용인의 노동을 살 뿐이지 그의 삶을 사는 것이 아니다. 고용주가 소유한 "재산"은 오직 사무실과 공장일 뿐, 그가 고 용한 노동자들이 사무실과 공장을 떠나는 순간 그들에 대한 고용주의 책임도 모두 끝나는 것이다.

임노동과 자본주의

노동이 매매 가능한 상품이 되면 고용주는 또 독특한 경제적 이익을 얻게 된다. 노동력을 임금이라는 명목의 돈으로 구입한 덕에 고용주는 "자신이 소유한" 노동자들이 생산한 것들 또한 모두 가질 권리를 얻는 다. 다른 말로 하자면 고용주들과 임금 계약을 맺는 모든 이들은 자기 들이 노동으로 창출하는 모든 생산물에 대한 청구권을 모두 포기하도록 되어 있다는 것이다.

현대 시장 사회에서 임금 노동은 너무나 일상적인 것이어서 노동력이 그 생산물에 아무런 소유권도 갖지 못한 채 매매되는 이 흥미로운 장치를 성찰해보면 오늘날의 사람들은 항상 놀라게 된다. 하지만 조립 라인에서 나오는 완제품 차량을 누가 갖는지 잠시만 생각해보라. 그것을 만든 노동자들이 소유하는가? 그것을 설계한 공학자들인가? 그 생산 과정을 감독한 경영자들인가? 그 회사의 회장 혹은 주주들인가? 대답은 이들 중 누구도 아니라는 것이다. 심지어 GM의 회장이나 최대 주주조차 돈을 내지 않으면 생산 라인에서 나오는 차량 한 대도 가져갈 수가 없다.

그렇다면 도대체 그 차를 소유하는 이는 누구인가? 노동자나 경영자나 모두 알고 있다. 그 차들은 "회사 재산"이다. 이 말은 이 차들을 소유하는 것이 회사이며, 회사란 회장, 경영자, 공학자, 노동자들을 고용하는 가공의 법적 "인격체"를 말한다. 이 회사를 법적으로 소유하고 통제하는 것은 주주들이지만 임금 계약을 맺는 것은 회사 자신이며 따라서 그 차들을 소유하는 것도 회사이다. 단 한 명의 소유자가 운영하는 좀 더 단순한 회사 조직 —— 이를테면 빵집 —— 과 비교해보면 이 똑같은 논리가 더욱 선명하게 드러난다. 빵집의 주인은 갓 구운 빵을 돈도 내지 않고 집으로 가져갈 수가 있다. 왜냐고 물으면 그는 이렇게 대답할 것이다. 이 빵이 그의 소유이기 때문이라고. 그리고 이는 분명히 지당한 이야기다.

따라서 옛날의 영주-농민 혹은 장인-도제 제도와는 완전히 다르게 조직된 새로운 경제 사회의 표지는 바로 임금 계약이 존재하는가이다. 예전 사회들에서는 잉여가 지배 계급의 수중에 곧바로 들어가서 거대한 기념비나 건물 혹은 사치품의 모습으로 보존되거나 사치를 위한 물품으로서 사용되곤 하였다. 그런데 이 새로운 자본주의적 형태에서는 사회가 창출한 잉여 —— 즉 노동력과 기타 생산 요소를 재충전하고 남는 모든 부 —— 가 고용주-자본가의 손으로 들어가게 되어 있다.

이렇게 잉여 배분 방식에서 변화가 일어나는 것에 또 두 가지 변화가 수반되었다. 첫째, 이제 잉여는 옛날처럼 어마어마한 기념비나 궁정의 사치품 같은 것이 아니라 상점, 농장, 또 당시 막 생겨나고 있던 공장에서 만들어진 여러 상품과 같은 훨씬 소박한 모습을 띠게 되었다. 둘째, 이 상품들은 옛날의 기념비나 사치품들과 달리 먼저 시장에서 팔려야만 "부"로서 간주되게 되었다.

임노동 관계를 중심으로 하는 이러한 자본주의의 출현은 단지 지배계급이 귀족에서 자본가로 바뀌었다는 것만을 의미하는 것이 아니었다. 이는, 부란 과시하기 위한 물건이 아니라 시장에 내다 팔 상품이라는 새로운 의미 또한 낳았다. 예전 사회의 피라미드, 성당, 건축물들과 달리 자본주의에서의 부란 시장에서 팔려 "실현"되기 전에는 아무런 지위도 얻지 못한다. 이렇게 자본주의의 경제생활에는 꼭 시장에서 팔려야만 한다는 지상 명령이 따라오기 때문에 그전에 볼 수 없었던 종류의 긴박성과 신경질적인 분위기가 그 공기 위를 떠돌게 된다. 요컨대 자본주의는 단지 사회 제도 몇 개의 변화에 그치는 것이 아니었다. 이는 완전히 새로운 경제 질서를 뜻하는 것이었다.

자본주의와 이윤 동기

이 책 대부분은 이 새로운 질서가 어떻게 작동하는가 그리고 이 복잡한 상품 생산 및 판매의 과정에 어떤 문제들이 내재해 있는가를 관심으로 삼는다. 이 문제를 살펴보다 보면 자본주의가 창출한 제도적 형식의 변화 또한 검토하게 되며, 이 체제가 작동하는 경제적 메커니즘의 일부를 또 탐구하게 된다.

우선 자본주의 질서에서 가장 중심적이고 필수불가결한 것 하나를 보자. 이는 자본주의가 온 사회에 일반화시킨 새로운 행위 형태 즉 소득을 극대화하려는 충동(경제학자들이 즐겨 쓰는 표현)이다. 이를 위해 모든 이들은 시장에서 자기 노동력이나 여타 자원을 팔고 또 재화를 구입하며 또 가장 좋은 조건을 놓고 흥정을 벌이게 된다. 사업적인 용어로는 이러한 충동을 이윤 동기라고 부른다.

물론 이러한 동기는 시장 사회의 발명품이 아니다. 아마도 시장 사회가 강화시킨 것조차 아닐 것이다. 하지만 시장 사회로 들어오면서 이윤 동기가 사회적 행태의 보편적이고도 피할 길 없는 특징이 되어 버렸다는 것은 분명하다. 물론 중세나 고대에도 인간은 재물에 대한 욕심을 가지고 있었지만, 생계와 관련된 기본적 경제 활동 자체까지 시장 거래에 내맡겼던 것은 아니었다. 예를 들어 어떤 농부가 계란 몇 알을 읍내 시장에 내다 파는 일은 있었지만 이러한 시장 거래가 그 농부의 생존에까지 결정적인 문제는 아니었다. 기본적으로 비시장 사회였던 당시에 시장에서의 거래란 그저 생계를 보조하기 위한 부수적인 수단의 활동이었으며, 생계 자체는 구매 및 판매 행위와 거의 전적으로 무관하게 이루어졌다.

그런데 노동, 토지, 자본이 화폐화함에 따라 시장에서의 거래가 보편적이고도 결정적인 활동이 되었다. 이제는 모든 것이 시장에 내다 파는 것이 되었고 시장 거래의 조건들은 인간의 존재 자체를 본질적으로 규정하는 조건이 되어버렸다. 사회가 개인의 생계에 대해 아무런 책임도 지지 않고 또 그 개인이 시장에 자기 노동을 내다 팔아야만 먹고살 수 있는 상태라면 그 사람이 노동 계약을 흥정하는 가격이 최고의 중요성을 갖지 않을 수가 없다. 또 이는 지주나 당시 막 생겨나고 있던 자본가에게도 마찬가지로 적용되는 이야기이다. 이들 모두는 좋은 조건의 흥정을 얻는다면 부를 얻게 되고, 나쁜 조건이면 망하게 된다. 경제적 이익 극대화 패턴은 이제 온 사회에 일반화되었다. 그리고 시장 사회에 내재하는 절박성을 통해 이 이익 극대화 행동의 패턴이 인간 행태를 규정짓는 강력한 힘이 되었다. 이제 소득을 극대화하려는 노력이 사회를 조정하고 통제하는 새로운 양식이 된 것이다.

경제학의 발명

인간은 이 시장 사회의 출현으로 인해 자기 개인의 이익을 마음껏 좇을 수 있게 되었을 뿐만 아니라 그렇게 하라고 **강제당하게** 되었다. 하지만 시장 사회는 이러한 환경의 변화만 제공한 것이 아니라 대단히 중요하고도 아주 어려운 수수께끼를 또 하나 던졌다. 이제 사람들은 이윤을 좇아 행동하게 되었으므로 더 이상 조상들의 생활 방식을 답습하거나 영주 및 왕과 같은 지배자들의 명령에 따라 경제 활동을 할 이유가 없어졌다. 그렇다면 이러한 세상이 작동하는 원리는 어떻게 이해할 것인가?

이 새로운 질서에는 일종의 "철학"이 필요했다. 이러한 사회가 어떻게 붕괴하지 않고 "작동"할 것인가에 대해 합리적인 설명이 있어야 하는 것이다. 이러한 철학은 결코 자명한 것이 아니다. 우리가 1장에서 전통 사회의 가상의 지도자들에게 설명했을 때처럼, 이윤을 추구하는 사람들의 새로운 세계는 당대의 사람들에게도 똑같이 황당하고 위험 가득한 세상으로 보였던 것이다.

이 교역의 철학자들은 모두 의견이 달랐지만 이는 놀라운 일이 아니다. 영국에서는 중상주의자들mercantilists이라고 불리는 일군의 팸플릿 저술가들과 상인들이 나타났다. 이들은 경제 사회를 설명하는 데서 금의 중요성을 강조하고 외국인들에게 재화를 수출하여 국내로 "보화"를 가지고 들어오는 상인 활동을 찬양하는 논리를 내놓았다. 프랑스에서는 중농주의자들Physiocrats이라고 불리는 학파가 나타나 아주 다른 사상을 내놓았다. 이들은 상인이 아닌 농업가들의 미덕을 높이 평가하였다. 이들은 모든 부는 궁극적으로 자연의 풍요로부터 나오게 되어 있는 것이라고 주장하며, 상인 심지어 제조업자들마저도 농업가들이 생산한 부에 아무것도 덧붙이지 못하는 "불임의sterile" 계급에 속한다고 폄하하였다. 노동자들은 꼭 "비참한" 지경에 있을 필요는 없지만 기본적으로 가난한 이들이라고 상정되었다.

이렇게 다양한 관점이 공존하고 있으니 경제 정책에 대한 만장일치의 견해 따위 또한 있을 턱이 없었다. 경쟁은 규제해야 할까 내버려두어야 할까? 금의 수출은 금지되어야 할까 아니면 그저 무역 수지의 변화에 따라 "보화"가 나라 안팎으로 저절로 들어오고 나가도록 놓아두어야 할까? 농업 생산자들이 모든 부의 궁극적 원천이니 이들에게 세금을 거두어야 할까 아니면 부유한 상인 계급에게서 거두어야 할까? 이러한 당혹스런 질문들이 애덤 스미스(1723~1790년)의 출현을 기다리고 있었다. 스미스야말로 우리 경제학자들의 수호 성인이자 실로 걸출한 지적인 영웅이었다. 미국 혁명이 벌어진 1776년에 출간된 그의 걸작『국부론』은 당시 서구 세계가 간절히 알고자 원했던 질문 즉 자신들 사회의 경제적 메커니즘이 어떻게 작동하는가에 대해 총체적인 설명을 제시했던 것이다.

노동 분업

스미스가 묘사한 세상은 오늘날의 세상과는 아주 다르다. 그가 살던 세상은 아주 작은 기업가들로 이루어진 세상으로서, 스미스가 묘사한 유명한 핀 공장은 단 10명을 고용하는 제조업체였으며 여전히 중세적 길드의 제약에 묶여 있었다. 스미스가 살던 당시 영국에서 모자를 만드는 장인은 누구도 두 명 이상의 도제를 고용할 수 없었고, 저 유명한 쉐필드의 은銀 수공업에서도 날붙이 장인 누구도 1명 이상의 도제를 고용할 수 없었다. 더욱 중요한 것은 동인도회사의 무역에서처럼 일정한 상업 분야마다 정부가 보호해주는 전매권이 있는 세계였다는 점이다. 하지만 이 모든 차이에도 불구하고 스미스가 그 시대 사람들에게 제시한 기본적인 비전은 우리 시대의 경제학의 임무에 대해서도 많은 시사점을 준다.

　스미스가 관심을 쏟은 주요 문제는 두 가지다. 첫째는 그의 저서 제목이 암시하는 것으로, "완벽한 자유"가 있는 사회의 가장 중요한 경

향 즉 성장하는 경향에 대한 스미스의 이론이다.[16]

경제 성장 즉 어떤 사회가 향유하는 재화 및 서비스의 총생산이 꾸준히 증가한다는 것은 전통에 속박된 사회나 심지어 황제의 통치 아래에 있는 제국에서라도 철학자의 관심을 끌 만한 주제가 아니다. 하지만 스미스는 시장 사회라는 혼란스런 모습의 시대를 살고 있었고 스미스는 시장 사회 속에 도대체 어떤 메커니즘이 숨어 있기에 "국부 wealth of nations"를 확장하도록 작동하는가를 찾아낸 것이다. 물론 완벽한 자유의 체제를 향유하며 그 체제에 손을 대지 않는 나라들의 경우에서 말이다.

사회로 하여금 그 부가 증대하도록 추동하는 것은 무엇인가? 완벽한 자유의 체제를 갖춘 나라는 기본적으로 그 노동의 **생산성**을 꾸준히 증가시키고자 하는 경향을 가지며 그래서 시간이 지나면 똑같은 사람들이 일을 해도 그 생산량은 계속해서 증대되게 되어 있다는 것이었다.

이러한 생산성 증가의 배후에는 무엇이 있는가? 스미스에 의하면 그 대답은 **노동 분업**이 갈수록 정교해지면서 생산성도 높아지기 때문이라는 것이다. 여기에서 스미스의 유명한 핀 공장의 예가 나온다.

한 사람은 철선을 뽑아내고, 다른 사람은 그것을 곧게 펴고, 그다음 사람이 그것을 자르고, 그다음 사람은 날카롭게 하고, 그다음 사람은 머리 부분을 얹을 수 있도록 그것을 갈아낸다. 머리를 만드는 데에는 두세 가지 다른 작업이 필요하며, 머리를 얹는 것은 또 다른 작업이다. 표백하는 작업이 따로 있고, 완성된 핀들을 포장지에 싸는 것조차도 별개의 작업이다. …… 내가 본 적이 있는 이런 공장에서는 불과 10명의 일꾼을 고용하고 있었기에 그들 중 몇 명은 두세 개의 다른 작업들을 함께 수행하고 있었다. 그런데 이런 공장들은 영세하였기에 필요한 기계도 고만고만하게 갖춘 정도였지만 일단 일에 몰두하게 되면 이 10명이 하루에 약 12파운드의 핀을 생산할 수가 있었다. 1파운드면 중간 크기의 핀이 약 4천 개까지 나온다. 따라서 이 10명이 하루에 핀을 무려 4만 8천 개나 만들어낸 셈이다. …… 하지만 만약 이 사람들이 모두 따로따로 독자적으로 일을 한다면 하루에 1명당 20개도 만들지 못할 것이 분명하며, 아마 하나도 못 만들 수도 있다.

애덤 스미스의 성장 모델

바로 이러한 노동 분업론이 어째서 자유 기업 사회가 경제 성장을 가져오는 경향을 갖는지를 답해줄 열쇠가 된다. 하지만 아직 경제 성장이라는 현상이 충분히 설명된 것은 아니다. 완벽한 자유가 있는 사회가 노동 분업을 향해 가게 되어 있는 원인은 무엇인가? 그 성장을 향한 경향이라는 것도 이런저런 이유에서 사멸할 수도 있지 않은가?

이러한 질문을 통해 우리는 스미스가 마음속에 그리고 있던 더 큰 그림을 보게 된다. 비록 스미스가 쓴 용어는 아니었지만, 이를 "성장 모델"이라고 불러보자. 이 용어로 말하고 싶은 것은, 스미스가 우리에게 어떤 사회를 성장의 길로 몰아가는 추동력뿐 아니라 그 사회가 그 길을 계속 따라가게 만들어주는 자기 조정 메커니즘까지 제시했다는 점이다.

우선 그 추동력은 무엇인가. 인간 본성에 대한 스미스의 생각에 주춧돌이 되는 것이 하나 있다. 바로 그가 "개선하려는 욕망"이라고 부른 것으로, 이는 앞에서 우리가 이윤 동기라고 부른 것과 같다. 개선하려는 욕망이 경제 성장과 무슨 관계가 있다는 말일까? 대답은 아주 중요하다. 개선하려는 욕망이라는 말에는 모든 제조업자들이 자신의 이윤을 증대시키기 위해 사업을 확장하려 들 것이 함축되어 있다.

그런데 이러한 사업 확장이 어째서 더 높은 수준의 노동 분업으로 이어진다는 것인가? 이 대답도 아주 간명하다. 이윤을 얻는 주된 방법은 노동자들에게 스미스가 핀 공장 이야기에서 언급한 대로 필요한 기계들을 갖춰주는 것이다. 노동자들의 생산성을 올리는 것은 바로 이러한 기계이기 때문이다. 따라서 경제 성장에 이르는 길은 스미스가 축적이라고 불렀던 것, 좀 더 현대적 용어로 말하자면 **자본 투자**의 과정에 있다. 자본가들은 돈을 벌려고 애쓰는 가운데에 기계와 장비에 투자를 하게 된다. 이 기계와 장비의 결과로 그 자본가들의 노동자들은 더 많은 것을 생산할 수 있게 된다. 이들이 더 많이 생산하게 되므로, 사회 전체의 생산도 성장하게 된다.

자본주의 체제의 동학

이것으로 우리 질문의 앞부분은 답이 주어졌다. 하지만 아직 그 사회가 과연 지속해서 성장할 것인가의 질문이 남아 있다. 여기야말로 스미스의 지혜가 가장 빛나는 부분이다. 언뜻 보면 자본 투자의 추동력은 반드시 떨어지게 되어 있는 듯 보인다. 새로운 기계를 굴릴 노동자들에 대한 수요가 꾸준히 늘면 임금이 상승할 것이며, 이는 제조업자의 이윤을 갉아먹을 것이다. 그러면 이윤이 잠식됨에 따라 신규 투자의 원천 자체가 증발할 것이며 성장 곡선도 금새 평평하게 되어버릴 것이다.

스미스에 의하면 그렇지 않다. 분명히 노동자들에 대한 수요가 증가하면서 임금은 **올라갈 것이다.** 하지만 이는 반쪽 그림일 뿐이다. 임금의 상승 경향은 또한 노동자들의 공급도 증가시키는 경향을 갖는다. 그 이유가 상당히 그럴듯하다. 스미스가 살던 시절에는 유아 사망률이 놀랄 만큼 높았다. 그래서 스미스는 말한다. "스코틀랜드의 고산지대에서는 어머니가 20명을 낳아도 자식이 2명도 남지 않는 일이 …… 드물지 않다." 그런데 임금이 오르게 되면 유아 및 아동 사망률이 감소하는 경향이 나타나며 그래서 더 많은 인구가 노동 연령(스미스 시절에는 10세 아니 그보다도 어린 나이일 때도 있었다.)이 될 때까지 살아남게 될 것이라는 것이다.

그 결과는 이미 명확하다. 노동자들(및 노동 아동)에 대한 수요 증가와 함께 그 공급 증가가 나타난다. 시장에서 구할 수 있는 노동자들의 수가 이렇게 늘어난다는 말은 곧 일자리 경쟁도 치열해진다는 것을 뜻한다. 따라서 노동의 가격은 올라가지 **않는다.** 최소한 경제 성장을 질식시킬 만큼은 올라가지 않는다는 것이다. 자본 축적의 메커니즘은 마치 거대한 자기 조정 기계와 같아서, 자신이 중단없이 지속되는 데에 필요한 조건 즉 임금이 이윤을 잠식할 만큼 올라가지 못하게 막는 상황을 스스로 창출해내는 것이다. 따라서 성장 과정은 교란 없이 계속될 수 있다.

여기에서 스미스의 성장 모델을 자세히 다룰 수는 없다. 물론 그의 "모델"은 현대 세계에 직접 적용할 수도 없다. 오늘날 (최소한 선진국에서는) 대부분의 아이들이 노동 연령이 되기 전에 죽어버리는 일 따위란 없기 때문에 스미스의 "안전밸브"도 의미를 가질 수 없기 때문이다. 그럼에도 불구하고 스미스의 이야기에서 우리는 경제 분석이 가져다줄 수 있는 혜안과 상상력의 지평을 맛볼 수 있다.[17]

시장 메커니즘

하지만 스미스의 저서가 새로이 빛을 비추어준 문제는 여러 나라의 부(생산량이라고 하는 것이 좋겠다.)의 문제만이 아니었다. 시장 체제가 어떻게 응집력을 가질 수 있는가, 그래서 그것이 어떻게 생산과 분배라는 문제에 잘 정돈된 해결책을 제공할 수 있는가 등에 대한 혜안이 또 있다.

이를 위해 우리는 스미스가 시장 메커니즘을 묘사하고 설명했던 바를 살펴보도록 하자. 여기에서 스미스는 황당한 문제 하나를 해결하는 것으로 시작한다. 우리가 알고 있듯이 스미스의 드라마에 나오는 배우들은 스스로를 개선하려는 욕망으로 추동되며 주로 자신의 이익을 목표로 움직인다. "우리가 저녁상을 차릴 수 있는 것은 푸줏간 주인, 맥주 양조업자, 빵집 주인 등이 선의를 베풀어서가 아니다." 스미스는 말한다. "그 이유는 이들이 자기들의 이익을 추구하기 때문이다. 우리는 이들의 인간성에 호소하는 것이 아니라 이들의 이기심에 호소하는 것이며, 우리들의 이런저런 필요를 늘어놓으며 그들을 설득하는 것이 아니라 그들이 거두게 될 이득을 말하며 설득하는 것이다."[18]

문제는 명백하다. 어떻게 시장 사회는 이 자기 이익밖에 모르고 이윤에 굶주린 인간들이 자기 동료 시민들을 볼모로 잡는 사태를 막을 수 있을까? 이렇게 사회적으로 보면 위험천만한 동기에서 어떻게 사회적으로 작동 가능한 장치와 제도들이 나타난다는 것일까?

스미스의 대답은 우리를 시장 사회의 중심 메커니즘 즉 경쟁이라는 메커니즘으로 안내한다. 사람들은 모두 다른 이들은 안중에 없이 그저 자기만 잘살겠다고 기를 쓰지만, 또 자기와 똑같은 동기와 입장을 가지고 기를 쓰고 있는 무수히 많은 이들과 대면하게 된다. 이 모든 이들은 혹시 남들의 탐욕을 이용하여 자기 가격을 시장에서 "정해진" 수준보다 올릴 기회만 있으면 기를 쓰고 그 기회를 잡으려 든다. 만약 어떤 핀 제조업자가 경쟁자들보다 높은 가격을 붙인다면 그 경쟁자들이 더 싼 가격으로 달려들어서 그 제조업자를 망하게 만들 것이다. 만약 어떤 노동자가 현행 임금보다 더 많이 요구한다면 아예 일자리를 찾지 못하게 될 것이다. 만약 어떤 지주가 토질이 똑같은데도 다른 지주들보다 더 높은 지대를 내놓으라고 한다면 아무도 그 땅을 세내려 들지 않을 것이다.

시장과 자원 배분

하지만 시장 메커니즘이 생산물 가격에만 경쟁이라는 보호 장치를 달아주는 것이 아니다. 이는 또 사회가 욕망하는 재화의 수량을 올바로 조절해준다. 소비자들이 지금 생산되는 것보다 더 많은 핀을 원하는 반면 지금 생산되는 것보다 더 적은 신발을 원한다고 해보자. 현존하는 핀 공급 물량은 동이 나버릴 것이며 신발 가게는 파리 날릴 것이다. 핀 물량이 떨어짐에 따라 사람들은 나머지 핀까지 사려고 기를 쓰게 될 것이고 핀 가격은 올라갈 것이다. 반면 신발 상인들은 창고에 자리만 차지하는 신발을 제거하려 들 것이니 신발 가격은 떨어지게 될 것이다.

다시 한 번 균형을 회복하는 힘이 작동하게 된다. 핀 가격이 오르게 되면 핀 제조업의 이윤도 올라가게 된다. 그리고 신발 가격이 고전을 면치 못하게 되면 신발 공장의 이윤도 그렇게 된다. 개인적인 이해관계와 개선하려는 욕망이 다시 한 번 작동한다. 핀 제조업자들은 올라간 가격을 이용하려고 자기들 생산을 늘리게 될 것이며, 신발 공장들은 손실을 줄이기 위해 생산을 줄일 것이다. 핀 제조업자들은 더 많은 생산 요소들 —— 더 많은 노동자, 더 많은 공간, 더 많은 자본 투자 —— 을 구입하려 들 것이며, 신발 사업의 고용주들은 그들의 생산 요소들을 줄일 것이다. 노동자들을 해고하고, 토지 임대를 그만두고, 자본 투자량을 축소하면서 말이다.

따라서 핀 생산은 늘고 구두 생산은 감소할 것이다. 하지만 이것이 바로 사람들이 애초에 원했던 그 상황인 것이다! 스미스의 유명한 표현대로 "보이지 않는 손"을 거치게 되면 사람들 각각의 이기적 동기들이 시장 메커니즘에 의해 변질되어 실로 예기치 않은 결과들을 낳게 된다. 개인들의 이기심이 합쳐져서 사회의 안녕을 가져오게 된다는 것이다.

자기 조정 체제

스미스는 시장 체제가 혼란과 무질서는커녕 경제 문제에 대해서 실로 가장 엄격한 기율과 질서를 갖춘 해답을 제공한다는 것을 보여주었다.

첫째, 그는 개인의 자기 이익이라는 동기가 시장 메커니즘을 작동시키는 데에 필요한 원동력을 제공하는 과정을 설명하였다. 다음으로는 경쟁이 작동하여 누군가 시장에서 정한 것보다 높은 가격을 뜯어 내려 하는 것을 막아내는 과정을 보여주었다. 셋째, 그는 사회의 욕망 이 변화함에 따라 사람들이 더 원하는 재화가 더 생산되고 그다지 원 하지 않게 된 재화의 생산이 감소되는 과정을 명확히 보여주었다.

그는 시장 체제가 자기 조정 과정이라는 엄청난 사실을 밝혀낸 것 이다. 경쟁적 시장이 가져오는 아름다운 결과는 바로 경쟁 시장 스스 로가 스스로의 수호자라는 점이다. 만약 가격, 이윤, 임금이 각각에 따르는 비용에 의해 결정되는 "자연적" 수준에서 이탈하게 되면 이들 을 다시 제자리로 돌려보내는 여러 힘들이 작동하게 된다는 것이다. 따라서 아주 흥미로운 역설이 나오게 된다. 개인의 경제적 자유의 절 정이라 할 경쟁 시장은 또 동시에 경제의 가장 엄격한 작업반장이기 도 하다. 중앙 계획 위원회의 결정에 대해서는 항의를 할 수도 있고 또 경제 부처 장관은 내쫓아버릴 수도 있다. 하지만 경쟁 시장이라는 익명의 압력에 대해서는 항의도 할 수 없고 또 누구를 쫓아낼 수도 없 는 일이다. 겉으로 보면 경제적 자유가 있는 것 같지만 이는 사실 환 상에 가깝다. 누구든 하고 싶은 대로 할 수는 있다. 하지만 공연히 신 이 나서 시장이 인정하지도 않는 짓을 벌였다가는 그러한 자유의 대 가로 파멸을 맞게 될 것이다.

시장 체제와 자본주의의 발흥

그런데 시장 체제는 정말로 스미스의 책에 나오는 대로 작동하는가? 이 책의 나머지 대부분이 이 질문을 다룬다. 스미스의 모델은 시장 체 제의 장래를 이렇게 빛나는 것으로 보았지만, 과연 정말로 그 성장과 내적 질서가 걸어온 궤적이 그러한 방식이었던가? 그동안 인류는 치명적인 경기 순환과 공황들을 겪어야 했고, 핀 공장과 아동 노동자들 자리를 대기업과 노동조합이 차지했다. 이러한 사실만으로도 스미스의 모델만으로는 경제사를 모두 설명할 수 있는 틀이 될 수 없음이 충분히 입증된다. 하지만 우리의 경제가 실로 놀라운 성장을 보여왔고 또 그 모든 문제들에도 불구하고 여전히 틀을 유지하고 있다는 사실은 스미스의 관념에 어떤 중요한 진리의 핵심이 있음을 입증한다는 것도 사실이다.

스미스의 예언 중 어느 만큼이 실현되고 또 어느 만큼이 어떤 이유에서 빗나갔는지를 보기 위해서 우리의 역사 이야기로 되돌아오자. 『국부론』이 저술되던 때는 아직 자본주의가 지금과 같은 산업적 외양을 갖추기 이전이었다. 독일에서는 그 후로도 반세기 동안 농노제가 공식적으로 폐지되지 않았다. 애덤 스미스가 살던 영국에서조차도 시장 사회는 아직 자본주의가 완전한 법적 정치적 지위를 갖는 단계로까지 형성되지 못했다. 예를 들어 스미스의 짜증을 불러일으켰던 길드식 규제는 1813년 중세의 직인법Statue of Artificers이 폐지될 때까지 사라지지 않았다. 프랑스에서도 1789년까지는 엄청난 규제의 그물망이 마찬가지로 자본가 지망생들의 숨통을 옥죄고 있었다. 무수한 규칙과 칙령이 존재했고 그중 다수는 생산을 표준화하는 것이 목표였기에, 프랑스 직물 제조업자들의 경우에는 옷감에다가 정확히 몇 줄의 실을 짜넣어야 하는지까지 정해져 있었다. 만약 이를 어기면 처음에는 옷감 장수 그다음에는 제조업자까지 칼을 씌워 조리 돌림을 당해야 했다.

18세기에 한참 들어와서도 시장의 대혁명이 여전히 불완전했다. 화폐화 및 상업화는 거의 완결되었지만 법적 사회적 조직은 아직 거기에 충분히 적응하지 못했기에, 화폐화 및 상업화도 그 낡은 틀에 구속되어 있는 어색한 상태였다. 애덤 스미스의 기적적인 시장 메커니즘이 완전히 작동하게 되는 것을 보기 이전에 먼저 자본주의가 전자본주의와 중상주의 시기의 여러 제약을 어떻게 부수고 나왔는가를 살펴보아야 한다.[19]

미래의 여러 비전

시장 사회는 하룻밤에 나타난 것이 아니다. 경제적 사회를 조직함에 있어서 시장 사회가 지배적 형태로 굳건히 자리를 잡는 데에는 몇백 년의 세월이 걸렸다. 게다가 시장 사회의 거대한 엔진이라 할 기계 그리고 그 덕분에 생겨난 대량 생산은 이러한 "출현" 기간의 끝무렵이 되어서야 나타났다. 다음 장에서 보겠지만 이는 곧 기술 변화가 벌어지기 위한 전제조건들은 사회적 영역에서의 문제임을 보여준다. 이장에서 우리의 초점은 사회 조직의 여러 새로운 형태들이 출현하고 나타났던 과정에 맞추어졌다. 이는 명확한 한 묶음의 사회적 관계들이 튼튼히 확립되어 있었던 시대보다 훨씬 이해하기 어렵다.

이러한 어려움의 부분적인 이유는, 새로운 것을 창조하는 과정의 상당 부분이 옛 것을 파괴하는 과정이기도 하다는 데에 있다. 돈벌이가 죄악이라는 종교적 믿음이 그러한 예일 것이다. 기존의 여러 사회적 구조들이 이렇게 흐트러지고 해체되는 북새통을 넘어 그 속에서 하나의 응집성을 가진 새로운 실체, 즉 여러 가지 의미의 사회적 조화라는 것을 모두 함축한 "시장 사회"라는 것의 출현을 꿰뚫어 보기란 대단히 어려운 일이다. 따라서 역사적 변화를 파악하는 일은 어느 정도 정체되어 있는 "여러 시대"를 파악하는 것보다 더욱 어려운 일이 된다. 하지만 산업 혁명이 닥치게 되는 시점이 되면 변화라는 것이 일종의 정상적인 상태로서 확립되며 또 그로 인해 야기되는 온갖 상상할 수 있는 혼란들도 정상적 상태로 여겨지게 된다. 오늘날에도 생산의 여러 과정들이 자동화되는 현상은 계속 나타나고 있으며 갈수록 늘어나고 있다. 이는 우리 시대에도 비슷한 도전을 던지게 되지 않을까? 다음 장에서 이 질문을 풀어가 보자.

봉건제	1. 유럽 봉건제의 내부에는 강력한 변화의 힘들이 작동하여 시장 사회의 구조를 서서히 도입하는 데에 도움이 되었다. 이러한 힘들 가운데에서 중요한 것들을 뽑아보면 ● 교역, 화폐, 재물욕 등을 중세 생활에 도입하는 데에서 유랑 상인들의 역할 ● 경제 활동의 원천으로서 또 새로운 교역 중심의 권력의 장소로서의 도시화 과정 ● 봉건적 삶을 흐트러놓고 새로운 사상을 도입한 힘으로서 십자군 전쟁 ● 상업을 지지하며 영토를 하나로 통일시킨 국민 국가들의 발흥 ● 탐험 시대의 자극과 그것을 통해 유럽으로 유입된 황금 ● 가톨릭보다 영리 활동에 더욱 동정적인 새로운 종교 사상의 출현 ● 장원 내에서 벌어진 공납의 화폐화
경제생활	2. 이러한 힘들이 작동한 결과 **사회생활**에서 **경제생활**이 분리되는 일이 나타나게 된다. 생산 및 분배의 과정은 이제 더 이상 지배적인 종교적 사회적 정치적 관습 및 관행과 불가분으로 융합되는 것이 아니라 날카롭게 구별되는 독자적인 생활 영역을 구성하게 되었다.
울타리치기	3. 인간 생활의 경제적 측면이 부상함에 따라 근본적인 변형이 생기게 되었다. 농민-농노는 더 이상 토지에 결박

되지 않은 자유롭게 이동하는 노동자가 되었고, 길드 장인은 더 이상 길드 규칙들에 묶이지 않는 독립적 사업가가 되었으며, 영주 또한 (근대적 의미에서의) 지주가 되었다. 이러한 변형 과정은 길고 또 간혹 폭력적인 것이었으며 특히 울타리치기라는 복합적인 경우에 그러했다.

생산 요소

4. 자유 노동자, 자본가, 지주가 나타나서 각자 노동, 자본, 토지의 서비스를 시장에서 판매하게 됨에 따라 "생산 요소들"을 이야기할 수 있게 되었다. 여기에는 두 가지 의미가 함축되어 있었다. 첫째, 생산 과정에서 서로 구별이 가능한 물리적 범주로서의 토지, 노동, 자본. 둘째, 시장에 들어오는 서로 다른 계급 혹은 집단으로서의 노동자들, 지주들, 자본가들의 사회적 관계.

임노동

5. 이 새로운 사회적 관계에서 중심을 차지하는 것이 임노동 관계이다. 임노동 관계 속에서 노동자는 스스로의 노동 시간의 대가로 임금을 지불받으며, 그 생산물 전체의 소유권은 고용주-자본가에게 넘어가게 된다.

자본주의의 부

6. 자본주의가 출현함에 따라 부의 관념도 과시나 명예를 위한 물품에서 시장에 내다 팔아야 할 상품들로 변화를 겪는다. 이렇게 시장에서 팔려야만 한다는 필요로 인해 그 이전에는 찾아볼 수 없던 모종의 절박함의 정서가 시장 경제 체제에 새로이 도입된다.

이윤 동기

7. 이러한 변화 과정의 한 부분으로서 우리는 이윤 동기가 사회의 모든 층위에서 출현하는 것을 볼 수 있다. 이는 단순한 재물욕(이는 그보다 훨씬 오래전부터 존재했다.) 이 아니라 화폐화된 사회에 살고 있는 누구라도 경제적 생

160

존을 위해서는 더 많은 소득을 위해 분투해야 한다는 어쩔 수 없는 필요에서 나온 것이다.

애덤 스미스의 『국부론』

8. 이 새로운 경제 사회의 출현과 함께 시장 사회의 메커니즘에 대한 관심이 새롭게 나타났다. 이 초기 경제학자들 가운데에서 가장 위대한 이가 『국부론』을 저술한 애덤 스미스이다. 스미스는 본질적으로는 철학자이지만 강력하고도 폭넓은 탐구를 하면서 "완전한 자유"의 사회(자유롭게 계약을 맺는 개인들의 사회)를 이해하는 데에 시야를 돌렸다.

성장

9. 『국부론』에서 스미스는 그러한 사회의 두 가지 속성을 묘사한다. 첫 번째는 경제 성장의 경향이다. 스미스는 노동 분업이 점점 정교해지면서 노동 생산성이 증가하고 그렇게 되면 경제 성장이 벌어지게 된다는 것을 보여주었다. 이러한 생산성 증대는 더 많은 이윤을 얻기 위한 수단으로 자본 장비에 대한 자본가들의 투자가 이루어지면서 나타난다는 것이다.

자기 조정

10. 스미스는 또한 시장 메커니즘을 기술한다. 이 메커니즘에서 사람들이 구매자에게 맘대로 가격을 매겨 폭리를 취하는 것을 막는 핵심적 역할을 하는 것이 경쟁이다. 이 시장 메커니즘은 또 재화에 대한 수요의 변화가 어떻게 그 재화의 생산을 바꾸어 새로운 수요와 일치하도록 만드는지를 밝혀준다. 따라서 스미스 저서의 압권은 바로 경쟁 시장의 자기 조정적 성격을 입증한 데 있으며, 여기에서 "보이지 않는 손"이 개인들의 사적 이기주의를 수단으로 삼아 사회적으로 유용한 목적을 달성하게 된다는 것이다.

질문들

1. 상인들의 어떤 활동들이 봉건적 삶에 그토록 큰 교란을 일으켰는가? 오늘날에도 각종 영리 활동은 사회적 불안의 원인이 되는가?

2. 임노동은 봉건제와 전혀 양립할 수 없는 관계에 있다. 어째서 그런가?

3. 오늘날에도 저개발 국가들은 적어도 빈곤과 정체된 경제에 관한 한 고대 경제나 유럽 중세 경제를 닮은 경우가 많다. 이 장에서 언급된 여러 변화의 힘들이 이런 지역의 근대화에 시사점을 가질 수 있을까? 있다면 어떤 것일까?

4. 미국, 독일, 스칸디나비아의 나라들은 일인당 국민 소득이 가장 앞선 나라들이다. 서방 나라들 가운데에서 그리스와 포르투갈은 그만큼 잘 살지 못한다. 그렇다면 이것이 프로테스탄트 윤리가 경제 성장에 중요한 기여를 했다는 베버-토니 명제의 유효성을 입증하는 것일까? 일본의 경우까지 고려하면 어떻게 될까?

5. 유럽 역사에서 화폐화 및 상업화 과정은 종종 아주 폭력적일 때가 있었다. 미국 역사에서 노예제를 끝내고 남부의 반半봉건적 농장 체제가 사라지게 만든 남북 전쟁이 이와 똑같은 변화 과정의 일부라고 볼 수 있을까?

6. 우리 사회의 경우, 경제생활은 사회 정치적 생활과 뚜렷하게 분리되어 있는가?

7. 우리 사회 대부분이 이윤 동기에 순종한다고 생각하는가? 경제적 고려 때문에 사는 곳을 바꾼 사람의 경우를 아는가? 소득 감소를 무릅쓰고 노동 시간을 바꾸기로 한 사람의 경우를 아는가?

8. 재물에 대한 욕심은 분명히 인간의 존재만큼 오래된 것이다. 자본주의의 기원도 그만큼 오래된 것이라고 말할 수 있을까?

9. 스미스가 "보이지 않는 손"이라는 말로 뜻했던 바를 설명해보라. 이기심으로 움직이는 개인들이 사회적으로 필요한 것들을 성공적으로 조달하는 과업과 양립할 뿐만 아니라 아예 그 앞잡이가 되는 메커니즘은 무엇인가?

10. 스미스의 성장 모델과 시장 모델의 관계는 무엇인가? 만약 시장의 여러 힘들이 작동하지 않는다면 성장 모델이 과연 작동할 수 있을까?

THE MAKING
OF
ECONOMIC SOCIETY

| 4장 |

산업 혁명

지금까지의 경제사 스케치에서 우리는 거의 전적으로 경제 활동의 두 가지 주요 흐름에만 집중하고 있으니, 농업과 상업이 그것이었다. 하지만 까마득한 옛날부터 경제적 부의 세 번째 본질적 원천이 있었으니, 그것은 산업이다. 그런데 이 산업을 우리는 지금까지 의도적으로 무시해왔다. 농업 및 상업과는 달리 산업적 제조업은 경제 사회 자체에 그다지 큰 흔적을 남기지 않았다. 농민, 농노, 상인, 길드 장인 등은 자기들 시대의 기본 활동들을 전형화한 경제 드라마의 주연 배우들이었다. 하지만 산업에 종사하는 이도 그랬다고 말할 수는 없다. "공장 노동자"와 같은 사람 — 이것이야말로 산업 "프롤레타리아"이다. — 은 17세기 후반이 되어서야 나타난다. 애덤 스미스의 핀 공장이 이 세상에 태어나기 전에는 이러한 개념이 아예 무대에 등장하지도 않았었다.

"산업 자본가"라는 개념도 없었다. 그 이전의 부자들이 돈을 번 방법은 무역, 운수, 대부업 등이었지 제조업은 아니었다. 15세기의 건축가, 음악가, 왕실의 정신延臣이었던 레온 바티스타 알베르티Leon Battista Alberti가 돈을 버는 법으로 나열한 목록은 무척 재미있을 뿐만 아니라 많은 것을 가르쳐준다. 1) 도매 무역 2) 금은보화의 발견 3) 부자에게 잘 보여 상속자가 되기 4) 고리대 5) 방목지나 말 등을 빌려주기 등등이다. 17세기의 한 논평자는 이 목록에다가 왕실에 봉사, 군인되기, 연금술 등을 덧붙였다. 어느 쪽이건 제조업은 전혀 목록에 없어서 오히려 주목을 끈다.[1] 이것이 경제 세계에 등장한 것은 오직 스미스의 시대에 와서 벌어진 일이다.

물론 고대 그리스에서도 데모스테네스는 갑옷이나 금고를 만드는 "공장"을 가지고 있었다. 또 그보다 훨씬 더 오래전인 고대 이집트에서는 심지어 옷감 만드는 "공장들"에 나가는 노동자들의 기록까지 남아 있다. 하지만 이러한 생산 형태가 농업이나 상업에 비해 당대의 경제 조직을 형성하는 데에 중요성이 견줄 바 못 된다는 것은 분명하다. 그 첫째 이유로는, 공장의 크기 자체가 작았다. 매뉴팩처manufacture("손"을 뜻하는 라틴어 마누스manus와 "만든다"는 파세레facere의 조합에서 온 말)라는 말 자체가 기계가 아닌 손을 사용하는 기술 체제를 뜻한다. 한 예로 데모스테네스의 사업체에 고용된 이들은 50명도 채 되지 않았다. 물론 간혹 가다 상당히 큰 제조업체가 나타나기도 했다. 기원후 2세기에 이미 로마의 한 벽돌 공장에서는 46명의 감독관들*을 고용하기도 했었다. 17세기에 이르면 몇 백 명의 노동자들을 고용한 기업체도 드물지 않았다. 하지만 이러한 업체들은 모두 예외적인 것들이었다. 한 예로 1660년 칼, 낫, 공예품 식기 등을 생산하던 프랑스의 한 대장간의 경우 1년 내내 필요로 하는 선철의 양이 3톤도 채 되지 않았다. 심지어 1843년 프로이센의 인구 조사에서도 장인 100명이 고용한 노동자는 67명에 불과했다.[2] 과거에는(일부 동양이나 근동 지방에서는 오늘날에도 그렇다) 대부분의 "산업"이 작은 가게의 뒷마당, 어두컴컴한 다락, 저자거리의 헛간, 여기저기 흩어져 있는 노동자들의

---

* foreman은 십장什長으로 보통 옮기지만 과연 산하에 둔 노동자들이 "열 명"인지는 확실하지 않아 감독관으로 옮긴다.

집에서 이루어졌고, 이를 조직하는 "자본가"가 여기에다가 재료를 공급하는 식이었던 것이다.

거대한 전환점

기술 변화의 속도

이렇게 작은 규모 말고도 산업 생산이 사회적으로 모습을 드러내는 것이 이토록 늦어진 이유가 또 있다. 그것은 그 시대에는 **산업 기술을 발전시키는 데에 지속적인 이해관계가 없었다**는 점이다. 고대와 유럽 중세 전체에 걸쳐서 사회의 창조적 에너지가 제조업 기술을 체계적으로 개선하는 방향으로 갔던 일은 거의 없었다. 심지어 말 가슴걸이 horse collar처럼 간단하지만 중요한 발명조차 중세에 와서야 고안되었다는 사실은 옛날 사람들이 생산 기술에 어느 만큼 관심이 없었는지를 잘 보여준다. 이집트인들, 그리스인들, 로마인들 모두가 건축에 있어서는 어마어마한 기술을 가지고 있었지만 일상적인 물건을 생산하는 기술에 대해서는 한마디로 전혀 관심이 없었다.[3] 르네상스와 종교개혁 시대에 들어와서조차도 산업 기술이라는 것 자체를 진지하게 고민하는 사람은 거의 없었다. 물론 레오나르도 다빈치같이 워낙 아이디어가 샘솟아서 아주 가지가지의 발명을 이룬 이도 있었지만 이는 특수한 예외일 뿐이었다. 17세기가 될 때까지 유럽의 중요한 사상가들은 기본적인 생산 기술에 대해서도 무지했을 뿐만 아니라 관심조차 없었다.

이러한 무관심이 사회 전반을 지배한 데에는 그럴 만한 이유가 있었다. 시장 이전의 사회에서는 대규모 산업 공장이 들어서는 데에 필요한 경제적 기초가 전혀 있을 수 없었다. 농민, 노예, 농노들로 부양되는 경제 그리고 화폐의 흐름은 빈약하고 경제생활의 흐름도 매년 변화가 없는(전쟁이나 자연 재해 같은 것들만 없다면) 그런 경제에서 물건을 산사태처럼 쏟아낼 수 있는 기술 과정 따위를 무엇 하러 꿈꾸겠는가? 이렇게 화폐화가 진척되지 않은 정태적인 환경에서 대규모 산업 생산이라는 생각 자체를 아예 할 수조차 없는 것이었다.

이와 같은 이유에서 산업화의 속도는 아주 느렸다. 1200년경의 유럽이 과연 기원전 200년의 유럽보다 기술적으로 크게 앞섰는지는 의문이다. 산업 생산에 수력을 널리 활용하게 된 것도 15세기가 되어서야 나타난 일이며 자연력을 이용하는 보편적 장치로 풍차가 쓰이게 되려면 또 1세기를 기다려야 했다. 기계로 조립된 시계도 13세기까지 거슬러 올라가지만, 그다음 200년 동안은 항해, 측량, 척도 등에서 중요한 도구의 개선이 전혀 없었다. 낱낱으로 조립할 수 있는 활자活字 movable type 또한 대중적 커뮤니케이션 발달에 없어서는 안 될 선구자였지만 1450년이 되어서야 나타났다.

요컨대 16세기 후반이 될 때까지 산업 기술의 전반적 지각 변동이 있으리라는 징후가 보이지 않았다. 물론 13세기 플랑드르의 모직 산업이나 북부 이탈리아 도시에서는 고도로 조직된 생산이 벌어졌던 중요한 예외도 있다. 그렇지만 심지어 16세기 후반이 되어서도 앞으로 산업이 생산 조직의 주요한 형태가 될 것이라고 예견할 수는 없었다. 18세기가 되면 제조업이 사회적 활동의 한 형태로서 상당한 비율에 달하기 시작했지만, 심지어 이때조차도 제조업은 본질적으로 1차적 중요성을 갖는 것은 아니라고 여겨졌다. 국가와 민족 자체의 기초는 눈에 보이는 대로 당연히 농업이었다. 무역은 그저 국민 경제에 황금을 가져다주는 한에서만 유용한 것으로 간주되었다. 산업이란 기껏해야 다른 것들의 시녀 노릇이나 하는 것으로, 무역업자들에게 수출하여 내다 팔 물건을 만들어 주거나 농업가들에게 땅의 소출을 내다 팔 수 있는 부차적인 시장으로 봉사하는 정도라는 것이었다.[4]

그렇다면 제조업이 결국 압도적인 우월성의 위치를 가지게 만든 무슨 음모라도 있었던 것일까?

우리가 산업 혁명이라고 부르는 사건이 터져나오게 된 것은 여러 사건들이 실로 복잡하게 얽여서 벌어진 일이었다. 그전에 벌어졌던 상업 혁명과 중상주의 시대와 마찬가지로, 산업 기술의 저 결정적인 폭발에 기여한 많은 흐름들을 이 몇 쪽에서 제대로 다루는 것은 불가능하다. 하지만 이 과정을 자세히 다룰 수는 없어도 1750년경의 영국으로 돌아가본다면 최소한 그 배후의 힘들과 원동력이 어떤 것이었는가에 대한 생각을 얻을 수 있을 것이다. 1750년경의 영국이야말로 인류 역사 최초로 산업적 제조업이 경제 활동의 주요한 형태로서 어마어마한 사회 변화를 만들어내기 시작한 때였다.

1750년대의 영국

어째서 산업 혁명은 본래 유럽 대륙이 아니라 영국에서 벌어졌을까? 어째서 핀 공장이 스미스의 관심을 끌었을까? 이 질문에 대답하려면 18세기 영국이 당시 대부분의 유럽 나라들과 확연하게 구분되는 요인들을 살펴보아야 한다.

첫 번째 요인은 간단하다. 영국이 더 부유했다는 것이다. 한 세기에 걸쳐 해외 탐험, 노예 무역, 해적질, 전쟁, 상업 등에 성공을 거두면서 영국은 세계에서 가장 부유한 나라가 되었다. 더욱 중요한 것은 영국의 부가 소수의 귀족들에게만 돌아간 것이 아니라 상업 부르주아지라는 새로운 대규모의 중상류층에게도 돌아갔다는 점이다. 영국은 그래서 비록 아주 작은 규모이지만 산업 경제 최고의 요건이라 할 "대중적" 소비 시장을 발전시킨 나라였고, 그 결과 수요 증대의 압력이 발생하면 새로운 생산 기술을 찾고자 하는 자극이 존재했던 것이다. 예술 및 제조업 장려회Society for the Encouragement of Arts and Manufacturers가(이 자체가 그 시대의 산물이었다.) 한 번에 6줄의 무명실을 자을 수 있는 기계의 발명에 현상금을 내걸었던 것은 아주 전형적인 경우였다. 당시로서는 옷감을 짜는 방직기가 더욱 기술적으로 발전되어 있었기 때문에 실을 잣는 방적기가 그 속도를 맞추기 위해 개선될 필요가 있었던 것이다. 곧 자세히 이야기할 아크라이트Arkwright의 제니 방적기가 태어난 것은 적어도 부분적으로는 이 현상금 덕분이었다.

둘째, 영국은 봉건 사회가 가장 철저하고 가장 성공적으로 상업 사회로 전환한 곳이었다. 울타리치기의 과정은 영국과 유럽 대륙을 확연히 구분 짓는 역사적 변화를 이해하는 중요한 실마리이다. 영국에서는 귀족 계급이 일찍이 상업과 좋은 관계를(사실 그 이상이다. 거기에서 많은 이윤을 뽑아내기까지 했으니까.) 맺은 바 있다. 비록 "옛날의" 토지 권력과 "새로운" 화폐 권력 사이에 날카로운 이해 상충도 남아 있었지만, 1700년경이 되면 영국의 지배 질서는 시장 경제의 여러 요구에 저항이 아닌 적응의 길을 돌이킬 수 없도록 선택하게 된다.[5]

세 번째, 영국은 유독 과학과 공학에 대해 열광했던 나라이다. 저 유명한 왕립학회Royal Society는 이미 1660년에 설립 ── 초기의 의장 중 한 명이 바로 뉴턴이었다. ── 되었으며, 엄청난 지적 자극의 직접적 원천이었다. 정말로 가지가지 도구, 기계 등 온갖 발명품에 대한 대중적인 관심이 금세 국민적 중독처럼 되어버렸다. 1729년 당시의 인기 잡지였던 『신사의 잡지Gentleman's Magazine』는 이제부터 독자들에게 "모든 최신 발명품" 정보를 속속 알려드리겠다고 선언했지만, 새 발명품이 갈수록 폭포수같이 쏟아져나왔기에 이 약속은 곧 지킬 수가 없게 되었다. 이것 못지않게 중요한 것은 영국의 토지 귀족들이 과학적 영농법에 대해 열광적인 관심을 가지고 있었다는 점이다. 영국의 지주들은 윤작輪作이라든가 비료 같은 문제들에 깊은 관심을 보였는데, 이를 프랑스의 지주들이라면 체면 구기는 일이라고 천하게 여겼을 것이다.

그 밖에도 무수한 원인들이 배경으로 깔려 있었다. 이를테면 영국이 지리적으로 석탄이나 철광석이 풍부한 나라라는 우연적 요인도 있고 또 영국이 국가 차원에서 발명 활동을 보호하고 장려하기 위해 특허 체제를 발전시켰던 것과 같은 의도적인 것들도 있었다.[6] 일단 산업혁명이 시작되자 이는 스스로를 확대 재생산시키면서 커져나갔다. 새로운 기술들은 (특히 섬유에서) 전 세계의 그 어떤 수공업자들의 경쟁도 간단히 박살낼 수 있었기에, 그 기술로 생산된 물품들은 엄청난 크기의 시장을 얻을 수 있었다. 이제 이 모든 요인들이 하나로 합쳐지는 데에는 단 하나의 조건만 더 충족되면 된다. 일종의 신인류 집단이 나타나 역사 속에 잠재해 있는 기회들을 이용하여 명성과 부귀를 얻는 데에 그 엄청난 에너지를 쏟는 일이 그것이다.

그러한 신인류의 한 예가 존 윌킨슨John Wilkinson이었다. 그는 옛날식의 소규모 철 생산자의 아들로 태어나 철강 생산 기술을 어떻게 발전시킬 수 있을까에 철저하게 골몰했던 사람이었고, 압연기와 증기선반, 철관 제조 공정, 기계 가공 정밀 실린더 등 10개도 넘는 것들을 발명하였다. 당시까지 선철을 만드는 화로에 바람을 불어넣는 풀무는 전통적으로 가죽으로 된 부대를 사용했는데, 윌킨슨은 이를 효율적이지 못하다고 판단하여 쇠로 된 풀무를 만들기로 결심하였다. 참으로 그다운 선택이었다. "모든 이들이 비웃었다." 나중에 그는 회고한다. "하지만 나는 쇠 풀무를 끝내 만들었고, 그것을 움직여 풀무질을 하는 데에는 증기 기관을 사용하였다. 그러자 모두 아우성이었다. '세상에, 어떻게 이런 생각을!'"

일단 생산에 성공하자 그는 이를 사방에 적용하기 시작했다. 세상 만물을 모두 철로 만들자. 파이프, 교량, 심지어 선박까지. 그가 철판으로 배를 만들어 진수시키는 데 성공하자 그는 친구에게 편지를 보낸다. "이것으로 내가 가진 꿈이 모두 실현되었고, 내 말을 믿지 않았던 사람들 1000명 중 999명 모두에게 확신을 심어주었다. 하지만 내 발명은 콜럼버스의 달걀처럼 사실 누구나 생각할 수 있는 것에 불과한 것이다. 따라서 신비감 따위는 곧 사라지고 평범한 것으로 여겨질 것이다."[7]

그런데 윌킨슨 같은 이들이 아주 많았다. 물론 그중 가장 유명한 이는 제임스 와트James Watt — 애덤 스미스는 그를 잘 알고 있었다. — 로서, 매튜 볼튼Matthew Boulton과 함께 최초의 증기 기관 제조업체를 세웠던 이다. 와트의 아버지도 건축가 및 선박 설계자이자 여러 항해 기구들을 만든 이였으며, 와트는 이미 열세 살 때에 기계 모형을 만들었고 어린 시절에 이미 일가를 이룬 공예 기술자였다. 그는 글래스고에 정착하려 했지만 대장장이 길드에서 그가 수학적인 도구들을 만드는 것을 반대하고 나섰다. 봉건제의 마지막 잔존물인 길드와 충돌했던 이가 바로 길드 조직을 파괴할 최고의 발명품을 만들게 되었다는 것은 참으로 아이러니가 아닐 수 없다. 어쨌든 와트는 그래서 이를 피해 대학에 자리를 잡았고 거기에서 1764년 증기 기관에 관심을 가지기 시작했다. 당시 뉴커먼Newcomen이 발명한 초기의 증기 기관이 있기는 했지만 아주 문제가 많은 것이었다. 와트는 그 특유의 조심스럽고도 체계적인 방식으로 증기의 압력, 실린더 설계, 밸브 등에 걸쳐 실험을 계속하여 마침내 1796년에는 근본적으로 새롭고 또 (당시의 기준에서 볼 때) 특출할 만큼 강력하고 효율적인 엔진을 개발하였다. 재미있는 것은 와트의 실험이 성공하게 된 데에는 그 이전에 윌킨슨이 아주 잘 들어맞는 실린더와 피스톤 제작법을 완성해놓았던 것이 큰 역할을 했다는 사실이다. 그 이전의 실린더와 피스톤은 모두 나무로 만들어졌기에 아주 빨리 닳아버리고 말았으므로, 윌킨슨의 공헌이 없었다면 와트의 실험도 성공하지 못했을 것이다. 그런데 또 다른 재미있는 사실은 그렇게 해서 와트가 생산한 증기 기관을 펌프질 이외의 용도로 쓰기 위해 최초로 구입한 사람이 또 윌킨슨이라는 점이다. 윌킨슨은 증기 기관으로 자신의 유명한 강철 풀무를 움직이고자 했던 것이니, 이 일화 또한 대단히 전형적인 사건이라 할 것이다.

하지만 와트의 재주가 아무리 좋았어도 그것만 가지고서 일이 되는 것은 아니다. 이 새로운 엔진을 만들어놓았다 해도 누군가 그것을 시장에 팔아야 할 것이며, 그 엔진을 만드는 공장에도 자금을 공급해야 할 것이며, 또 그 공장 생산을 조직해야 할 것이다. 와트는 처음에 다른 강철왕인 존 로벅John Roebuck과 합명회사를 만들었지만 금세 실패하고 만다. 그 이후에는 좋은 운세를 타게 된다. 이미 단추와 혁대 버클 제조업자로서 큰돈을 번 매튜 볼튼이라는 이가 로벅의 자리를 맡아 와트와 일하게 되었다. 당대 사업 수완과 기술이 만난 최상의 결합이 태어난 것이었다.

하지만 그래도 그 회사가 즉시 번창하게 된 것은 아니다. 제품 개발 비용이 대단히 컸기에 이 새 회사도 12년 동안이나 채무 상태를 벗어나지 못했다. 하지만 이미 시작부터 관심은 대단히 높았다. 1781년경 볼튼은 런던, 버밍엄, 맨체스터의 사람들은 모두 "증기 공장에 미친" 상태라고 주장할 수 있었다. 1786년 드디어 세계 최대의 밀가루 공장에 단 두 개의 증기 엔진을 채워서 50쌍의 연자매를 돌리게 되자 온 런던 사람들이 이 기적을 보고자 뛰어나오기도 했다.

물론 증기 엔진이야말로 산업 혁명 최고 최대의 발명품이지만 산업 혁명이 결코 거기에만 의존했던 것은 아니었다. 그에 못지않게 중요한 것이 섬유 산업과 관련된 발명들로, 그중 가장 유명한 것이 아크라이트의 제니 방적기 —— 손으로 움직이는 제니 방적기와 구별하기 위해 '수력 방적기water frame'이라고 불렸다. —— 였다.[8]

아크라이트의 경력도 재미나다. 그는 맨체스터의 방직 공장 거리 근처에 가게를 내고 열심히 일하던 이발사였다. 그러던 중 사람들이 간절히 원하는 기계 이야기를 듣게 되었다. 당시 방직 산업 쪽은 기술 발전을 이루면서 작업 속도가 빨라졌지만 거기에 원료가 되는 실을 잦는 작업은 여전히 농촌 지역의 가내 노동자들에게 맡겨져 있었기에 여기에 계속 발목이 붙잡혀 있는 상태였다. 따라서 방적업이 방직업의 속도를 따라가도록 이 가내 노동자들이 더 빨리 일할 수 있게 하는 기계가 절실히 필요하다는 것이었다. 그는 운 좋게도 존 케이John Kay라는 이름의 시계공과 만나게 되는데, 케이는 이미 다른 고용주-발명가와 함께 시작한 기계 발명 계획이 있었고 아크라이트는 케이를 고용하여 그 발명을 계속하도록 한다. 그다음에 무슨 일이 있었는지는 분명치 않지만 어쨌든 케이는 결국 절도와 착복 혐의를 받고 사업을 떠나며 아크라이트만이 1769년 독특한 제니 방적기의 "유일한 발명자"로 나타나게 된다.

그는 이제 두 명의 부유한 양말 장수들을 만나게 된다. 새뮤엘 니드Samuel Need와 제드디아 스트럿Jedediah Strutt이라는 이름의 이 두 사람은 아크라이트와 함께 수력 방적기를 생산하는 사업을 열기로 동의하고 1771년에는 자체적인 방적 공장까지 연다. 이는 순식간에 성공을 거둔다. 1779년경이 되면 이 회사가 거느린 기계의 실 잣는 막대기가 수천 개에 달하고 노동자는 300명이 넘었으며 밤낮없이 돌아갔다. 몇 년 지나지 않아서 아크라이트는 엄청난 돈을 벌어서 영국 전체를 상대로 더욱더 거대한 섬유 산업을 시작했다. 칼라일Carlyle은 그의 이력을 회고하면서 이렇게 말한다. "아, 독자 여러분. 뺨은 볼록하고, 배는 남산만큼 튀어나오고, 참을성 좋고 발명 재주 뛰어난 이 이발사를 보라. 이 얼마나 거대한 역사적 대사건인가! …… 영국에 면화라는 권능을 가져다 준 이가 바로 이 사람인 것이다."[9]

이러한 신인류에 해당하는 이들의 경력을 보면 몇 가지 일반적 공통점을 찾아낼 수 있어서 재미있다. 이들은 경제적으로 대단히 중요한 이들이면서 완전히 새롭게 나타난 계급이었다. 연철 공정을 창안한 이 중 하나인 피터 어니언스Peter Onions는 이름 없는 작업반장이었다. 아크라이트는 이발사였고, 강철 생산을 개척한 벤저민 헌츠먼 Benjamin Hundtsman은 본래 시계공이었으며, 자동 스크류 기계를 발명한 헨리 모즐레이Henry Maudslay는 울리치 병기창Woolwich Arsenal에서 일하는 젊고 똑똑한 기계공이었다. 이 산업의 위대한 개척자들 누구도 귀족 출신이 아니다. 매튜 볼튼과 같은 드문 예외를 빼면 심지어 아무도 화폐 자본을 소유하지 않았다. 농업에서는 특히 제스로 툴 경Sir Jethro Tull과 타운센드 경Lord Townshend의 경우에서처럼 귀족들이 나서서 과학적 영농을 위한 혁명적 기법을 후원하고 또 지도했던 바 있다. 하지만 산업에서는 출신과 가계가 비천한 사람들에게 주도권이 넘어갔다.

이러한 일이 가능하려면 그렇게 이름 없는 "모험가들"이 올라서는 것을 허용할 수 있을 만큼 사회 체제가 유연할 필요가 있었다. 이렇게 중하층 계급 출신의 재능 있는 이들의 에너지를 풀어내고 이용할 수 있게 되는 지각 변동의 결과를 보기 전에는 그 이전에 이미 벌어졌던 경제적 정치적 혁명이 얼마나 엄청난 해방의 결과를 가져왔는가를 제대로 평가할 수가 없다. 중세와 같은 위계 사회에서는 이 신인류처럼 혜성같이 떠오르는 사람들이란 생각조차 할 수가 없었다. 덧붙여서, 이 신인류 자체가 영국에서 그 이전부터 벌어졌던 독특한 경제적 준

178

비 운동의 산물이었다. 물론 이들은 당대에 벌어졌던 수요의 팽창과 기술에 대한 갈증에서 혜택을 본 이들이었다. 하지만 그것을 넘어서서 이들을 볼 필요가 있다. 이 소규모 제조업자들 중 다수가 원래는 소토지 소유자였다가 울타리치기의 후반기 동안에 땅뙈기를 팔아서 그 얼마 되지 않는 자본을 제조업이라는 전망 좋은 영역에 사용하기로 결심한 이들이었던 것이다.

졸부들

이 신인류의 다수가 큰돈을 벌었다. 볼튼과 와트와 같은 몇몇은 욕구가 소박하였다. 그들의 특허권은 철갑을 두른 듯 튼튼했지만 이들은 자신들이 발명한 엔진에 대해서 기계 제작 및 설비 투자 실비에다가 소비자가 이것을 써서 절약하게 되는 연료의 3분의 1에 해당하는 액수만을 더하여 가격을 책정하였다. 심지어 거대한 도자기 공장의 설립자인 조사이어 웨지우드Josiah Wedgwood 같은 이는 특허권 자체를 거부하기도 했었다. 하지만 대부분 이렇게 멋진 분별력을 보여주지 않았다. 아크라이트는 백만장자로 은퇴하여 호화로움을 과시하며 살았다. 헌츠먼, 윌킨슨, 새뮤얼 워커Samuel Walker(못 만드는 일로 시작하여 주강鑄鋼cast steel 비법을 훔쳤다.) 등은 모두 막대한 재산을 모았다.[10] 실로 윌킨슨의 제철 회사는 하나의 작은 산업 국가와 맞먹었으며 그 신용은 독일과 이탈리아에 있었던 대부분의 소공국들보다 더 강력했다. 그 회사는 심지어 자체 화폐까지 주조했으며, 그렇게 만들어진 동전과 은화("철의 장인 존 윌킨슨"이라는 글자가 그의 옆얼굴과 함께 새겨진)는 1787년에서 1808년의 기간 동안 널리 유통되기도 했다.

경제사가 폴 망투Paul Mantoux의 묘사에 따르면 이 제조업자들은 탐욕스럽기만 한 것이 아니었다.

까다롭고 폭군적이었고 때때로 잔인하기도 했으며, 벼락부자들의 열망과 탐욕을 고스란히 가지고 있었다. 술은 고래처럼 마셔댔고 자기들 밑에서 일하는 여성들을 마구 건드리는 것으로 악명이 높았다. 이들은 자기들이 밑바닥에서부터 쌓아올린 부를 자랑스러워했으며 종복, 마차는 물론 도시와 농촌에 호화로운 저택을 두는 화려한 생활을 했다.[11]

따라서 애덤 스미스 같은 이가 이들이 쓸모 있는 종족임을 인정하면서도 이런 상인들과 제조업자들의 "비열한 탐욕과 싹쓸이 근성"을 불신의 눈으로 바라보았고, "이들은 인류의 지배자들이 될 수 없고 또 결코 그런 일이 있어서는 아니 된다."고[12] 경고했던 것을 충분히 이해할 수 있다.

그런데 이들 모두에게는 유쾌한 것이든 불쾌한 것이든 모든 자잘한 개인적 특성들을 완전히 압도해버리는 최고의 공통점 하나가 있었다. 이들은 모두 팽창, 성장에 관심을 두었고 그래서 투자를 위한 투자를 목적으로 삼았다. 이들은 모두 기술적 진보와 동일한 존재로 여겨졌으며 이들 중 누구도 물리적 생산 과정 자체와 몸을 섞는 일을 경멸하지 않았다. 모즐레이 밑에서 일하던 누군가는 이렇게 말했다. "모즐레이는 어떤 도구든 멋지게 다루었지만, 특히 18인치짜리 줄로 쇠를 다루는 것은 정말 장관이었다."[13] 와트는 지칠 줄 모르고 기계를 실험하였다. 한쪽 다리가 없었던 웨지우드는 의족을 뒤뚱거리면서 공장을 돌다가 무언가 일이 부실하게 된 흔적을 발견하면 거기에 "조사이어 웨지우드 이름값을 못한다."고 적어놓기도 했다. 리처드 아크라이트는 지칠 줄 모르는 에너지 덩어리로서, 사업을 위해서 사륜마차에 말 네 마리를 달아 끔찍한 도로 위를 덜컹거리며 전 영국을 휩쓸고 다녔다.

1788년 옥양목을 생산하는 어느 작업장을 방문한 한 프랑스 여행객은 이런 글을 남겼다. "프랑스에서는 이런 정도의 공장을 세우고 운영할 정도의 돈을 가진 사람이라면 자기는 이런 천한 일이나 할 신분의 사람이 아니라고 생각하고 당장 그만두었을 것이다."[14] 그런데 이는 또 당시 생겨나고 있던 영국 산업 자본가들이 보면 아주 이상하게 여겼을 태도이다. 이들은 노동을 스스로의 존엄이자 보상이라고 여겼다. 그를 통해 얻는 부는 상당 부분 거기에 딸려오는 것으로 여겼다. 소호Soho에서 와트와 볼튼을 만나 그들의 위대한 엔진 장치를 소개받은 보스웰Boswell은 볼튼이 했던 말을 결코 잊을 수 없었다. "선생, 제가 지금 팔고자 하는 것은 이 전 세계가 얻기를 갈망하는 것입니다. 바로 힘power입니다."[15]

이 신인류는 머리끝에서 발끝까지 혁신 기업 조직가들이었다. 이들은 새로운 에너지를 불어넣었고, 이 에너지는 결코 다하는 법도 없었고 또 잠시를 가만히 있는 법도 없었다. 정치적인 의미는 몰라도 경제적 의미에서라면 이들은 "혁명가들"이라는 명칭을 얻을 자격이 있다. 이들이 불러들인 변화는 총체적이고, 전 사회를 휩쓴 것이었으며 다시 과거로 돌아갈 수 없게 만든 것이라고 말할 수밖에 없는 것이니까.

산업과 사회에 미친 여러 충격

이러한 변화가 일으킨 최초의 그리고 가장 놀라운 사건은 새로 산업화되면서 온 나라의 총산출이 급격히 증가했던 것이다. 산업 혁명 이전에도 실을 잣기 위한 재료로 수입한 목화의 무게는 1701년에는 1백만 파운드였고 1750년에는 3백만 파운드, 1781년에는 8백만 파운드로 빠르게 늘어난 바 있었다. 하지만 섬유업에 급격한 폭발이 벌어진 후와는 비교할 수 없었다. 1784년에는 이 숫자가 1천1백만 파운드 이상으로 늘어났다가, 1789년이 되면 다시 그 세 배가 되며, 1799년에는 4천3백만 파운드로 늘어나고, 1800년에는 5천6백만 파운드, 1802년에는 6천만 파운드가 된다.[16] 새로운 기술이 침투한 곳은 어디서나 똑같은 일이 벌어졌다. 석탄 생산량은 40년 동안 10배 증가했다. 선철 생산량도 1788년에는 68,000톤이었지만 1839년에는 1,347,000톤으로 급격히 늘어난다.[17]

산업 혁명의 첫 번째 충격은 새로운 산업 부문의 생산 속도를 어마어마하게 증가시킨 것이었다. 그리고 이러한 속도 증가는 "산업 혁명"이라 할 만한 것을 거친 나라 어디에서나 반복되어 나타났다. 예를 들어 프랑스를 보자. 1815년까지는 산업 기술의 충격이 별로 느껴지지 않았으나 1845년까지의 기간에 프랑스의 선철 생산은 5배로 늘어났고, 석탄 생산은 7배, 수입률은 10배로 늘어난다.[18]

물론 산업 혁명 자체가 곧바로 **전체** 산출량에 맞먹는 충격을 준 것은 아니었다. 전체 산업 부문의 크기 자체가 아직 작았던 데다가, 산업 혁명의 힘이 처음으로 미친 부문들에서는 물론 경이적인 증가율이 나타났지만 이것이 모든 산업 부문에 똑같이 나타났던 것은 결코 아니었다. 하지만 그래도 결정적으로 중요한 사실은 산업 혁명으로 인해 도입된 기술로 결국 대규모의 장기 지속적인 성장이 나타나게 되었다는 점이다. 이 장의 끝 부분에서 이렇게 산업 혁명의 효과가 파급

되는 과정을 좀 더 자세히 살펴보자.

공장의 발흥

그전에 먼저 산업 혁명이 영국에 가져온 더 직접적이고 가시적인 결과 하나를 살펴보아야 한다. 우리는 산업 혁명이란 본래 본질적으로 상업적 농업적 사회였던 영국이 이제 그 경제생활을 조직하는 지배적인 양식이 산업적 제조업인 사회로 변형되는 과정이라고 묘사할 수 있다. 산업 혁명은 경제생활뿐 아니라 사회생활 전체의 중심으로 공장이 떠오르는 과정이라고 특징지을 수 있었다. 1850년 이후로 영국에서 공장이란 단지 경제 제도로서만 중요한 것이 아니었다. 몇 세기 전에 장원이나 길드가 그랬던 것처럼, 공장이라는 경제 제도 또한 이제 영국의 정치와 사회는 물론 일상생활의 성격까지 모습 짓는 경제 제도가 된 것이다.

이러한 공장의 발흥이 창출한 변화의 성격이나 속도를 오늘날 깨닫기가 쉽지 않다. 18세기 전반까지만 해도 글래스고, 뉴캐슬, 론다 밸리 등은 대부분 황무지였거나 농장이었다. 1727년 대니얼 디포는 맨체스터를 "촌락에 불과"하다고 묘사했다. 그런데 그로부터 40년이 지나자 맨체스터는 100개의 서로 연관된 공장들과 기계 공단, 용광로, 피혁 및 화학 공장 등으로 이루어진 거대한 공단 지역으로 변해버렸다. 근대적인 산업 도시가 생겨난 것이다.

벌써 1780년대가 되자 이러한 새로운 환경은 가시화되었다. 1784년에 영국을 방문한 한 프랑스 광물학자는 이렇게 쓴 바 있다.

피댓줄을 감은 도르래는 끽끽 거리며 고막 찢는 소리를 내고, 망치 소리는 끊기는 법이 없고, 이 모든 기계들이 계속 돌아가게 만드는 사람들의 에너지 또한 다하는 법이 없다. 이러한 광경은 새로울 뿐 아니라 아주 재미있다. …… 밤이 되어도 불과 빛이 환하게 밝혀져 있으며, 한곳에서는 석탄 덩이가 활활 타오르고 있고 다른 곳에서는 열풍로에서 불길이 날카롭게 치솟아 오른다. 또 한곳에서는 무거운 망치로 모루를 두드리는 소리가 메아리치고 다른 곳에서는 공기 펌프가 귀를 찢는 소리를 낸다. 이러한 광경을 보다 보면 우리가 화산 폭발을 보고 있는 것이 아닌지 아니 기적이 벌어져서 우리 모두 불카누스*의 동굴로 날아온 것이 아닌지 알 수가 없을 지경이다 …….[19]

그런데 공장으로 인해 새로운 풍경이 펼쳐졌을 뿐만 아니라 새로운 집단 주거지도 나타났는데, 이는 영 사람이 살 만한 곳이 못되었다. 오늘날 우리는 도시 산업 생활에 너무나 익숙해 있어서 농촌에서 도시로 넘어가던 시절에 사람들이 겪어야 했던 뼈가 뒤틀리는 듯한 고통을 까맣게 잊고 말았다. 도시로 이주하는 농민들은 실로 끔찍한 적응 과정을 거쳐야 했다. 이제 노동의 속도는 자기 맘대로 조절할 수가 없었고 무조건 기계의 속도에 따라가야만 했다. 옛날에는 계절에 따라 찾아오는 농한기를 즐기면 되었지만 이제는 시장의 상태에 따라 미친 듯이 일했다가 일할 것이 없었다가 하는 짓을 번갈아 해야 했다. 수확물이 비참한 수준이긴 했지만 그래도 영원토록 절박한 생계 원천일 것 같던 땅이 이제는 산업 지대로 꽉 채워진 불임의 토양

---

* 로마 신화에서 비너스의 남편이자 대장장이의 신. 그리스 신화의 헤파이스토스.

이 되었다.

그러니 아직도 도시보다는 농촌이 익숙했던 영국 노동자들이 기계의 출현을 두려워하고 증오했던 것도 당연하다. 산업 혁명 초기에 노동자들은 이 기계 군대의 침략에 맞서 이를 물리적으로 공격하였다. 무수한 공장들을 파괴하고 방화했던 것이다. 그래서 18세기 후반 최초의 섬유 공장들이 지어지던 당시 사람들은 공장에 가서 일을 하기는커녕 온 마을이 하나가 되어 봉기를 일으키는 일이 잦았다. 러드 장군General Ludd이라는 신화적 인물이 이끄는 기계 파괴Luddite 운동은 산업 사회에 대한 맹렬한 공격이었지만 실패하고 말았다. 1813년의 대규모 재판에서 이들 중 많은 수가 교수형과 추방형을 받으면서 이 운동은 종식되었다.[20]

노동 조건

공장의 출현 자체도 이렇게 혐오스런 것이었지만 그 내부의 생활 조건은 이보다 훨씬 더 혐오스러웠다. 한 예로 아동 노동은 완전히 일상화되었고 심지어 어떤 때에는 4살배기 노동자도 있었다. 노동 시간은 보통 동트기 시작할 때부터 완전히 땅거미가 내릴 때까지였다. 온갖 종류의 노동자 학대가 밥 먹듯 벌어졌다. 1832년 노동자들의 생활 조건을 조사하기 위해 꾸려진 의회조사위원회는 한 공장 감독관으로부터 다음과 같은 증언을 받아냈다.

질문: 공장이 바쁠 때 이 소녀들이 아침 몇 시에 출근하는가?
대답: 바쁠 때에는 약 6주 동안 이 소녀들이 새벽 3시에 출근하여 밤

10시나 10시 반에 퇴근하였습니다.

질문: 노동 시간이 19시간이었다는 것인데, 그렇다면 휴식과 식사를
위해 쉬는 시간은 어느 정도로 허용되었는가?

대답: 아침 식사로 15분, 저녁 식사로 30분, 물 마시는 시간으로 15분
이었습니다.

질문: 그 휴식 시간 동안 또 기계를 청소해야 했는가?

대답: 기계 청소를 보통 "말리기dry down"라고 불렀는데, 이를 보통
휴식 시간 중에 해야 했고 그래서 아침 식사 시간이나 물 마시는
시간이 날아가기도 했습니다.

질문: 그렇게 일하고 지친 아이들을 아침에 깨우기가 쉽지 않았을 터
인데.

대답: 그렇습니다. 잠들어 있는 아이들을 들어올려서 막 흔들어야 했
습니다.

질문: 이렇게 일을 했으니 이들 중 사고가 난 아이들은 없었겠는가?

대답: 있었죠. 제 큰 딸이…… 톱니바퀴에 가운데손가락 손톱이 끼면
서 조막손이 되어버렸어요.

질문: 그 손가락을 잃은 것인가?

대답: 두 번째 관절에서 잘렸습니다.

질문: 사고 기간 동안 딸아이는 임금을 받았는가?

대답: 사고가 나는 즉시 임금 지급은 중단되어버렸습니다.[21]

실로 소름 끼치는 시대였다. 장시간 노동, 공장이 사방에 토해내는
먼지와 소음, 최소한의 안전장치도 없는 작업장, 이 모든 것들이 하나
로 합쳐져서 초기 산업 자본주의가 얼마나 끔찍한 것이었는지를 전

세계의 많은 사람들에게 각인시켰고, 그러한 평판은 결코 만회되지 않았다. 노동자들 다수가 몸을 찢는 노동이 끝난 후에 돌아가 쉬는 빈민촌의 상태는 더욱 끔찍했다. 맨체스터에서 태어나는 아기들의 기대 수명은 17년이었다. 아동 사망률이 50% 이상으로 높았기 때문이다. 믿을 수가 없는가? 다음은 1839년 정부 조사 위원회의 보고서의 일부로서, 글래스고에 있는 "골목길wynds"이라고 불리는 노동자 거주 지역에 대한 이야기이다.

이 골목길 지역에 …… 거주하는 인구는 1만 5천에서 3만 사이를 왔다 갔다 한다. 아주 좁은 길이 무수히 나 있고 건물들이 내부에 정사각형의 뜰을 이루며 서 있는데 그 뜰의 한가운데에는 똥 더미가 쌓여 있다. 이런 곳들을 겉에서 볼 때부터 벌써 구역질을 느꼈지만, 그 내부에서 더욱 끔찍한 오물과 비참한 광경을 보게 되리라고는 상상조차 못했다. 어떤 침실을 한밤중에 들어가보니 인간들이 떼거리로 칭칭 얽혀 바닥에 퍼져 있었다. 종종 18명에서 20명이 되는 사람들이 남녀 가리지 않고 한 덩어리로 엉켜 있었는데, 그중 옷을 입은 이는 일부였고 나머지는 완전히 벌거벗고 있었다. 가구 따위는 찾아볼 수도 없었고 여기가 사람 사는 곳임을 알 수 있는 모습은 난로에서 타고 있는 불뿐이었다. 이들이 얻는 소득의 주 원천은 도둑질과 성매매였다.[22]

초기 자본주의와 사회 정의

이 시대가 어마어마한 사회적 고통을 짊어지고 있었다는 것은 의문의 여지가 없다. 하지만 산업 자본주의의 탄생기를 회고할 적에 명심해두어야 할 몇 가지 사실들이 있다.

1. 산업 혁명의 빈곤상이 대중의 삶이 전반적으로 악화되었음을 말하는 것인지는 의문이다.

최소한 영국의 몇몇 지역에서는 산업주의가 즉각적인 혜택을 가져다주었다. 웨지우드는 자기 공장에서 일하는 어린 노동자들에게 부모님께 그들이 알던 모습의 마을이 어땠는지를 여쭈어보고 지금 모습의 마을과 비교하여 어느 쪽이 나은지를 물어보라고 말하곤 했다(물론 웨지우드는 예외적으로 선한 고용주였음을 감안해야 한다.). 또 아크라이트의 공장에서 노동 시간이었던 12시간은 그 이전의 맨체스터 지역의 표준으로 보면 2시간이 줄어든 것이었다. 게다가 당시의 빈곤 또한 결코 새로이 벌어진 일은 아니었다. 이미 호가트Hogarth의 판화에서 "진 퍼마시는 동네Gin Lane"의 모습으로 나타난 것처럼, 그전부터 산업 지역의 한심스런 모습은 조롱의 대상이었다.* 19세기 중반의 어떤 사회 개혁가가 쓴 대로, 공장에서 고생하는 아이들을 보고 극도로 기분이 나빠진 사람들은 기껏 "산허리에서 새끼 양들이 맘껏 뛰놀았으면 얼마나 좋을까. 미나리아재비와 데이지 꽃으로 수놓은 푸른 초원에서는

---

* 윌리엄 호가트William Hogarth가 1751년 발표한 그의 판화 "맥주 마시는 동네, 진 퍼마시는 동네Beer Street, Gin Lane"를 말한다. 이 그림은 깔끔하게 단장되어 있고 사람들이 행복하게 서로 도우며 사는 동네와 영아 살해, 성매매, 범죄 등 온갖 끔찍한 일이 벌어지는 동네의 모습을 나란히 붙여놓고, 앞의 동네는 영국에서 나오는 맥주ale를 마시며 건실하게 살지만 후자의 동네는 외국에서 수입한 독한 진을 퍼마시면서 엉망이 된 것이라는 식의 풍자를 담고 있다. 그런데 이 그림을 가만히 살펴보면 두 마을의 행복과 비참이 동전의 양면이라는 식의 암시를 발견할 수 있다고 한다. 즉, 가난한 산업 지역에서 노동자들이 겪는 비참한 삶 때문에 부자 동네에서의 풍요가 가능한 것이라는 고발이 담겨 있다는 것이다. 〔위키피디아 참조〕

새들의 노랫소리와 벌들의 윙윙거림이 …… 〔그런데〕 진흙으로 만든 헛간과 길거리 옆 도랑에 아이들이 버려져서 배고파 축 늘어져 있는 모습이라니."라고 생각하였다.[23]

2. 초기 산업 자본주의에 대한 당대의 가혹한 비판은 경제학보다는 당시의 정치적 환경에서 도출된 것이었다.

자본주의의 발흥과 동시에 정치 비판의 관점에도 근본적인 변화가 생겼고 또 이것이 자본주의의 탄생에 크게 기여하기도 했다. 민주주의, 사회 정의, 개인의 "권리"와 같은 새로운 사상이 태어나면서 당시는 비판적 사고가 충만한 때였고 따라서 그 어떤 경제 체제도 비판을 피해갈 수는 없었다.

자본주의를 절정에 올려놓은 이 정치 운동은 분명코 부르주아 중간 계급의 운동이었지 노동자 계급의 운동은 아니었으며, 영국과 프랑스에서 당시 생겨나고 있던 제조업자들은 자기들의 권리와 특권에 대한 걱정 말고는 사회적 의식이란 거의 없었다. 하지만 이들이 일단 정치적 자유주의 운동을 만들어내자 그 운동은 처음에 의도된 좁은 범위를 훨씬 넘어서는 자체 동력을 가지게 되었다. 19세기의 처음 4반세기경이 되면 새롭게 조성된 공장 빈민촌의 환경이 세간의 시선에 확연히 노출되면서 노동자 계급의 상태라는 문제가 여론의 동정을 사게된다.

이리하여 누구도 예상치 못한 방향으로 일이 진전되었다. 산업 혁명은 정치사상의 방향을 날카롭게 새로 틀게 만들었던 것이다. 산업노동자 계급과 산업 환경이 창출되는 대혁명을 겪으면서 새로운 경제구조가 정치를 만들어나가게 된 것이다.[24] 1848년이 되면 칼 마르크스와 프리드리히 엥겔스가 "모든 역사"는 계급투쟁의 역사라는 글을 쓰게 되지만, 이 계급투쟁이 완전히 발가벗은 적나라한 모습으로 세상에 드러나게 된 것은 산업적 환경이 생겨난 뒤에나 벌어진 일이었다.

이와 똑같이 중요한 일이 있었으니, 그것은 바로 정치적 자유주의가 발흥하면서 지배 질서에 대한 적개심만 생겨난 것이 아니라 비록 느리지만 지배 질서를 개선하기 위한 과정도 시작되었다는 것이다. 자본주의를 개혁하려는 운동은 자본주의 자체와 애초부터 함께 태어난 것이었다. 1802년 원호대상 극빈자들의 도제 노동*은 하루에 12시간으로 제한되었고 야간 노동 또한 금지되었다. 1819년 면화 공장에서 9세 이하의 아동 고용이 금지되었고, 1833년에는 18세 이하의 노동자들(모든 면화 공장 노동자들의 약 75%를 차지했다.)의 노동 시간을 주당 48시간에서 69시간 사이로 제한하는 법령이 제정되었으며, 공장들에 대한 정부의 감시 체제가 도입되었다. 1842년에는 10세 이하 아동들이 탄광에서 일하는 것이 금지되었고, 1847년에는 아동과 여성의 노동 시간이 하루 10시간으로 제한되었다(나중에 10.5시간으로 올라간다.).

이러한 개혁의 성격 자체가 무엇보다도 당시의 노동자들의 상태가 어땠는가를 웅변으로 보여주는 증언이며, 또 이러한 개혁들이 격렬한 반대에 부딪히고 또 종종 완전히 무시되었다는 사실 또한 그 당대의 정신이 어떤 것이었는가를 증언하고 있다. 하지만 자본주의는 봉건제와는 달리 애초부터 그것을 올바르게 만드는 민주주의라는 힘이 영향

---

* 구빈법의 적용을 받는 극빈자들은 교구 단위로 생활비를 보조받았고, 그 대가로 노동력이 부족한 작업장이나 농장에 "도제"처럼 파견되어 노동을 해야 했다.

을 끼쳐왔다. 칼 마르크스는 1830년대의 자료를 이용하여 끔찍한 경제 지옥을 만들어낸 자본주의 과정을 음침하게 그려내고 있지만, 이것에 맞서고자 하는 힘에 대해서는 간과(혹은 알고도 무시)해버렸다. 그렇지만 그 힘은 꾸준히 자라나고 있었다.

3. 마지막으로, 산업 혁명의 가장 중요한 효과는 장기적으로 경제적 안녕을 증진시켰다는 것이니, 이는 오늘날까지도 우리에게 남아 지속되고 있다.

산업 혁명의 궁극적인 충격은 생활 수준을 전대미문의 규모로 끌어올렸다는 것이다.

이는 하룻밤에 벌어진 일은 아니었다. 아널드 토인비*의 계산에 따르면 1840년에 보통 노동자가 받는 주당 임금은 8실링 정도였는데 이는 생필품을 사는 데에도 6실링이나 부족한 액수였다.[25] 노동자는 그의 아내와 아이들 혹은 양쪽 모두를 공장으로 일하러 보내야만 이 적자를 메울 수 있었다는 것이다. 어떤 부문의 노동자 계급이 산업화의 초기 충격으로부터 이익을 보았다면 다른 이들은 1795년경에 향유하는 생활 수준의 하락을 겪어야만 했다. 예를 들어 1830년대의 의회조사위원회는 손으로 직물을 짜는 노동자들의 임금으로 살 수 있는 생필품이 그때와 비교하여 3분의 1로 줄었음을 발견하였다. 모든 직종이 똑같이 고통을 당한 것은 아니었지만, 산업 혁명이 터져나올 당시에는 그것으로 인한 어려움이 극도로 부각되었으며 그 혜택은 나중이 되어서야 눈에 띄기 시작한 것이다.

---

* 19세기 경제학자로, 저명한 역사학자인 조카 아널드 토인비와 이름이 같다.

하지만 1870년경이 되면 산업 혁명의 장기 효과가 느껴지기 시작했다. 생필품 가격은 15실링 정도 상승했지만 주당 수익이 그것을 감당하고 때로는 남을 만큼 조금씩 올랐던 것이다. 또 노동 시간도 줄어들었다. 뉴캐슬화학공업New Castle Chemical Works과 제로우조선소Jarrow Shipyards에서는 주당 노동 시간이 61시간에서 54시간으로 줄어들었다. 장시간 노동으로 악명 높았던 섬유 공장에서조차 노동 할당량이 "겨우" 57시간으로 줄어든 것이다. 물론 아직도 "젖과 꿀이 흐르는"* 사회는 당치도 않았고 풍족한 사회라 하기에도 거리가 멀었지만 그래도 고비는 넘기게 된 것이다.

이론적 관점으로 본 산업 혁명

우리는 산업 자본주의의 발흥에서 두드러지게 나타난 역사적 특징들을 아주 짧게 살펴보았다. 이제 우리가 목도한 경제적 사회적 대격변을 반추해보며 경제학적으로 중요한 질문을 던져보아야 한다. 산업화 과정은 어떠한 방식으로 물질적 안녕을 증대시켰는가? 이 질문에 답하기 위해서는 우리가 스미스의『국부론』에서 이미 보았던 지혜를 체계적으로 밝혀줄 경제 이론을 살펴보아야 한다.

우선 한 사회의 경제적 안녕을 증대시키는 데에 필요한 것이 무엇인가를 따져보자. 대답은 어렵지 않다. 우리가 물질적 안녕을 더 크게

* "젖과 꿀이 흐르는 사회affluent society"는 1950년대의 미국이 경제적 희소성의 문제를 해결한 사회라고 하는 존 갤브레이스의 유명한 저서의 제목.

향유하려면 무릇 더 많이 생산해야 한다. 이는 특히 산업 혁명 이전 대부분의 유럽에서처럼 거의 생계나 잇는 수준에 묶여 있는 단계에서 시작할 땐 각별히 절실한 진리이다. 이러한 사회가 그 대중들의 생활 수준을 올리고자 할 때 제일 필요한 것은 말할 것도 없이 더 많은 생산이다. 농노와 영주의 사회에도 또 자본가와 아동 노동자의 사회에도 분배의 불공평함은 넘쳐났지만, 두 사회 모두 이를 압도해버릴 만한 현실이 아래에 버티고 있었다. 생산의 산출량이 절대 부족했던 것이다. 한마디로 파이 자체가 충분히 크질 못했던 것이다. 따라서 분배 쪽에서 좀 더 공평한 장치를 만든다 해도 시대의 도덕적 자존심은 구할 수 있을지는 모르지만 기본적인 경제적 안녕 자체를 크게 향상시키는 데에 기여하지는 못했을 것이다. 부자들의 재산을 몽땅 벗겨내 버렸으면 도시 노동자들의 임금과 농민들의 소득을 두 배로 올릴 수 있었을지도 모른다(물론 이것도 아주 황당한 상상이다.). 하지만 그래봐야 도시나 농촌이나 여전히 주된 삶의 특징은 빈곤이었을 것이다.

산출 증대가 경제적 개선의 핵심적 전제 조건이라고 강조하는 것에 잊지 말아야 할 중요한 단서 조항이 있다. 만약 산출 증대보다 빠르게 그 나라의 인구가 증가한다면 전체 생활 수준은 개선되지 못할 것이다. 개개인들의 생활이 개선되려면 재화와 서비스 생산이 인구보다 빠르게 증가해야 한다.

그렇다면 어떤 사회가 일인당 생산량을 늘릴 수 있는 방법은 무엇인가?

이 문제에 대한 깊은 분석을 할 수는 없지만, 그래도 앞에서 나왔던 핀 공장 이야기와 영국의 산업 혁명 과정에 대한 연구를 보게 되면 이 문제에 대해 상당히 많이 알게 된다. 왜냐면 그 메시지가 산업 자본을 지렛대로 삼아 공동체의 인간 에너지를 강화시키는 것이 생산량 증대의 열쇠라는 것이 분명하기 때문이다. 따라서 경제 성장에 대한 우리의 분석적 이해는 자본이 소유하고 있는 특별한 힘을 좀 더 깊게 살펴보는 것에서 시작해야 한다.

자본과 생산성

앞에서도 자본이라는 말이 여러 번 나왔지만 아직 이를 규정하지는 않았다. 근본적인 의미에서 어떤 사람이 경제적으로 유용한 노동을 수행할 힘을 증강시키는 것은 무엇이든 자본을 구성한다는 것을 알 수 있다. 동굴에 살던 원시인이 사냥을 하는 데에 땅바닥의 돌멩이를 사용하여 효과를 보았다면 그것이 자본이다. 괭이는 농민에게 자본이다. 현대 산업 사회의 주민들에게는 도로 체계가 자본이다. 지식 또한 자본이다. 사실상 아마도 사회의 자본 축적에서 가장 값진 부분일 것이다.

하지만 경제학자들이 자본을 이야기할 때에는 보통 그 의미를 자본재로 제한한다. 즉 생산 과정을 용이하게 하기 위해서 사회가 생산한 도구, 장비, 기계, 건물의 축적 말이다.[26] 이렇게 자본재들은 그 모습은 다양해도 생산 과정에서는 공통의 효과를 낳게 되는데, 그것은 인간 노동을 더욱 생산적으로 만든다는 것이다. 19세기 초반의 경제학자로서 이후 1세기 동안 경제 사상의 모습을 결정하다시피 했던 데이비드 리카도는 이를 이렇게 표현했다. "자본은 한 나라의 부에서 생산에 사용되는 부분을 말하며, 식량, 의복, 도구, 원자재, 기계 등등 노동을 효과적으로 만드는 데에 필수적인 것들로 구성된다."[27] 자본재를 쓰게 되면 노동자는 맨손으로 일하는 것에 비해 시간당(주당 혹은 연당) 더 많은 재화를 생산할 수 있게 된다. 따라서 자본이란 1인당 생산성을 늘이는 방법이며, 1인당 생산성이란 한 개인이 주어진 시간 안에 생산해내는 양을 말한다. 이것이 바로 핀 공장의 교훈을 모든 부문의 생산에 확장한 명제이다. 예를 들어서 오늘날 전력으로 움직이는 기계 장비를 사용하는 평균적인 노동자는 주당 40시간의 노동으로 최소한 20세기 초 더욱 간단한 연장으로 주당 70시간을 노동하던 노동자 여섯 명에 해당하는 양을 생산할 수 있다. 다른 말로 하자면, 현대의 노동자는 1900년의 노동자가 1주일에 걸쳐서 생산하던 양보다 더 많은 것을 하루에 생산할 수 있다는 것이다. 이는 현대의 노동자가 더 열심히 일하기 때문이 아니라, 1900년의 노동자에게는 기껏 몇 백 달러어치의 자본 장비밖에 없었지만 현대의 노동자는 수천 달러어치의 자본 장비를 부리고 있다는 사실 때문이다.[28]

어째서 자본은 노동을 그토록 더욱 생산적으로 만드는가?

가장 중요한 이유는, 자본재가 사람들로 하여금 지렛대와 바퀴, 열과 냉기, 연소와 팽창과 같이 인간의 맨몸으로는 활용할 수 없는 원리들과 발명들을 활용할 수 있게 해준다는 것이다. 자본재는 인간에게 글자 그대로 초인적 차원의 기계적이고 물리 화학적인 능력을 부여해주는 것이다. 자본재는 인간 근육의 힘을 확대하며, 통제력을 세련되게 하며, 인간의 지력을 체현하고 있으며, 인간 육체의 한계를 훌쩍 넘는 참을성과 복원력을 부여한다. 인간의 능력은 연약하지만, 자본을 보완물로 사용하여 자연적 세계를 활용할 수 있게 되는 것이다.

자본과 전문화

생산 증대의 또 다른 이유는 자본이 인간 노동의 전문화를 촉진한다는 사실에 있다. 여기서도 스미스의 예가 아주 적절하다. 일군의 인간들이 각자 자기가 전문인 작업 하나만을 돌보게 되면 여러 가지 일을 한꺼번에 하는 똑같은 수의 사람들보다 더 많이 생산하게 된다. 자동차 생산 라인이 최상의 예가 될 것이다. 1천 명의 노동자들이 협조하는 가운데에 그 각각이 한 대씩 차를 만드는 경우보다 훨씬 많은 차를 생산하고 있으니까. 말할 것도 없이 자동차 생산 라인에서는 어마어마한 양의 자본이 사용되고 있다. 머리 위로는 컨베이어 벨트가 지나가고, 손으로 만지는 부품들은 창고에 그득히 쌓여 있고, 거대한 공장에는 자체 발전기가 있고 등등. 모든 노동 분업이 자본에 의존하는 것은 아니지만, 보통 전문화가 가장 효율적이 되는 대규모 산업 작업에 있어서는 자본이 필수적이다.

다음 장에서 우리는 현대 산업의 발달이라는 맥락에서 이 중요한 문제들로 돌아오게 될 것이다. 산업의 발흥이라는 문제 자체를 논하고 있는 이 장에서는 아직 깊이 생각해보아야 할 근본적 질문이 하나 남아 있다. 자본은 애초에 어떻게 만들어지는가 그리고 사회는 스스로의 성장에 필요한 자본 장비를 어떻게 만들어내는가의 문제이다.

자본과 저축

이 질문을 통해서 우리가 처음으로 만나게 되는 문제가 있다. 우리가 자본이라고 부르는 물질적 인공물이 만들어지기 위해서는 우리가 저축이라고 부르는 행위가 반드시 그 이전에 있어야만 하는데, 이 둘 사이가 어떤 관계에 있는가가 문제가 된다. 이는 경제학을 공부하다 보면 이론적 관점에서나 역사적 관점에서나 무수히 마주치게 되는 문제이기도 하다.

저축을 이야기할 때는 보통 금융적인 용어로 설명한다. 즉 우리의 화폐 소득 중 지출하지 않기로 결정한 것을 저축이라고 말한다. 그런데 이러한 금융 활동 뒤에는 "실물" 활동이 있으며 이를 우리는 명확히 이해해야 한다. 화폐를 저축하게 되면 그 돈으로 살 수도 있었을 일정한 양의 재화와 서비스의 사용을 또한 절제하는 셈이 되는 것이다. 물론 우리의 화폐 저축은 여전히 재화와 서비스에 대한 청구권이며 이를 나중에라도 행사할 수 있는 것이 사실이다. 하지만 그렇게 청구하기 전까지는 지금의 욕구를 충족하기 위해 쓸 수도 있었을 자원들을 그냥 놓아두는 셈인 것이다. 스미스의 핀 제조업자가 "축적한다."고 했을 때 이 말의 뜻은 무엇인가. 이는 그가 호화로운 생활을 위해 지출할 수도 있었을 이윤의 일부를 저축함으로써 높은 생활 수준을 고의로 포기한다는 것을 뜻한다. 이렇게 자유롭게 풀려난 자원들 — 비단이나 호화로운 마차를 생산하는 데에 쓸 수도 있었을 노동과 자본 — 을 이용하여 사회는 사회적 자본을 형성하며, 이를 좀 더 기술적 용어로 표현하면 투자 활동을 행하는 것이라고 할 수 있다. 경제학에서 **투자**란 노동과 기타 투입물을 써서 자본재를 창출하는 것을 뜻한다는 점에 주의하라. 이는 주식이나 채권에 돈을 넣는다는 것을 뜻하는 것이 아니다. 물론 주식이나 채권 투자 또한 자본 형성 과정으로 이어지거나 그것을 지원하게 될 가능성도 있지만. 경제학자들은 화폐적 투자 과정을 **금융적 투자**라고 불러 자본재에 대한 실물 투자와 구별한다.

저축과 투자 활동은 불가분으로 연결된다. 저축이란 소비 활동에서 일정한 자원을 해방시키는 것이며, 투자란 이 자원을 사용하여 자본재를 만드는 활동이다. 사회 전체의 관점에서 보면 투자와 저축이란 동전의 양면이다. 그런데 왜 경제 담론에서는 이 둘을 따로 이야기하는가? 그 두 기능을 수행하는 사람들이 특히 근대 사회에서는 서로 다른 사람들이기 때문이다. 사회적 자원을 쓰지 않고 아껴두는 사람들은 그 자원을 모아 투자 목적에 쓰는 사람들과 다를 때가 많다. 그럼에도 불구하고 누가 그것을 수행하든, 자본 형성을 위해서는 일정한 만큼의 자원을 그러한 목적에 바쳐야 한다는 점만큼은 분명히 알 수 있다.

이는 투자를 위해 반드시 소비를 줄여야 한다는 것을 뜻하는 것은 아니다. 부유한 사회라면 일상적으로 벌어지는 정상적 저축을 지출에 대한 "압박"이라고 느끼지는 않는다. 스미스의 제조업자들이 검소한 생활로 이름을 날린 것은 아니다. 사회에는 아직 생산에 투입되지 않은 요소들이 있는 경우가 많으며, 그 놀고 있는 자원들만 사용한다면 소비 지출을 줄이지 않고도 자본을 형성할 수가 있다. 또 그렇게 자원을 새롭게 사용하여 만드는 것이 소비재가 아니라면 이는 여전히 저축이다. 하지만 어떤 사회가 예를 들어 전시戰時처럼 모든 인적 물적 자원을 이미 사용하고 있는 경우라면 자본을 위한 지출을 늘리기 위해서는 소비 지출을 줄이는 수밖에 없다. 다르게 표현하면, 완전 고용 상태에서는 소비 지출과 자본 지출이 경쟁 관계에 있다. 하지만 실업이 존재하는 경우라면 소비 지출과 자본 지출을 동시에 증가시키는 것이 가능하다.

이제 어떤 사회의 투자율 —— 즉 그 사회가 자본재의 축적을 형성하기 위해 매년 추가할 수 있는 양 —— 은 그 저축 능력에 달려 있음을 알 수 있다. 만약 그 사회의 생활 수준이 빈곤의 한계 상황에 있다면 소비를 위한 노력에서 자본 형성 노력 쪽으로 이전시킬 수 있는 노동이 거의 없을 것이다. 그 사회가 아무리 더 많은 도구를 간절히 원하고 또 그 도구가 아무리 생산적이 될 수 있을지라도 그 사회가 자신의 생존에 필요한 수준의 소비 활동을 줄일 수는 없는 상태이니까. 반대쪽의 극단을 생각해보자. 만약 어떤 사회가 아주 부유하여 현재 소비에 들어가는 노력의 상당 부분을 절제하고 미래를 위해 돌릴 수 있다고 해보자. 이 경우에는 그 경제 성장 또한 빠를 것이다. 성장의 속도가 높든 낮든, 어떤 사회의 투자의 양은 그 사회가 다른 목적 —— 주로 소비 —— 을 위해 쓰고 있지 않은 자원과 인간 노력의 양을 결코 넘을 수 없다는 것이 어쩔 수 없는 경제적 현실이다.

초기 자본주의의 성장

그렇다면 가난한 경제에서 경제 성장 과정은 필연적으로 아주 느릴 수밖에 없다는 이야기가 될 것이며, 실제로 그러하다. 방금 본 대로 영국의 경우에서도 노동자들의 운명이 전반적으로 개선되는 효과를 몸으로 느낄 만큼 생산성이 증대되는 데에는 75년 이상 산업화가 진행되어야 했다. 13장에서 보겠지만 저개발국에서도 마찬가지이거나 더 오래 걸릴 것이다. 아무리 해도 경제 성장이란 점진적이고 누적적인 과정이지 즉각적으로 벌어지는 현상은 아니다. 특히 빈곤으로 인해 최초의 저축 수준이 낮다면 성장률도 따라서 낮아질 수밖에 없다.

19세기 초 영국에서 저축이 발생했던 실제 사회 상황을 살펴본다면 성장률이 전반적으로 어떻게 결정되는지를 더 잘 이해할 수 있을 것이다.

저축을 한 것은 누구였는가? 소비를 절제한 것이 누구였는가? 분명히 부유한 농업 경영자들과 제조업자들은 (아주 화려하게 살았는데도) 더 많은 자본 투자에 뭉칫돈을 쏟아부은 중요한 저축자들이었다. 하지만 이들 말고도 또 다른 계급이 있었으니, 산업 노동자들이 그들이었다. 이들이 무슨 저축을 했단 말인가? 임금 수준이 워낙 낮았으므로, 큰 희생을 치른 것은 바로 이들이었던 것이다. 물론 노동자들 스스로가 이 저임금을 통한 강제적 저축을 자발적으로 했던 것은 아니지만 결과는 똑같다. 노동자들이 소비할 수도 있었건만 소비하지 못했던 바로 그 자원으로 미래를 위한 산업적 기초가 세워진 것이었다.

이보다 더욱 중요한 사실 하나를 또 알게 된다. 영국에서는 또한 기존 경제 체제의 인간적 노력의 일부를 자본 축적의 용도로 돌리기 위하여 노동자 계급의 소비 수준을 아래로 묶어놓아야만 했다. 역사적 사실의 관점에서 볼 때 이 "아래로 묶어두기"는 주로 시장의 압력을 통해 성취되었다. 물론 이러한 시장의 압력은 자유주의의 공세로 지원되었고, 이는 자본가들로부터 나왔거나, 또 상층 계급의 이익을 보호하기 위해 노동자들의 요구를 잽싸게 가로막고 나온 정부로부터 나왔던 것이 사실이다. 하지만 사회적 불공평의 쟁점을 잠깐만 제쳐두자. 산업 노동자들의 임금이 아주 크게 올랐더라면 소비재에 대한 수요도 크게 늘면서 결국 영국 경제의 자원이 자본 형성이 아니라 그러한 소비재 수요를 충족하는 방향으로 돌려졌을 것이라는 점은 엄연한 사실이다. 이렇게 되었더라면 분명히 영국 노동자들의 당장의 복지는 개선되었을 것이다(물론 이를 인구 일인당으로 나누어보면 그다지 크지는 않았을 것이다.). 하지만 사회 전체 생산력이 아주 큰 규모의 총산출을 낳을 수 있도록 만드는 일은 지체되었을 것이다.

이러한 쓰라린 선택은 산업화를 겪는 사회라면 자본주의이건 사회주의이건 민주주의이건 전체주의이건 모두 직면할 수밖에 없는 문제이다. 오늘의 필요를 충족할 것이냐 아니면 내일을 위해 자본을 만들 것이냐는 것이야말로 개발을 시작한 사회가 마주칠 수밖에 없는 가장 중대한 결정 사항이다.

성장의 유인

이제 마지막 문제 하나가 남아 있다. 경제 성장의 메커니즘에 대해서는 어느 정도 알게 되었지만, 다음과 같은 질문을 아직 풀어야 한다. 이러한 메커니즘이 작동하도록 만드는 것은 무엇인가? 어떤 사회가 그 생산 요소들을 성장에 필요한 자본을 만드는 데 쓰도록 재배치하는 일은 어떤 경로로 벌어지는가?

이 질문은 다시 우리가 이 책 맨 처음에서 논한 경제 사회의 세 가지 유형으로 돌아가게 한다. 전통, 명령, 시장이 그것이다. 이는 또한 몇 가지 중요한 결론들로 이르게 된다.

이 세 가지 유형 중 첫 번째 경우는 그 답이 아주 당연하다. 전통에 속박된 사회는 성장하기 쉽지 않다. 이러한 사회에서는 생산 요소들을 성장에 필요한 방식으로 재배치할 수 있는 직접적인 사회적 수단이 존재하지 않는다. 더욱 나쁜 것은, 강력한 사회적 종교적 장벽이 버티고 있으므로 자원 활용을 성장에 필요한 방향으로 전환하는 것에 걸림돌이 되고 만다는 것이다.

하지만 이러한 상황은 명령 사회로 가보면 크게 달라진다. 우리는 근대에 들어와서 산업화를 촉진하는 매개체로서 명령의 방법이 활용된 충격적인 경우를 목도한 바 있다. 최소한 소련이라는 한 나라에서 한 시대 동안, 이 명령의 방법이 농업 사회를 아주 극적으로 산업화한 가장 중요한 메커니즘으로서 사용된 바 있으며, 비록 그 결과는 다양했지만 집산주의적인 경제를 가진 다른 많은 나라에서도 명령이 산업화로의 이행에 사용된 바 있다. 오늘날의 예로서 중국이 아주 중요한 경우이다. 이 나라는 명령 방식을 사용하여 역동적인 시장 부문을 창출했으니까.

명령은 또한 유럽의 산업화가 시작된 주된 방법의 하나이기도 했다. 중상주의 시절 산업 부문이 창출되도록 사회를 조직하는 데에서 대단히 중요한 원동력이 되었던 것은 국가의 명령으로 이루어진 조선소와 병기창 설립, 왕궁의 건설, 양탄자 작업장과 도자기 공장 등이었던 것이다. 물론 당시에 이 명령 방식이 공산주의 국가에서처럼 그렇게 인정사정없이 적용되었던 것도 아니고 그렇게 광범위하게 국가의 지도를 받았던 것도 아니었던 것은 사실이다. 하지만 비록 강도는 달랐을지 몰라도 쓰인 약은 똑같은 약이었다. 전통적으로 토지에 매달려 있었던 노동을 공장이 요구하는 새로운 업무로 이동시킨 **최초의 동력**은 그 공장이라는 새로운 패턴을 창조하도록 명령했던 권력 당국에서 또한 나왔다. 몇 년 전 바바라 워드Barbara Ward가 『인도와 서구 India and the West』에서 쓴 것처럼, "개발도상국은 어떤 시점에서는 저축을 시작해야 한다. 그 나라가 아직 가난하더라도 어쩔 수 없다.

이것이 바로 마르크스가 빅토리아 시절의 영국에서 만났던 성장 초기 단계의 힘든 순간인데, 불행하게도 마르크스는 이러한 상태가 영원히 계속될 것이라고 생각할 수밖에 없었다. 어떤 경제에서이건 이는 어려운 국면이며, 그래서 대부분의 사회는 천재지변과 같은 비상한 힘force majeure을 빌려서 겨우 이 단계를 통과하게 된다. …… 맨체스터로 이주한 영국 노동자들에게 그 누구도 저축하기를 원하느냐고 묻지 않았다. …… 원시 스텝 지역을 떠나 스베르들로프스크Sverdlovsk나 마그니토고르스크Magnitogorsk로 온 소련의 노동자들은 자기들의 노동 조건이나 임금에 대해 아무 발언권이 없었다. 오늘날 중국의 향진鄕鎭 기업에서 일하고 있는 노동자들도 마찬가지이다."[29]

자본 형성 메커니즘으로서의 시장

그런데 서구의 산업화에서 주된 매개체 역할을 한 것은 결코 명령 방식이 아니었다. 사람들로 하여금 자본 장비를 만들도록 한 조직력은 시장이었다.

시장은 어떻게 이러한 놀랄 만한 변화를 야기시킨 것일까? 금전적 보상이라는 미끼를 이용하여 목적을 달성한 것이다. 제조업자들이 더 많은 자본재를 생산하도록 전환하게 꼬인 것은 더 많은 이윤을 얻을 수 있다는 희망이었다. 노동자들이 새로 지은 공장으로 옮기도록 이끌었던 것은 더 많은 임금의 매력이었다(때로는 액수가 어찌되었든 그곳이 임금을 얻을 수 있는 유일한 곳이기도 했다.). 이런저런 각종 자본재의 생산을 장려하거나 위축시킨 것은 그 자본재 가격의 상승과 하락이었다. 여기에서 스미스의 시장 메커니즘 이론이 그의 성장 모델과 결합된다.

다음 질문은 이것이다. 도대체 기업가가 위험을 무릅쓰고 자신의 알토란 같은 저축을 새 자본재에 투자하게 이끌 만큼 큰 이윤의 전망은 어떻게 나오게 되는 것일까? 이 질문은 우리를 다시 이 장의 맨 처음으로 돌아가게 만든다. 그 대답은 산업 혁명의 핵심을 이룬 기술 진보 속에 있기 때문이다. 수익성 좋고 확장되는 핀 산업의 가능성을 열었던 것은 바로 핀 만드는 기계였던 것이다.

물론 새로운 발명품이 나올 때마다 그것을 판매하려고 했던 이들에게 떼돈을 벌어주었던 것도 아니며, 새로운 제품이 나올 때마다 그것을 사줄 시장이 기다리고 있었던 것도 아니다. 기술 진보가 걸어왔던 길을 돌이켜보면 너무 이른 때에 태어난 발명품들 그리고 큰 희망으로 창립했다가 6개월 만에 문을 닫은 기업들 이야기가 사방에 깔려 있다. 18세기 후반에 시작하여 처음에는 영국 그다음엔 미국을 산업 발전의 장거리 비행으로 들어올렸던 자본 축적의 광대한 과정을 돌아볼 때, 그것을 추동했던 힘은 자연의 새로운 측면들에 대한 인간의 통제 가능성을 성공적으로 열어준 일련의 발명품들과 혁신들이었음은 명백하다. 산업 과학의 대약진이 이루어져 증기 기관, 저렴하고도 효율적인 방직 방적 기계, 철, 나중에는 강철 등의 대량 생산이 최초로 가능해졌고 이런 것들이 엄청난 자본 축적의 길을 열어주었다. 이 위대한 발명들이 일단 진보의 앞길을 먼저 뚫어놓으면 2차적 개선과 보조적 발명들이 그 뒤를 따라 벌어지면서 또 중요한 지지의 역할을 맡았다. 비용 절감을 가져올 혁신을 이룬 기업가에게는 시장에서의 비용 우위 그리고 그에 따른 높은 이윤이라는 상이 돌아갔다. 게다가 한 사람이 어떤 분야에서 먼저 기술적 우위를 점하게 되면 경쟁으로 인해 다른 모든 이들도 가능한 한 빨리 따라잡지 않을 수 없게 되었다. 비용 절감의 혁신이란 대부분 생산 과정에다가 기계를 들여오는 것을 포함하며, 이로써 결국 자본 형성을 촉진하는 것이다.

전체로서 자본주의는 자본 축적에 있어서 가히 따를 자가 없는 무시무시한 기계라는 것이 판명되었다. 역사상 존재한 경제 체제 가운데 최초로 우리는 경제 성장을 일상생활의 한 부분으로 포함하는 경제 체제의 발전을 보게 된 것이다. 마르크스와 엥겔스가 나중에 『공산당 선언』에서 썼듯, "부르주아들은 그 1백 년도 채 안 되는 자신들의 역사 속에서 그들 이전 인류의 모든 세대들을 다 합쳐도 비교할 수 없을 만큼 거대하고 엄청난 생산력을 창조해냈다." 이러한 찬사는 자본주의 사회 질서의 불구대천의 두 원수들로부터 나온 것이라서 더욱더 큰 의미가 있으며, 실로 진실이라고 할 수 있다.

산업 혁명

1. 산업 혁명은 거대한 역사적 전환점이었으니, 이 기간 동안 제조업과 산업 활동이 사회적 생산의 으뜸가는 형태가 되었다.

2. 산업 혁명은 18세기 중반과 후반에 영국에서 시작되었다(물론 그 뿌리는 훨씬 더 깊다). 왜 산업 혁명이 하필 그 시절 그곳에서 벌어졌던가에는 무수한 이유가 있다.

- 영국은 잘 발달된 중간 계급을 가진 부유한 무역 국가였다.
- 영국의 귀족들은 유럽 대륙의 귀족들보다 훨씬 더 상업적 사고방식을 가지고 있었다.
- 영국은 과학적 탐구가 유행처럼 퍼졌던 나라였으며, 농업 개선에 관심을 가진 "향신鄕紳 농업가들 gentlemen farmers"의 나라였다.
- 영국의 상대적으로 개방된 사회 구조는 '신인류'의 출현을 가능케 했고, 와트와 윌킨슨 같은 신인류는 터져나오는 새로운 사회적 에너지를 제조업에 연결시켰다.
- 다른 수많은 원인들도 들 수 있다. 산업 혁명은 여러 측면을 가진 복합적인 일련의 사건들이었다.

생산량

3. 산업 혁명을 통해 실로 중차대한 변화들이 사회에 나타났다.

- 산업 혁명으로 인해 느리지만 누적적인 생산 증대가 도입되었고, 이는 결국 옛날의 해묵은 빈곤으로부

터 산업 세계를 향상시켰다.

● 산업 혁명으로 인해 공장이 (그리고 산업 빈민촌도 함께) 노동과 생활의 새로운 환경이 되었다.

● 산업 혁명은 새로운 종류의 사회적 학대를 가져왔지만, 동시에 경제적 상태에 대한 전반적 의식 또한 크게 일깨우게 되었다.

자본 형성 4. 산업 혁명은 본질적으로 자본 형성 과정(기계, 건물, 운하, 철도)이었으며, 이것의 결과로 노동 생산성은 크게 증대되었다.

생산성 5. 자본은 일반적으로 생산성을 향상시킨다. 왜냐하면 자본은 사람들에게 노동만으로 일할 때보다 훨씬 더 큰 육체적 기술적 능력을 가져다주기 때문이다. 이는 또 사람들로 하여금 그들의 노동을 전문화시키고 다시 그것을 결합할 수 있게 하는데, 이것이 현대의 공장 생산 라인에서 벌어지는 일이다.

저축 6. 자본 형성에는 저축이 필요하다. 자본은 오로지 사회가 보통 그 소비의 필요를 충족시키는 데에 쓰던 자원들을 사용할 때에만 형성될 수 있다. 저축은 이러한 자원들을 기존의 생산 과정에서 끌어낸다. 그리고 투자는 다시 이들을 활용한다.

투자 7. 사회가 자본 형성에 돌릴 수 있는 자원과 에너지의 양은 그 사회가 다른 용도에서 끌어올 수 있는 양(혹은 사용되지 않도록 만들 수 있는 양)을 넘을 수 없다. 보통 투자가 진행되는 속도는 저축에 의해 규제된다. 따라서 소비를 포기하기 힘든 가난한 사회에서는 투자를 위해 충분한 자원을 긁어모으는 데에 큰 어려움을 겪게 된다.

소비

8. 투자에 필요한 저축은 농업, 제조 기업 등의 여러 다른 원천에서 올 수 있다. 그런데 가난한 나라에서는 종종 이 저축을 노동자들이나 농민들에게서 강제로 뜯어내는 수밖에 없을 때가 많다. 이들이 그 나라의 잠재적 경제력을 자기들의 소비 욕구를 충족시키는 데에 모조리 써버리지 못하게 만드는 것이 방법이다.

9. 가난한 나라들에서 저축은 보통 비자발적인 과정이다. 오늘날 수많은 개발도상국 특히 권위주의 체제에 있는 나라에서는 더욱더 자본 형성이 국가 명령 기관들에 의해 시도되지만, 전반적으로 별로 성공적이지 못하다. 산업 혁명에서는 이것이 부분적으로는 명령에 의해 달성되었지만 주되게는 시장 체제에 의해 달성되었다. 산업 혁명에서 나타난 위대한 발명들은 이윤의 원천이 되어주었고, 여기에서 거대한 자본 축적이 나타났던 것이다.

질문들

1. 흥미로운 것은, 노예 노동에 의지하는 나라들에서는 보통 농업이나 제조업의 기술 개선이 느리게 일어나는 경향이 있다는 사실이다. 이렇게 되는 이유는 무엇일까?

2. 오늘날 저개발 지역에 새로운 "산업 혁명"이 벌어지는 데에 필요한 힘에는 어떤 것들이 있을까? 그곳에서의 산업 혁명도 18세기 영국에서 벌어졌던 것과 비슷할까 어떨까?

3. 영국의 산업화 과정은 새로운 공장 프롤레타리아들의 정치적 불만이 날카롭게 증대되는 과정이기도 했다. 이러한 사태는 산업화가 벌어지면 어디서나 나타나는 일일까 아니면 초기 자본주의에서만 특별히 생겨났던 일일까?

4. 자본은 어떻게 하여 인간의 생산성을 보조하는가? 다음 종류의 노동과 관련하여 이를 토론하라. 농장 노동, 사무 보조, 교직, 정부 행정직.

5. 제너럴모터스가 신규 투자로 10억 달러를 내놓았다고 하자. 여기에 필요한 저축은 누가 하는가? 주주? 노동자? 공공? 자동차 구매자?

6. 1992년 현재 미국 사적 부문에서의 자본 구조물들과 장비의 가치는 총 약 18조 달러 정도라고 추산된다. 어떤 재난이 벌어져서 그중 절반이 없어진다고 해보자. 미국의 생산성은 어떻게 될까? 미국의 평균 생활 수준은? 이 손상을 복구하려면 어떻게 해야 할까?

7. 모든 투자는 저축을 필요로 하는가 그렇지 않은가? 그 이유는 무엇인가?

8. 오늘날 우리 사회의 자본 형성은 오직 시장이 지휘하는가? 정부도 자본을 축적하는가? 공적 자본도 사적 자본과 똑같은 만큼 생산성을 향상시키는가?

9. 학교를 세우는 것은 "투자"인가? 병원을 세우는 것은? 큰 운동장을 짓는 것은? 주택 건설 계획은? 연구소는? 보통 투자와 소비는 어떻게 구별된다고 생각하는가?

| 5장 |

산업 기술이 가져온 충격

이 장에서 우리는 경제사의 새로운 시기에 들어선다. 지금까지는 주로 과거 이야기였고 나중에 부딪히게 될 문제에 대해서는 슬쩍 암시하는 정도에 그쳤었다. 이제 시선을 현재로 돌려보자. 드디어 우리는 우리 시대와 경계가 맞닿아 있는 경제사 시대에 이르렀다. 이와 동시에 우리의 지리적 초점도 이동한다. 경제사가 19세기 중반으로 들어오면 여러 사건들이 벌어지는 역동의 중심이 미국으로 이동하기 시작한다. 이제 시기도 현대가 될 뿐만 아니라 관심을 두는 경제적 추세도 미국이 된다.

이 장의 주제는 본질적으로 앞 장과 마찬가지로 산업 혁명에서 시작된 주제 즉 기술이 경제 사회에 어떠한 충격을 가져왔는가이다. 돌이켜보면 산업 혁명 당시에 특징적으로 나타났던 발명의 폭발은 결코 역사적 사건의 완성이 아니었다. 오히려 이는 어떤 변화 과정의 시작에 불과한 것이었고 그 과정은 오늘날에도 여전히 계속 가속도를 더하며 진행되고 있는 것이다.

이 연속적 과정의 단계를 우리는 세 개로 혹은 네 개로까지 구별할 수 있다. 첫 번째 산업 혁명은 주로 섬유 기계에 집중되어 있었고, 석탄 생산과 철 제조업을 개선하였으며, 혁명적 농업 기술과 증기력이 도입되었다. 19세기 중반이 되자 두 번째 산업 혁명이 시작되어 강철, 철도, 증기를 이용한 교통수단, 농업 기계, 화학제품 등을 중심으로 한 무수한 산업적 발명이 벌어졌다. 20세기 초에 이르면 전력, 자동차, 가솔린 엔진 등 발명의 세 번째 물결이 찾아온다. 2차 대전을 거치면서 전기 제품, 항공 교통, 핵에너지 등 그다음 기술 도약의 물결이 일었다. 어떤 이들은 오늘날 우리가 겪고 있는 정보 및 컴퓨터 기술의 폭발이 그다음 산업 혁명에 해당하며 아마도 지금까지의 단계 중 가장 중요한 것일지도 모른다고 말하고 있다.

이렇게 지속적으로 이어지는 진보의 충격은 아무리 강조해도 지나치지 않을 것 같다. 어떨 때는 느리게, 어떨 때는 빠르게, 어떨 때는 전반에 걸쳐서, 어떨 때는 특정 부분에서, 어떨 때는 가장 실용적인 발명에서 또 그러다가 어떨 때는 아주 순수하게 이론적인 발견의 모습으로, 과학과 기술이 생산 과정에 누적적으로 적용되는 것이야말로 19세기와 20세기의 가장 거대한 변화라고 할 수 있다. 돌이켜보면 산업 혁명은 인류 역사에서 일종의 불연속적 도약이었다. 아득한 옛날 수렵 공동체로 살아오던 인류를 최초의 목축 정착지의 단계로 끌어올린 혁명과 맞먹을 만큼의 중요성을 가진 일대 도약이었던 것이다. 우리는 앞에서 공장에 새로운 기술이 들어오면 새로운 일자리가 생겨난다는 사실을 보았지만, 그 기술 도입의 충격은 일자리 창출만 있는 것이 결코 아니다. 교통 통신의 힘이 엄청나게 증대되고, 토양으로부터 곡물을 뜯어내는 수단이 훨씬 더 효과적이 되고, 동력動力을 사용하여 들어올리고 끌고 모양을 만들고 묶고 자르고 하는 작업 능력이 엄청나게 커지는 등, 이 모든 것들은 글자 그대로 인간 환경을 다시 만들어내는 사태를 야기하였지만, 그렇게 만들어진 환경이 전적으로 이로운 것만은 결코 아니었다.

발명이 가져온 충격의 어떤 사례

이 책에서는 산업 기술의 유입이 근대 사회에 가져온 경제적 결과들 몇 가지를 살펴보는 것으로 그쳐야 한다. 하지만 1세기 더 전에 도입된 발명의 경우 하나를 자세히 보자. 잠시나마 그것이 가져온 충격을 따라가보면 기술이 온 사회에 침투해 들어오는 과정을 잘 이해할 수 있을 것이다.

1867년 파리 박람회로 가보자. 호기심에 가득 찬 방문자들이 몰려들어 구경하던 재미난 발명품이 있었다. 가솔린과 공기를 연소실에 끌어들여 불꽃으로 점화시키는 작은 엔진이었다. 그렇게 폭발이 일어나면 그 힘으로 피스톤을 밀어내며, 그러면 피스톤이 바퀴를 돌린다. 물론 그렇게 왕복 운동이 일어나는 것은 네 번에 한 번뿐이었고 그 움직임을 고르게 하기 위해 커다란 속도 조절 바퀴가 필요했다. 하지만 역사가 앨런 네빈스Allan Nevins가 쓴 것처럼, 그 기계의 효과는 "연기만 매캐한 촛불로 겨우 밝혀놓은 방에 갑자기 전등불이 확 밝혀진 것에 비교할 수 있었다."[1] 이것이 세계 최초의 내연 기관이었다.

그리고 나서 얼마 되지 않아 독일의 N. A. 오토N. A. Otto 박사가 발명한 이 엔진은 미국 사회의 일상적인 특징으로 자리 잡았다. 그때까지만 해도 가솔린은 등유 공장에서 나오는 흥미 없는 부산물에 불과했지만, 이것이 이 엔진의 연료로 쓰이게 되자 내연 기관 엔진은 전력 발전에 꼭 맞는 이상적인 기계가 되었다. 네빈스는 이렇게 쓰고 있다. "농장, 가계, 동물 사육장 등 기술 변화에 발맞추어가는 모든 사업장들이 곧 칙칙 소리를 내는 이 실린더 하나짜리 엔진을 사용하여, 나무를 베고, 곡식을 빻는 등 오만가지 자잘한 일들을 하게 되었다."[2] 1900년경이 되면 미국에만 18,500개 이상의 내연 기관 엔진이 사용되고 있었다. 1893년 시카고 세계 박람회에 나온 가장 강력한 모델은 35마력에 불과했지만, 7년 후 파리 박람회에 나온 것은 1,000마력이었다.

내연 기관 엔진은 물질적 진보에 필요한 기본 요건인 동력動力을 증대시키고 확산시킬 뿐만 아니라 이동성까지 부여해주었다. 그리고 또이 새로운 엔진은 더욱더 놀라운 진보를 위한 길을 열었다. 1886년 매사추세츠 주의 치커피Chicopee에 사는 찰스 E. 두리에이Charles E. Duryea는 이미 도로 교통수단의 동력으로서 증기보다 가솔린 엔진 쪽이 훨씬 더 가능성이 크다는 결론을 내렸다. 1892년경 그와 그의 형제는 가솔린으로 움직이는 최초의 "자동차automobile"를 만든다. 비록약하고 잘 부수어지는 장난감에 불과했지만. 1893년에는 더 나은 모델이 나오며, 1896년이 되면 두리에이 형제가 실제로 13대의 차를 팔기에 이른다. 같은 해에 헨리 포드Henry Ford라는 이름의 32세 기계공이 자신의 첫 번째 "사륜차quadricycle"를 판매한다. 자동차 산업의역사가 시작된 것이다.

미국이 자동차 왕국이 되다

그 성장은 실로 놀랄 만했다. 1905년이 되면 자동차 공장이 121개가되었고 1만 명의 임노동자들을 고용하게 되었다. 1923년이 되면 공장의 숫자가 2,471개로 늘어나 미국에서 가장 큰 산업으로 성장한다.

1960년에는 자동차 산업의 피고용자들에게 지급된 봉급과 임금을 합치면 1890년의 미국 전체 국민 소득과 같게 된다. 뿐만 아니다. 자동차 산업은 가죽, 고무, 납, 수은, 강철 박판 등의 최고 수요자가 되었고, 미국 전체에서 생산되는 라디오의 3분의 1을 흡수하였다. 자동차 산업이 소화하는 연간 화학제품의 무게는 250억 파운드에 달한다. 또 이는 나라 전체의 공학자들을 두 번째로 많이 고용하는 산업 —— 첫 번째는 국방 부문이다. —— 이었다. 또 미국 정부가 인정한 특허의 6분의 1이 자동차 산업에서 나왔으며, 자동차 산업은 소비자 지출의 10분의 1을 차지하는 산업이 되었다. 1980년대가 되면 미국의 여러 직업들은 일곱 개 가운데 한 개꼴로 자동차 산업과 직간접으로 연결되어 있으며, 사업 분야 6개 중 하나 꼴 —— 물론 공장만은 아니고 정비소, 주차장, 주유소, 경찰의 교통 부서 등도 들어간다. —— 로 자동차 산업과 연관되는 상태가 된다.

하지만 이러한 놀라운 숫자들도 내연 기관 엔진과 그것을 동력으로 삼은 교통수단이 가져온 충격을 모두 담아내지는 못한다. 2001년 현재, 미국의 9천6백만 가구가 1억 5천1백만 대의 승용차를 소유하고 있다. 두 명 중 한 명 이상이 2대 이상의 차를 가지고 있는 것이다. 그 결과 철도나 수도관이 연결되지 않았는데도 약 5만 개 도시가 번성하게 되었는데, 이는 옛날에는 상상도 할 수 없는 일이었다. 최소한 10명 중 7명 이상의 노동자들은 일터로 걸어 다닐 수 있는 거리보다 먼 곳에 살며, 그래서 차를 몰고 출근한다. 미국 경제 전체가 실로 놀랄 만큼 "자동차화"된 것이다. 즉, 바퀴가 달려 스스로 움직이는 교통수단이 없이는 아예 작동조차 할 수 없는 경제가 된 것이다. 만약 어떤 이상한 일이 생겨서 우리의 자동차 군단이 일을 할 수 없게 된다면

—— 예를 들어 가솔린의 분자 구조가 저절로 변하여 연소가 벌어지지 않게 된다면 —— 이는 중세의 파멸적인 기근만큼이나 심대한 사회적 재난을 가져오게 될 것이다.[3] 그러니 1974년과 1979년 아랍의 석유 봉쇄가 벌어졌을 때 산업 세계 전체가 뒤흔들렸던 것이 어찌 놀랄 일이겠는가!

기술이 사회 전반에 가하는 충격

우리는 지금 기술이 가져오는 여러 경제적 결과들이 어떤 것인가를 보기 위해 자동차가 가져온 충격에 대해 생각해보고 있다. 하지만 어쩌면 궁극적으로 가장 중요한 결과는 경제적 차원의 충격이 아닐지 모른다. 우리가 살고 있는 세상은 인간의 발명 능력이 갖는 파괴력 때문에 여러 면에서 심한 위협을 당하고 있는 세상이다. 오늘날 기술 발전은 지구 위의 생물 전체(인류 포함)의 생존을 위협하는 단계에 도달하였다. 우리가 만들어 아무렇게나 공기 중과 물속에 뿌려대는 독극물, 대기권에 뿜어대는 엄청난 열을 생각해보라. 원자력을 지배하면서 함께 얻게 된 폭발의 능력은 더 말할 나위도 없다.

나중에 오늘날의 우리 사회가 직면한 여러 문제들을 다룰 때에 이러한 문제들로 다시 돌아오게 될 것이다. 하지만 지금은 인간의 점증하는 기술력이 사회 전반에 가져온 결과를 논의하는 중이니, 기술이 우리의 경제 체제에 소리 없이 영향을 미쳐온 방식을 살펴보는 데에만 초점을 두고 이렇게 큰 문제들은 잠시 제쳐두자.

도시화

기술이 사회 전반에 가져온 충격의 첫 번째는 도시화가 엄청날 정도로 증가했다는 것이다. 기술은 농업이 비농업 인구를 부양할 수 있는 능력을 실로 어마어마하게 증대시켰다. 그 결과 사회 전체의 성격이 농촌보다는 도시의 여러 측면들과 문제들을 점점 더 특징으로 띠게 되었다. 1790년의 미국에는 전체 도시 중 인구가 2천5백 명이 넘는 도시가 24개뿐이었고 도시 인구를 모두 합쳐봐야 전체 인구의 6%에 불과했다. 1860년경에는 가장 큰 392개의 도시가 인구 전체의 20%를 수용하고 있었다. 140년이 지난 2000년경이 되면 미국 인구의 80%가 276개의 거대한 "표준 혹은 통합된 광역 도시 지역"에 살고 있으며 보스턴에서 워싱턴까지의 지대는 행정 구역상으로는 아닐지라도 사실상 크게 펼쳐진 하나의 "도시"이다. 산업 기술은 글자 그대로 인간 환경의 모습을 바꾸어놓았고, 도시 생활의 모든 이점들 —— 그리고 그 끔찍한 문제점들까지 —— 을 엄청난 규모로 우리에게 가져다준 것이다.

상호 의존

둘째, 산업 기술이 꾸준히 성장함에 따라 보통 시민들의 경제적 자립도가 크게 줄어들었다. 이 책의 첫 장에서 우리는 이미 현대 사회의 주민들은 그 존재 자체를 유지하기 위해서 수많은 다른 이들의 노동에 의존해야 하므로 "다른 이들의 지원을 받지 못할" 경우에는 지독히 취약한 처지에 몰리게 된다는 점을 주목한 바 있었다. 이것도 산업 혁명으로 인한 결과라고 할 수 있다. 기술은 사람들을 흙에서 떼어내어 도시로 몰아갈 뿐만 아니라 노동의 성격 또한 크게 전문화시켜버린다. 모든 업무를 혼자서 다 감당할 줄 알았던 19세기 사람들 — 농부들을 생각해보라. 농사일에 필요한 수많은 작업들을 혼자서 다 할 줄 안다. — 과 달리 보통의 공장 노동자나 사무직 노동자는 사회 전체 작동의 오직 작은 한 부분만을 수행하도록 훈련받고 고용되어 있으며, 그 사회적 작동은 오늘날 눈이 핑핑 돌 정도로 복잡해져버렸다. 기술은 현대 공동체 내부의 경제적 상호 의존성을 크게 증가시켰다. 그리고 섬세하게 연결된 여러 활동들의 연결망은 갈수록 더 넓어지고 있으며, 사회의 경제적 문제의 해결은 이 연결망을 얼마나 매끈하게 조정해내느냐에 달리게 된 것이다.

사회학적 결과들

세 번째, 산업 기술의 팽창은 노동의 성격 자체를 근본적으로 변화시켰다. 인간 역사의 대부분의 기간 동안 노동이란 혼자 혹은 작은 집단을 이루어 들판에 나가 구슬땀을 흘려야 하는 육체 활동이었다. 그리고 천변만화로 변덕을 부리는 자연 환경에 보잘것없는 인간의 체력으로 맞서는 것이 쉬울 수 없기에 상황에 따라 온갖 재주와 기술을 다 부릴 줄 알아야 하는 활동이었다. 또 그렇게 고생을 하고 나면 들판에서 나오는 곡식이나 베틀에서 나오는 옷감처럼 아주 구체적으로 만질 수 있는 최종 생산물을 내놓아 완성의 즐거움을 맛볼 수 있는 활동이었다.

산업 혁명은 노동의 이러한 속성들을 근본적으로 바꾸어놓았다. 이제 노동은 점점 더 반복적인 동작으로 이루어지게 되었다. 비록 하루

종일 그 반복 동작을 하고 나면 완전히 진이 빠지기는 하지만, 그 노동자가 육신에 갖춘 근육의 능력을 모조리 구사해야 하는 활동과는 거리가 멀다. 자연의 변덕에 대처하기 위해 온갖 재주와 판단력을 발휘하기는커녕, 이제 노동은 그저 항상 똑같은 노동 과정의 일개 작업만 수행할 줄 알면 충분한 것이 되었다. 그리고 혼자서 자연에 들어가 일을 하는 것이 아니라 이제는 자기와 똑같은 이들과 연대 병력 이상의 숫자로 뭉쳐서 일을 하게 된다. 게다가 가장 고통스러운 것은, 이제 이들이 만들어내는 것은 "그들의" 생산물이 아니다. 공장에서 쏟아져 나오는 물건들을 보면서도 노동자들은 그것을 즐겁게 감상하기는커녕, 거기에 자기가 기여한 바가 무엇인지조차 찾아낼 수 없게 되고 말았다.

나는 둥그런 원을 이루며 돌아가는 작은 컨베이어에서 일한다. 우리는 그것을 "회전목마"라고 부른다. 나는 자동차 앞좌석에 들어가는 지그재그 스프링을 만든다. 컨베이어에는 몇 피트마다 좌석 스프링을 이루는 여러 스프링들을 담고 있는 틀이 있다. 그 틀이 내 앞을 지나가면 나는 클립 총clip gun을 이용하여 몇 개 스프링들을 한꺼번에 깎아낸다. 그러고 나서 내가 그 스프링들을 다시 틀에 놓으면 그 틀은 다른 사람에게로 또 돌아가고 그러면 그 사람은 다시 또 몇 개의 스프링을 또 깎아낸다. …… 내가 하는 유일한 작업이란 클립 총을 쓰는 것뿐이다. 6개에서 8개의 스프링을 깎아내는 데에는 단 몇 초면 충분하며, 나는 그저 몇 발자욱만 움직이면서 이 일을 할 수가 있다. 그러고 나서는 똑같은 일이 다시 처음부터 반복된다 …….[4]

노동의 성격이 이렇게 변화하게 됨에 따라 아주 심오한 사회학적 결과가 나타날 수밖에 없으며, 다음 장들에서 다시 논의하게 될 것이다. 지금은 산업 혁명이 지속된 결과로 나타나게 된 훨씬 더 직접적인 "경제적" 효과 두 가지에 대해서 논의해야 한다.

대량 생산

그 첫 번째는 이미 우리가 새로운 기술을 묘사했던 것에 함축되어 있다. 이는 지속적인 작업 처리의 새로운 방법 —— 이것이 소위 대량 생산이다. —— 이 개발되었다는 것이다. 이 방법은 오직 노동 분업에만 의존하던 애덤 스미스의 핀 공장을 훨씬 능가하는 생산성 증가를 보여주게 되었다.

역사가 앨런 네빈스는 포드 자동차 초기의 조립 라인 시절에 대량 생산 기술이 어떠한 모습이었는지를 다음과 같이 묘사하고 있다.

중심 조립 라인 및 부품 생산 라인 그리고 그 공급이 도대체 어떤 방법으로 조화를 이루었을까? 자동차 새시 하나만을 보아도 그 구성 부품 하나하나마다 모두 1천 개에서 4천 개까지 매일 조달이 되어야 했고 그것도 분 단위로 정확하게 시간 맞추어 도착해야 했다. 여기에서 실수 하나만 벌어져도 전체 메커니즘이 멈춰 서버리게 되는 것이었다. …… 감독관들은 매시간 정확하게 몇 개의 부품이 생산되며 또 몇 개의 부품이 창고에 있는지를 알고 있어야만 했다. 부품이 부족할 것 같은 사태가 벌어지면 부족 부품 해결사shortage chaser —— 자동차 공장에서는 어디서나 아주 낯익은 인물이다. — 가 튀어나온다. 이들은 부품의 수를 정신없이 세며 부품 보관자들이 그에게 정신없이 보고를 올린다. 안 좋은 소식이 나올 때마다 그는 몸소 뛰쳐나와서 제품 결함을 해결하는 일을 맡은 작업반장을 동원한다. 하루에 세 번씩 그는 타자기로 공장 물자 집배 센터의 가지가지 상황에 대해 보고서를 작성하며, 그와 동시에 물자 집배 센터에 있는 커다란 칠판에다가 각각의 공장 생산 부서와 각각의 조립 부서에서 올라오는 결과 보고를 백묵으로 써 갈겨댄다.[5]

이러한 체계화 자체만으로도 놀랄 만한 생산성 증대를 가져왔다. 각각의 작업 공정이 모두 철저하게 분석되고 그 공정을 구성하는 가장 간단한 동작으로 분해되었다. 그래서 사람들은 가만히 서 있고 일감이 그들 앞을 끊임없이 지나가게 된다. 작업의 속도는 한순간도 늦추어지는 법이 없지만, 그래도 일하는 사람이 쫓아가지 못할 속도는 아니다. 이렇게 하여 자동차 한 대를 조립하는 데에 걸리는 시간 총량이 놀랍게 줄어들었다. 단 1년 만에 모터 하나를 조립하는 데에 걸리는 시간이 600분에서 226분으로 줄었으며, 새시를 만드는 시간은 12시간 28분에서 1시간 33분으로 줄어들었다. 스톱워치를 들고 작업 시간을 재는 사람이 돌아다니다가 막대와 피스톤을 조립하는 간단한 공정이 3분이나 걸려 시간을 잡아먹는다는 것을 관찰하였다. 이 작업은 곧 세 개의 하부 작업으로 나뉘었고, 그러자 절반의 인력으로도 똑같은 양을 생산할 수 있었다.[6] 이렇게 노동을 판에 박힌 작업으로 분해하여 노동자들을 길들이는 것을 오늘날 종종 포디즘Fordism이라고 부른다. 이는 오늘날 사라져가고는 있지만 그래도 여전히 존재한다.

하지만 우리의 탐구의 맥락에서 흥미를 끄는 것은 대량 생산의 기술적 성취라기보다는 그것이 가져온 경제적 결과들이다. 무엇보다도 생산 규모의 증가 덕분에 비용을 크게 줄일 수 있다는 것에 주목해야 한다. 대량 생산에 필요한 기계류는 지극히 비싸지만, 생산량이 워낙 빠르게 증가하기에 생산물 1단위당 비용이 실로 극적으로 떨어지게 된다.

10명의 노동자와 약간의 장비를 사용하여 하루에 1천 개의 생산물을 내놓는 작은 공장을 생각해본다. 노동자 1인당 임금이 50달러이고 생산물 1단위당 원자재 비용이 50센트이며 1일당 총경상비overhead —— 즉 지대, 공장 유지비, 사무 노동자 봉급, 장비 마모액 등의 비용을 하루당 얼마로 나눈 것 —— 가 500달러라고 하자. 1일당 총 생산 비용은 1천 500달러가 될 것이다(인건비로 500달러, 원자재 비용 500달러, 총경비 500달러). 이를 산출량인 1천 개의 생산물로 나누면 생산물 1단위당 비용은 1.5달러가 될 것이다.

이제 이 똑같은 제품을 대량 생산 기술로 생산하게 되었을 경우를 생각해본다. 일단 인건비가 1천 달러로 뛰어오르며 또 훨씬 더 큰 공장과 장비를 쓰게 되기 때문에 1일당 총경상비 또한 5천 달러로 뛰어오르게 된다. 하지만 대량 생산으로 전환함에 따라 그 산출량은 무려 100배나 뛰어오르게 된다. 즉 이 경우에서 1일당 생산 비용은 5만 6천 달러로 늘어난다(인건비 1천 달러, 총경비 5천 달러, 원자재 비용 5만 달러). 하지만 생산량이 1백 배로 늘어났으므로, 그 늘어난 비용을 산출량 10만 개로 나누게 되면 생산물 1단위당 비용은 56센트로 떨어진

224

다. 전체 지출이 30배 이상 뛰었음에도 불구하고 생산물 1단위당 비용이 거의 3분의 1로 줄어들게 되는 것이다.

경제학자들은 이런 경우를 대규모 생산의 경제 혹은 좀 더 간단하게 규모의 경제라고 부르며, 방금 든 예는 결코 지나친 경우라 할 수 없다. 표 5-1은 포드 자동차의 예를 보여주고 있는데, 이를 간단히 훑어보기만 해도 대량 생산 기술을 도입함에 따라 자동차 생산량은 1백배 이상 늘어난 반면 비용은 8분의 1로 줄어들었다는 것을 알 수 있다.

이렇게 대규모 생산의 엄청난 경제성이 나타나자 산업 과정의 역동성 또한 살아나게 되었다. 이 기술적 성취는 시장 체제에 으뜸가는 중요성을 가진 새로운 요소를 가져오게 되는데, 그것은 바로 크기이다.

그 이유는 쉽게 알 수 있다. 어떤 기업이 능숙한 경영, 생산물 개선,

표 5-1 포드 자동차 매출과 가격, 1907~1917년

연도	포드 자동차 판매 대수	대표적 모델의 가격(승용차)
1907~1908년	6,398	2,800달러 (모델 K)
1908~1909년	10,607	850
1909~1910년	18,664	950
1910~1911년	34,528	780
1911~1912년	78,440	690
1912~1913년	168,304	600 모델 T
1913~1914년	248,307	550
1914~1915년	221,805(10개월)	490
1915~1916년	472,350	440
1916~1917년	730,041	360

출처: Nevins, *Ford: the Times, the Man, the Company*, 644, 646~647쪽.

입지 조건 등을 통해 경쟁 기업들을 크기에서 결정적으로 따돌리게 될 경우, 그에 따르는 대규모 생산의 경제성으로 인하여 그 기업은 또 더욱더 앞서 나가게 된다. 기업의 크기가 더욱 커진다는 것은 보통 그 비용이 더 낮아진다는 것을 뜻하며, 최소한 이는 새로 생겨나 막 확장 단계에 들어선 산업에 있어서는 틀림없는 사실이다. 비용이 낮아진다는 것은 이윤이 더 커진다는 것을 의미한다. 이윤이 더 커진다는 것은 크기를 더욱더 키울 여력이 생겨난다는 것을 뜻한다. 대규모 제조업 기술로 생겨난 상황은 경쟁이라는 말의 의미 자체를 완전히 바꾸어놓을 위험성을 내포하고 있다. 원래 경쟁이란 어떤 하나의 기업이 시장 전체를 지배하는 것을 예방해주는 메커니즘이었지만, 이제는 오히려 가장 크고 효율적인 생산자 하나가 시장 점유율을 끝없이 더욱 늘려 가도록 밀어주는 힘이 되고 만 것이다.[7]

산업 변화를 추동한 행위자들

대 혁신 기업가들

이 장 말미에서 시장 체제의 진화를 논하는 가운데 대규모 생산의 경제성에 대해서 더 이야기하게 될 것이다. 그런데 이러한 내부 성장이 벌어졌던 실제 역사적 현장을 다시 살펴본다면 그 논의를 이해하는 데에 큰 도움이 될 것이다. 이 장에 묘사된 경제 변화의 여러 과정들은 진공 속에서 벌어진 것이 아니다. 18세기 말 영국 산업화 과정의 초기 단계에서 신인류라는 종족이 나타나서 영향을 준 것처럼, 산업 크기의 확장 과정에서도 또한 모종의 사회적 "유형"과 특이한 영리 활동의 환경이 조성되면서 가속도와 추동력이 붙게 되었다.

19세기 후반 동안 미국에서 이러한 변화를 추동한 행위자들은 그보다 1세기 전에 산업 세계에 나타났던 선조들의 직계 후손이라고 말할 수 있다. 미국의 가장 위대한 혁신 기업가들은 아크라이트나 와트와 마찬가지로 출신은 미천하지만 사업의 성공을 거두고야 말겠다는 불굴의 투지를 가지고 태어난 이들이었다. 그중 몇 명만 들어보면 철강 산업의 카네기, 철도의 해리먼Harriman, 석유의 록펠러Rockefeller, 코크스의 프릭Frick, 식육 가공업의 아머Armour와 스위프트Swift, 농기계류의 맥코믹McCormick 등이 그러했다. 물론 당시의 전형적인 사업가는 호레이시오 앨저Horatio Alger*의 소설에나 나올 법한 이런 영웅적인 사업가와는 아주 다른 인물들이었다. F. W. 타우시그F. W. Taussig와 같은 경제사가들은 19세기 후반의 선도적인 기업가들의 경력을 조사하여, 평균적으로 당시의 혁신 기업가들은 가난하지만 근면 성실한 이민 2세 따위가 아니라 유복한 환경에서 태어난 이들이고 때로는 성공한 사업가 집안에서 태어난 이들임을 밝혀냈다. 또 평균적으로 볼 때 카네기나 록펠러와 같은 정도의 큰 성공은 보통의 사업가

---

* 19세기 후반 미국의 통속 작가. 1867년 『누더기 소년 딕Ragged Dick』을 발표하고 대성공을 거둔 뒤 100권에 가까운 소설을 써냈다. 그가 쓴 소설들은 모두 가난하고 아무도 돌보지 않는 험악한 환경의 아이가 자수성가하여 엄청난 성공을 거둔다는 천편일률의 줄거리를 그저 배경과 주인공만 바꾸어 똑같이 반복하는 것이었다고 하나, 그 각 권 모두가 몇 천만 부씩 팔리는 대성공을 거두었다고 한다. 특히 당시는 남북 전쟁 이후 미국의 산업 자본주의가 본격적으로 발전하기 시작한 시기여서, 그 와중에 큰 성공을 거둔 사업가들을 사람들은 '앨저 소설의 주인공Alger Hero'이라고 부르기도 했다고 한다.

들이 도저히 꿈꿀 바가 못 되었다.

업계의 지배자

거의 모든 사업 부문에서 최소한 한 명 이상의 "업계의 우두머리cap-
tain of industry"가 나타났다. 이들은 자신들의 개성과 능력을 통해 해
당 사업 부문을 지배했던 이들이다. 물론 최고 수준의 금전적 성공을
거둔 이들의 수는 극히 적었지만 "백만장자millionaire class" 수준까지
올라갈 수 있었던 사람들의 수는 상당했다. 1880년경 미국의 백만장
자의 숫자는 1백 명 정도였다고 추산되었다. 그런데 1916년이 되자
이 숫자는 4만 명으로 뛰어오른다.

그런데 이러한 19세기의 선도적인 기업가들을 그보다 한 세기 전의
영리 사업가들과 구별 짓는 흥미롭고도 중요한 차이점들이 있다. 미
국에 나타난 이 업계의 우두머리들은 그 지도력의 원천이 발명이나
공학적 기술 같은 것이 아니었다. 대규모 생산이 성장함에 따라서 공
학적 기능은 이제 봉급을 받는 생산 전문가들 그리고 그보다도 한 등
급 아래의 공장 경영자들의 영역으로 강등되어버렸다. 이제 더욱 중
요해진 것은 산업 전략을 이끌고, 동맹을 이루거나 깨고, 진격 지점을
선택하고, 전체 사업의 세부 계획을 감시 감독할 수 있는 능숙한 기술
이었다. 이 대 혁신 기업가들은 갈수록 생산 기술 자체보다는 금융이
나 경쟁 또는 매출 등의 전략에 더욱 관심을 가지게 되었다.

그리고 또 우리는 이들이 선택했던 혁신 전술과 그에 대한 당시의
일반적 정서에 주목해야만 한다. 매튜 조지프슨Matthew Josephson은
이 시대의 거대 기업가들을 "날강도 귀족들robber barons"이라고 부

228

른 바 있었고 그런 호칭은 지금도 널리 통용되고 있다. 실제로 그들은 여러 면에서 중세의 약탈 귀족들을 닮아 있다.* 한 예로 1860년대 캘리포니아에서는 콜리스 헌팅턴Collis Huntington의 지휘 아래에서 몇몇 혁신 기업가들이 집단을 이루어 그전까지 통과가 불가능했던 로키 산맥과 시에라 산맥을 가로지르는 철도를 건설하는 놀라운 위업을 달성하였다. 헌팅턴과 그의 무리들이 이에 따라 캘리포니아의 모든 철도 교통을 독점적으로 장악하게 될 가능성이 보이자 미국 의회는 이를 우려하여 여기에 맞서 경쟁을 할 수 있도록 세 개의 다른 회사에 철도 건설을 인가해준다. 하지만 국회 의원들이 교활하기 짝이 없는 헌팅턴과 그의 무리들의 적수가 될 수 없었다. 헌팅턴과 그 무리들은 자기들 철도가 완성되기도 전에 우선 그 경쟁자들 중 첫 번째 회사의 사업 허가를 비밀리에 사들여버린다. 두 번째 경쟁 회사는 사업 허가증을 여간해서 팔아넘기려 하지 않았기에 이러한 매수공작이 난관에 부닥치게 된다. 그러자 이들은 자신들의 철도 노선을 마구잡이로 확장하여 그 두 번째 회사가 철도를 세우려고 하던 지역까지 무작정 밀고 들어가서 자기들 철도로 덮어버렸다. 이에 두 번째 회사도 결국 백기를 들지 않을 수 없었다. 그다음 세 번째 회사의 경우엔 좀 더 쉽게 사들일 수 있었다. 그 회사의 철도가 지나가기로 되어 있었던 결정적

---

* 중세 유럽에서 자신의 영지를 가지고 있는 귀족 기사들barons은 십자군 전쟁에 출전하면서 자신의 재산을 처분하여 그 비용을 대야 했고 또 혹시라도 전투 중에 사라센 군대 등에게 포로로 잡히기라도 하면 풀려나기 위해 엄청난 몸값을 지불해야 했다. 결국 전쟁에 나갔다가 완전히 빈털터리가 되어버린 이 귀족들은 자신들의 무장력을 이용하여 일정한 통행로들을 장악하고 지나가는 행인들이나 상인들을 약탈하는 노상강도가 되어버리고 말았다. 이들을 "날강도 귀족들robber barons"이라고 부른다.

인 산 길목을 아예 막아버렸고 그러자 그 회사가 제 발로 걸어와 회사를 팔아버렸던 것이다. 이제 이들의 철도와 경쟁이 될 수 있는 교통수단은 단 하나뿐이었다. 태평양우편증기선회사 The Pacific Mail Steamship Company가 그것이었다. 그런데 다행히도 이 회사의 소유주는 명성 높은 타고난 날강도 귀족인 제이 굴드Jay Gould였다. 적당한 액수의 공물을 굴드에게 바치기로 하자 굴드는 즉각 샌프란시스코의 선적항을 없애주기로 합의한다. 이제는 미 대륙을 횡단하여 남캘리포니아로 물건을 들여오는 길은 헌팅턴 무리가 통제하는 철도를 통하는 길밖에 남지 않게 되었다. 이들은 작은 노선들과 자회사들까지 포함하면 전부 19개의 노선 체제를 장악하여 자신들의 지배 아래에 두게 되었다. 그러니 결국 캘리포니아는 미국에서 평균 운송료가 가장 비싼 지역이 될 수밖에 없었고, 캘리포니아 주민들은 이렇게 하나로 통일된 철도 체제를 "문어발"이라고 부르게 되었다.

도처에 나타난 트러스트

그런데 경제 권력을 이용하여 독점적 위치를 창출하는 일은 철도 산업에서만 나타난 것이 아니었다. 위스키, 설탕, 담배, 가축 사료, 철사못, 철제 등자, 가전제품, 양철, 성냥, 육류 등 여러 문어발들이 어디에서나 캘리포니아를 칭칭 감아버렸다. 그래서 1890년대 말의 어느 논평가는 이렇게 말했다. 미국 시민은 우유 트러스트의 이윤을 위해 태어나고 관棺 트러스트의 이윤을 위해 죽는다고.

이 날강도 귀족들은 공공을 소비자로 삼아 쥐어짜는 데에도 후안무치했지만(대중을 주주가 되도록 꼬셔 등쳐먹는 데에서 더욱 그러했다.), 서로의 콧대를 꺾어놓기 위한 싸움에서도 아무런 양심의 가책 따위가 없었다. 예를 들어 제임스 피스크James Fisk와 J. P. 모건J. P. Morgan은 올바니 앤드 서스퀘하나 철도The Albany and Susquehanna Railroad를 누가 금융적으로 지배할 것인가를 놓고 싸움을 벌이게 되었다. 양쪽 모두가 그 철도의 양쪽 끝 터미널을 하나씩 소유하는 애매한 위치에 있었던 것이다. 그래서 이들은 자신들의 논쟁을 끝내는 방법으로 중세기 기사들을 본받기로 한다. 옛날 중세의 기사들은 논쟁이 벌어질 경우 마상 창시합을 벌여 그 싸움에서 누가 이기는가로 담판을 보곤 했었다. 이들 또한 각자의 터미널에다가 열차를 있는 대로 쟁여놓은 뒤 이를 창으로 삼아 전속력으로 상대 쪽으로 질주시키는 방법을 택했던 것이다. 이 싸움이 끝난 후에도 패배한 쪽이 조용히 사라지는 않았다. 비록 물러나기는 했지만 그러면서 자기들의 철도를 모조리 뜯어내버렸고 버팀 다리도 모조리 철거해버렸으니까. 비슷한 예가 또 있다. 앞에서 이야기한 헌팅턴 집단은 자신들이 캘리포니아에 세운 센트럴퍼시픽The Central Pacific 철도 회사의 자회사 하나를 운영하기 위해 데이비드 콜턴 장군General David Colton을 고용했는데, 그 장군은 자신의 고용주들에게 이러한 편지를 쓴 적이 있다.

저는 한 가지 사실을 알게 되었습니다. 우리 다섯 사람 외에는 아무도 믿을 놈이 없습니다. 우리들 이외의 인간들에 대해서는 무슨 영혼 따위에 기대를 걸어서는 아니 되며, 따라서 우리들끼리는 서로 따뜻하게 서로를 보살피고 함께 단결하고 철저히 비밀을 지켜야만 합니다.

이러던 장군이 바로 그 친구들을 거침없이 속여서 수백만 달러의 사기를 벌이기도 했던 것이다.

이러한 해적질을 방불케 하는 사기와 암수가 난무하는 가운데에 이 시대를 대표하는 또 하나의 현상이 나타났으니, 경제학자 토스타인 베블런Thorstein Veblen이 과시적 소비Conspicuous Consumption라고 불렀던 것이 바로 그것이다. 이 금칠갑 시대Gilded Age*의 주요 선수였다가 훗날 이를 뉘우친 한 회개자의 회상록을 보면, 지폐로 담배를 말아 피운 연회 이야기가 나오는데, 순전히 부의 냄새를 빨아들이는 즐거움을 위해서 그랬다는 것이다. 이들은 산책을 나갈 때 1만 5천 달러짜리 다이아몬드가 박힌 개목걸이를 씌운 강아지를 데리고 길을 나서기도 했다. 어떤 아기는 1만 달러짜리 요람에 누워 있었고 네 명의 의사가 둘러선 채 아기의 (뛰어난) 건강 상태를 정규적으로 보고하기도 했다. 뉴욕 5번가에서 닥치는 대로 사들인 미술품들 —— 개중에는 멋진 것들도 별로인 것들도 마구 범벅이었다. —— 로 속을 꽉꽉 채운 성城들을 줄줄이 거느리곤 했다. 또 이 부자들은 돈 없는 유럽 왕실 자제들을 자기 사위로 모아들이기도 했다.

이 시대는 정신없이 떠들썩한 활기찬 시대이기도 했고 가끔은 잔인한 시대이기도 했지만, 항상 아주 역동적인 시대였다. 우리의 임무는 그 요란했던 사회사를 다시 늘어놓는 것이 아니라 이 시대가 가져온 좀 더 심오한 경제적 결과들이 무엇인지를 이해하는 것이다. 하지만 이 시대는 날강도 귀족들이라는 사회적 유형과 그들이 활동했던 분위기를 염두에 두어야 제대로 고찰할 수 있다. 이 대담하고 공격적이고 탐욕스럽고 남을 제끼려드는 대 혁신 기업가들은 당시의 기술이 사회

---

* 19세기 말 미국 자본주의의 발흥기에 마크 트웨인이 붙인 이름.

에 실현되는 과정을 더 가속화하기 위해 자연이 선택한 행위자들이었던 것이다. 하지만 이렇게 갈수록 복잡해지는 기계와 강력한 인간들이 결합되면서 어떤 충격이 나타났고 어떤 변화를 가져왔는가의 이야기는 아직 시작에 불과하다. 지금까지는 주로 대량 생산이 가져온 직접적인 기술적 결과들을 살펴보았지만 이제는 좀 더 폭넓은 경제적 결과들을 살펴볼 때가 되었다.

시장 구조의 변화

그 경제적 결과들은 아주 간단하게 묘사할 수 있다. 대담한 혁신 기업가들의 충동적 행동과 스스로를 확장시켜가는 대량 생산의 경향성이 합쳐지면서, 시장 구조 자체에 극적인 변화가 나타나기 시작했다는 것이 그것이다. 본래 시장 생산 체제의 특징은 무수한 소규모 기업들이 우글거리는 것이었지만, 이제는 아주 소수의 아주 크고 강력한 기업 단위들이 생산을 집중시킨 생산 체제로 변질되어버린 것이다.

경제 쪽을 한번 보게 되면 그러한 전환이 얼마나 극적이었는지가 나타난다. 한 예로 1900년경 섬유 공장의 수는 여전히 많았지만 1880년대와 비교하면 3분의 1로 줄어들었다. 그리고 같은 기간 동안 농업 장비 제조업체의 숫자는 60퍼센트 감소하였고, 가죽 제조업자의 숫자는 4분의 3이 줄어들었다. 기관차 제조업체는 1860년에는 19개가 있었지만 1900년이 되면 두 개 업체가 좌지우지하게 된다. 비스킷과 크래커 산업은 본래 무수한 작은 회사들이 흩어져 있는 형태였지만 20세기로 접어들면 산업 전체 생산 능력의 90퍼센트를 하나의 업체가 거머쥔 시장으로 변화한다. 그리고 강철을 보자면 저 거대한 유에스스틸US Steel Corporation이 버티고 있으면서 미국 강철 생산의 절반 이상을 혼자서 맡고 있었다. 석유의 경우에는 스탠더드오일 회사가 미국 석유 생산의 80~90퍼센트를 통제하고 있었다. 담배를 보면 아메리칸토바코컴퍼니American Tobacco Company가 담배 생산의 75퍼센트 그리고 시가 생산의 25퍼센트를 통제하고 있었다. 아메리칸슈가컴퍼니American Sugar Company, 미국제련정련회사American Smelting and Refining Company, 유나이티드 슈즈 머시너리 컴퍼니United Shoe Machinery Company 등 이와 비슷한 정도의 독점력을 보인 기업들은 수십 개 이상이 더 있었다.

개별 기업을 떠나서 전체 경제를 조감해보면 이러한 변화는 더욱 놀랍게 나타난다. 마이런 W. 왓킨스Myron W. Watkins에 따르면 1800년대 초기에는 제조업의 각 부문에서 단일 공장이 전체 생산량의 10퍼센트 이상을 차지하는 분야가 없었다고 한다. 그런데 1904년경이 되면 절반 이상의 생산량을 단일 기업이 통제하는 제조업 부문이 78개에 달하게 되며, 60퍼센트 이상을 통제하는 부문은 57개, 80퍼센트 이상을 통제하는 부문은 28개에 달하게 된다. 물론 이러한 집중의 정도는 산업 부문마다 각기 다르다. 예를 들어 인쇄 및 출판 산업에서는 집중이 그다지 눈에 띄지 않았고 구리나 고무와 같은 산업에서는 고도로 집중된 시장 구조가 나타났으니까. 하지만 큰 그림의 변화는 너무나 확연하다. 1896년에는 미국에서 철도를 제외하고는 가치 총액이 1천만 달러가 되는 회사가 12개도 채 되지 않았다. 하지만 불과 8년 후인 1904년이 되면 이러한 회사의 수가 300개 이상으로 불어나며, 이들의 가치 총액을 합치면 70억 달러를 넘게 된다. 이 거대 기업들은 함께 미국 전체의 산업 자본의 5분의 2 이상을 통제하며 미국 주요 산업들의 5분의 4를 영향권 아래에 두게 된다.[8]

시장 구조에서 대혁명 비슷한 것이 벌어졌다는 것이 분명했으며, 이는 미국에 국한되지 않고 모든 자본주의 국가들에서 나타난 혁명이었다. 이러한 혁명으로 이르게 된 여러 사건들의 흐름을 함께 더 깊이 추적해보자.

대규모 독점 자본의 발흥

경쟁의 변화

이러한 대규모 독점 자본주의big business*로의 경향이 가져온 최초의 충격은 누구의 예상도 뛰어넘는 것이었다. 시장 구조의 경쟁의 정도는 줄어들기는커녕 더욱 확장되고 격렬해졌다. 19세기 초만 해도 경제의 거의 대부분은 농업, 수공업, 소규모 공장 등으로 구성되어 있었고, "시장 경제the market"는 주로 작고 국지적인 무수한 시장들로 이루어져 있었다. 그리고 당시의 교통은 대단히 비용이 높았기에 이 여러 시장들은 서로 단절되어 있었으며 또 거기에 상품을 조달하는 이

---

* big business는 때로는 대규모 독점 자본체를 일컫기도 하고 또 그러한 독점 자본체들의 거래나 그들을 주요 행위자로 삼는 형태의 자본주의를 일컫는 등 다양한 의미로 쓰이는 말이다. 이 말은 지극히 미국적인 맥락에서 발생한 용어로서 우리말로 옮기기 힘들다. 따라서 비슷한 역사적 경향이 유럽 특히 독일에서 나타났던 바를 일컫는 용어로 쓰이는 '독점 자본주의monopoly capitalism'를 빌려서 '대규모 독점 자본주의'로 옮기기로 한다. 그 구체적인 미국적 맥락은 본문의 설명에 나온다.

들도 지역의 생산자들에 불과했으므로, 훗날처럼 무슨 전국적 규모의 시장을 공략하겠다는 꿈을 꿀 만한 수단도 동기도 가질 수 없었다.

그런데 대량 생산이 이뤄지면서 이렇게 파편화된 시장 구조가 근본적으로 바뀌게 되었고, 그와 함께 시장 내부에서도 경쟁의 유형이 근본적으로 바뀌게 되었다. 운하와 철도가 개통됨에 따라 내륙 지방도 열리게 되었고 새로운 제조업 기술이 등장하면서 생산량은 엄청나게 증대되었다. 이에 따라 그전의 시장 체제가 가지고 있던 협소한 국지적 성격도 변화하게 된다. 점차 온 나라가 상호 연결되고 통일된 단일한 시장으로 엮이게 되었고, 지방의 시장에서 거의 독점 상태를 유지하고 있던 작은 생산자들의 머리 위를 이제 멀리 여러 도시들에 있는 거대한 공장들에서 밀려드는 상품의 물결이 뒤덮고 말았다.

그러자 두 번째의 사건 전개가 빠르게 뒤따랐다. 새로운 생산 기술들이 동력을 얻게 되자, 공격적인 자본가들이 일단 공장을 지었다 하면 어마어마한 규모로 짓는 것이 관례가 되었다. "가격이 일시적으로 변동할 때마다, 요금표의 가격이 오를 때마다, 철도로 밀려들어온 이민자의 물결로 새로운 시장이 열릴 때마다, 자신감에 찬 혁신 기업가들은 이 기회를 악착같이 활용하기 위해 달리고 또 달렸다." 이 산업화의 시대에 대한 책을 쓴 토머스 코크런Thomas Cochran과 윌리엄 밀러William Miller는 이렇게 말한다. "이 새로운 시장은 단물이 넘쳐나는 멜론과 같았고, 이 기업가들은 그 멜론의 한쪽이라도 더 챙겨가기 위해 자신들의 공장을 인정사정없이 확장하고 기계화하였던 것이다."[9]

그 결과, 한편으로 생산량의 놀랄 만한 폭발도 나타났지만, 그와 동시에 경쟁의 성격도 근본적으로 바뀌게 된다. 경쟁은 이제 사방으로 확장되었을 뿐만 아니라 그 비용도 천정부지로 올라가게 된다. 공장의 크기가 늘어나고 사용하는 장비가 복잡해짐에 따라 단일 영리 기업의 "고정 비용fixed charges" ─ 일반적으로, 차용해온 자본금에 지불해야 할 이자, 자본 자산의 감가상각, 경영 및 행정 조직 운영비, 지대, 총경상비 ─ 도 전반적으로 올라가게 되었다. 예를 들어서 1880년대가 되자 철도 운영의 총비용에서 고정 비용이 차지하는 비중은 3분의 2에 달하게 되었다. 이런 비용들은 판매 실적이 좋건 나쁘건 꼼짝없이 치러야 하는 것이며, 그 양도 상당히 일정하게 고정되어 있었다. 노동력에 임금으로 지급하는 비용의 경우에는 노동자들을 해고하여 줄이는 것이 가능했다. 하지만 이렇게 고정된 종류의 지출 항목들에서는 일정한 돈이 꾸준히 빠져나갈 수밖에 없으므로 이를 삭감하는 것은 쉬운 일이 아니었다. 결과적으로 기업의 크기가 커질수록, 경쟁이 심해져서 판매 실적이 줄었을 때 경제적 건전성이 훨씬 더 취약해질 수밖에 없는 일이었다.

이 시대는 에너지로 용솟음치던 시대였고, 또 그 당시 계속 성장하고 있었던 기술들은 엄청난 규모의 투자를 필요로 하는 것이었다. 이 둘이 합쳐지게 되니 경쟁은 갈수록 엄혹해질 수밖에 없었다. 기업들은 갈수록 덩치를 불려가면서 황소들이 뿔을 섞듯 그 엄청난 덩치로 서로 맞붙어 싸워야 했다. 철도 회사가 철도 회사와 싸웠으며, 강철 공장은 강철 공장과 싸워야 했다. 이 기업들 모두 엄청나게 불어난 고정 비용을 해결하기 위해서는 자신이 시장에서 차지하는 점유율을 가능한 극대치로 올려야만 했으니까. 그 결과 엄청난 규모의 생산 기업들 사이에 서로의 목줄을 끊어놓을 때까지 가격을 인하하는cutthroat 무한 경쟁이 나타나게 되었고, 예전과 같이 작은 시장에서 작은 기업들이 지역 차원에서 제한된 정도로 경쟁을 벌이던 세계는 사라져버렸다. 예를 들어 1869년 뉴욕-시카고 철도 화물 운임에서 생긴 변화를 보자. 2월 4일까지만 해도 곡물 100파운드의 운임은 1달러 80센트였지만 단 20일 만에 이 요금이 40센트로 떨어져버린다. 철도 회사들 사이의 "전쟁"이 끝난 7월이 되면 다시 1달러 88센트로 되돌아가지만, 또 다시 새 "전쟁"이 발발하면서 8월에 다시 25센트로 떨어져버린다. 유전에서도, 탄광에서도, 강철과 구리 생산에서도 이와 비슷한 가격 전쟁이 반복해서 벌어졌다. 생산 기업들이 일정한 이윤이 보장되는 수준으로 생산을 계속하기 위해서는 여러 시장들을 전리품으로 얻어야만 했던 것이다. 물론 생산자들끼리 경쟁을 벌이는 상황이 오면 항상 소비자들로서는 이득을 보게 되지만 경쟁 당사자인 기업들로서는 이러한 가격 전쟁이 글자 그대로 파산의 위협을 담고 있는 것이었고, 그것도 그냥 파산이 아니라 천문학적 금액이 날아가는 대파산의 위협이었던 것이다.

경쟁의 제한

상황이 이러했으니 그다음으로 나타날 경제 발전의 국면을 이해하기가 어렵지 않다. 이 거인들은 이제 경쟁을 피하기로 결정을 내린다.

하지만 경쟁을 어떤 방법으로 피할 수 있을 것인가? 영국과 미국의 법 전통인 보통법common law의 지배 아래에서는 경쟁자가 가격이나 생산 계획을 고정시키도록 구속하는 계약은 모조리 무효이다. 따라서 경쟁자들 자신이 스스로 협력하는 것밖에는 길이 없었다. 업종 연합체, "신사협정", "기업 연합체pools" 등과 같이 시장을 일정하게 분할

하자는 비공식 조약을 맺는 것이다. 19세기에는 배에 매는 밧줄 생산의 기업 연합도 있었고 위스키 기업 연합도 있었으며, 석탄 기업 연합, 소금 기업 연합, 무수한 철도 기업 연합 들이 존재했는데, 이 모두는 전면적인 경쟁의 상호 자살 게임으로부터 개별 생산자들을 구원하기 위해 계산된 것이었다. 하지만 별 소용은 없었다. 이런 식의 시장 분할은 호황기에는 잘 지켜지지만, 일단 불황이 찾아오게 되면 모두 붕괴되게 마련이다. 불황이 찾아와 매출이 떨어지게 되면 가격을 인하하고픈 유혹을 떨쳐낼 길이 없으며, 일단 그렇게 되면 옛날의 파멸적인 경쟁 게임이 다시 시작되고 마는 것이다.

게다가 이 시대의 날강도 귀족들의 윤리 도덕도 이 문제를 어렵게 만드는 데에 한몫했다. "배를 곯는 사람이 어떻게든 빵을 구하려 드는 것처럼, 배를 곯는 철도 회사는 철도 요금을 내리려 들게 되어 있다." 거대 철도왕 제임스 J. 힐James J. Hill은 이렇게 말했다.[10] 이를 전형적으로 보여주는 사건이 있었다. 철도 회사 수장들이 모여 공동의 화물 운임표에 합의하고자 하는 모임이 있었는데, 모임 중 짧은 휴식 시간에 그중 한 철도 회사의 회장이 살짝 빠져나가 자기 회사에 전보를 쳐서 새 운임표를 알렸다. 자기 회사가 가장 먼저 가격을 낮추어서 더 많은 화물을 끌어오려고 했던 것이다. (그런데 우연히도 그의 전보는 중간에 새어나갔다. 이들은 평소에 "도둑들 세계에서도 지켜지는 명예라는 게 있다."고 우겨댔겠지만, 다음 모임이 열렸을 때에 이들은 그게 꼭 그렇지가 못하다는 것을 인정하지 않을 수 없었다.)

1880년대 동안 이보다 더 효과적인 통제 장치가 나타났다. 1879년, 새로 설립된 스탠더드오일컴퍼니의 변호사 새뮤얼 도드Samuel Dodd는 기막힌 아이디어를 냈다. 그때까지 석유 업체들끼리는 정기적으로 살인적인 경쟁을 벌여 석유 산업 자체를 황폐화시키곤 했는데, 이러한 경쟁을 규제할 수 있는 새로운 방법으로 트러스트를 생각해낸 것이다. 이제 스탠더드오일트러스트에 합류하고자 하는 회사들이 있다면, 그 회사의 주주들은 자신들 소유의 주식을 이 새로운 트러스트의 이사회에 넘겨주도록 되었다. 주주들은 자기 소유의 회사에 대한 통제권을 포기하는 대신에 그 주식 지분에 해당하는 것과 동일한 만큼의 이윤을 배당받을 수 있도록 보장한다는 트러스트의 확인장을 받게 된다. 이런 방식으로 스탠더드오일의 이사진들은 그 아래에 들어온 모든 회사들에 대해 통제권을 행사하였고, 예전의 주주들도 똑같이 이윤을 배당받을 수 있었던 것이다.

나중에 보겠지만 이러한 트러스트 기업 합동체들은 결국 불법이라고 공표되었다. 하지만 그때는 이미 훨씬 더 효과적인 통제 수단이 생겨난 다음이었다. 1888년 뉴저지 주 의회는 그 주에서 허가장을 받은 주식회사들이 다른 주식회사의 주식을 매입하는 것을 허용하는 법안을 통과시킨다. 그 결과 기업 합병 즉 두 개의 주식회사가 하나로 합쳐 더 큰 새 주식회사를 이루는 관행이 급속하게 나타난다. 제조업 및 광업에서만 1895년에 43개의 합병이 벌어졌으며(관련된 기업 자산의 가치는 무려 4천1백만 달러였다.), 1896년에는 26개, 1897년에는 69개의 합병이 벌어졌다. 그리고 1898년에는 그 수가 303개로 늘었으며 마침내 합병이 절정에 이른 1899년에는 무려 1,208개의 합병이 벌어져 2십2억 6천만 달러에 달하는 기업 자산이 통합되었다.[11] 1920년대에는 더욱 거대한 합병의 물결이 나타난다. 1895년에서 1929년까지의 기간을 전부 합쳐보았을 때 합병을 통해 더 큰 단위로 통합된 산업 기업의 자산은 약 2백억 달러 정도에 달했다.

이 시점에서 우리는 또 하나의 사건에 주목해야 한다. 그 사건의 발전은 그야말로 새로운 장으로 독립시켜 다루어야 마땅한 주제이니, 이는 **주식회사**이다. 주식회사라는 조직은 생산을 조직하는 데에서 기적에 가까우리만큼 적응력이 뛰어난 법적 형태로서, 경제 성장에 박차를 가하는 결과를 가져왔다. 개인 소유 회사나 합자 회사partnership 등의 형태와 달리 주식회사는 그 소유자들과는 아주 독립적으로 존재하며, 따라서 소유자들이 죽은 후에도 생명을 유지할 뿐만 아니라 그 "주식회사" 명의로 법적 구속력이 있는 계약을 맺을 수가 있었다. 게다가 그 소유자들의 책임도 각자가 사들인 주식의 가치만큼만으로 제한되었기 때문에 이를테면 기업이 파산할 때에 벌어질 수 있는 무한의 손실에서 자본가들이 안전하게 보장되기도 한다. 이러한 주식회사라는 형태의 기업들을 남용한 무수한 예들에 대해 수많은 지적이 있었고, 또 그 지적들이 상당히 정당한 것들이기도 했다. 하지만 자본 축적을 장려할 뿐만 아니라 그렇게 축적된 자본을 안전하게 감독하면서 생산에 투입될 수 있도록 만들 조직적 수단을 마련했다는 점에서 이 주식회사라는 천재적인 법적 발명품이 얼마나 값진 역할을 했는가는 인정해야 한다.

경쟁을 제한하는 또 다른 효과적인 수단은 지주회사였다. 이미 자기 지역 내의 주식회사들로 하여금 서로의 주식을 살 수 있도록 법적으로 허락한 바 있는 뉴저지 주는 이제 그 주식회사들이 뉴저지 밖의 모든 주에서 영업을 할 수 있도록 허락하였다. 그렇다면 뉴저지에 중심을 둔 주식회사가 이렇게 다른 주에 설립된 자회사들을 어떻게 통제할 것인가의 문제가 나오게 되는데, 그 문제는 자회사들의 경영권을 장악할 수 있을 만큼의 주식을 구입한다는 간단한 방법으로 해결의 법적 기초가 마련되었다. 스탠더드오일 카르텔은 드디어 1911년 해체되었는데, 이때 뉴저지의 스탠더드오일이 바로 이 도구를 사용하여 70개 이상의 회사들에 대해서는 직접적 통제를 또 30개 이상에 대해서는 간접적 통제력을 다시 장악할 수 있었던 것이다.

하지만 경쟁을 제한 —— 혹은 아예 제거 —— 할 능력을 가진 거대 기업의 출현을 야기한 동력이 합병과 트러스트화만은 아니었다. 그와 똑같이 혹은 그 이상으로 중요한 것은 대기업 스스로가 내부적으로 크기를 키운 과정이었다. 포드자동차와 제너럴모터스, 제너럴일렉트릭과 AT&T, 뒤퐁du Pont과 카네기제철(훗날 유에스스틸의 핵심이 된다.) 등이 성장했던 본질적인 이유는 그 각각의 시장이 크게 팽창하였고 또 이들 기업이 다른 어떤 경쟁자보다 더 빨리 성장하기에 충분할 만큼 빠르고, 유능하고, 효율적이고, 공격적이기 때문이었다. 물론 이 기업들도 모두 성장하는 과정에서 소기업들을 상당히 많이 집어삼켰으며 또 대부분은 경쟁을 제한하는 협정들을 통해 혜택을 입은 것도 사실이다. 하지만 궁극적으로 분석해볼 때 이 기업들이 자기들 산업 부문에서 지배적 위치로 서서히 떠오르게 된 것이 그런 요인들 때문이었다고는 할 수 없다. 그 요인은 이 기업들의 경영 전략 자체가 역동적이었다는 점 그리고 거기에다가 엄청난 크기의 기업을 가능케 하고 또 수익성을 가져다준 생산 기술이 접목되었다는 점에 있었다.

이제 사상 최초로 기업의 크기가 각 단위의 정부의 크기에 맞먹을 정도에 달하기 시작했다. 이미 19세기 말경이 되면 어떤 영업 단위들은 이미 그 지역 주 정부의 크기를 상당히 크게 웃돌았다. 찰스 윌리엄 엘리엇Charles William Eliot은 1888년 보스턴에 본부를 둔 철도 회사 하나가 그 회사를 허가해준 매사추세츠 주 정부 전체와 비교했을 때 총 피고용인 수는 3배, 총 수입은 거의 6배에 달하고 있음을 지적한다. 그런데 그로부터 25년도 채 되지 않아 미국 상원에서 조직한 푸조위원회Pujo Committee의 조사 발표에 견주어보면 이 정도는 별로 큰 것이라 할 수도 없다. 푸조위원회가 밝혀낸 바에 따르면, 당시의 모건 은행 집단은 112개의 주식회사에 모두 341명의 이사들을 파견하고 있었고, 이 기업들의 부를 모두 합치면 뉴잉글랜드 주의 모든 부동산과 개인 재산을 합친 것의 세 배가 넘는다는 것이었다. 트러스트화가 진행되면서 시장의 경쟁 구조가 침식당하는 것만 문제가 아니었다. 이렇게 금융이 통제하는 엄청난 규모의 제국들이 생겨나게 되면 미국이라는 나라의 앞길에 아주 불길한 전조가 드리워지는 셈이며, 이것이 정치 문제가 되지 않을 수 없는 것이다. 우드로 윌슨이 말한 바 있듯이, "만약 독점체들이 앞으로도 없어지지 않고 계속 존속한다면 그들은 항상 정부의 권력 요직을 모두 독점하게 될 것이다. 나는 독점체들이 스스로 자제할 것이라고 보지 않는다. 이 나라에 미국 연방 정부를 소유할 만큼 큰 권력을 가진 이들이 있다면, 그들은 어김없이 연방 정부를 소유하게 될 것이 틀림없다."[12]

그랬으니 이러한 대규모 독점 자본주의로의 경향이 사회 곳곳에서 맹렬히 반대에 부닥쳤던 것도 전혀 놀랍지 않다. 1880년대 이후로 계속해서 일련의 주 정부 법들이 통과되어 자기 주의 시민들을 쥐어짜는 트러스트들을 해체하려고 기를 썼다. 루이지애나 주 정부는 면실유트러스트Cottonseed Oil Trust를, 뉴욕 주 정부는 설탕트러스트Sugar Trust를, 오하이오 주 정부는 석유트러스트Oil Trust를 각각 고소했지만, 소용없었다. 일개 주 정부 이를테면 뉴욕 주 정부가 뉴욕 주 내의 트러스트들을 밟아버리려고 들면 다른 주 정부들이 그 트러스트들에게 자기 주로 사업 지역을 옮기라고 거의 초청하다시피 하는 지경이었다. 기업 본부를 옮기게 되면 그에 따라 세금 수입이 엄청나게 늘어날 것이기 때문이었다. 그리고 미국 대법원에서 주식회사들은 "법적 인격체"이므로 자연인과 마찬가지로 "마땅한 법적 과정due process of law"을 거치치 않고서는 함부로 그 재산을 빼앗을 수 없다는 판결을 내리게 되자, 대법원보다 법적으로 하급 위치에 있는 주 단위에서의 규제는 거의 완전히 무력화되고 말았다.

무언가 하려면 연방 정부가 나서는 수밖에 없다는 것이 곧 확연해졌다. 셔먼Sherman 상원 의원은 1890년 이렇게 말한다. "트러스트들을 상대할 수 있는 것은 미국 의회뿐이다. 그리고 우리 의원들이 나서지 않거나 능력을 보이지 못한다면, 조만간 모든 생산 부문은 단일의 트러스트에 지배될 것이고, 모든 생필품 가격이 단 한 명의 주인에 의해 결정될 것이다."[13]

그 결과 나온 것이 셔먼 반트러스트 법Sherman Antitrust Act이었다.

이 법은 피상적으로 보면 확실한 치료책인 듯하다. "교역 활동에 제약을 가하는 모든 계약, 합동 …… 공모"는 불법이라고 천명되었다. 이를 위반하는 자들은 무거운 벌금과 동시에 징역형을 선고받게 되었고, 부당한 가격 조작 때문에 경제적 피해를 입었음을 입증할 수 있는 이들은 세 배의 배상액을 얻을 수 있도록 되었다.

실제로 셔먼 법에 따라서 수많은 트러스트들이 기소당했고, 1911년 저 거대한 스탠더드오일트러스트에 해체를 명령했던 조치는 특히 유명하다. 하지만 비록 몇몇 트러스트들을 해체하기는 했지만 이 법은 아주 이상할 만큼 힘이 없었다. 위반 행위에 대한 벌금액이 너무 적어서 효과를 가져올 수 없었고, 벌금을 매긴다고 해도 아예 징수되는 경우가 거의 없었다. 이를 맡아본 정부 부서인 미국 법무부 산하의 반독점과Antitrust Division는 수십억 수백억 달러가 오가는 사건들을 수사해야 했지만 자체 예산이 별로 없었다. 그 예산은 프랭클린 루즈벨트 대통령 시대가 되어서야 비로소 1백만 달러로 올라갔다. 사실상 셔먼 법이 생겨난 뒤 50년이 지나도록 정식으로 다룬 범죄 행위는 252건에 불과하였다. 게다가 1890년대와 20세기 초기의 법조계의 지배적 분위기 또한 이 법에 그다지 호의적이지 않았다. 예를 들어 미국 대법원은 아메리카제당American Sugar Refining 사건에서 제조업은 "상업commerce"이 아니기에 아메리카제당이 자신의 4대 경쟁 기업들의 주식을 사들여 경영을 장악한 것은 "교역 활동을 제약"하는 행위로 볼 수 없다는 판결을 내렸고, 이는 초장부터 셔먼 법의 효력을 심각하게 망쳐놓고 말았다. 이러한 분위기에서 기업 집중화의 속도가 조금이라도 늦추어질 리가 없다. 당대의 한 풍자 작가는 이렇게 말한 바 있다. "보통 사람에게는 앞길을 막아 놓은 돌벽으로 보이는 것이 기업 변호사에게는 의기양양하게 통과할 수 있는 거대한 개선문 아치이다."

이러한 약점들로 인해 1914년에는 더 강한 법들이 나오게 된다. 우선 클레이튼 반트러스트 법Clayton Antitrust Act으로서, 경쟁 기업의 주식을 획득하여 병합하는 일과 특정 종류의 가격 차별을 금지하는 법이었다. 그다음은 연방거래위원회Federal Trade Commission로서, "불공정"한 영업 관행들을 정의하고 예방하는 것을 목적으로 삼는 기관이었다. 이러한 조치들이 물론 아무 결과도 내놓지 못했던 것은 아니다. 하지만 한 가지 결정적인 사실이 전체 반트러스트 운동의 발목을 잡고 힘을 약화시켰다. 반트러스트 운동의 목적은 본질적으로 거대 기업들에 독점당할 위험에 처한 시장에다가 예전의 경쟁적 조건들을 복구하는 것이었고, 반트러스트 입법은 이를 위해 억지력을 발휘하려 했던 것이다. 하지만, 이는 독점화 과정의 원인이 지금까지의 경쟁자들을 노골적으로 연합combination시킨 것에 있는 경우만으로 국한되었다. 하지만 독점화 과정에는 그보다 훨씬 더 근본적 차원의 조건이 있었으니, 대기업이 금융, 판매, 시장 조사 등에서 소기업들에 비해 결정적인 우위를 점할 능력이 있다는 것이 그것이었다. 그런데도 반트러스트 입법은 이에 대해서는 아무런 해결책도 내놓지 못한 것이다. 트러스트에 맞서려는 노력은 공모 행위나 기업 합병에 대해 화력을 집중하였지만, 기업의 자생적인 내적 성장이라는 사실에 대해서는 전혀 무력하였다.

벌리와 민스의 연구

그리하여 기업 크기의 성장은 계속되었다. 20세기의 첫 25년 동안에

246

걸쳐 가장 큰 주식회사들은 단지 성장만 한 것이 아니라 그보다 작은 규모의 경쟁자들에 비해 성장 속도 또한 훨씬 빨랐다. 아돌프 벌리 Adolf Berle와 가디너 민스Gardiner Means는 1932년에 발표한 그들의 유명한 연구에서 다음을 보여주었다. 1909년에서 1928년 사이에 200대 비금융 주식회사들의 총자산 증가율을 전체 비금융 주식회사들과 비교해보면 40퍼센트가 더 높았다는 것이다.[14] 이를 미래에 투사하면서 벌리와 민스는 이러한 결론을 내리고 있다.

> 이러한 대기업들의 빠른 성장이 미래에 약속하는 것은 도대체 무엇일까? 근간에 나타난 성장 추세를 미래로 투사해보자. 만약 1909년과 1928년 사이의 20년간 나타났었던 대기업들 및 모든 기업들의 성장률의 차이가 유지된다면, 1950년에는 모든 기업 활동의 70퍼센트가 200대 기업에 의해 수행될 것이다. 그리고 1924년과 1929년 사이의 성장률은 더 높았으므로 만약 향후 20년간 이 비율이 유지된다면 법인 기업 부문의 부 전체의 85퍼센트가 200개의 거대한 기업 단위의 손에 넘어갈 것이다. …… 만약 앞에서 말한 대기업들과 국가적 부의 성장 추세가 이즘부터 1950년까지 계속 실현된다면, 이 기간의 끝 무렵에는 국가적 부의 절반이 대기업들의 통제 아래에 들어가게 될 것이다.[15]

저자들은 경고한다. 만약 과거의 추세가 아무 통제 없이 지속된다면 실로 360년 후에는 미국의 모든 기업 부문의 부가 하나의 거대한 기업으로 병합될 것이며, 그렇게 되면 이 기업은 실로 로마 제국에 맞먹는 오랜 수명을 누리게 될 것이라고.

과연 벌리와 민스의 미래 예측이 실현되었을까? 우리는 나중에 이 중대한 질문으로 되돌아오게 될 것이다. 하지만 그전에 먼저 실로 엄청난 중요성을 가진 한 사건을 먼저 자세히 살펴보아야만 한다. 이 사건은 나중에 대공황Great Depression이라고 불리게 된다. 앞으로 보겠지만, 이 사건은 경제에 대한 우리의 관념을 근본적으로 바꾸어놓았으며, 기술이 경제의 작동에 가져오는 충격에 대한 우리의 관점 또한 근본적으로 바뀌게 된다.

하나의 사회적 과정으로서의 기술

우리는 이 장을 집필하면서 이야기가 불현듯 과거에서 현재로 뛰어넘어오는 느낌이었다. 독자 여러분들도 이런 느낌을 받으셨는지 궁금하다. 그전까지는 우리가 살펴본 이야기가 본질적으로 농업에 기초한 사회였던 것이 무역에 기초한 사회로 그다음에는 초기 산업 사회로 아주 느리게 변형되는 과정이었다. 공장이라고 불리는 작업장들이 출현하는 것을 보았고, 동물이 아닌 모터로 움직이는 교통수단의 출현도 살펴보았으며, 그다음에는 들리지 않는 음성과 보이지 않는 동력을 운반하는 전선의 출현도 살펴보았다. 하지만 이 장에서 우리는 드디어 낯선 곳을 지나가는 여행객 같은 느낌을 벗어났다. 우리의 세상과 똑같지는 않아도 분명히 낯익은 세상, 우리의 할아버지 할머니들이 자라나고 살아온 세상으로 마침내 이야기가 접어든 것이다.

이러한 느낌의 여행은 앞으로 이야기가 진전되어 오늘날의 삶에 이를 때까지 계속될 것이다. 하지만 이 장을 읽은 독자들은 벌써 다음과 같은 생각을 가지게 될 것이다. 경제사의 원동력은 바로 기술이 아닐까? 우리가 살아가는 세상의 겉모습은 물론이고 내면까지도 바꾸어 놓는 압력의 원천은 바로 기술이 아닐까? 그리고 한 걸음 나아가, 이 책이 다루고자 하는 이야기, 즉 가장 중요한 역사라고 할 경제사의 이야기에 있어서도 열쇠가 되는 것은 바로 기술 변화가 아닐까?

아마 여러분은 그렇지 않다는 것을 이미 감지했을 것이다. 하지만 어째서 그렇지 않은가를 좀 더 찬찬히 새겨본다면, 어째서 기술 하나만으로는 우리가 찾고자 하는 요소 즉 역사를 형성하고 만들어 내는 원동력이 될 수 없는지에 대해 새로운 혜안을 얻을 수 있을 것이다.

기술적 변화가 역사의 변동에 큰 힘을 가진다는 것은 논쟁의 여지가 없지만, 그 배후에서 작동하는 모종의 힘을 찾아보자. 아마도 여러분은 그 힘을 어디에서 찾아야 할지도 알고 있을 듯하다. 역사의 모습을 만들어 내는 가장 근원적인 원동력은 최초의 (그리고 오늘날의 안목에서 보자면 대단히 단순한 수준의) 기술적 변화를 가져왔던 여러 발전 과정들 속에 이미 담겨 있을 것이다. 그 원동력이란 다름 아닌 자연환경 자체에 대해 점진적인 숙달이다. 태고의 동굴 속 원시인들은 낙뢰를 여러 번 겪으면서 불에 대해 알게 되었다. 그 뒤 이들은 호기심에다 운도 좋았던 덕에 부싯돌을 때리면 불꽃이 일고 여기에 마른 풀들을 대면 불이 붙는다는 것도 알게 되었고, 그때부터 불을 통제하게 되었다. 마찬가지로 일찍부터 인류는 일부 동물을 길들일 수 있다는 걸 알았지만, 어떤 상상력 넘치는 이가 말의 목을 조르지 않고도 짐을 끌 수 있게 하는 U자형 마구馬具를 만들어낸 것은 유럽의 경우 중세가 되어서야 비로소 벌어진 일이다.

까마득한 옛날로부터 있었던 시행착오 속에서 서서히 나타나기 시작한 지식의 축적을 통해 인류는 처음부터 어느 정도는 자연을 통제할 수 있게 되었다. 하지만 이렇게 자연에 숙달되면서 나타난 처음의 여러 생각들은 경직된 교조로 굳어져 버렸고, 이 때문에 자연에 대한 통제가 일정한 한계를 넘어서는 것을 막는 장애물이 될 때도 많았다. 아프리카 그리고 북미 지역에서도 서로 고립된 채 살았던 작은 규모의 부족들이 여러 기술을 가지고 있었지만, 그런 기술들은 최초에 발명되었을 때부터 오늘날 마침내 박물관에 들어가게 될 때까지 조금도 변하지 않은 채 똑같은 모습이었다. 이렇게 기술 그 자체는 본질적으로 역동적인 것이 아니다. 따라서 "이미 시험을 거쳐 진리로 검증된" 것들로부터 과감하게 벗어나는 생각을 가로막지 않고 오히려 장려하는 사회적 환경이 반드시 필요하다. 기술의 진보는 사회가 옛날 식의 방법들을 보호하려 하지 않고 오히려 새로운 방법들을 후원하는 존재가 될 때에 비로소 나타날 수 있다. 이는 어떤 사회인가? 우리는 경제적 제도들 —— 사회의 물질적 필요를 충족시킬 수 있는 것들을 생산하고 분배하는 여러 양식들 —— 이 전통과 명령에 대한 종속에서 풀려나 시장의 자극과 인도를 향해 나아가는 과정에서 하나의 사회가 출현하는 것을 본 바 있다. 바로 경제적 사회이다.

사람들이 발견, 실험, 대담한 리스크 감수 등에 힘차게 매진할 수 있도록 해 줄 동기 부여와 방향 제시를 제공한 것은 바로 그러한 경제적 사회의 형성이었다. 이러한 경제적 사회의 형성이야말로 시장 시스템, 영리 활동의 세계, 갓 태어난 자본주의의 여러 필요를 충족시켜 줄 수 있는, 또 다른 종류의 기술이었던 셈이다.

기술적 진보	1. 산업 혁명은 한 번에 그친 것이 아니라, 여러 번에 걸친 기술적 진보의 물결들과 경제적 진보를 가져왔다. 2. 이러한 산업적 발견들이 가져온 충격을 연구하려면 생산성에 미친 영향만을 볼 것이 아니라 그것을 넘어서게 우리의 렌즈를 넓혀야 한다(물론 생산성이 으뜸가는 중요성을 가진 결과임은 분명하지만). 산업화는 다음과 같은 것들을 가져왔다.
도시화	● 도시화의 엄청난 증가 ● 사회 내의 개인들 사이의 경제적 상호 의존 정도의 누적적 증가
사회적 효과	● 새로운 성격과 분위기를 띤 노동. 여기에는 단조로운 산업 노동이라고 하는 불편한 현상(노동 소외)도 들어간다.
대량 생산 규모의 경제	3. 이 새로운 기술은 생산과 경쟁의 성격 모두에 변화를 가져왔다. 생산은 점차 하부의 조립 공정들을 고도로 통합하는 과정이 되어가며, 이를 통해 재화의 대량 생산을 가능하게 하였다. 대량 생산은 아주 많은 양의 자본을 필요로 하며 결국 아주 엄청난 규모의 경제를 낳게 되었다.
파괴적 경쟁	4. 대량 생산이 도래하면서 경쟁의 성격 또한 모종의 파괴적 힘으로 돌변하였다. 규모의 경제로 인하여 선두에 있는 기업이 다른 모든 경쟁자들을 가격 경쟁에서 이겨 결국 시장을 지배하는 상황이 벌어진 것이다.
날강도 귀족들	5. 이 새로운 기술의 역동적인 잠재력에 더하여 공격적인

"날강도 귀족들"의 시대로 불리는 기업 지도력이 나타나 가일층 동력을 제공하였다.

집중 6. 공격적인 기업 전략과 산업 기술에 전형적인 규모의 경제가 결합됨에 따라 19세기 말기와 20세기 초의 많은 시장에서 경제 권력의 집중이 나타나게 되었다.

합병 7. 엄청난 규모의 자본 구조를 가진 대기업들이 출현하면서 "목줄 끊기cutthroat" 경쟁이 벌어졌고 이는 관련된 기업들에게 지나치게 위험한 것이었다. 따라서 기업 합동, 트러스트, 지주 회사, 합병 등의 수단을 통해 경쟁적 투쟁을 안정화하려는 수많은 시도들이 벌어지게 되었다.

반트러스트 8. 거대 트러스트들과 기업 합동체들이 권력을 잡게 되자 정치적으로는 반트러스트 입법이라는 "대항"의 노력이 벌어졌고, 이는 셔먼 반트러스트 법(1890년) 그리고 나중의 클레이튼 반트러스트 법(1914년)과 합병을 더 어렵게 만들기 위해 고안된 몇 가지 후속 수정 조치들에서 절정을 이루었다.

내적 성장 9. 하지만 이러한 법들 중 어떤 것도 대기업의 내적 성장을 가로막거나 금지할 수는 없었다. 그 결과 대기업들은 계속하여 팽창하였다. 1933년의 벌리와 민스의 유명한 연구는 만약 상위 200대 비금융 주식회사들의 성장률이 계속된다면 조만간 전체 미국 경제가 그들의 소유 아래에 들어가게 될 것이라고 예언하였다.

1. 다음의 발명들이 어떠한 사회적 경제적 충격을 가져오는지를 묘사해보라. 타자기, 제트 비행기, 텔레비전, 페니실린 등. 각각의 경우에 사회적 충격과 경제적 충격 중 어느 쪽이 더 크다고 생각되는가?

2. 철학자 칼 야스퍼스Karl Jaspers는 현대 기술이 "헤아릴 수 없는 무료함immense joylessness"을 가져왔다고 주장한 바 있다. 당신이 느끼기에 공장 노동은 불쾌한 것인가? 보험 회사와 같이 아주 큰 조직의 사무실 노동은 어떠한가? 당신은 산업 시대의 노동의 성격이 근본적으로 바뀔 수 있다고 생각하는가?

3. 당신이 5명의 노동자를 고용하는 사업을 하고 있고 노동자 1명에게 시간당 4달러를 지급한다고 하자. 또 하루에 나가는 총경상비가 100달러이며 당신 업체가 생산하는 제품 1개당 들어가는 원료 비용이 1달러라고 하자. 이 5명을 모두 고용한 채 생산한다고 가정했을 때, 하루 8시간 작업으로 10개 제품을 생산한다면 제품 1단위당 평균 비용은 어떻게 되는가? 이 생산량이 100개로 늘어난다면? 1,000개로 늘어난다면?

4. 1주일에 인건비로 400달러, 총경상비가 100달러가 들어가며 100개의 제품을 생산하는 공장이 있다고 하자. 또 주당 인건비가 8만 달러, 총경상비가 1십만 달러가 들어가며 5만 개의 제품을 생산하는 공장이 있다고 하자. 이 둘 중 어느 쪽이 더 경제적인가?

5. 대규모 생산의 경제성을 어떻게 설명할 것인가? 어째서 담배 제조업과 같은 사업들에서는 대규모 생산의 경제성을 누릴 수 있지만 이발업과 같은 다른 사업들에서는 그러지 못하는 것인가?

6. 총경상비의 비중이 높아지면 어째서 목줄 끊기 경쟁으로 이어지게 되는가? 이러한 경쟁이 가져오는 위협은 어떤 것인가?

7. 미국 의회가 19세기 중반 당시와 같은 방식의 경쟁으로 회귀할 것을 조장한다고 해보자. 기업 세계에는 어떠한 변화가 나타날 것인가? 이런 일이 과연 입법이라는 방법으로 달성할 수 있을 것이라고 생각하는가?

8. 밀을 재배하여 판매하는 농부의 상황과 자동차를 "재배"하여 판매하는 자동차 회사 중역을 비교해보라. 이 양자가 가격을 정할 때에 각각 가장 큰 영향을 미치는 힘들은 어떤 것인가?

THE MAKING
OF
ECONOMIC SOCIETY

| 6장 |

대공황

앞 장에서 우리는 산업 경제 발전의 여러 중요한 양상들에 논의를 집중하였다. 생산성의 급속한 성장, 대량 생산 체제의 충격, 시장 조직이 가느다란 실로 촘촘히 짜인 조직에서 굵은 실로 성기게 짜인 조직으로 변하는 과정 등. 하지만 기술 발전으로 인해 벌어진 변화 중에서 이 모든 것들보다 훨씬 더 중요한 결과임에도 지금까지는 그저 잠깐 지나치는 정도로만 언급한 것이 있다. 이제 그 문제를 본격적으로 다루어보자.

산업 혁명 이전 시기 유럽에서 개인의 부의 평균적인 수준을 그래프로 그려보면 아주 우울할 정도로 상승의 기미가 보이지 않는다. 몇십 년간 혹은 몇 세기 동안에 걸쳐서 오르기도 하지만 또 다시 몇 십 년 혹은 몇 세기 동안에 걸쳐서 내려가기도 한다. 물론 전체적으로 보면 약간 위로 올라가는 것이 사실이지만, 일인당 재화 및 서비스 생산량이 1년마다 몇 퍼센트씩 꼬박꼬박 증가하는 그런 모습은 전혀 찾을 수 없다. 새로운 기술이 처음으로 도입되었을 때에도 생활 수준이 곧바로 개선되었던 것은 아니었다. 그런데 1850년대에서 1875년의 기간이 되자 자본 축적과 노동 전문화가 드디어 위력을 발휘하기 시작했다. 거의 모든 산업 국가에서 그리고 특히 미국에서 경제적 생활 수준이 불규칙적이나마 꾸준히 개선되기 시작했으며, 이것이야말로 현대라는 경제적 시대가 시작된 이정표라고 할 수 있다.

경제 성장의 경로

그림 6-1을 보면 미국 경제가 성장해온 전반적인 경로가 나와 있다. 경제 성장은 1870년대에 본격적으로 시작되어 1929년에는 극적인 절정에 이른다. 이때에 무슨 일이 벌어졌던가는 곧 다시 논의하게 될 것이다. 변동은 해마다 들쭉날쭉하게 되어 있으므로 평균 성장률을 보여주기 위하여 좋았던 해와 나빴던 해 사이로 추세선을 그어보면, 그 평균 성장률이 대략 3.5퍼센트(모든 가격 변동을 제거한 수치)임을 알 수 있다. 즉 전체 생산량이 20년마다 두 배로 늘어났다는 이야기다. 그리고 이보다 느린 비율이지만 인구 또한 증가해왔다는 점을 감안할 때, 일인당 생산량은 그보다는 느린 속도로 증가했다는 이야기가 된다. 따라서 사람들의 생활이 나아진 비율은 대략 1년에 1.5퍼센트에서 2퍼센트 사이였다고 짐작할 수 있다.[1] 이 시기가 전체적으로 보아 전례 없는 진보와 개선의 시기였음은 틀림없다. 그런데 이 최고의 번영의 시기가 또한 시장 체제의 역사에서 최악의 참변으로 끝났다는 것은 실로 아이러니가 아닐 수 없다. 이 참변은 자본주의 자체를 거의 끝장낼 뻔했으며 또 그 체제를 영구적으로 바꾸어놓고 말았거니와, 그것이 어떻게 바뀌게 되었는가를 이제부터 알아보아야 한다.

1929년의 미국

오늘날 미국인들은 빈곤에 대한 최종 승리의 고지에 인류 역사상

그림 6-1 실질 GDP와 1인당 실질 GDP (2000년 달러 가치 기준)

출처: Statistical Abstract of the United States.

그 어느 곳 어느 때보다도 가까이 와 있다. 구빈소는 이제 사라져가고
있다. 아직 그 목적을 달성하지는 못했지만, 신의 가호가 함께한다면
우리는 조만간 이 나라에서 빈곤을 영구히 추방할 수 있는 날을 보게
될 것이다.

허버트 후버Herbert Hoover 대통령은 1928년 이렇게 말하였다. 실로
1929년경 미국 경제는 놀라운 진보를 보여주었다. 인구는 1900년의 7
천6백만 명에서 1억 2천1백만 명 이상으로 늘어났고, 백인들의 출생
당시 기대 수명은 10년이 늘었으며 유색인들의 경우는 13년이 늘어났
다. 이렇게 불어난 인구를 유지하고 먹이는 가운데 미국은 급격히 도

시화했다. 1백만 명이 넘는 도시가 새로 두 개 생겨났고 50만 명이 넘는 도시는 5개, 농촌에서 도시로 분류가 새로 넘어온 것은 1,500개가 생겨났다. 또 실업도 줄었다. 1929년에는 4천8백만 명이 일자리를 가지고 있었고 실업률은 3.2퍼센트로 떨어졌다. 게다가 노동 시간도 줄어들었으며 특히 제조업에서의 주간 노동 시간은 평균 1900년의 60시간에서 44시간으로 떨어졌다. 평균 시간당 소득은 두 배 이상으로 올랐고, 소비자 물가 또한 그다지 높게 오르지 않아서 실질 임금은 10퍼센트에서 20퍼센트까지 상승할 수 있었다. 따라서 1929년의 미국은 낙관적 분위기가 넘쳐나고 있었고, 후버 대통령의 위 발언도 그저 미국에서 넘쳐나고 있던 일반적인 정서를 반영한 것뿐이었다.

주식 시장의 붐

당시 미국인들 거의 누구도 엄청난 경제적 재난이 막 시작될 것이라는 낌새를 전혀 채지 못했다. 대신 대부분의 사람들은 미국 경제의 다른 측면에 넋을 잃고 매료되어 있었으니, 이는 거대한 주식 시장 붐이었다. 이 붐이 얼마나 대단했던지 1929년경에는 아마 1천만 명에 달하는 사람들을 "시장"에 끌어들여서 아무 고통이나 노력 없이도 돈이 저절로 불어나는 즐거움을 그들에게 선사하였다. 1920년대의 사회사가인 프레더릭 루이스 앨런Frederic Lewis Allen은 이를 이렇게 묘사하였다.

부잣집 자가용 운전수도 베들레헴강철Bethlehem Steel 주가의 임박한 변동 소식에 귀를 쫑긋 세우면서 차를 몰고 있었다. 그는 20% 증거금으로 그 회사의 50주를 가지고 있었다. 주식 중개인의 사무실 창문을 닦던 청소원은 일을 멈추고 증권 시세 표시기를 바라보았다. 그는 힘들게 모은 저축으로 시몬스Simmons 주식을 살까 말까 고민 중이었다. 에드워드 르페브르Edward Lefevre(당시 주식 시장을 명쾌하게 설명해주는 기자였고 상당한 개인적 경험 또한 쌓은 이였다.)는 어느 주식 중개인의 하인이 주식으로 25만 달러 가까이 벌어들인 이야기나 환자가 준 팁으로 주식을 사서 3만 달러를 벌어들인 간호사, 기차역에서 30마일이나 떨어진 와이오밍의 어느 시골에 살면서도 매일 3천 주씩 사고파는 소몰이꾼 이야기 등을 늘어놓고 있었다.[2]

물론 이러한 주식 매매는 투기적인 것이었지만, 다음의 사실들은 그러한 위험 부담을 정당화시켜주고도 남음이 있었다. 1921년부터 매년 1천 달러씩 대표주 묶음에 집어넣은 사람은 1925년에는 6천 달러 이상, 1926년에는 거의 9천 달러, 1927년에는 1만 1천 달러 이상, 그리고 1928년에는 무려 2만 달러 —— 오늘날의 가치로 1십만 달러 이상에 해당한다. —— 를 얻게 되었다. 하지만 이는 시작일 뿐이었다. 1929년 6월과 7월 한 달 사이에 산업주 평균이 거의 1928년 한 해 상승분에 맞먹도록 급상승했다. 1928년도 그전과 비교해보면 유례가 없을 정도로 주가가 오른 해였는데도 말이다. 1929년 8월에 이르면 이 여름 3개월 간의 주가 상승분이 이미 1928년 한 해 상승분을 멀찍이 따돌리게 된다. 웨스팅하우스의 주식을 100주 산 투자자라면 이 단 세 달 동안에 돈을 거의 두 배로 불리게 되었고, AT&T처럼 잘 오르지 않는 주식을 산 사람조차도 최소한 3분의 1만큼 자산을 불리게 된 것이다. 이제 누구든 부자가 되려면 주식을 사야 하는 것으로 보였다. 돈이 없으면 빌려서라도. 아니 구걸을 해서라도.

대폭락

그런데 어쩌다가 거품이 꺼졌을까? 그 직접적 원인은 아무도 정확히 모른다. 어쨌든 주식 붐이 끝내 꺼지자 마치 거대한 댐이라도 갑자기 무너진 것 같았다. 그전 2년에 걸쳐 주가를 천정부지로 끌어올렸던 광기가 이번에는 단 몇 주 동안에 집중되어 무서운 기세로 자신이 끌어올린 주가를 때려눕히고 말았다. 1929년 10월 29일 화요일, 주식 매도의 산사태가 벌어지면서 뉴욕 증시는 마비되고 말았다. 주식을 사겠다는 주문이 하나도 없을 때조차 있었고, 누구든 모조리 자기 주식을 팔려고만 들었다. 명성 높은 투자 신탁인 골드만삭스조차도 이 하루 동안에 그 주가가 절반으로 떨어지고 말았다. 거래가 마감되었을 때 16,410,000주가 매도되었으니, 이는 그 당시로 보면 유례없는 엄청난 숫자였다(증권 시세 표시기는 거래의 빠른 속도를 따라잡지 못하고 시장 거래 실시간보다 2시간 반이나 뒤떨어진 채 헉헉거리면서 긴 종이띠를 토해놓고 있었다.). 이 단 하루 만에 1928년 한 해 동안 오롯이 쌓아올렸던 주가가 깨끗이 날아가버린 것이다. 몇 주가 지나자 무려 3백억 달러의 "부"가 허공으로 사라져버렸다. 서면상의 액수로 보면 주식 투자를 통해 엄청난 돈을 벌어 부자가 되었다고 생각하던 수백만 명의 사람들이 이제 졸지에 가난뱅이가 되어버리고 만 것이다.

이 대폭락 사태는 그야말로 "군중의 광기"를 보여주는 실로 흥미로운 사례가 될 것이다. 처음에는 이 사태가 더 큰 사건으로 연결될 듯한 기미가 전혀 없었다. 오히려 대폭락이 벌어진 후 몇 주간은 상황이 정상으로 돌아왔다는 자신감의 표현이 정기적으로 공표되었다. 이 당시에 "그래도 펀더멘털은 튼튼하다."는 말은 너무나 많이 들어 진부할 정도가 되었다. 하지만 상황을 보면 펀더멘털은 전혀 튼튼하지 않았다. 이 무시무시한 대폭락은 훨씬 더 무시무시한 공황을 불러들이고 만다.

대공황

프레더릭 루이스 앨런은 이렇게 말한다.

> 대공황이라고는 하지만, 이상하게도 눈에 띄는 무언가가 있는 현상은 아니었다. 굳이 애써 관찰을 한다면 그전보다 길거리의 사람 수가 준 것을 볼 것이며, 문 닫은 가게들이 눈에 띌 것이며, 거지들이 확실히 더 많이 보일 것이다. 여기저기에 늘어선 무료 급식 줄이 보일 것이며, 도시 외곽의 공터에는 "후버빌Hoovervilles"(집 없는 사람들을 위해 타르지紙를 발라 만든 판자촌)이 보일 것이다. 기차의 차량 수도 줄어들었고, 침대차도 줄어들었으며, 더 이상 아무 연기도 나오지 않는 공장 굴뚝도 많다. 하지만 이런 것들 말고는 별로 보이는 것이 없다. 수많은 사람들은 추운 밖에 나가느니 그저 집에 들어앉아 몸을 녹이고자 했다.[3]

이렇게 무심한 관찰자에게는 잘 보이지 않았겠으나, 대공황은 결코 지어낸 이야기 따위는 아니었다. 우선, 국내 총생산 — 일국의 총생산량의 척도 — 이 1929년에서 1933년까지 거의 절반으로 줄어들어버렸다. 그 결과로 실업률이 하늘로 치솟았다. 1929년에 실업자 수는 1

백5십만이었다. 1933년이 되자 이 수가 8배로 늘었고, 전체 노동력 네 사람 중 한 명꼴로 일자리가 없어져버리고 말았다. 전국적으로 주택 건설은 90퍼센트나 하락하여 사실상 새로 지어지는 주택이 씨가 말라버렸다. 은행들도 문을 닫아버리면서 9백만 저축 계좌가 사라져버렸다. 도산한 업체의 수는 8만 5천에 달했다. 1932년 펜실베이니아 주의 노동부는 대형 목공소의 임금은 시간당 5센트, 벽돌 및 타일 제조업에서는 6센트, 일반 도급업에서는 7.5센트가 떨어졌다고 보고하였다. 테네시 주에서는 공장의 여성 노동자의 임금이 주당 50시간에 대해 겨우 2달러 39센트였다. 켄터키 주에서는 광부들이 소가 먹는 풀을 뜯어 먹었다. 웨스트버지니아 주에서는 사람들이 식량을 얻기 위해 상점을 털었다.[4]

대공황의 여러 원인들을 추측해본다

어떻게 이런 비극이 벌어지게 된 것일까?

사태를 재촉한 즉각적인 원인은 물론 경제 전체를 집어삼킨 투기 열풍이었다. 이 광기는 월스트리트에만 국한되지 않았다. 대박으로 부자가 될 수 있다는 철학이 온 나라를 풍미하면서 정상적인 영리 활동과 은행업이 갖추어야 할 조심성은 망가지고 말았다. 은행들은 기를 쓰고 신뢰성이 극히 의심쩍은 외국 채권들을 투자자들에게 사라고 (때로는 아주 불문곡직하고) 강권하였다. 하지만 이보다 더 어리석은 일은 은행들 스스로가 그런 채권들을 자신의 투자 자산 구성에까지도 집어넣었다는 사실이다.[5] 여기에다가 사태를 악화시킨 것이 또 있다. 투자 신탁과 지주 회사는 소속 기업들을 기초로 삼아 그 위에 세워진 거대한 피라미드 구조였지만 이는 카드로 만든 집이나 마찬가지로 위험한 것이었다. 예를 들어보자. 조지아전력회사Georgia Power & Light Company는 시보드공공서비스주식회사Seaboard Public Service Corporation가 지배하고 있었고, 시보드공공서비스주식회사는 다시 중서부공중시설회사Middle West Utilities Company가 지배하였고, 중서부공중시설회사는 또 인설공중시설투자회사Insull Utility Investments가 지배하였고, 인설공중시설투자회사를 다시 시카고지주회사Corporation Securities Company of Chicago가 지배하는 형국이었다(그런데 이 마지막 회사를 다시 인설공중시설투자회사가 지배하고 있었다. 그렇다면 누가 누구를 지배하는 것인가!). 이 모든 회사들 가운데에 실제로 전력을 생산하는 회사는 하나 —— 조지아전력회사 —— 뿐이었고, 나머지 회사들이 생산하는 것이라고는 오직 이윤과 투기 기회들뿐이었던 것이다. 미국의 공중 시설의 75퍼센트를 소유하고 있는 12개의 지주 회사가 모두 이런 식이었고, 인설 제국은 그중 하나에 불과했다.

이런 식으로 이윤과 투기를 불리기 위한 조작들이 마구 벌어지면서 결국 대공황으로 가는 길만 닦고 말았다. 그리고 드디어 주식 시장이 무너지게 되자 신용으로 빚을 내어 지은 이 엄청나지만 위태위태하기 짝이 없는 집들 또한 함께 무너져 내렸다. 개인 투자자들 중에는 순전히 주식 중개인들에게 꾼 돈으로 이 기업들의 주식을 사들인 이들이 많았는데, 위기가 닥치자 빚을 갚기 위해 이 기업들의 주식을 내다 팔았다. 마찬가지로 투기에 눈이 먼 은행들과 금융 기관들도 실제 가치가 의심쩍은 외국 채권들을 잔뜩 쥐고 있다가 갑자기 지급 불능 상태에 빠지게 되었다. 이 끔찍한 공포 상태를 더욱 복잡하게 만든 것이 또 있다. 통화 당국이 펼쳤던 정책들이 의도와는 달리 사태를 더욱 악화시키고 은행 체제를 더욱 약화시켰던 것이다. 그 결과 대공황은 끝 날 줄 모르고 한없이 길어지기만 했다.[6]

농업의 취약성

여기서 적어도 대공황의 원인 하나는 찾아낸 셈이다. 투기적이고 신 뢰할 수 없는 금융적 상부 구조 때문에 경제가 심하게 취약했다는 것 이다. 또 이는 월스트리트가 무너지자 그렇게 많은 기업들이 함께 무 너진 한 원인이기도 하다. 하지만 아직 우리는 대공황 자체에 대한 설 명을 전혀 내놓지 못했다. 투기 붐이 벌어지다가 재난으로 끝나는 사 태는 그전에도 많았고 이번의 주식 시장 폭락 또한 그중 하나일 뿐이 기도 했다. 그런데 어째서 이번에는 주식 폭락이 그토록 만성적이고 도 뿌리 깊은 병으로 이어졌던 것일까?

이 질문에 답하기 위해서는 1929년의 파란만장한 사태를 잠깐 잊 고 그 붕괴 이전 몇 년 동안 경제 전체가 어떤 상태에 있었는지에 주 의를 돌려야 한다. 우리는 앞에서 20세기 초 25년간이 유례없는 팽창 의 기간이었음을 보았다. 그런데 혹시 그렇게 마구 올라가기만 하는 생산과 소득의 전반적 수치들 뒤에서 무언가 골치 덩어리 문제들이 숨겨져 있었던 것은 아닐까?

그러한 의심을 살 만한 곳이 있었다. 그것은 농업 부문이었으며, 특 히 중요성이 막대한 곡물 생산 부문이었다. 1920년대에 걸쳐서 농업 가들은 미국 경제에서 "경제적 병자들"이었다. 매년 자기 땅을 잃고 소작인으로 전락하는 농업가의 숫자가 늘어났으며 1929년이 되자 마 침내 미국 전체의 농업가 10명 중 4명은 더 이상 독립적으로 자기 땅을 경영하지 못하게 되었다. 상대적인 부의 관점에서 농업가들과 도시 거주자들을 비교해보면 전자의 상태가 계속 악화되었다. 1910년에도 농장 노동자의 1인당 소득은 비농업 노동자 소득의 40퍼센트에 미치지 못했지만, 1930년이 되자 이 수치가 30퍼센트 미만으로 떨어지게 된다.

이러한 농업의 문제가 부분적으로는 과거의 유산이었음이 분명하다. 농업가들은 철도 회사와 저장업체가 강력한 독점체를 이루는 바람에 곤궁한 처지에 몰렸고, 또 농업가들 스스로도 빚을 내어 마구 토지에 투기를 하는 버릇이 있었던 데에다가, 여기에 가뭄까지 겹치면서 "경제적 병자들"이 된 것이다. 여기에다 미국의 농업가들이 전통적으로 땅을 잘 보살피지 않고 농업의 생태학에 무관심했다는 문제도 있었다. 평균적인 개인 농업가를 관찰해보면 그가 가난한 이유는 그가 별로 생산적이지 못하기 때문이라고 말하게 될 것이다. 1910년과 1930년 사이에 농업 생산성은 어느 정도 개선되었지만 농업 바깥의 생산성 증대 속도에는 전혀 미치지 못하였다. 미국의 농업 생산자들 다수가 보기에도 문제는 자신들이 웬만큼 먹고 살 수준으로 곡물과 가축을 기르지 못한다는 것으로 여겨졌다.

수요의 비탄력성

하지만 농업 전체를 보자면 전혀 다른 대답이 나올 수가 있다. 설령 농업 생산성이 정말로 나라 전체의 생산성과 보조를 맞추어 개선된다고 해도, 과연 농업 소득 전체가 올라갈까? 그 대답은 아주 당혹스런 것이다. 농업 생산물에 대한 수요는 제조업 생산물 일반에 대한 수요와는 아주 다른 점이 있다. 제조업 부문에서 생산성이 오르고 여기에 비례하여 비용이 떨어진다면 제조업 물품의 가격이 저렴해지면서 방대한 새 시장이 열리게 된다. 포드 자동차가 그 예라 할 수 있다. 하지만 농업 생산물은 그렇지 못하다. 식량 가격이 떨어진다고 해도 사람들이 실제의 식량 소비를 아주 크게 증가시키는 것이 아니다. 결국 전체 농업 생산물이 증가하게 되면 그 가격만 크게 떨어질 뿐 농부들이 더 많은 현금을 손에 쥐게 되는 것은 아니다. 이렇게 가격 변화에 비례해서 양이 변해주지 않는 수요를 "비탄력적"인 수요라고 부른다. 수요가 이러한 성격을 띠는 생산물의 경우에는 공급량을 크게 늘리게 될 경우 판매자만 가난해지는 결과가 나온다.

이것이 1920년대 전반에 걸쳐 벌어진 상황과 아주 비슷하다. 1915년에서 1920년 사이의 기간 동안은 1차 대전으로 식량 수요가 크게 증가하여 농부들이 부유해질 수 있었다. 농업 생산물의 가격이 오르고 농부들의 현금 수취액 또한 늘어 실로 두 배 이상으로 소득이 늘었던 것이다. 하지만 전쟁이 끝나고 유럽의 농부들이 다시 생산을 재개하게 되자 여기에 미국 농부들이 내놓은 곡물들이 물량으로 함께 쏟아지면서 시장 전체가 공급 물량 과다 상태에 빠지게 된다. 그래서 가격은 급격하게 떨어지게 되었지만(1920년에서 1921년 사이 1년 동안만 40퍼센트 하락), 농업 생산물 구매의 증가는 여기에 크게 못 미쳤다. 그 결과 농부들의 현금 수익은 가격 하락과 거의 같은 속도로 무너져내렸다. 그런데 이들이 내는 각종 세금은 70퍼센트 정도 올랐고 갚아야 할 모기지와 전반적인 생활 비용은 거의 두 배로 뛰었다. 1920년대 후반 동안 상황이 어느 정도 개선되었지만, 농작물을 짓는 이들에게 실질적인 부를 가져다줄 만큼은 되지 못했다.

268

여기에 경제학뿐만 아니라 역사적으로도 중요한 교훈이 있다. 만약 농부들이 강철이나 자동차처럼 소수의 판매자들만이 존재하는 과점 상태를 만들 수 있었다면 농촌 소득도 무한정 감소하지는 않았을 것이다. 몇몇 생산자들은 자기들 생산물에 대한 수요가 비탄력적이라는 것을 알게 되면 서로서로 협조하여 생산량을 줄이는 것이 필요함을 이해했을 것이다. 수요도 없는 시장에다가 자기들 생산물을 쏟아붓느니, 시장이 합당한 가격에 흡수할 양만큼으로 생산을 억제하는 데 암묵적으로건 명시적으로건 생산자들끼리 합의할 수도 있다.* 하지만 모래알같이 무수한 개인으로 구성되어 있던 1930년대의 농업 생산자들은 이러한 과점 자본가들의 작전은 상상도 할 수 없는 처지였다. 그래서 개별 농업가들로서는 자기들 곡물 가격이 떨어진다고 해도 생산량을 줄이기 위해 할 수 있는 것이 아무것도 없었다. 도리어 개별 농업가로서는 이렇게 극도로 경쟁적인 상황이 될수록 더 조건이 나빠지기 전에 가급적 많이 팔아치우는 것이 유일의 대책이다. 그런데 이로 인해 의도와는 달리 상황을 더 악화시켜버린 것이다.

결국 시장 메커니즘이 농업 부문에서는 만족스런 결과를 내지 못했다는 것이 문제의 핵심이다.[7] 만약 다른 부문이 발전하지 않았더라면 이 문제도 그다지 심각한 것이 되지는 않았을 것이다. 문제는 농업이

---

* 이러한 원칙을 베블런은 "생산성의 주의 깊은 철회conscientious withdrawal of productivity"라고 불렀다. 영리 활동business은 산업industry과 달리 돈을 많이 버는 것이 목적이다. 이를 위해서는 생산물의 가격을 적정한 이윤을 보장할 수 있는 수준으로 높게 유지하여 "시장 거래에서 흡수될 수 있는 만큼what the traffic will bear"만으로 생산량을 줄일 필요가 있다는 것이다. 베블런은 이렇게 생산성을 낮게 유지하는 것을 "깽판 놓기sabotage"라고 불렀으며, 이것이야말로 자본주의의 대기업들이 이윤을 거두어들일 수 있는 원천이라고 했다.

계속 정체되어 있는 동안 제조업 부문은 실로 비약적인 발전을 이루었다는 것이다. 제조업이 이렇게 생산량을 늘려나가는 와중에 온 나라 인구의 5분의 1을 점하는 농업 인구의 구매력이 이를 따라잡을 수 없었으므로, 결국에는 제조업의 발전 또한 잠식당하지 않을 수 없었던 것이다. 농부들이 돈이 달려서 물건을 살 수 없게 되면서 이것이 트랙터, 자동차, 가솔린 및 전기 모터, 소비재 공산품 등에 대한 수요 또한 전반적으로 끌어내리는 원인이 되었다. 농업 부문의 취약성은 전체 경제의 취약성을 보여주는 한 징후였다. 농민뿐 아니라 미국의 하층 인구 전체의 구매력이 나라 전체의 산업 생산 속도를 따라잡지 못하고 있었으니까.

제조업의 취약성

1920년대의 경제학자들도 대부분 농업 부문이 잠재적인 골칫거리라는 점에 동의했을 것이다. 그런데 만약 제조업이나 광업에서도 문제의 씨앗이 자라고 있었다고 말한다면 이들은 거의 대부분 동의하지 않았을 것이다. 1920년대의 사람들은 대부분 산업 부문을 그저 생산이라고만 여기고 있었고, 또 생산이라는 측면에서만 보면 당시에는 분명히 별 문제가 될 게 없었기 때문이다.

그런데 자세히 들여다보면, 이렇게 경제 전체의 엔진이라고 여겨져 오던 곳에서도 아주 심각한 징후들을 잡아내는 것이 가능하다. 생산은 꾸준히 늘고 있었지만 고용은 늘고 있지 않았던 것이다. 예를 들어 제조업에서 1929년의 물질적 산출량은 1920년에 비해 49퍼센트가 증가했지만 고용은 변하지 않고 똑같았다. 광업에서도 산출은 43퍼센트

270

가 늘었지만 고용은 오히려 약 12퍼센트 정도가 줄어버렸다. 교통이나 공공시설 산업에서도 산출이 더 올라갔지만 —— 교통에서는 약간 증가했고 공공시설의 전력 산출은 대단한 증가를 보였다. —— 여기에서도 고용은 감소하였다.

물론 전체 고용이 늘어난 부문도 있었다. 건설, 무역과 금융, 서비스 산업, 정부 부문 등에서는 고용이 상당히 올라가기도 했다. 하지만 고용을 흡수한 이런 산업들이 모두 공유하는 하나의 특징이 있었다. 이 부문들은 모두 비교적 기술적 진보가 나타나지 않았던 곳이라는 점이다. 거꾸로 말해서, 급속한 기술적 진보가 나타난 산업에서는 모두 고용이 감소하는 특징이 나타났다는 것이다. 전체 경제는 위로 위로 올라가는 경향을 가지고 있었지만, 그 아래에서 기술 발전에 의한 노동력의 절감이라는 것이 반대의 조류를 형성하면서 경제의 상승을 아래로 아래로 끌어내렸던 셈이다. 전체 체제를 그토록 강력하게 추동했던 기술 변화에도 부정적인 힘이 존재했던 것이다.

기술과 고용

앞에서 기술에 대해 고찰하는 동안 우리는 기술이 고용에 어떤 결과를 가져올 것인지에 대해서 전혀 논하지 않았다. 앞에서는 그저 산업 기술이 산출을 증가시키는 능력에 대해서만 관심을 집중하다 보니 그 결과가 항상 긍정적일 것이라고 암묵적으로 가정하는 경향이 있었다. 하지만 기술 발전이 고용 창출에 항상 호의적일 리가 없다는 것은 쉽게 알 수 있다. 자동차 산업의 경우에서 보듯, 새로운 발명으로 새로운 산업이 생겨나게 되면 그것이 일자리를 창출하는 효과가 어마어마할 수 있다는 것은 분명하다. 하지만 이 경우에서도 비록 큰 것은 아니지만 오히려 고용을 감소시키는 경향 또한 분명히 존재한다. 자동차 산업이 성장하게 되면 예전의 마차 제조업자들은 시장에서 축출당하게 되니까. 그런데 아예 새로운 수요를 전혀 창출하지도 않으면서 그저 기존에 있던 산업을 생산성만 더 끌어올리는 발명의 경우를 생각해보라. 이 경우에는 그러한 기술적 변화의 직접적 결과가 심각한 실업 사태일 수밖에 없다는 점은 아주 명백하다.

일자리를 잃은 노동자들도 결국에는 다시 노동력으로 흡수될 것이며, 특히 경제가 아주 빠르게 성장하고 있을 때라면 더욱 그렇다. 이 장의 끝 부분에서 다시 이 문제가 나오겠지만, 여기에서 1920년대 동안 벌어진 급속한 기술적 변화가 "노동력을 대체한 산업들"에 어떠한 결과를 가져왔는가를 좀 더 따져볼 필요가 있다. 재미있는 사실이 하나 나온다. 생산은 비약적으로 늘어났던 반면 고용량은 늘지 않으면서, 그 가운데 노동자 한 사람의 시간당 생산량은 급속하게 늘어난다. 사실상 1920년에서 1929년에 걸쳐 노동자 일인당 시간당 생산량이 교통에서는 30퍼센트 이상, 광업에서는 40퍼센트 이상, 제조업에서는 무려 60퍼센트 이상으로 늘어난다. 이렇게 시간당 흘러나오는 생산물의 양이 훨씬 커지게 되었으니 벌어지게 될 일은 임금이 상당히 올라가든가 물품 가격들이 크게 떨어지든가 둘 중 하나라고밖에 생각할 수 없다. 그런데 어느 쪽도 벌어지지 않았다. 임금이 오른 곳은 노동조합이 버티고 있는 철도업뿐이었다(약 5퍼센트 정도). 광업에서는 노동자들의 시간당 수입이 거의 20퍼센트만큼 떨어졌고, 제조업에서도 아무 변동이 없었다. 더욱이 주당 노동 시간도 함께 떨어졌다. 따라서 이러한 산업들에서 피고용인들의 평균적 연간 수입은 그 급속한 생산성 상승을 전혀 따라잡지 못했다. 광업의 경우 노동자의 평균 연간 수입은 1,700달러에서 1,481달러로 떨어져버렸다. 교통과 제조업에서는 연간 수입이 1920년에서 1922년까지 줄곧 떨어지기만 했고 1928년과 1929년이 되어도 1920년의 수준을 회복하지는 못했다.

결국 생산성이 높아져서 얻은 이득이 임금 인상을 통해 산업 노동자들의 소득으로 이전되지 않았던 것이다. 하지만 또 다른 가능성도 있다. 생산성 증가로 물가가 내려가는 경로를 통해 노동자들에게 이득이 이전될 수도 있지 않았을까? 어느 정도까지는 실제 그랬다. 1920년에서 1929년 사이에 전반적 생계비는 15퍼센트 정도 하락했다. 이 하락의 부분적 원인은 앞에서 이야기한 식료품 가격의 하락에서 기인한 것이었다. 식량 이외의 재화들도 1920년의 전후 붐에서 1921년으로 넘어가는 가운데에 크게 하락했고, 또 1929년까지 약 15퍼센트 정도 떨어졌다. 하지만 산업 기술 발전에서 생겨난 이득을 모두 노동자들에게 재분배하기에 이 정도의 가격 하락으로는 턱없이 부족한 것이었다. 도대체 어떻게 된 일인가? 그러면 생산성 향상에서 발생한 이득의 대부분은 누가 가져갔단 말인가? 1920년에서 1929년 사이에 거의 하늘을 찌른 것이 또 하나 있다. 대규모 제조업 기업들이 거두어들인 이윤이었다. 1916년에서 1925년까지는 이 대규모 제조업 기업들의 이윤이 1년에 평균 7억 3천만 달러 정도였지만, 1926년에서 1929년 사이에는 평균 14억 달러였다. 그리고 1929년에 이들이 거두어간 이윤의 양은 실로 1920년의 세 배에 달하였다.

방금 본 이윤과 임금의 전반적 경향을 보면, 1929년에 마침내 급작스레 전 경제를 덮쳐버린 문제점의 원인 하나를 더 발견할 수 있다. 소득의 불균형 상태로 인해 경제 체제 전체가 충격에 아주 취약한 상태가 되었다는 것이다.

미국 경제가 스스로의 생산물을 소화할 만큼 구매력을 창출하지 못했다고 말하는 것은 아니다. 모든 경제는 최소한 잠재적으로는 그 스스로가 생산해낸 것들을 구매하는 데에 충분한 구매력을 만들어내게 되어 있다.

하지만 생산에서의 조건으로 인해 아주 심각하게 소득 분배가 악화될 수 있다. 생산에서 생겨난 것들 모두가 구매력을 행사하는 사람들의 손에 있지 않을 수 있다. 사실상 저임금 노동력 계층에게 지불되는 소득은 곧바로 구매력의 흐름으로 되돌아오게 되어 있다. 노동자들은 임금을 아주 빠르게 지출하는 경향이 있기 때문이다. 하지만 이윤, 기업의 이자, 개인의 아주 높은 보수 따위는 구매력으로 빨리 돌아오지 않는다. 이윤이나 높은 소득은 소비 대신 저축으로 가기 십상이기 때문이다. 이런 것들도 물론 결국은 구매력의 큰 물결로 합류하게 되지만, 문제는 이렇게 저축으로 간 소득은 소비재 지출의 경로를 통해 저절로 돌아오지는 않는다는 데에 있다. 이런 소득은 대신 다른 경로로 가게 되는데, 이는 투자 즉 자본 형성이라는 경로이다.

1929년의 경제로 되돌아가자. 이제 우리는 아마도 그 취약성의 가장 근본적인 원인이 무엇이었는지를 이해할 수 있게 된다. 거기에서 발생하는 소득이 그 소득을 확실하게 지출할 사람들의 손으로 충분히 돌아오지 않았다는 사실이 그것이다. 앞에서 우리는 왜 농부들과 노동자들이 사실 한없이 소비하고 싶은 마음을 가지고 있음에도 불구하고 물건을 살 능력이 묶여 있었는지를 보았다. 이제는 그림 전체를 보기 위해서, 생산성 증가에서 나온 이득을 저소득층에게 분배하지 못한 대신 그 결과 잠재적으로 지출하지 않으려 드는 사람들의 소득이 크게 불어났던 과정을 살펴보자.

다음에 나온 표는 소득이 기이하게 집중되고 또 그 집중이 꾸준히 악화되고 있는 상태를 보여준다. 1929년을 보게 되면 미국 전체의 소득 피라미드의 정점에 있는 1만 5천 가구 혹은 개인들이 각자 1십만 달러 이상의 소득을 올렸고, 전체로 보면 그 소득은 피라미드 바닥의 5백만에서 6백만 가구가 가져가는 소득과 맞먹는다는 것을 알게 된다 (표 6-1). 여기에 단지 형평성이라는 도덕적 문제를 넘어서는 문제가 있다. 이렇게 엄청난 소득의 집중은 곧 1920년대의 번영 —— 이는 미국인 대다수에게 전례가 없는 번영이었다. —— 이 그 겉모습 아래에서 아주 심각한 잠재적 문제점을 키우고 있었음을 의미하는 것이다. 만에 하

표 6-1 상위 소득

전체 인구 상위 1퍼센트와 5퍼센트의 총 소득이 전체에서 차지하는 몫[a]

해	상위 1퍼센트	상위 5퍼센트
1919년	12.2	24.3
1923년	13.1	27.1
1929년	18.9	33.5

출처: Susan B. Carter, ed., *Historical Statistics of the United States: Colonial Times to 1970* (New York: Cambridge University Press).

[a] 이 표에 나온 소득은 "가처분 소득disposable income" 즉 조세와 자본 이득 부분을 뺀 소득이다.

나 미국 경제의 활력이 조금이라도 장애를 만나게 되면 이렇게 불균등한 구매력 배분은 심각한 문제가 될 것이다. 인구의 고소득층이 가져가는 높은 이윤과 봉급 그리고 주식 배당금이 계속해서 소득 흐름으로 되돌아와준다면 아무 문제가 없을 것이다. 하지만 만약 이 돈이 돌아와주지 않는다면?

자본 형성의 결정적 역할

이 질문은 시장 내 활동 수준을 결정짓는 대단히 중요한 관계 하나를 전면에 부각시킨다. 한 사회가 저축하고자 하는 몫과 이윤을 위한 투자의 기회 사이의 관계가 그것이다. 이는 시장 사회의 실로 중심적인 경제 문제로서, 이를 전반적으로 파악하지 않으면 대공황이라는 대사건을 이해하는 것은 불가능하다.

사실 우리는 이미 이 저축-투자 관계 문제에 대해 반쯤은 이야기한 바 있다. 산업 혁명을 다루는 장에서 우리는 저축이란 자본 형성의 필수불가결의 요건임을 보았다. 하지만 우리의 이해는 성장 과정의 다른 쪽 측면에 대한 명제를 덧붙여야 온전해진다. 우리는 우리의 저축을 모두 흡수할 만큼의 크기로 자본 형성에 지출해야 한다. 만약 그러지 못한다면 경제는 더 앞으로 나아갈 수 없다. 저축이 투자에 필수 불가결이라면, 투자는 번영에 필수 불가결이다.

투자 지출이야말로 저축을 소득 흐름으로 되돌리는 방법이므로, 우리가 자본 장비의 축적을 불리는 속도가 전체 경제의 부에 지대한 영향을 준다는 점은 쉽게 알 수 있다. 투자 지출이 신통치 못하게 되면 불황이 우리를 덮친다. 자본 형성을 위한 지출이 속도를 빨리한다면 호황이 우리를 찾아온다. 다른 말로 하자면, 자본 형성의 속도야말로 번영이냐 침체냐를 결정하는 열쇠인 것이다.

하지만 이것만으로는 자본 지출의 비율이 변동하는 이유를 알 수 없다. 그래도 잠깐만 생각해보면 아주 명확한 답이 나온다. 소비 목적에서 이루어지는 지출은 충분히 예측할 수 있고 아주 꾸준한 경향을 보인다. 대부분의 소비재들은 빠르게 사용되고 따라서 새 것으로 교체되어야 한다. 일정한 생활 수준을 유지하고픈 욕망은 급작스레 바뀌는 것이 아니기 때문이다. 소비자로서 보면, 우리 모두는 상당한 정도로 습관의 지배를 받는 존재이다.

투자와 예상 이윤

하지만 자본 지출은 그렇지 않다. 소비재와 달리, 대부분의 자본재들은 내구성이 크기 때문에 그것을 새것으로 대체하는 일도 쉽게 나중으로 미룰 수가 있다. 또 소비재와는 달리, 자본재는 습관이나 개인적 기쁨 같은 것 때문에 구매하는 것이 아니며, 오로지 그것을 사용하여 일정한 이윤이 생겨날 것이라는 기대 때문에 구매하는 것이다. 우리는 새 가게, 새 기계, 또는 추가적인 재고 축적은 모두 "제값을 하게" 되어 있다는 말을 듣곤 한다. 신규 투자는 생산을 증가시키고, 그 추가적인 생산은 판매를 통해 이윤을 가져온다. 어떤 이유에서이건 이러한 이윤을 기대할 수 없는 상황이라면 투자는 이루어지지 않을 것이다.

이 점을 명심한다면 이윤에 대한 예상과 기대(이는 지금 현재 실제로 실현되고 있는 이윤보다 클 수도 있고 작을 수도 있다.)가 자본 형성률에서 결정적인 역할을 한다는 점을 알 수 있다. 하지만 여기서 질문이 또 하나 나온다. 이것이 최종적 질문이며 또 가장 핵심적인 질문임이 분명하다. 신규 투자로 자본재를 구매했는데 여기에서 이윤을 기대할 수 없는 이유는 무엇인가?

그 대답은 여러 가지가 있거니와, 이를 위해서 다시 1930년대 초의 우리 논의의 출발점으로 되돌아가보자. 첫째, 이때의 대폭락과 같이 투기 붐이 무너지게 되면 경제에 대한 사람들의 신뢰가 파괴되거나 금융 원칙이 훼손되고, 금융 사고들이 정리될 때까지 일정한 퇴조 기간이 이어지게 된다. 또 다른 이유로서, 생산 비용이 상승하고 통화에서 문제가 생기면 붐도 장애를 만나게 된다. 은행들은 대출 한도에 부닥치고 갑자기 새로운 자본 형성 계획을 위한 돈을 조달하기 어렵게 될 수 있다. 또 다른 이유로, 소비 지출이 정체될 수도 있다. 그 이유는 아마도 1920년대처럼 소득 분배의 악화일 수 있으며, 그렇게 될 경우 공장 설비를 확장할 동기가 사라지게 된다. 인구 증가율이나 가족 형성율도 떨어질 수 있는데, 이렇게 되면 가옥에 대한 수요는 침체를 겪게 된다. 또 붐이 그냥 자연스럽게 사라질 수도 있다. 처음 붐을 일으켰던 기술 진보의 물결이 지나가버리고 또 그 기술 진보가 요구하는 엄청난 산업 설비에 필요한 거대한 투자가 완결되었는데도 그에 필적할 만큼 자본을 유혹할 수 있는 두 번째 기술 진보의 물결이 금방 나타나주지 않게 되면 곧바로 붐은 사라질 수 있다.

투자 감소의 여러 효과

이미 보았듯이, 대공황의 경우에는 이런 많은 이유들이 함께 작용하여 자본 형성을 중지시켜버렸다. 우선 주식 시장의 대폭락 자체가 사람들의 자신감과 은행 및 지주 회사의 지급 능력에 심각한 타격을 가했고, 농업 부문이 취약하였고, 기술적인 대체도 지체되고 있었고, 소득 분배 또한 악화되고 있었으니 이 모든 것들이 합쳐져서 사실상 경제 성장을 멈추게 했던 것이다. 표 6-2에 나타난 국내 사적 부문의 총 투자 ── 사적 자본 형성을 뜻하는 용어이다. ── 의 수치들은 실로 무서운 이야기를 전해주고 있다.

따라서, 대공황은 본질적으로 자본 형성률이 엄청난 규모로 또 오랜 기간 동안 지속적으로 붕괴한 것이라고 규정지을 수 있다. 일종의 마비 상태가 주택 건설에서, 제조업 설비와 장비에서, 상업용 빌딩에서, 재고 축적에서 경제를 덮친 것이다. 1929년에서 1933년의 기간 동안 물가 인상률을 감안했을 때 투자재 생산은 88퍼센트가 감소하였다. 비록 1929년에 자본재 산업들이 총 노동력에서 차지하는 고용의

표 6-2 국내 민간 부문의 총 투자

연도	비농업 부문 주택 건설	기타 건설	생산자의 내구적 장비	재고 변동량
당시의 달러 가치, 단위는 10억				
1929년	3.8	5.0	5.6	1.7
1932년	0.7	1.2	1.5	-2.5

출처: Susan B. Carter, ed., *Historical Statistics of the United States: Colonial Times to 1970* (New York: Cambridge University Press).

비율은 10분의 1에 불과했지만 이 산업들이 전체 경제에서 차지하는 중요성은 실로 막대한 것이므로, 1933년경 전체 실업의 3분의 1은 이 산업들의 침체에 기인한 것이었다. 대공황을 이해하는 핵심적인 열쇠가 바로 여기에 있다.

승수 효과

하지만 문제는 여기서 끝나지 않았다. 투자가 충분치 않아서 저축이 구매력으로 되돌아올 수 없게 되자, 구매력 저하는 사방으로 확산되었다. 건설업의 불황 때문에 철강 노동자 한 사람이 해고당하게 되면 그 노동자는 분명히 허리띠를 졸라매고 자기 가족의 지출을 악착같이 줄이게 될 것이다. 그렇게 되면 이는 그전에 그 철강 노동자의 가족이 보통 소득을 지출했던 품목의 장사가 또 손해를 입게 될 것이다. 그리하여 다른 사람들도 또 직업을 잃거나 아니면 임금을 삭감당할 것이다. 이러한 방식으로 일종의 눈덩이가 불어나는 효과, 즉 전문 용어로 승수 효과muliplier effect라고 부르는 것이 나타나는 것이다.

이는 대공황의 메커니즘을 이해하는 데에 도움을 준다. 자본 지출이 1930년대 초에 떨어지게 되면서 소비재 지출 또한 함께 끌어내리게 되었는데, 소비재 지출이 감소한 정도는 투자가 감소한 양보다 훨씬 더 컸다. 1929년에서 1933년에 이르는 기간 동안, 소비는 7백9십억 달러에서 4백9십억 달러로 감소하여 그 감소량이 투자 감소의 절대 크기의 거의 두 배를 기록하였다. 그리고 이렇게 소비가 감소하게 되자 이는 다시 자본 지출의 흐름을 더욱더 끌어내리고 말았다.

그리고 이러한 과정이 반대 방향으로도 작동했음이 분명하다. 자본 지출이 다시 늘어나기 시작했을 때 소비 지출은 또 그보다 훨씬 더 크게 증가하는 것이 전형적인 모습이었다. 한 예로 1949년 트루먼 대통령은 라디오 연설에서 10억 달러를 공공 지출로 풀어서 약 31만 5천 명에게 우선 소득으로 돌아가게 만들어주면 곧 이는 추가적으로 70만 명의 소득을 불려주게 되어 있다고 지적하였다. 경제 활동은 확장기에서나 수축기에서나 누적적인 패턴을 갖는 것이 전형적이어서, 성공은 더 큰 성공을 낳게 되어 있고 실패는 더 큰 실패를 낳게 되어 있는 것이다.

짧지만 경기 변동 이론에 대한 논의는 여기서 끝내고 다시 경제사 이야기로 돌아가자. 하지만 여기서 우리가 얻은 이해를 통해 대공황이 하나의 역사적 현상일 뿐만 아니라 시장 사회라면 어디에서나 터지게 되어 있는 고유의 고질병의 하나라는 점을 알 수 있을 것이다. 우리는 1920년대에 그러한 시장 사회가 어떠한 오작동을 보이면서 대공황으로 가는 길을 스스로 닦아나갔는지를 보았다. 다음 장에서 우리는 사상 최악의 파괴적 공황으로부터 1930년대의 경제가 빠져나오기 위해 몸부림쳤던 이야기를 따라가 보기로 한다.

대공황에서 배울 수 있는 교훈들

이 앞의 5장은 기술 진보의 이야기가 지배적이었으며, 경제학이 맡았던 역할은 그다지 눈에 띄지 않았었다. 그런데 이 6장에서 두드러진 역할을 맡은 것은 무엇이었던가? 우리가 보기에는 경제학이지만, 종류가 다른 경제학이다. 이 책에서 지금까지 경제학은 인류가 인간 존속을 위해 가장 중요한 활동인 그 집단적 생존의 보장에 질서를 부여해 온 사회적 제도와 장치들을 다루어 왔다. 이러한 맥락에서 볼 때,

경제학이란 전통, 명령, 시장 메커니즘 각각이 장시간에 걸쳐 가져오는 상이한 결과들, 상이한 정도의 성공과 실패를 다루는 것이었다.

그런데 이 장에서 개진된 경제학은 사회적 풍요를 추구하는 이 서로 다른 양식들을 늘어놓는 것과는 전혀 다른 경제학이다. 공황기의 경제학은 질서가 아닌 사회의 해체, 진보가 아닌 쇠퇴를 다룬다.

이 책의 목적은 경제사의 역동성을 이해하는 것이지만, 기술을 다룬 앞장에서와 마찬가지로 공황을 다룬 이 장 또한 독자들의 주의와 관심을 그러한 큰 목적과는 다른 방향으로 이끌고 있다. 우리가 기술을 살펴볼 때에 초점을 두었던 것은 여러 발명들 자체가 아니라 그러한 발견과 개선을 가져왔던 사회적 태도와 꿈의 변화였다. 마찬가지로 공황기에 초점을 맞추는 경제사 연구자들의 결정적인 임무는 공황으로 생겨난 피해 자체를 살펴보는 것이 아니라, 불과 얼마 전까지도 깊고 지속적으로 팽창하던 인적 물적 생산 능력이 그처럼 근본적으로 또 지속적으로 사용되지 못하고 방기되는 사태가 어떤 과정으로 야기되었는지를 이해하는 것이어야 한다. 다음 장에서 보겠지만, 경제학은 이 대붕괴가 벌어지기 전 2세기 동안이나 그토록 놀랍도록 작동하던 바로 그 시스템이 경제적 작동을 멈추게 된 까닭을 찾아내고자 노력했고, 그 과정에서 엄청나게 중요한 새로운 점들을 발견하게 된다.

이 전례 없는 경제 붕괴의 비극으로부터 무슨 건설적인 결과물이 나올 수 있단 말인가? 자본주의 경제가 어떻게 작동하는지 ─ 그리고 간혹 작동하지 않는지 ─ 에 대해 점차 새로운 이해를 획득하게 되었다는 것이 그 답이다. 이 책의 뒷부분에서 이 주제를 다시 다루겠거니와, 이는 지구적 경제가 또 한 번의 역사적 규모의 하락에서 회복하고 있는 오늘날에 막대한 현실성을 갖는 문제이기도 하다.

성장	1. 1929년 이전의 100년 동안에 두드러지게 보이는 경제적 사실은 경제 성장의 장기적 추세가 계속되었다는 점이다. 이 추세로 보면 미국의 일인당 소득은 대략 40년마다 두 배씩 늘어났고 이를 통해 1929년에는 미국의 번영이 전례 없는 수준에 도달해 있었다.
공황	2. 그런데 대공황이 도래하면서 이 장기적인 성장 추세가 재난에 가까운 중지를 맞게 되었고, 이는 거의 10년간 지속되었다. 대공황의 원인은 여러 가지이다.
신용 구조	● 신용 구조가 투기적이고 또 기반이 취약하였고, 여기에 1929년의 주식 시장 대폭락과 부적절한 통화 정책이 겹치면서 붕괴하고 말았다.
소득 분배	● 농촌의 구매력이 계속하여 악화되었고 농업 생산물에 대한 수요가 비탄력적이라는 사실 때문에 더욱 심각해졌다.
기술적 실업	● 기술적 실업의 역류가 상당하였다. ● 소득 분배가 좋지 못했고 갈수록 악화되었다.
자본 형성	3. 이러한 원인들이 함께 어우러지면서 엄청난 규모의 자본 형성 붕괴가 나타났다. 1929년에서 1933년 사이에 투자는 (물가 변동을 감안했을 때) 88퍼센트가 감소했다.
국민 소득	4. 투자의 감소가 국민 소득 감소의 으뜸가는 원인이었다. 투자는 저축으로 빠져나간 돈이 다시 국민 경제 지출의 흐름으로 되돌아오는 통로였기 때문이다. 투자가 감소하여 저축이 이 흐름으로 되돌아오지 못하게 되면 경기 침

체가 시작된다.

투자 지출

5. 따라서 투자는 번영의 수준을 결정하는 데에 결정적인 요소이다. 하지만 투자는 그 변동 폭도 크고 변동의 속도 또한 대단히 빠르다. 왜냐면 투자 지출은 이윤에 대한 예상으로 결정되기 때문이다. 이윤에 대한 예상이 낙관적이지 못하다면 새로운 자본이 형성되지 않는다.

승수 효과

6. 투자가 비교적 조금만 감소하더라도 그 효과는 경제 전체로 파급된다. 이를 승수 효과라고 부른다.

질문들

1. 오늘날의 경제에 대해 당신이 알고 있는 바에 비추어 대공황의 원인들을 논의해보라. 이러한 대공황이 다시 벌어질 수도 있을까?

2. 당신이 알고 있는 가족들 중에서 자본 형성을 목적으로 즉 소비가 아니라 투자를 목적으로 하는 재화와 서비스를 생산하는 회사에서 일하는 가족이 몇이나 되는가?

3. 당신이 사업가이며 전망이 좋은 신상품 — 예를 들어 보통 팔리는 것보다 두 배 더 오래가는 연필 — 을 생산하기 위해 공장을 지으려 한다고 해보자. 이러한 투자를 주저하게 만들 상황은 어떤 것이 있을까? 당신이 현재의 상황으로서 이미 알고 있는 것과 미래에 벌어질 것으로 당신이 예상하는 것 중 어느 쪽이 당신의 최종 결정에 얼마나 더 영향을 주는가?

4. 당신이 은행에 예금하는 돈이 다른 사람의 소득으로 들어가는

것은 어떤 과정인가? 당신이 새로 시작한 사업에 투자한 돈이 다른 사람의 소득으로 들어가는 경우는? 당신이 보험사에 집어넣은 돈의 경우는?

5. 만약 당신(혹은 부모님)의 소득이 갑자기 절반으로 줄어든다면, 당신의 지출은 어느 만큼 줄어들게 될까? 그리고 당신이 그렇게 지출을 줄이면 어떤 업종들이 타격을 받게 될까? 그리고 그렇게 되면 그 업종의 회사들도 지출을 줄이게 될까?

6. 번영의 수준을 결정하는 데에서 투자가 그토록 결정적인 이유는 무엇인가?

THE MAKING OF ECONOMIC SOCIETY

| 7장 |

공공 부문의 성장

"이 나라는 우리가 무언가 해야 한다고 그것도 당장 해야 한다고 부르짖고 있다. …… 우리는 지금 무언가 해야 하며, 당장 해야 한다."

이 말은 새로 뽑힌 프랭클린 델라노 루즈벨트 대통령의 취임 연설이다. 당시 사람들이 느꼈던 절망감과 갈급한 심정은 너무나 컸기에 오늘날의 사람들이 알 수 있도록 전달하기가 거의 불가능할 지경이며, 1933년 3월 4일에 이루어진 위 연설의 언사도 바로 그러한 감정을 담고 있다. 대통령 취임식이 행해지기 바로 몇 시간 전에 미국의 모든 은행들이 문을 닫는 사태가 벌어졌다. 통화 체제는 붕괴 직전이었다. 거의 1천3백만 명의 미국인들이 실업 상태에 있었다. 그 바로 전해에는 1만 5천 명의 전직 군인들이 워싱턴에서 시위를 벌이다가 최루탄, 탱크, 총검으로 겨우 해산되었다. 농장에서는 땅을 저당 잡혔다가 돈을 갚지 못해 보험 회사나 은행에 땅을 뺏긴 이들이 그 땅을 보험 회사나 은행이 경매에 붙일 경우 여차하면 목을 매겠다고 올가미까지 보란 듯이 드리운 채 덤벼들고 있었다. 그러는 와중에서 상원의 금융 위원회에 줄줄이 불려온 재계 인사들은 하나같이 이 사태를 어찌할 도리가 없다는 무기력증과 절망감만 토로하였다. 어떤 대규모 철도 회사의 회장은 이렇게 말했다. "이 공황을 이기는 유일한 길은 일단 바닥까지 처박힌 다음 서서히 일어나는 것뿐입니다." 또 뉴욕의 가장 큰 은행 하나의 회장은 이렇게 말했다. "저로서는 해결책이 없습니다." 유에스스틸의 회장도 이렇게 증언했다. "도무지 해결책이 생각나지 않는군요." 전문가라는 이들은 한결같이 입을 모아 "무엇보다도 먼저 수지 균형을 맞춰야 합니다."라고 했다.[1] 이 위기는 깊고도 깊은 진짜 위기였다. 미국이 과연 이때보다 더 경제적 붕괴와 사회적 폭력에 근접한 적이 있었을까.

뉴딜

새로 취임한 대통령의 대응은 즉각적이고도 강력한 것이었다. 아서 슐레징어Arthur Schlesinger에 의하면, 루즈벨트가 취임한 뒤 3개월 동안 "의회와 온 나라가 대통령이 쏟아놓는 무수한 아이디어와 프로그램에 정신을 차릴 수 없었고, 이런 일은 미국 역사에 일찍이 없었다." 이것이 저 유명한 뉴딜 1백 일Hundred Days of the New Deal이다. 바로 이 기간 동안 절반은 계획으로 또 절반은 순전히 우연으로 정부와 민간 경제의 관계에 대한 새로운 패턴의 기초가 마련되었고, 이 패턴은 미국 자본주의의 조직에서 중대한 변화를 가져오게 된다.

그 변화란 경제 내에서 공공 부문이 주요 세력으로 나타나게 된 것이다. 시장 체제 내에서 정부 권력이 차지하는 범위와 한도가 유례없이 확장된 것이 이 변화에서 두드러지게 보이는 바이다. 이 장에서 우리는 초기 뉴딜 시절부터 1970년대와 1980년대까지 그러한 정부 권력의 확장이 벌어진 과정을 살펴볼 것이며, 그다음 장에서는 유럽에서 벌어진 비슷한 과정을 살펴볼 것이다. 그 후에는 좀 더 최근에 미국 국내에서 생겨난 여러 문제들의 여러 측면과 또 이로 인해 다시 새롭게 벌어진 변화들을 다룰 것이다. 하지만 산업화된 국가의 자본주의가 20세기 중반에 들어 그 초기 모습으로부터 환골탈태했던 과정을 어느 정도 알지 못하면 그러한 현재의 문제들도 제대로 고찰할 수가 없다.

우선 이 1백 일 동안에 취해진 주요한 조치들의 개요를 전반적으로 살펴보며 시작하자. 모두 15개의 주요 법안들이 통과되었다. 긴급 은행 법Emgergency Banking Act은 정부 감독이라고 할 만한 것을 통하여 은행들이 다시 문을 열게 만들었다.[2] 환경보존민병대Civilian Conser-vation Corps를 창설하여 청년 실업의 일부라도 우선 흡수하기를 시도했다. 연방 긴급 구호 법Federal Emergency Relief Act은 이미 바닥나버린 주 정부 및 도시의 구호 시설들을 보조하고자 했다. 긴급 농지 모기지 법Emergency Farm Mortgage Act은 그전 4년간 연방 정부가 풀었던 대출보다 4배가 많은 액수를 단 7개월 동안 농부들에게 대출해주었다. 테네시계곡공사 법Tennessee Valley Authority Act은 테네시계곡공사(TVA)를 세웠는데, 이는 완전히 새로운 종류의 정부 기업을 세우는 일종의 실험이었다. 글래스-스티걸 법Glass-Steagal Act은 상업 은행으로부터 주식 및 채권 상장 활동을 떼어내고 대신 은행 예금을 보장해주었다. 그리고 최초의 증권 법Securities Act은 주식 투기와 맹목적인 기업 피라미드 건설에 제동을 가했다.

하지만 이 1백 일은 뉴딜의 시작에 불과했으며, 완성은 멀고도 먼 일이었다. 사회 보장, 주택 관련 입법, 국가 재건 법National Recovery Act, 공공시설 관리 민간 지주 회사의 해체, 연방주택공사 등이 그다음으로 줄줄이 나타났으며, 또 노동조합의 권리를 보호하는 와그너 법Wagner Act도 나타났다. 사실상 뉴딜은 최저 임금 및 최고 노동 시간을 못 박고 주州 사이의 상업에 아동 고용을 금지하는 공정 근로 기준법이 통과된 1938년이 되어서야 비로소 완성되었다.

이 법안 하나하나가 모두 중요한 것들이지만 그 내용을 꼼꼼이 살피는 것은 전반적 경제사를 훑는다는 우리 논의의 범위를 넘는 일이다. 하지만 뉴딜이 성취한 바를 앞에서 이미 본 경제사의 문제들과 이슈들을 배경으로 간추려보면 그 전반적 조망을 얻을 수 있을 것이다. 우리는 뉴딜이 시장 자본주의의 발전에 있어서 진정한 변화를 이루었다는 것을 알게 될 것이다. 뉴딜 때문에 새로운 종류의 자본주의가 나타나 그 이전과는 크게 다른 방식으로 진화해나가는 과정을 이제부터 이야기할 것이다. 우리가 살고 있는 현대 사회라는 종점까지 우리의 일반적 경제사 이야기를 끌고 오려면 이러한 진화의 성격을 잘 이해해야만 한다.

시장에 대한 개입

경제적 빈궁이 날카롭게 나타났던 처음 몇 해 동안 정부 개입은 농업에서나 산업에서나 주로 공급을 제한하는 노력의 모습을 띠었다. 1933년에 통과된 국가 산업 재건 법National Industrial Recovery Act (NIRA)을 통해서 기업들은 이제 포괄적인 가격 및 생산 협정을 맺는 것이 허락되었다(대신 그 대가로 가장 낮은 임금을 받는 이들의 소득 개선을 목표로 마련된 임금 협정을 받아들여야 했다.). 다른 말로 하자면 시장의 부분적인 과점화를 아예 합법화함으로써 경제 회복을 꾀했다는 말이 된다. 과점oligopoly이란 소수의 수중에 권력이 집중되는 것을 말하며, 독점의 경우처럼 한 사람의 손으로 들어가는 것과 다르다.

사람들은 국가 산업 재건 법을 열렬히 환영하였고, 이 법의 시행을 위해 거의 800개에 달하는 세세한 산업 법규들이 만들어졌다. 그런데 1930년대 초 완전히 풀이 죽었던 시장이 어느 정도의 질서를 회복하게 되자 새로운 불평이 터져나왔다. 많은 산업에서 소규모 생산자들은 이 법규들이 대규모 생산자들만 이롭게 하는 것이라고 주장했던 것이다. 마침내 문제가 경쟁이 너무 많아서가 아니라 너무 적어서라는 점이 분명하게 드러나자 1935년 대법원은 이러한 실험이 위헌이라고 선언하게 된다.

우리가 5장에서 살펴본 여러 반독점법에 대한 강력한 비판이 벌어졌고, 이를 신호로 하여 정부의 정책도 대규모 독점체의 형성을 조장하는 방향으로 근본적으로 선회하였던 것이다. 비록 이렇게 공격의 방향이 완전히 바뀌기는 했으나, 목적은 그전과 동일했다. 시장을 다시 작동하게 만드는 것이 그것이었다.

정부가 시장을 작동하게 만드는 것은 어디까지 가능할까? 결코 명쾌한 답은 없다. 한쪽에는 과점이라는 강력한 힘들이 버티고 있고 그 반대 쪽에는 농업에서처럼 원자화된 개별 생산자들이 자기들끼리 경쟁을 벌이다가 자멸하고 있는 상황이니, 이 두 힘에 맞서서 시장을 형성할 정부의 힘이라는 것도 그다지 충분할 수는 없다. 그래도 정부의 권력을 조심스럽게 활용하여 시장을 더욱 잘 작동하게 만들어야 한다는 생각이 나타나면서 자본주의의 철학적 진화에 새 장이 열리게 된 것만큼은 사실이다.

이 새로운 철학은 정부와 경제의 관계에서 더 이상 자유방임이 반드시 최선이라고 보지 않는다. 오히려 시장은 종류에 따라 정부와 다양한 관계를 맺는 것이 유리하다는 인식이 나타났다. 그 관계는 여전히 일반적 법칙으로 남아 있던 자유방임이 될 수도 있지만 다양한 종류의 다른 규칙이나 규제가 될 수도 있다는 것이었다.

여러 형태의 새로운 정부 개입

사실 이러한 인식은 19세기 말에도 나타났음을 앞에서 우리는 보았다. 그 당시 트러스트 독점체들을 때려잡는 활동이 정부 개입의 한 형태로서 인정되었으며, 그 명분은 시장이 더욱 잘 작동하게 만든다는 것이었다. 이러한 인식은 뉴딜 철학에서 더욱 그 폭이 넓어졌다. 예를 들어서 부정적 외부성 —— 철강 생산과 같은 제조업에서 발생하는 공해와 독극물과 같은 나쁜 부수적 효과 —— 을 낳는 시장에는 정부가 마땅히 개입할 필요가 있다는 생각이 나타나고 또 널리 인정되었다. 또한 모든 회사는 자기들이 판매하는 모든 상품 —— 약품이든 주식이나 채권이든 —— 에 대하여 고객에게 충분한 정보를 제공하도록 해야 한다는 합의도 생겨났고, 이러한 목적을 위하여 공정거래위원회Fair Trade Commission와 증권감독위원회Securities and Exchange Commission가 설립되었다. 훗날 2차 대전 후가 되면, 항공업이나 자동차 및 타이어처럼 제품의 하자가 큰 피해를 초래할 만한 산업에서는 시장에 정부가 개입하여 안전 표준을 강제해야 하며, 또 위험한 노동 과정에 노출된 사람들의 보건 안전에 대해서도 최소 기준을 보장해야 한다는 생각이 전반적 동의를 얻게 된다.

어떤 종류의 개입을 어느 만큼이나 해야 하는가의 문제는 여전히 논쟁점이었고 이는 지금도 그러하다. 시장의 작동을 개선하는 데에는 여러 방법이 있으며, 시장의 결함을 해결하겠다는 의도로 이루어진 시도가 되레 거추장스런 관료적 훼방으로 끝나버릴 수도 있는 것이다. 따라서 뉴딜이 남긴 것은 정부가 무엇이건 원하는 대로 규제를 할 수 있도록 허락해준 백지 수표와 같은 것이 아니다. 뉴딜의 진정한 유산은 시장을 그대로 둔다고 해서 항상 공공의 이익에 맞게 작동하는 것이 아니며, 민주적 정치체 내부에 필연적으로 생길 수밖에 없는 경제적 활동과 비경제적 가치들 사이의 긴장을 해소할 수 있는 유일한 수단은 정부밖에 없다는 인식이다.

은행업 문제의 역사적 배경 하나

이렇게 정부와 시장 사이의 관계를 재정립하는 것이 뉴딜 기간에 자본주의의 구조가 변화하게 된 첫 번째 방식이었다면, 그 두 번째 방식은 통화량에 대해 정부가 어떻게 권력을 행사해야 하는가에 대해 새로운 개념이 출현하게 된 것이었다. 이 점을 이해하기 위해서는 잠깐 과거로 돌아가볼 필요가 있다.

정부는 항상 자국 영토 내에서 특권을 가지고 있다. 그 안에서 화폐를 창조할 권한을 가진 것은 국가뿐이다. 원래는 왕실 재정에 보관된 귀금속으로 금속 화폐를 주조함으로써 이러한 독점적 권력을 행사했다. 하지만 이미 초기부터 이러한 화폐 권력의 독점을 침해하는 존재가 있었으니, 이는 부유한 상인 은행가들merchant bankers이었다. 이들은 다른 상인들에게 자기들 돈을 대출해주었을 뿐만 아니라 이따금씩은 군주들도 이들에게 돈을 꾸어야 했다. 하지만 정부의 독점적 권한에 위협이 되었던 것은 단순히 이러한 대출만이 아니었다. 이 상인 은행가들은 자기들이 가지고 있지도 않은 돈까지 꾸어주는 재주를 피웠다. 이들은 현금을 빌려준 게 아니라 나중에 정 필요할 때에 말만 하면 즉시 주화나 귀금속을 내주겠다는 서면 약정서를 꾸어준 것이다. 이 상인 은행가들의 부가 워낙 크고 이들의 명성이 높았기에 그들이 써준 이 약속 어음은 "황금과 동일한 효력"이 있었다. 사실상 이들의 약속 어음이 비정부적 화폐로 통용되어버린 것이다.

우리가 오늘날 보고 있는 것과 같은 실제의 은행업은 18세기 이전에는 그다지 광범위하게 확산되지 못했다. 그래서 애덤 스미스는 『국부론』에서 은행업의 작동에 대해 다음과 같은 설명을 덧붙일 필요가 있다고 생각했던 것이다. 오늘날의 우리가 보면 너무 당연한 이야기라서 왜 이런 말을 굳이 썼을까 하고 의아할 수 있지만, 그의 『국부론』이 나온 때가 은행업이 본격적으로 확산된 지 얼마 되지 않은 1776년임을 기억할 필요가 있다.

어떤 나라의 국민들 모두가 어떤 특정한 은행가의 재력, 통찰력, 신중함에 대해 깊은 신뢰를 갖고 있어서 그가 써준 약속 어음은 어느 때고 그에게 제시만 하면 즉시 현금으로 지불될 수 있을 것이라고 굳게 믿게 된 상태라면, 그가 발행한 약속 어음은 금화나 은화와 똑같이 유통되는 통화가 된다. 그 약속 어음을 가지고 있으면 어느 때고 금화나 은화로 바꿀 수 있다는 사람들의 신뢰가 그 기초이다.[3]

중앙은행의 발흥

민간 은행업의 성장은 자연스레 정부가 자국 영토 내의 통화량을 결정할 수 있는 배타적 권한을 침식하게 되었다. 그러니 정부로서는 또 자연스럽게 중앙은행을 설립하고 모든 민간 은행들이 여기에 그 지급준비금을 예치하도록 함으로써 자신의 주권을 점차 회복하게 되었다. 중앙은행은 이런 식으로 하여 민간 은행들이 각자의 약속 어음 —— 오늘날에는 이를 **은행권**bank-notes이라고 부른다. —— 을 발행할 능력에 일정한 통제를 가하였다. 은행권은 은행마다 달랐고, 오늘날의 달러 등과 같이 단일한 지폐는 아직 존재하지 않았다.[4]

미국의 경우 그러한 단일의 중앙은행을 만들고자 하는 노력이 오랫동안 결실을 보지 못했는데, 그 큰 이유는 미국 국가가 화폐에 대해 그렇게 중앙 집권화된 권력을 갖는 것을 꺼렸던 데에 있었다. 1913년이 되어서야 연방준비Federal Reserve제도 —— 12개의 연방준비은행들과 전국적인 연방준비제도이사회Board of Governors로 이루어졌다. —— 가 생겨나면서 은행업이 오늘날과 같은 모습을 띠게 되었다. 또 모든 주요 은행들은 자신들 지역의 연방준비은행에다 자신들의 준비금을 예치하도록 되었다.

그 결과로 연방준비제도는 이제 전체 은행 체제의 통화량을 통제할 수 있게 되었다. 은행들은 무한정으로 대출을 해줄 수 있는 것이 아니다. 모든 산하 은행들은 고객들에게 대출해준 액수 총량의 일정 비율을 자기 지역의 연방준비은행에 준비금으로서 예치해두어야 하는데,

연방준비제도는 준비금의 비율을 올리거나 내림으로써 산하 은행들이 대출을 해줄 수 있는 총량을 줄이거나 늘릴 수 있게 된 것이다. 또 산하 은행들은 업무를 하다 보면 종종 자신들이 준비금으로 가지고 있는 액수 이상의 돈이 일시적으로 필요하게 되는데, 이 경우엔 자기들이 계좌를 둔 연방준비은행으로부터 당좌대월overdraft로 돈을 더 꿀 수밖에 없다. 이때 연방준비제도는 그렇게 산하 은행에 꾸어주는 돈의 이자율을 올리거나 내림으로써 민간 은행들의 대출 능력을 축소하거나 확장할 수 있게 되었다. 따라서 연방준비제도는 이제 미국에서 유통되는 화폐 총량을 담당하는 "군주"가 된 것이다.

통화 정책

이렇게 은행 역사를 짧게 살펴보아도 통화 정책이 어떻게 해서 단지 미국뿐만 아니라 전 세계의 선진국 경제들에서 공공 부문이 가미된 자본주의의 새로운 도구가 되었는지를 알 수 있게 된다.

　대공황 이전에는 전국적으로 통화 공급을 규제하려는 노력이 그저 각 은행들의 대출 능력과 그 고객들의 대출 수요를 맞추는 것 정도에 국한되었다. 예를 들어 크리스마스 때가 되면 은행 고객들의 화폐 수요는 항상 늘어나게 되며, 연방준비제도는 은행들의 자금 공급이 이 수요와 짝이 맞도록 보통 이자율을 낮추곤 했다. 경기 침체나 투기의 혼란과 같은 위기 시에도 연방준비제도는 마찬가지의 방법으로 통화를 "용이하게easy" 혹은 "빡빡하게tight" 만들려고 노력했다. 그 판단을 내리는 것은 연방준비제도이사회로서, 은행 체제 전체가 무사히 이 위기를 넘기기 위해서는 어떤 정책이 최선인가를 이들이 결정했던 것이다.

그런데 이 중앙은행의 초기 시대라 불리던 당시 아직 통화 정책의 목표로서 시도되지 않았던 것이 하나 있었다. 연방준비제도는 전체 경제 성장의 속도를 올리거나 줄이는 수단으로서 은행 체제의 대출 능력을 늘리거나 축소시킬 수 있음에도 아직 그러한 능력을 시험해보지 않았던 것이다. 경기 순환에 대한 관심이 높아지고 그 리듬에 대한 논의도 점차 늘어났지만, 은행 정책을 경제의 자연스런 작동에 대응하는 수단으로 쓰자는 생각은 아직 나오지 않았다.[5]

뉴딜의 새로운 정책

이러한 관행으로부터 대담한 이탈이 뉴딜 기간 동안 벌어졌다.[6] 그렇다고 통화 정책이 수동적 기준에서 능동적 기준으로 전환할 시대가 왔다는 식으로 하루아침에 무슨 극적인 선포가 내려졌던 것은 아니었다. 단지 대공황의 압력에 밀려 불가피하게 연방준비은행의 총재들과 루즈벨트 행정부의 여러 지도자들이 모종의 새로운 정책 목표를 발표한다고 했던 것뿐이다. 즉, **통화 정책의 중심 목표는 경제 자체의 성장 회복을 돕는 것이다**라고 한 것뿐이었다.

이렇게 말하고 보니 별로 대담한 정책같이 들리지 않을지도 모르겠다. 하지만 이를 뉴딜 이전 시기에 지배적이었던 관점과 비교해보라. 한 예로 1930년대의 초기에는 경제가 나락으로 추락하고 실업이 놀랄 만큼 치솟는 와중에서도 연방준비제도이사회는 이자율을 **올림**으로써 통화 공급의 증가를 늦추려고 했었다! 또 1931년에는 미국 자본의 해외 이탈을 두려워한 나머지 화폐를 미국 국내에 잡아둔다는 명분으로 미국 역사상 가장 급격한 이자율 상승을 결정하기도 했다.[7] 이런 식으로 수동성에 절어 있는 당시의 심리에 비추어본다면, 이 새로운 정책은 사건들의 "자연적인" 과정을 돌려보겠다고 나선 셈이니, 실로 대담한 것이라 아니할 수 없다.

공공 지출이라는 새로운 힘

마지막으로 우리는 뉴딜이 가져온 세 번째 변화를 살펴보겠거니와, 이것이야말로 뉴딜의 모든 변화들 중에서도 가장 크게 중요한 변화였다. 이는 공공 지출의 증가였다. 이전에 전국 단위의 공공 지출은 양도 적고 본질적으로 수동적 역할에 불과했지만, 이제는 양도 늘어났을 뿐 아니라 종종 민간 투자 지출과 마찬가지로 경제를 자극하기 위해 전략적 성격의 흐름으로 바뀐 것이다.

루즈벨트 행정부가 처음 집권했을 때에 이러한 아이디어를 갖지 않고 있었다는 점은 아주 흥미로운 사실이다. 또 앞에서 보았듯 재계에서도 이러한 아이디어는 갖고 있지 못했다. 당시로서는 경제학자들을 포함하여 거의 누구든 공황에 대한 유일한 "치유책"은 정부가 균형 재정을 유지하는 것이라고 생각하고 있었던 것이다.

하지만 당시는 재정 균형을 무너뜨리는 한이 있더라도 지출을 미룰수 없는 긴급 상황이 여럿 돌발하였다. 실업자의 다수는 글자 그대로 굶어죽기 일보 직전이었고, 이들을 구호할 자원은 이미 민간, 주 정부, 지역 자선 단체 등을 통틀어 대부분 바닥난 상태였다. 루즈벨트 대통령은 그의 전임자들과 달랐다. 그는 민간 기업들이 재건금융공사

Reconstruction Finance Corporation에서 주는 연방 정부의 대출을 받았다고 해서 "도덕적으로 타락"하지 않았던 것처럼, 연방 정부가 주는 구호를 받는다고 해서 실업자들이 "도덕적으로 타락"하는 것도 아니라고 믿었다. 그가 대통령으로 취임하자 바로 그 해 5월 구호 조직 하나가 설립되었고, 1년 후에는 전 미국인의 거의 7명 중 1명꼴로 구호를 받게 된다. 9개 주에서 공공 부조에 의존하는 가족이 5개 중 하나 꼴이었고, 3가족 중 하나 꼴이었던 주도 있었다. 물론 이러한 구호는 그것을 받게 된 불행한 가족들을 그저 굶어죽지 않게 해주는 정도에 불과 ── 평균 가구당 수당은 월 25달러 이하였다. ── 했다고 하지만, 분명히 경제적으로 더 떨어질 수 없는 밑바탕을 마련해준 것은 분명하다. 그다지 튼튼한 것은 아니었지만.

구호의 직접적인 목적은 인도주의적인 것이었다. 하지만 금세 구호 지출을 유용하게 사용할 수 있게 만드는 수많은 아이디어들이 줄줄이 나타났다. 곧 사회적 일자리인 공공 근로에 지출하기 위한 구호 재정이 엄청난 양으로 마련되었고, 그 공공 근로의 일자리 종류도 실로 다양하여 학교, 도로, 공원, 병원, 빈민가 청소는 물론 연방 차원에서 지원하는 미술, 연극, 저술 사업들까지 생겨나게 되었다.

하지만 이 공공 근로 프로그램이 덩치가 커지자 연방 정부의 재정은 악화일로를 걷게 되어, 마침내 1930년대 중반이 되면 연간 20억에서 30억 달러 정도의 재정 적자가 만성화되고 말았다. 이 적자라는 말은 곧 차입을 의미한다. 따라서 정부가 조세로 거두어들이는 수입보다 더 많은 양을 지출하게 되자 ── 빈민 구호뿐이 아니었다. 환경 보존, 각종 농업 보조금, 예비역들의 상여금, 공공 주택 건설, 주정부 보조금 등도 있었다. ── 연방 정부는 여기에 필요한 돈을 조달하기 위해 일반인들,

대기업들, 상업 은행들에 정부 공채를 판매해야 했다. 당연히 그 공채 발행 총액이 해마다 불어나게 되면서 국가의 전체 부채도 불어났다. 1929년 국가 부채는 모두 169억 달러였다. 그런데 1935년이 되면 그 액수가 287억 달러가 되고 매년 꾸준히 증가하여 1937년에는 360억 달러, 1939년에는 400억 달러, 1940년에는 420억 달러가 된다.

경제는 회복되지 않았다

애초에는 이러한 연방 정부의 엄청난 지출을 기업과 은행 쪽에서 어쩔 수 없는 일시적 조치 정도라고 보아 조심스럽게 인정하였다. 하지만 조만간 행정부 내에서조차 이렇게 산더미처럼 쌓여가는 적자를 아주 걱정스럽게 바라보는 이들이 생겨나게 되었다. 정부가 조세 수입을 훨씬 넘는 지출을 하는 일이 반복되자 정부는 이를 "펌프에 시동 걸기pump primming"라고 변명하였다. 이를테면 민간 지출을 모터라고 비유한다면, 그것이 지금 멈추어 있는 상태에 있기 때문에 여기에 시동을 걸기 위해 정부가 연료를 주입하는 것일 뿐이며, 일단 민간 투자가 나타나기 시작하면 계속 정부가 주입할 필요는 없으리라는 것이었다. 정부가 기껏 몇 십억 달러 정도를 부으면 민간 부문에 시동이 걸려 나선형의 상승 운동을 시작할 것이고 이에 따라 고용 창출도 늘어나게 된다는 것이었다.

이러한 나선형의 상승 운동은 현실화되지 못했다. 1933년 이후에는 정부 지출에 힘입어 소비 지출도 늘어나게 되지만, 민간 부문의 자본 지출은 여전히 맥을 못 추고 있었다. 물론 이도 1933년 이후에는 개선되기는 했지만, 1938년경이 되어도 그 수치는 여전히 1929년의 수준보다 40퍼센트나 뒤처져 있었다.

어째서 민간 투자가 증가하지 못했던 것일까? 그 대답은 부분적으로는 다음과 같은 사실에 기인한다. 정부 지출은 공황을 해결하겠다고 이루어진 것이었지만 바로 그것 때문에 재계가 겁을 집어먹고 마비 상태에 빠져버렸고, 이것이 오히려 공황을 더 연장시키는 꼴이 된 것이다. 정부가 엄청난 규모의 경제 활동을 벌이는 모습이 나타난 데에다가 여기에 뉴딜이 가져온 각종 개혁 입법까지 겹치면서 기업들은 그전처럼 미래 상황을 쉽게 예측하고 자신감을 가질 수가 없게 되었다. 기업 경영자로서는 이렇게 정치 경제적 분위기가 계속 변하게 되면 좌불안석으로 불안에 떨게 되며, 미래를 위한 과감한 계획을 세울 수 있는 기분도 갖지 못한다. 미래에 대한 사람들의 일반적인 관점은 가능성보다는 조심성에, 성장보다는 경기 순환에, 이득보다는 안전에 더 방점을 찍게 된다. 게다가 이러한 심리적 요인들 이외에 현실적 힘들 또한 작동하고 있었다. 1930년대의 인구 증가율이 크게 떨어지면서 큰 중요성을 갖는 주택 시장을 침체로 몰아넣었다. 이보다 더욱 심각한 일은 철도나 자동차에 견줄 만큼 새로운 산업을 창출할 만한 큰 기술 혁신이 없었고 이로 인해 민간 자본이 스스로 큰 자본 형성 붐을 일으킬 만큼 끌어당길 수 있는 충분한 가능성이나 수익성이 존재하지 않았던 것이다.

결국 이러한 여러 이유에서 새로운 연방 지출은 결국 펌프에 시동을 거는 데 실패하였다. 민간 투자가 자생적으로 성장하여 그 본래의 추동력으로서의 기능을 되찾는 일은 벌어지지 않았고, 결국 이러한 기능은 일시적으로 정부가 떠맡게 되었다. 하지만 그렇다고 해서 정부의 경제적 영향력이 중요하지 않은 것으로 다시 밀려난 것은 아니었다. 오히려 그 반대로 펌프의 시동 ── 이는 비상 조치라고 여겨졌다. ── 이 실패하게 되자 정부 역할의 개념이 더욱더 넓어지는 일이 벌어졌다. 이제 정부는 시장 경제 전체를 위해서 안정자의 역할뿐만 아니라 성장 촉진 기관의 역할까지 항시적으로 맡아야 한다는 생각이 나타나게 된 것이다.

투자 부족을 보충해주는 정부 지출

이러한 생각이 구체적 형태를 취하게 되는 데에는 시간이 걸렸고 1930년대 중반이 되어서야 비로소 온전한 꼴을 갖춘 이론적 입장이 된다. 이러한 생각을 제출했던 ── 비록 대단히 기술적인 용어로 표현되기는 했지만 ── 가장 영향력이 큰 책이 바로 1936년에 출간된 존 메이너드 케인즈의 『고용, 이자, 화폐에 대한 일반 이론』이었다. 이렇게 큰 논쟁을 불러일으키고 또 이렇게 영구적인 자취를 남긴 책도 찾아보기 힘들다. 새로운 사상을 담은 책이 가끔 그렇듯 이 책도 처음 보면 아주 복잡하고 어려워 보여서 심지어 직업 경제학자들조차 헤매면서 이 책에 제시된 기본 개념들을 몇 년 동안이나 토론 주제로 삼아야 했다. 하지만 지금 돌이켜보면 이 책이 주장하는 바는 대단히 간명한 것으로, 심지어 대학교 1학년 경제원론에서 가르칠 수 있을 정도이다!

이 책에 따르면 이제는 다음과 같은 사실이 명확해졌다는 것이다. 즉 호황이 되느냐 불황이 되느냐의 열쇠는 어떤 시장 사회가 자신이 생산한 재화 및 서비스를 흡수하기 위해 내놓는 지출의 총량이라는 것이다. 이 총량이 높다면 고용과 소득도 높아진다. 이것이 감소하게 되면 총산출과 고용 또한 줄어들게 된다. 그렇다면 지출의 총량을 결정하는 것은 무엇인가? 어떤 사람의 소비 지출은 소득 수준 여하에 따라 결정되므로, 지출 총량을 결정하는 요소로 보기에는 수동적인 것이 되는 경향이 있다. 역사로 보나 이론으로 보나 지출 총량을 결정하는 좀 더 극적인 요인은 바로 투자 지출의 흐름이라는 것이다.

이러한 출발점에서 시작하면 그다음 논의도 어려울 것이 없다. 만약 민간의 자본 지출이 침체되어 있어서 이로 인해 고용과 산출 또한 침체된다면, 민간 투자의 부족으로 생겨나는 모든 부족을 보충하기 위해 정부가 끼어들지 못할 이유가 없다. 따지고 보면 이미 그 이전에도 공공 지출의 흐름은 대단히 정규적으로 존재해온 것이 사실이며, 그중 대부분은 도로나 댐과 같이 자본을 창출하는 목적으로 쓰여왔다. 그렇다면 이렇게 이미 존재하는 공공 지출의 흐름을 때에 따라서 필요할 때마다 신중하게 숙고하여 키우는 것이 왜 잘못이겠는가? 물론 이렇게 되면 정부는 지출할 자금을 차입해야 하고 부채를 늘이게 되는 것도 사실이다. 하지만 민간 자본 지출도 대부분 기업 금융을 거쳐 자금 차입에 의존하는 것이 사실이 아닌가? 기업들이 차입한 돈을 모조리 한 번에 갚아서 "청산"하는 경우가 어디에 있는가? 이들은 만기가 돌아와 지불해야 할 채권이 있으면 그저 새로운 채권을 또 발행하고 판매하여 그 돈으로 다시 갚아버리면 그만이라는 식으로 행동하지 않는가? 만기가 돌아온 정부 부채라고 해서 일반 기업의 부채와 다르게 취급할 이유가 무엇인가?

루즈벨트 행정부의 경제학자들이 내놓은 대답은 아주 명쾌한 것이었다. 정부는 스스로의 지출 능력을 경제의 완전 고용을 보장하기 위한 도구로 사용할 능력이 있을 뿐만 아니라 또 마땅히 그렇게 해야 한다는 것이다. 그렇다고 그들이 이를 통해 자본주의를 급진적으로 개혁하자는 생각을 가지고 있었던 것은 아니었다. 이들이 꿈꾼 것은 지도指導guided받는 자본주의로의 진화였다. 고용과 생산의 수준처럼 경제에서 최고의 중요성을 갖는 문제를 더 이상 변덕스런 시장의 횡포에 맡겨둘 것이 아니라, 그 감소를 방지하고 오히려 계속 성장할 수 있도록 자극하기 위해서는 공공의 활동이 필요하다는 생각이었다.

정부 개입에 대한 공포

하지만 국민들 중에는 문제를 이런 식으로 보지 않는 이들도 많았으며, 특히 그중에서도 재계가 대표적이었다. 이들은 정부 지출이란 본질적으로 낭비이며 국가 부채가 쌓여간다는 것은 우리가 파산에 이를 지경으로 낭비를 하고 있는 증거라고 생각하였다. 그리고 이렇게 겉으로 내놓는 주장 뒤에는 또 그들이 가지고 있는 더 깊은 의심이 있었으니, 무어라고 둘러대든 이런 식으로 정부 지출을 늘리다 보면 빼도 박도 못하고 사회주의나 혹은 더 끔찍한 것으로 가게 되는 게 아니냐는 것이었다.

1940년대에 걸쳐 이 논쟁이 들끓어 올랐으며 앞으로 보겠지만 이 논쟁은 오늘날에도 불씨가 남아 있다. 하지만 어떤 의미에서 볼 때 뉴딜 기간 동안에는 이 논쟁이 공허한 것일 수밖에 없었다. 연간 재정적자가 뉴딜 기간 최고조에 달했을 때에도 40억 달러에 이른 적이 결코 없었으며, 연방 정부의 구매 행위도 국민 총생산의 6퍼센트를 넘은 적이 없었기 때문이다. 전체 경제에서 정부가 차지하는 중요성이라는 기준으로만 본다면 전 세계의 산업국들 중 미국보다 덜 사회주의적인 나라는 없었다. 하지만 이렇게 보수주의자들의 공포가 별 현실성이 없는 것이었지만, 진보주의자들의 희망도 비현실적이기는 마찬가지였다. 이렇게 불신이 횡행하는 분위기에서는 정부 지출이라는 치유책이 열렬히 진행되고 실현될 리가 만무했기 때문이다. 1930년대의 적자 지출은 그저 사태가 더 악화되는 것을 막는 예방 작업이었지 경제를 성장시키는 조치는 되지 못했다. 1939년이 되면 비록 뉴딜이 시작되기 전인 1932년에 비해 상황이 개선되기는 했지만, 그래도 여전히 9백5십만 명 —— 노동력의 17퍼센트 —— 이 실업 상태에 있었다.

전쟁의 충격

이렇게 정부가 나서서 투자의 부족을 보충해야 할 것인가의 문제는 역사적으로나 이론적으로나 복잡한 사정에 휘말려 있었다. 하지만 결과적으로 볼 때 이론적 논쟁이 정리되어 그 결론에 따라 역사가 풀려온 것이 아니라 역사의 진전으로 이론적 논쟁이 정리되어버리는 형국이 되고 말았다. 2차 대전이 발발했기 때문에 정부의 지출이 엄청난 양으로 팽창하지 않으려야 않을 수 없었기 때문이다. 전쟁 목적의 지출은 매년 늘어나서 마침내 1944년이 되자 연방 정부의 지출이 1천억 달러를 넘어서게 되었다. 그런데 정부 지출이 이렇게 전례 없는 증가를 보이게 되자 GDP 또한 그와 마찬가지로 순식간에 올라가고 말았다. 1945년이 되었을 때에 미국의 GDP는 1939년과 비교했을 때에 실질 가치로 70퍼센트가 상승하였고, 실업은 거의 사라져버릴 만큼 줄어들었다. 공공 지출이 강력한 경제의 추진력이 될 수 있으며 사실상 그 이전까지 사람들이 상상할 수 있었던 경계선을 훌쩍 넘어서까지 경제 성장을 끌어올릴 수 있다는 것은 이것으로 명명백백하게 입증되었다. 또 정부가 엄청나게 더 큰 부채를 진다고 해도(정부 부채는 당시 2천5백억 달러 이상으로 불어난 상태였다.) 국내 경제의 GDP가 그보다 훨씬 더 크다면 별 문제가 없다는 사실 또한 명백하게 입증되었다.

그리고 전쟁과 함께 정부에 대해서나 경제 일반에 대해서나 괄목할 만한 태도의 변화가 나타났다. 4년 동안 전례가 없는 전쟁 노력이 지속되면서 미국인들은 이제 강력한 공공 부문이라는 것을 익숙히 여기게 되었고, 또 그 기간 동안 역사를 다시 쓸 만큼 놀라운 생산이 달성되는 것을 보면서 그 이전의 대량 실업 시대를 창피하게 여기게 되었다. 아마 가장 중요한 것은, 미국인들이 전쟁 이후에 벌어질 일을 두려움에 떨면서 응시하고 있었다는 점이다. 사실상 모든 경제학자들이 전쟁 종식의 결과로 정부 지출 삭감이 벌어지면 엄청난 새 실업자 예비군이 생겨날 것을 두려워하고 있었다. 심지어 가장 보수적인 여론조차도 1930년대로 되돌아갈 정치적 가능성에 대해 불편함을 느끼고 있었다.

이러한 태도 변화의 귀결로서 1946년의 고용 촉진 법Employment Act이 통과되었다. 이 법은 "극대의 고용, 생산, 구매력을 제공하는 것이 연방 정부의 책임이며 이는 지속적인 정책이 되어야 한다."고 선언하였다. 앞으로 보겠으나, 이런 법령을 문구로 써넣는 일과 그것을 현실에 실현시키는 일은 전혀 다른 일이다. 하지만 이 법이 한 시대가 끝났음을 보여주는 표지임은 분명하다. 정부가 경제 회복을 위해 할 수 있는 최선은 아무것도 하지 않는 것이라든가 시장에는 번영을 향하여 맹목적으로 달려가는 힘이 본래 내재해 있다든가처럼, 한때 사람들이 철석같이 믿었던 생각들이 이제는 구닥다리가 되고 만 것이다. 이제 자본주의 진영 내에서의 논쟁은 시장 체제의 전반적 기능에

308

대해 정부가 책임을 져야 하는가의 여부가 아니었다. 그 목적을 달성하는 데에 최선의 방법이 무엇인가라는 것이 질문의 초점이었다.

뉴딜의 세 R: 구호Relief, 회복Recovery, 개혁Reform

뉴딜의 정부 지출이 과연 경제 회복에 효과가 있었는지는 지금도 경제사가들의 논쟁거리이다. 역사가 개빈 라이트Gavin Wright는 뉴딜을 2008~2009년 침체 기간에 의회에서 통과된 경기 부양 패키지 같은 것으로만 보아서는 안 된다고 말한다.[8] 뉴딜에는 다른 목적들도 있었던 것이다. 그 하나는 경기 하락으로 삶이 파괴된 이들에게 즉각 구호를 제공하는 것이었다. 이는 제조업, 건설업의 실업 노동자들뿐만 아니라 예술가들에게도 적용되었다. 1935년에 생겨난 실업보험은 급격히 소득이 줄어든 이들에게 최소한의 소득 보전을 해주었다. 루즈벨트 정부가 가졌던 또 다른 목적은 시장과 정부의 관계를 개혁하고, 노약자 및 병자들에게 보호를 제공하는 데에 있어서 정부가 어떤 역할을 해야 하는지에 대한 기업과 가계의 기대를 바꾸는 것이었다. 물론 루즈벨트 또한 다른 정치가들처럼 재선을 목표로 삼고 있었다. 뉴딜의 부조는 다가오는 선거에서 민주당의 지지를 굳히고 또 확장하는 전략적 방식으로 교부되었다.

전쟁의 귀결

전쟁이 1945년 드디어 끝났다. 그러자 1년도 되지 않아서 연방 정부 지출은 거의 4분의 3이 줄어들었고, 온 나라가 이제 다가올 고용, 소

표 7-1　국내 총생산, 1930~2010년 (2005년 달러 기준. 십억 달러)

해	국내 총생산	민간 투자	연방 정부의 구매 지출	주 정부 및 지방 정부 구매 지출
1930년	892.6	68.1	27.2	175.4
1940년	1,166.6	119.7	89.5	192.0
1950년	2,005.6	253.4	249.1	243.7
1960년	2,830.7	296.5	468.9	393.6
1970년	4,269.9	475.2	576.0	653.3
1980년	5,838.8	717.9	555.4	805.9
1990년	8,033.8	993.5	799.1	1,062.1
2000년	11,260.0	1,970.3	698.1	1,400.2
2010년	13,248.3	1,774.5	1,076.9	1,497.4

출처: Bureau of Economic Analysis, National Income and Product Accounts.

득, 가격의 폭락을 조마조마하게 기다리고 있었다.

그런데 오히려 나타난 현실은 아무도 전혀 예상하지 못한 엄청난 경기 호황이었다. 물론 실업이 두 배로 늘어 2백만이 되었지만 이는 여전히 전체 노동력의 4퍼센트도 채 되지 않는 수치였다. 반면 일자리를 가지고 있는 이들의 숫자는 꾸준히 늘었다. 1945년에는 5천4백만 개였던 일자리가 1946년에는 5천7백만, 1947년에는 6천만, 1950년에는 6천3백만 개로 늘어났다. 산업 생산은 잠깐 주춤하다가 금세 힘차게 솟구쳐 올랐다.

표 7-1은 대공황 직전에서 오늘날까지의 추세를 인플레이션을 배제한 불변 가치의 달러로 나타낸 것이다. 왼쪽에서 두 번째 열을 보게되면 전후 호황의 크기가 잘 드러난다. 1960년의 실질 국내 총생산 ── 인플레이션을 배제한 수치 ── 은 1930년의 국내 총생산의 세 배가

되어 있다.

이러한 놀라운 성장의 원천은 무엇이었을까? 이 기간 동안 민간 투자도 4배라는 엄청난 숫자로 늘어난 것이 사실이다. 하지만 주 정부 및 지방 정부의 지출이 거의 3배가 되었다는 점도 주목해야 한다. 그 다음에는 연방 정부 지출의 폭발적 성장을 보라. 거의 18배가 증가하였다. 이 결정적인 기간 동안 나타난 경제적 변형에서 공공 부문이 전략적 역할을 맡았다는 것은 명백한 일이다.

재정 정책의 등장

앞에서 정부 지출이 어떤 효과를 가져오는가를 짧게 살펴보았거니와 여기에서 우리는 이 장의 초점이 되는 변화를 더욱 잘 알 수 있는 실마리를 얻게 된다. 그 변화에는 재정 정책 즉 정부 지출과 조세 감면을 통해 전체 경제를 앞으로 밀고 나가든가 조세를 증가시켜 뒤로 후퇴시키는 등으로 경제를 통제하는 것이 포함되어 있었다. 이러한 재정 정책은 통화 정책과 함께 모든 현대 자본주의 경제가 스스로를 관리하는 수단을 이룬다.

그런데 통화 정책과는 달리 재정 정책은 그 기원을 19세기나 심지어 18세기로도 거슬러 올라가 찾을 수 없다. 애덤 스미스가 살던 시절에는 정부가 경제 체제의 작동에 끼어들어야 한다거나 심지어 끼어들 수 있다는 관념도 존재하지 않았다. 그저 여러 경쟁의 힘들이 가장 자유롭게 작동하도록 조장해야 한다는 것이 전부였다. 스미스가 알고 있었던 유일의 추동력은 "우리의 상태를 개선하고자 하는 욕망"뿐이었고, 이 힘은 "우리가 어머니 뱃속에서 태어날 때부터 따라와서 무덤에 들어갈 때까지 결코 우리를 떠나는 법이 없다"는 것이었다.[9]

하지만 놀랍게도 스미스는 정부의 중차대한 경제적 역할을 알고 있었다.

일정한 공공 근로 사업이나 공공 기관을 세우는 일은 결코 어떤 개인의 이해관계가 될 수 없다. …… 왜냐면 거기에서 나오는 이윤으로는 비용에 보상이 되지 않기 때문이다. …… 비록 큰 사회의 입장에서는 그것이 비용을 보상하는 것 이상의 역할을 할 때가 많지만.[10]

공공 부문을 보는 시선

따라서 스미스는 도로, 댐, 학교 등 우리가 기간 시설infrastructure이라고 부르는 공공 투자 조달의 필요성을 알고 있었다. 하지만 이는 정부의 "의무"일 뿐 재정 정책이라고 할 수 있는 것은 아니었다. 왜냐면 그것이 국가적 복지를 증진하기 위한 것이기는 하지만 경제 성장을 유지하거나 가속화하려는 의도로 이루어진 것은 아니었기 때문이다. 달리 말하자면, 스미스에게 정부 지출이 경제의 한 "부문"을 이룬다는 생각은 없었던 것이다.

이러한 생각은 심지어 케인즈의 저서에서도 명시적으로 나타나 있지 않다. 그의 저서가 소위 거시 경제학 ── 국내 총생산의 크기를 결정하는 거대한 지출의 흐름에 대한 연구 ── 에 대한 우리의 이해를 크게 증진시켰음에도 불구하고 말이다.[11] 케인즈는 상당히 모호하게 국가 개입

312

의 필요에 대해 말한다. "국가는 소비 성향에 대해 방향을 제시하는 영향력을 행사해야 하며, 부분적으로는 정부의 조세 체계를 통해, 또 부분적으로는 이자율을 고정함으로써, 또 부분적으로는 아마도 다른 여러 방식들을 동원할 필요가 있을 것이다." 심지어 오늘날에도 정부를 사회의 정치적 실체이자 경제적 실체로 인정하여 활용하는 것이 본질적으로 잘못된 일이라고 생각하는 사람들이 있다. 이들은 중요한 사실을 망각하고 있다. 자본주의에서 시장 사회가 부딪히거나 혹은 스스로 만들어내는 모든 장애물들을 극복하는 데에 있어서 정부의 역할이 기대된다는 사실이다. 이 경우 정부와 경제 사이에는 언제나 일정한 관계가 있다는 사실이 전제되고 있다. 통화 정책 그리고 마찬가지로 재정 정책 또한 그 궁극적 목적은 영리 사회가 작동하게 만드는 것이다. 대공황에서 너무나 생생하게 보여진 바 있듯이, 중앙은행 체제 그리고 경제 상황에 대응하는 재정 정책이 없이는 자본주의 질서의 존속 자체가 심각한 위험에 처하게 되는 것이다.

마지막 한 마디. 우리가 이 장에서 묘사한 바는 자본주의의 새로운 단계의 출현이라는 엄청난 사건이다. 이제 자본주의는 사상 처음으로 불황을 제어 혹은 극복까지 할 수 있는 수단을 갖추게 된 셈이며, 아마도 미래의 경제의 앞길을 더 순탄하게 하는 일까지 할 수 있게 된 것이다. 그런데 앞으로 보겠지만 재정 정책의 탄생에 곁들여진 이러한 장밋빛 그림은 여느 다른 경제적 만병통치약이 그런 것처럼 지나치게 단순한 것이었다. 그래도 한 고비를 넘겨 새로운 지평으로 나아가게 된 것은 분명하다. 이 책의 남은 장들에서 유럽의 근대화를 살펴보고 나서 미국과 세계 경제에서 나타난 새롭고도 당혹스런 문제들의 발생을 살펴볼 것이다. 그 속에서 재정 정책은 계속해서 중대한 수단의 역할을 계속 맡게 될 것이며, 우리들 또한 21세기의 여러 도전들을 극복하기 위한 중요한 수단으로 계속 재정 정책에 의존하게 될 것이다.

지출의 흐름과 거시경제학의 탄생

공황 이전의 경제학에서 초점이 되었던 것은 가격 수준, 임금 수준, 경제적 질서를 달성할 수단 같은 문제들이었다. 이제는 대공황 이전에는 사실상 전혀 알려지지 않았던 새로운 용어 하나가 경제학의 핵심어의 자리를 차지하게 된다. 그 용어는 무엇인가? 바로 앞 장에서도 이 말이 한 번 나오기는 했지만 금방 떠오르지는 않을 듯싶다. 그러나 앞 장을 곰곰이 생각해보면 **지출**이 이제는 경제학에서 전략적 단어가 되고 있다는 걸 알 수 있다. 시장 시스템에서는 물건들을 내놓을 때 또 판매할 때 붙는 가격이 항상 중요한 문제이지만, 이제는 구매자들로부터 판매자들로 지출되는 총량 —— 지출 총량 —— 이 우리의 경제 시스템의 작동을 이해하려는 이들에게 결정적인 중요성을 갖는 용어가 된다.

우리가 이미 알고 있듯이, 이제 우리가 관심을 갖게 된 문제는 한 명의 구매자가 아니라 모든 구매자들의 지출, 즉 사회 자체를 추동하는 지출 흐름의 거대한 물줄기이다. 말할 것도 없이 총 지출이란 항상 모든 시장 시스템의 추동력이 되는 것이다. 하지만 무질서가 분명해 보이는 상황에서도 질서를 부여하기 위해 개별 상품들의 가격에만 초점을 두고 있었던 당시에는 경제 생활의 생사를 가름하는 데에 지출이 얼마나 큰 역할을 하는지를 제대로 인식하지 못했었다.

지출이란 무엇인가? 우리는 이것이 두 개의 범주로 구성되어 있음을 보았다. 첫째는 민간 지출의 흐름으로서, 이는 모든 가정의 가계부에 나오는 지출 항목이라고 생각하면 쉽다. 두 번째는 기업이 행한 지출로서, 여기에는 원자재, 기계, 임금, 회사 중역의 봉급 등의 각종 비용이 들어간다.

이렇게 민간 지출이라는 거대한 강물은 사실상 두 개의 강인 셈이다. 그 첫째를 우리는 **소비 지출**이라고 부른다. 가정 경제와 기업체들이 일상의 삶을 살아가도록 해주는 각종 비용이다. 그 두 번째를 우리는 **투자 지출**이라고 부른다. 이는 가정 경제에서 보면 주택 구입에 들어가는 지출 같은 것으로, 기업 측에서 보면 새로운 생산 라인을 신설한다든가 새 공장을 세운다든가 또 다른 기업체를 설립한다든가 하는 데에 들어가는, 그다지 일상적이지 않은 지출이다.

그런데 우리가 경제적 사회의 형성 과정을 이해하는 데에 있어서 지출의 개념이 새로운 의미와 중요성을 가지게 된 까닭은 무엇인가? 두 가지가 있다. 첫째는 대공황이라는 극적인 사건 때문이었다. 이 거칠고 폭력적인 경제 생활의 대반전은 여러 상품 가격의 변화로 설명할 수 있는 것이 아니었다. 비록 극적인 가격 변화가 벌어지기는 했으나 이는 전국적인 경제 붕괴의 결과였지 원인은 아니었다. 이 공황 사태는 지출 흐름이 경제의 사활을 결정하는 중요한 것임을 전면에 부각시켰다. 특히 중요한 것은 투자 목적의 지출 흐름으로서, 이것이야말로 경제 성장의 주된 원천임이 드러난 것이다.

이와 마찬가지로 중요했던 것이 공황에 대처하는 데에 있어서 정부 지출이 수행했던 역할이었다. 여기에서 극히 중요한 발견이 이루어졌으니, 군수품, 교통 시설, 빈곤 구제 등을 위한 정부의 지출이 전체 지출을 증가시킴으로써 한 나라 경제의 장래를 극적으로 변화시키는 방법이라는 점이다. 오늘날 민간 지출과 정부 지출 모두가 우리의 경제에서 핵심적인 개념의 자리를 차지하고 있다. 지출의 개념은 경제학자들이 **거시 경제학** 즉 전체 경제 시스템에 대한 연구(여기에는 산출, 고용, 생산성 등의 문제가 포함된다)라고 부르는 것의 기초라는 사실을 명심해야 한다. 우리는 다음 장에서 지출 개념의 궤적을 따라가 볼 것이다.

핵심 개념과 핵심어

뉴딜

1. 뉴딜은 19세기 후반과 20세기 초기의 자유방임 자본주의가 스스로 만들어낸 문제들을 제대로 다룰 수 없다는 무능함으로 인해 출현하였다. 그 문제들 중에는 기업 세계와 농업 부문 양쪽에 걸친 심각한 시장 실패들이 있었다. 뉴딜이 가져온 세 가지의 정책 전환은 그 이후에도 지속적인 영향을 주었다.

시장 정책

2. 첫째, 뉴딜은 기능 부전에 빠진 시장 구조에 대해 전례가 없을 정도로 개입하였다. 농업과 산업 모두에서 시장의 여러 힘들이 입히는 피해를 최소화하기 위해 시장들은 재조직되었다(농업 조정 법AAA과 국가 산업 재건 법NIRA). 비록 이 대부분의 노력들은 실패했지만, 이들은 정부가 경제 문제에 대해 책임을 져야 한다는 전례를 유산으로 남겼고 또 자유방임 철학의 종식을 가져왔다.

통화 정책

3. 두 번째 주요한 정책 혁신은 통화 공급 조절에 대한 정부의 관점과 관련되어 있다. 뉴딜 이전에는 신용 시장을 질서 있는 상태로 유지한다는 정도 이상이 아니었다. 그런데 새 정책은 연방준비제도의 힘을 활용하여 불황기에는 이자율을 낮추어 은행 대출을 장려하고 인플레이션 기간에는 이자율을 올려서 대출을 하고 싶지 않게 만드는 방법을 사용하였다.

재정 정책

4. 세 번째의 가장 중요한 정책 전환은 정부의 조세 징수와 지출의 권한을 의식적으로 잘 사용하여 침체된 경제에 활력을 불어넣는 것이었다. 이 정책은 처음에는 공공

지출을 폭발적으로 증가시키면 신속하게 민간 투자를 유발시킬 것이라는 희망에서 펌프 시동 걸기pump priming로 시작되었다. 이것이 실패하자 —— 부분적으로는 그 지출 규모가 너무 작았던 것, 또 부분적으로는 재계 쪽에서 불편해했던 것이 원인이었다. —— 재정 정책은 새로운 방향으로 전환하였다. 실업이 높은 기간에는 민간 지출에 따라오는 정상적인 것으로 정부 지출을 바라보기 시작한 것이다. 이 새로운 정책은 상당 정도 영국의 경제학자 존 메이너드 케인즈의 생각에 기초하고 있는 것이었다. 이러한 전환은 전 세계 여러 나라 자본주의에서 나타났다.

질문들

1. 후버 행정부와 루즈벨트 행정부 사이의 정치 철학의 변화를 당신은 어떻게 설명할 것인가? 이는 경제 정책이 경제 사상뿐만 아니라 정치적 압력 또한 반영하게 되어 있음을 암시하는가? 혹은 새로운 사상이 없이는 정책 변화가 일어나기 힘들다는 것을 보여주는 예일까?

2. 시장 구조는 어째서 중요한가? 미국의 곡물 시장과 관련하여 당신이 말이 된다고 생각하는 정책들은 어떤 것이 있는가? 자동차나 항공기 시장과 관련해서는? 어째서 당신은 각각에 대해 다른 정책들을 선택하는가(그러기를 바란다!)? 후자의 시장에서도 모종의 규제가 필요한 것인가? 아니라면 어째서인가?

3. 당신은 정부 지출이 반드시 낭비로 가게 되어 있다고까지는 몰

라도 낭비로 흐르는 경향이 내재하고 있다고 생각하는가? 낭비스러운 지출도 경제를 부양시킬 수 있을까? 이와 마찬가지를 기업 지출에 대해서도 적용할 수 있을까? "낭비"는 어떻게 측량할 수 있을까?

4. 정부 지출이 자본주의 경제에서 적절하고도 유용한 정책이라는 생각을 반박할 만한 것이 있을까? 혹은 입증할 만한 것이 있을까? 2차 대전이 경제에 가져다준 충격을 그 시험으로 볼 수 있을까? 그렇다면 어째서이며 그렇지 않다면 어째서일까?

THE MAKING OF ECONOMIC SOCIETY

| 8장 |

유럽에 현대 자본주의가
출현하다

지금까지의 우리의 경제사 이야기는 미국의 현대 자본주의 발생에만 초점을 맞추었다. 하지만 우리가 그전에 시작한 이야기는 그렇지 않았다. 이 책의 앞 장들에 다루어진 것은 미국 자본주의만이 아니라 시장 체제 자체의 출현에 대한 것이었지만, 미국에서의 발전을 다루다 보니 다른 곳에서의 발전을 다룰 수가 없었던 것이다. 이제 유럽으로 돌아가보자. 여기서의 자본주의 발전 과정을 미국의 발전 과정과 비교해보면 중요한 교훈들을 배울 수 있을 것이다. 우리 논의의 초점은 유럽 경제의 흥망보다는 **제도적 변화들**에 둘 것이다.

봉건제의 유제

유럽에서의 자본주의는 미국의 경우와 대단히 상이한 사회적 정치적 틀로부터 진화해나왔다. 유럽의 경우는 사회가 구대륙의 봉건적 장애물들을 대략 떨치고 나온 이후 거기로부터 시장 체제가 나타나게 된 것이다. 구대륙에서는 과거의 사회적 사고방식과 관습들 다수가 여전히 잔존하고 있었다. 여러 사회 계급들이 스스로의 위치와 입장을 인식하는 계급의식 ── 나아가 계급 간의 적대 관계에 대한 명시적 인식 ── 이 나타나지 않은 것이 미국의 두드러진 특징이었다고 한다면, 계급의식이 강력하게 존재했던 것이 유럽의 두드러진 특징이었다고 할 수 있다. 한 사회사가가 묘사하는 1847년 빈Wien의 상황을 보자.

꼭대기에는 귀족들이 있었고 이들은 자신들이야말로 주목받을 가치가 있는 유일한 집단이라고 여기고 있었다. 그들 중 누군가는 인류는 남작baron* 이상의 인간을 일컫는다고 말하기도 했다. 그 바로 아래가 대자본가들로서, 이들은 돈을 써서 어떻게든 인간 무리에 편입되기를 원했다. 그 아래는 소자본가였고, 그 아래는 가난하지만 자부심이 대단한 지식인들이 있었고, 그 아래에는 더 가난하지만 더욱 자부심이 대단한 학생들이 있었고, 그 아래로는 가난하고 또 항상 아주 지독하게 공손한 노동자들이 있었다.[1]

그 결과 경제 사회가 발전하는 데서 미국과는 완전히 상이한 분위기가 조성되었다. 미국의 자본주의는 새롭고도 강력한 기반 위에 세워졌고 시작부터 사회적 합의에 기초한 체제였다. 그런데 유럽의 자본주의는 봉건적 기초 위에 세워졌으며 뼛속까지 계급 갈등으로 물들어 있는 것이었다. 미국 자본주의는 그 "하층 신분들"의 충성스런 지지를 얻어내는 데에 아무런 노력도 들일 필요가 없었다. 하지만 유럽의 하층 신분들은 1848년 혁명이 벌어질 당시에 이미 자본주의가 자신들의

---

* 유럽의 귀족 체계는 '왕의 2인자'라는 뜻으로서 국왕에 버금갈 만큼 넓은 땅을 스스로 통치하는 공작duke, 변방에 자리잡은 큰 영토의 땅을 다스리는 후작marquis, 보편적인 행정 구역인 군county을 다스리는 백작count(영국에서는 earl), 백작에 버금가는 정도의 위치로서의 자작viscount이 있었고, 그 서열 맨 아래에 하나의 장원을 분봉받은 기사騎士인 남작baron 혹은 준남작baronet이 있었다. 이러한 서열을 주나라 이래의 공후백자남이라는 동양의 전통적인 제후 서열과 연결시킨 것은 근대의 일본인들이었다.

희망과 신념을 실현해줄 것이라는 희망에 등을 돌려버렸던 것이다.

국가 간 경쟁

미국과 유럽의 경제적 진화가 차이를 보이게 된 데에는 이 첫 번째 요인에 못지않게 중요한 두 번째 요인이 있으니, 그것은 두 대륙의 정치적 면모를 보면 금세 알 수 있다. 미국의 경우에는 남북 전쟁이라는 끔찍한 위기를 제외하면 단일한 국가적 목표로 온 대륙이 융합되어 있었지만, 유럽의 경우에는 역사적으로 언어와 관습이 갈라져 있는 데에다가 서로에게 경계의 눈초리를 번득이는 여러 민족체들로 나뉘어 있어서 그러한 융합이 애초부터 불가능했다.

따라서 미국 자본주의는 정치적 통일 덕분에 엄청난 크기의 시장이 아무런 장애물 없이 성장할 수 있었다. 반면 유럽에서는 퍼즐 조각처럼 갈라진 국가 간 경계선으로 인하여 산업 성장 또한 빽빽이 비좁은 공간 속에서 계속되는 국가 간 경쟁의 분위기에 젖어 자라나야 했다. 그런데 흥미로운 일은 19세기 내내 유럽이 미국보다 "더 부유"하다고 여겨졌다는 점이다. 최소한 1850년대 이후 혹은 아마도 그 이전부터 미국의 생산성이 많은 분야에서 유럽을 앞지르고 있었는데도 말이다. 한 예로, 1854년에 열린 파리 박람회에 나온 미국의 탈곡기는 그 가장 가까운 경쟁자(영국)의 탈곡기보다 두 배나 생산적이었고, 경쟁에서 가장 뒤떨어졌던 (벨기에) 모델에 비하면 11배나 생산적이었다.[2]

이러한 미국 자본주의의 지리적 공간, 자원의 풍부함, 정치적 통일 등의 이점은 이후 유럽의 산업 발전이 이루어지는 가운데에 더 현저하게 나타났다. 유럽의 생산자들 또한 미국과 마찬가지로 산업 경쟁의 파괴적 결과를 제한하기 위하여 카르텔 —— 시장을 분할하거나 가격을 고정시키기 위해 순수히 자율적인 방식이 아닌 계약을 통한 협정을 맺는 것 —— 에 의존하였다. 그런데 미국에서는 이러한 카르텔과 목적이 같았 던 트러스트가 불법적으로 나타났을 때 큰 비난을 받았던 것과 달리, 유럽에서는 이러한 기업의 자기 보호 운동이 나타나자 각국 정부는 공개적으로 또 암묵적으로 축복을 내렸다. 비록 많은 유럽 나라들에 서 "반反카르텔" 법률들이 존재하기는 했지만 이것들이 실제 집행된 적은 전혀 없었다고 해도 좋다. 1914년경이 되면 무수히 많은 다양한 산업들을 포괄하는 100개 이상의 국제 카르텔이 나타났고, 여기에 대 부분의 유럽 나라들이 참여하였다.[3]

카르텔 형성은 그 카르텔에 들어간 회사들의 손익 계산서에는 분명 히 이익이 되겠으나, 그 기업의 성장에서도 또 신규 기업의 성장에서 도 도움이 되는 것이 아니었다. 카르텔은 이렇게 조심스럽게 경계를 나누고 보호를 제공해주는 "보호구역들preserves"을 뿌리내리고 말았 으며, 그 바람에 대담한 도전보다는 공격적이지 않은 행동이 더 많은 보상을 받게 되었다. 여기에다가 유럽 나라들의 비좁은 일국 영토의 문제가 항상 따라왔다. 그래서 유럽의 생산자들은 미국과 같이 아주 높은 생산성을 가진 아주 큰 공단을 세우는 형태가 아니라 고비용, 고 이윤 마진, 저생산의 형태를 띠는 것이 전형적인 모습이 되었다. 이러 한 경제 규모의 차이를 극적으로 보여주는 것이 강철 산업이다. 1885 년에는 세계 최고의 철강 생산국이 영국이었지만, 불과 14년 후 영국 전체의 철강 생산을 합쳐도 미국의 카네기강철 하나가 생산하는 양에 도 못 미치게 되었던 것이다.

생산성의 지체

그 결과 20세기 초가 되었을 때에 유럽의 생산성은 미국에 비해 아주 심각하게 뒤처지고 있었다. 1918년에 나온 한 연구는 지하 갱도에서 석탄을 채취하는 노동자 1인의 산출량이 미국에서는 4.68톤이었지만 영국에서는 1.9톤, 프로이센은 1.4톤, 프랑스는 0.91톤에 불과하였다. 1905년 시점에서 노동자 1인당 벽돌 생산량은 미국에서는 141,000개였지만 독일에서는 40,000개뿐이었으며, 1909년 노동자 1인당 선철 생산량은 미국에서 84.5톤이었지만 1907년 영국에서는 39톤밖에 되지 않았다.[4] 이러한 생산성 차이는 부분적으로는 지질학적 차이도 있지만 수많은 제약으로 영업을 제한하는 여러 관행들 때문이라는 것 또한 사실이다. 그 결과 20세기 내내 유럽의 생산성은 꾸준하게 떨어지고 있었다.

이러한 차이는 1인당 소득에서도 충격적으로 나타나고 있었다. 한 예로 1911년 미국의 1인당 소득은 368달러였지만 영국의 1인당 소득은 250달러였고, 독일은 178달러, 프랑스는 161달러, 이탈리아는 108달러였다. 1928년 무렵 미국의 1인당 소득은 그보다 거의 절반가량 늘어났지만, 영국, 독일, 프랑스의 소득 증가량는 10분의 1도 채 되지 못했고, 이탈리아의 경우에는 아예 줄어들어버렸다.

유럽 무역의 결정적 역할

그런데 유럽의 산업과 농업이 각국의 영토로 나뉘어 있는 데에서 또 다른 결과가 나타났다. 유럽 자본주의의 발전은 국제 무역의 확장에 크게 의존하게 되었으며, 그 의존도가 미국보다 훨씬 더 컸다.

유럽 대륙이 여러 나라로 갈라져 있었기에 국제 무역이 대외 경제 생활에서 지속적이고도 중차대한 관심사가 될 수밖에 없었던 것이다. 예를 들어 한 연구에 따르면 1913년 당시 미국의 공산품 소비에서 수입 제품에 의존하는 비율은 3.6퍼센트에 불과했지만 독일의 경우에는 9퍼센트, 영국은 14퍼센트, 스웨덴은 21퍼센트나 되었다. 아마 유럽의 몇몇 나라가 자신들이 먹고 사는 식료품 자체를 국제 무역에 의존한 정도를 보면 더욱 놀라게 될 것이다. 예를 들어 1차 대전이 터지기 이전 5년 동안 영국은 소비하는 밀의 오직 20퍼센트만을 자국 내에서 생산하고 있었으며 육류 또한 55퍼센트가 채 되지 못했다.[5] 수출 쪽으로 가보아도 대외 무역에 대한 의존 상태는 마찬가지였다. 1913년 미국이 국내 생산에서 수출로 내놓은 비율은 15분의 1에 불과했지만, 프랑스와 독일은 그 몫이 5분의 1에 달했고, 영국은 거의 4분의 1에 달하였다.

이렇게 유럽은 미국보다 훨씬 더 크게 대외 무역에 삶을 의존하였다. 여기에서 우리는 유럽과 달리 미국에서는 시장이 여러 나라의 국내 시장으로 조각조각 파편화되지 않은 것이 얼마나 큰 이점을 가져다주었는지를 알 수 있게 된다. 큰 규모의 경제를 노릴 수 있었던 미국에서는 신속하게 생산력이 높아졌는데, 이는 유럽에서는 벌어질 수 없는 일이었다. 달리 말하자면 미국에서는 기술 발전이 요구하는 효율성의 정도에 따라 얼마든지 노동 분업이 벌어질 수 있었다는 것이다. 왜냐면 그렇게 해서 생산만 해놓으면 단일한 거대 시장이 이 생산물들을 사실상 전부 다 빨아들여서 서로 교환되도록 해주었기 때문이다.[6]

328

이 이야기 속에는 몇 가지 교훈이 분명하게 드러나 있다. 하지만 그 전에 먼저 유럽 자본주의의 역사를 주마간산으로나마 훑어보는 일을 계속하자. 유럽에서는 국제 무역을 크게 행하고 싶어도 그전에 먼저 여러 나라 간의 대립과 반목과 불신 등의 손아귀에서 풀려나기 위해 몸부림쳐야 했고, 따라서 그 속도가 뒤쳐질 수밖에 없었으며, 결국은 그 몸부림도 실패로 끝나고 말았다. 1950년대 초 독일-벨기에-룩셈부르크 국경 근처에 자리 잡은 거대한 유럽 철강 및 석탄 산업 단지의 이야기가 아마도 그 충격적인 예가 될 것이다. 이 산업 단지는 삼각형 모양이었으며 그 크기는 한 변이 무려 250마일이나 될 정도였고 전 유럽의 철강 생산 능력의 90퍼센트가 여기에 모여 있었다. 이는 이 지역이 철강 생산에 유리한 여러 지리적 조건을 갖추고 있었기에 나타난 유럽 차원의 지리적 노동 분업이었지만, 이 지역을 이리저리 갈라놓고 있는 정치적 경계선 때문에 또한 여러 가지로 다툼을 벌여야만 했고 그 결과 그 물리적 생산성도 크게 손상되고 만다. 독일 영토인 루르 쪽의 광산에서 나온 석탄은 프랑스 쪽 영토에 들어 있는 철강 공장으로 팔려갔지만, 그 가격은 독일 국내의 다른 공장에 파는 가격보다 30퍼센트나 더 비쌌다. 마찬가지로 프랑스의 철광석도 독일 쪽으로 팔려갈 적에 프랑스 국내 가격보다 훨씬 더 비싼 가격이 매겨졌다. 그 결과는 참담했다. 미국은 1913년에서 1950년 사이에 강철 생산량을 300퍼센트나 증대시켰건만, 유럽의 철강 삼각 지대에서의 산출량은 같은 기간에 겨우 3퍼센트 증가에 그치고 말았던 것이다.

그런데 우리가 방금 든 예 자체에 질문이 하나 숨어 있다. 이렇게 유럽의 무역이 국경선 분열로 인해 저지되었다면 이 삼각 지대가 애초에 왜 형성되었는가? 이를 잘 새겨보면 1913년 이전에는 비록 미국 정도로까지는 아니더라도 무언가 거대한 국제 노동 분업과 같은 것이 유럽 시장의 특징이었음을 짐작할 수 있다. 1913년경에는 국제 무역의 흐름이 아주 대단하였고 이를 통해 유럽의 생산성도 크게 향상되고 있었다. 도처에서 카르텔과 국가 간 분열이 훼방을 놓는 가운데에서도 말이다. 물론 이는 진정으로 자유롭고 방해받지 않는 국제 시장의 시작에 불과한 것이었지만, 당시 그러한 국제 시장이 시작된 상태였음은 적어도 분명한 사실이었다.

그런데 이렇게 앞날이 창창했던 국제 무역은 왜 끝나버리고 말았던 것일까? 가장 먼저 1차 대전의 충격을 들 수 있다. 우선 전쟁이 시작되면서 유럽 대륙을 잇던 무수한 무역로들이 거칠게 갈가리 찢기고 말았다. 그리고 전쟁이 끝난 뒤에는 패전국들에 대한 처벌의 차원에서 엄청난 배상금 청구가 이루어졌고, 전쟁 기간에 각국 정부가 걸머졌던 부채들의 문제에다가 통화 가치의 혼란 등이 벌어지면서 전쟁 자체에 버금가는 파괴적인 충격이 나타나고 말았다. 어떤 의미에서 유럽은 오늘날까지도 1차 대전의 경험에서 결코 완전히 회복된 적이 없었다고 해야 할 것이다. 그전부터 국제적인 경제 협력을 희생시켜서라도 일국적인 경제적 분리주의를 지향하는 흐름이 조금씩 있었지만, 이제 그 흐름에 가속도가 붙어 돌이킬 수가 없게 되었다. 경제적 곤경에 빠진 여러 나라들이 저마다 보호 관세와 무역 할당을 시행하면서 국제 무역의 성장은 새로운 장애물들을 만나게 된 것이다.

여기에다가 1929년 미국에서 시작된 대공황이 최후의 일격을 날리고 말았다. 공황이 마치 전염병처럼 온 세계로 확산되자 한 나라씩 한 나라씩 스스로를 격리시키려 들었고, 다른 나라와 경제적으로 접촉하는 일을 막기 위해 그전보다 한층 더 높게 각종 장벽들을 쌓아 올리게 되었다. 1929년 이후로 무역은 계속해서 축소되었고 결국 전 세계에 걸쳐 경제적 생활의 숨통을 조이기 시작하였다. 1929년 1월 이후의 저 심각했던 53개월 동안 세계 무역량은 달이 바뀔 때마다 계속해서 그 전달보다 더 줄어들었다. 1920년대 후반에서 1930년대 중반 사이의 기간 동안 공산품 수입은 독일에서 3분의 1로 줄었고, 이탈리아에서는 거의 40퍼센트, 프랑스에서는 거의 50퍼센트가 줄어들어버렸다. 국제 무역이 이렇게 붕괴해가면서 유럽이 경제 성장을 이룰 수 있는 기회도 사라져버렸다. 그 이후로 장장 20년간에 걸친 길고 긴 경기 침체의 기간이 계속되었고, 유럽은 이제 "기진맥진해버린 대륙"이라는 오명을 뒤집어쓰고 말았다.

유럽 사회주의

이러한 경제적 기능 부전을 배경으로 삼는다면 유럽 자본주의의 존속을 위협하는 불안한 기운이 점점 늘어갔던 것도 쉽게 이해할 수 있다. 1930년대 내내 아주 심각한 잡음이 이미 들려오기 시작하였다. 영국에서는 이제 노동당이 중산 계급의 자유당을 제치고 야당의 자리를 완전히 차지하였다. 프랑스에서는 온건 사회주의 성향을 띤 "인민전선Popular Front" 정부가 비록 불안정하게나마 전면에 나서게 되었다.

심지어 이탈리아와 독일에서조차 파시즘 독재자들이 여러 번 반복해서 "사회주의적" 목표들에 동감한다고 선포하였다. 물론 이러한 선언은 대중들의 비위를 맞추기 위한 놀음에 불과했을 수도 있지만, 적어도 이것이 당시 대중들이 마음속에 품고 있었던 생각이 무엇이고 듣고 싶어했던 이야기가 무엇이었는지를 나타내주는 것임은 분명하다.

여기서 사회주의 운동은 공산주의 운동과 다르다는 점을 명심하라. 사회주의 운동은 민주주의의 정치적 원리를 강력하게 천명하고 있었고, 혁명과 강압이 아닌 교육과 설득을 통한 "권력의 인수"를 꿈꾸는 운동이었다. 또 사회주의자들은 오직 생산의 전략적 중심부만 공기업으로 전환하는 것을 추구하였지 모든 산업과 농업을 "사회화"하는 것을 추구했던 것은 아니었다. 따라서 사회주의는 항상 공산주의보다 훨씬 더 진화 과정에 의존하는 강령이었던 것이다. 그리고 사회주의자들은 공산주의자들과 불구대천의 원수 관계에 있는 세력이었다. 그럼에도 불구하고 1930년대의 유럽 보수주의자들에게는 사회주의 운동의 지도자들도 공산주의자들과 전혀 다름없이 위험천만한 자들로 보였다.

2차 대전이 끝날 무렵 사회주의 사상은 대부분의 유럽에서 분명히 상승세를 보이고 있었다. 심지어 전쟁이 끝나기도 전에 영국에서는 노동당이 내각을 휩쓸고 조속하게 영란은행을 국유화하였고(이는 원래 민간 은행이었다.), 석탄과 전력 산업 전부, 그리고 교통 통신 산업의 대부분, 그리고 마침내 철강 산업까지 국유화하였다. 전쟁이 끝난 후 유럽 각국에서 첫 번째 정부가 수립되고 나자 스칸디나비아에서 네덜란드와 프랑스를 거쳐 이탈리아(여기에서는 공산주의자들이 거의 완전히 권력을 잡을 뻔하였다.)에 이르기까지 온 유럽에 걸쳐 각양각색의 사회

332

주의 세력이 전면에 등장하게 되었다. 많은 이들은 이제 유럽의 자본주의가 끝장이 났다고 보았다.

유럽 자본주의의 회생

복지 자본주의

하지만 유럽 자본주의는 끝나지 않았다. 오히려 전쟁이 끝나자 전례 없는 경제 성장기로 힘차게 들어섰다. 표 8-1에서 볼 수 있듯이, 1948년에서 1973년 기간에 유럽 여러 나라들은 1차 대전 이전보다 1인당 경제 성장률을 두 배 혹은 세 배(이탈리아의 경우는 여덟 배)로 끌어올렸을 뿐만 아니라 동시대 미국 경제의 실적을 크게 따돌리고 앞질러갔

표 8-1 성장률 비교

1인당 평균 연간 성장률

	프랑스	독일	이탈리아	영국	미국
1차 대전 이전 (1870~1913년)	1.4	1.8	0.7	1.3	2.2
2차 대전 이후 (1948~1973년)	3.7	5.3	5.0	2.3	2.0
브레턴우즈 체제 몰락 이후 (1974~2010년)	1.5	1.4	1.6	1.7	1.7

주: 1948년에서 1991년까지의 독일의 수치는 서독의 수치이다. 2차 대전 이후 기간의 미국 수치는 1950년에서 1973년까지의 기간을 가리킨다.

출처: M. M. Postan, *An Economic History of Western Europe* (London: Methuen, 1967), 17쪽. http://ec.europe. eu/economy-finance/ameco.

다. 1974년에서 2004년의 기간에도 프랑스, 이탈리아, 영국의 성장률은 1차 대전 이전의 성장률보다 높았다. 독일만 조금 성장률이 떨어졌지만, 이는 1991년 동독과의 통일에 지독하게 많은 비용을 써야 했던 상황을 반영하는 것뿐이다.

이러한 결과가 나오기까지에는 이 나라들 내부에서 무언가 중대한 변화들이 있었음에 틀림없다. 당연하게도 그중 하나는 정치적 변화였다. 전후에 들어선 사회주의 정부들은 자신들이 혁명이 아닌 개혁을 목표로 하는 정권임을 곧 보여주었다. 일단 정권을 잡게 되자 이들은 몇 가지 사회 복지와 사회적 계획의 조치들, 이를테면 공공 의료 보험이나 가족 수당과 같은 조치들을 취했고 또 사회 보장 제도를 개선하였지만, 근본적인 제도 변화를 꾀하지는 않았다. 1960년대와 1970년대의 유럽은 수사rhetoric만 보면 사회주의가 지배하고 있었지만, 그럼에도 여전히 틀림없는 자본주의 체제였던 것이다.

이 사회주의 정부들 중 많은 경우는 전후 기간의 여러 문제점들에 직면하면서 다시 선거에서 밀려났지만, 그 와중에서도 이후에 들어선 보수주의 정권에게 복지 국가의 틀을 물려주었고, 보수주의자들도 큰 틀에서는 이를 받아들였다. 앞에서 보았던 유럽 자본주의의 전통적 약점들 중 하나가 심한 계급 갈등이었다는 점을 떠올려보자. 이는 역사적으로 지속된 노동자 계급의 적대감을 완화하기 위해 보수주의자들 스스로가 사회적 서비스를 제공하는 국가를 창출하려고 했던 것으로, 일종의 유럽판 뉴딜이었다고 볼 수 있다. 그 결과 오늘날 대부분의 유럽 국가들에서 정부 지출 중 복지 지출이 차지하는 몫은 미국에 비해 월등하게 더 큰 비율을 차지한다. 예를 들어 대부분의 유럽공동체 국가들에서 사회 보장 지출은 미국보다 50퍼센트에서 100퍼센트까지 더 크며, 여기에는 의무적 태아 검진, 풍족한 유급 휴가, 전면적 육아 서비스 같은 것들이 포함된다. 미국 정부는 이 중 아무것도 제공하지 않는다.

유럽 자본주의가 살아남게 된 한층 더 중요한 두 번째 이유가 있다. 계급 적대보다 훨씬 더 위험한 과거의 유산인 유럽 시장의 국가별 분리를 극복하려는 운동이 보수층 내부에서부터 생겨난 것이다. 이렇게 유럽의 생산자들에게 완전히 대륙적 규모의 시장을 창출해주고자 하는 첫 번째 발걸음이 바로 유럽경제공동체European Economic Community(EEC), 혹은 더 익숙한 이름으로는 공동시장Common Market이라고 불리는 것이었다.

공동시장

이 공동시장이 탄생한 것에는 중요한 배경이 있었다. 미국은 전쟁으로 박살이 나버린 유럽의 산업을 재건하기 위해 약 120억 달러에 달하는 보조금과 대부를 유럽에 주었는데, 이것이 이른바 마샬 플랜Marshall Plan이었다. 마샬 플랜은 전후 유럽의 생산이 살아나는 데에 결정적인 원동력을 제공하였고, 공동시장은 바로 여기에서 탄생한 것이라고 할 수 있다. 오늘날의 화폐 가치로 치면 마샬 플랜은 유럽에 대한 원조로 약 7백5십억 달러를 이전시킨 것이다. 하지만 예전처럼 여러 카르텔과 국가 보호주의로 생산이 또다시 제약당한다면 마샬 플랜도 소용없이 유럽 생산의 상승세는 결국 한계에 부닥칠 것이라는 것이 곧 분명해졌다. 이러한 전쟁 전의 침체기로 유럽이 되돌아가는 것을 막기 위해서 몇몇 큰 안목을 가진 용감한 국가 지도자들이 유럽의 전통적인 경제적 장벽을 허물자고 하는 진정 대담한 계획을 내놓았으니, 이 중 가장 두드러진 이가 장 모네Jean Monnet와 로베르트 슈만Robert Schumann이었다.

이 계획은 서서히 모습을 갖추어 가는 가운데에 프랑스, 독일, 이탈리아, 벨기에, 룩셈부르크, 네덜란드의 철강 및 석탄 생산을 통합하기 위한 초국가적transnational*(단순한 국제적 조직이 아님에 주의하라.) 조직을 만들자는 요구로 되어갔다. 이 새롭게 구성될 석탄강철공동체 Coal and Steel Community는 다음과 같은 고등의 권위High Authority를 부여받는다. 회원 국가들 사이에서 석탄 및 철강 생산물들에 대한 모든 관세를 제거할 권능, 모든 차별적 가격과 무역 관행들을 불법화할 권능, 모든 주요 기업 합병에 대한 승인권, 카르텔의 해체를 명령할 권능, 그리고 공동체 내의 모든 광부들과 철강 노동자들에게 사회복지 서비스를 제공할 권능 등이다. 1952년 가을이 되면 이 석탄철강공동체는 완전히 현실이 되었고, 이 공동체가 수립되기 이전에 비하여 국경선을 넘나드는 철강과 석탄의 양은 40퍼센트 이상 증가하게 되었다.

그 뒤에는 1957년 유라톰Euratom 즉 '핵 연구와 원자력을 위한 초유럽 센터'가 생겨났고, 1968년에는 유럽경제공동체(EEC)가 생겨났다. 이는 진정한 공동시장으로서, 내부에는 아무런 무역 장벽이 없으며 외부 세계에 대해서는 단일한 "대외" 관세를 매기도록 된 것이다.

---

* 초국가적supranational이란 국가 단위의 동의나 협정을 뛰어넘어 그것에 제약되지 않는 보다 위라는 어의를 가지고 있으며, 국제적international이란 단순히 국가 간 관계라는 의미로서 구성 국가들의 합의와 협의에 의해 결정된다는 뜻을 가지고 있다.

이미 그보다 10년 전에는 비슷한 조직(그 내부의 "정부"의 통일성은 훨씬 떨어졌지만)이 있어서 스칸디나비아 3국과 오스트리아, 포르투갈, 영국, 스위스를 (나중에는 핀란드와 아이슬란드도 가입한) 유럽자유무역연합European Free Trade Association(EFTA)으로 엮은 바 있다.

2000년이 되면 진정으로 범유럽적인 경제라고 할 만한 것이 존재하게 되었고, 여기에 마침내 공동의 유럽 통화 — 유로 — 와 유럽중앙은행이 화룡점정으로 추가되었다. 물론 아직 영국을 비롯한 몇 나라가 정부의 가장 중요한 무기인 통화 정책의 통제권을 잃게 될 것을 걱정하여 이 협정을 받아들이지 않은 상태이다. 하지만 이 공동 화폐 협정을 지지하는 이들은 유로가 언젠가 미국의 달러 및 일본의 엔에 맞서서 국제 통화의 자리를 차지하고 유럽 경제의 힘을 키워주고 유럽 경제의 실적을 개선시켜줄 것이라고 희망하고 있다. 유럽연합(EU)은 계속 확대되어 현재 25개국이 가입한 상태다. 2004년에는 10개국(키프로스, 체코공화국, 에스토니아, 헝가리, 라트비아, 리투아니아, 몰타, 폴란드, 슬로바키아, 슬로베니아)이 가입하였고 2007년에는 루마니아와 불가리아가 가입하였다. 그리고 터키가 가입하는 것을 허락할 것인가를 놓고 열띤 토론이 진행 중이다.

유럽연합의 팽창이 쉽게 이루어진 것은 아니었다. 더 많은 나라들이 가입하면서 가입국들 사이의 생활수준과 경제 정책의 다양성이 더욱 커져왔다. 그리스, 스페인, 아일랜드, 포르투갈 등 부채 수준이 높은 나라들과 독일처럼 무역 흑자로 강한 통화를 가진 나라들이 함께 있으니 통화 동맹에 긴장이 생기지 않을 수 없었다. 그리스의 부채 상환 능력을 돕기 위한 대출 계획들이 나왔지만 여기에는 그리스 정부가 엄혹한 재정 삭감을 받아들여야 한다는 요구가 따라붙었다. 이로 인해 그리스에서는 시위대의 거리 시위가 벌어졌으며 유럽 금융 시장에도 커다란 불확실성이 나타나게 되었다.

코포라티즘

우리는 유럽의 제도적 변형을 개괄하고 있지만, 그중 한 측면을 좀 더 세심히 볼 필요가 있다. 공공과 민간 부문 사이, 그리고 노동과 경영 사이에 좀 더 협조적 관계를 창출하고자 하는 노력이 바로 그 측면이다. 이러한 관계의 발전은 1980년대부터 **코포라티즘**이라고 불렸지만, 이 이름 때문에 대기업corporation이 공공연하게 전 체제를 지배한다는 뜻이라고 생각해서는 안 된다. 이 용어는 정부, 재계, 노동계 각각의 목표와 정책을 정말로 최대한 조화롭게 만들고자 하는 진지한 노력이라는 의미를 담고 있다.

코포라티즘은 나라마다 다양하지만, 특히 다음 세 가지의 제도적 변화를 특징으로 삼는다. 첫 번째는 노동과 경영 사이의 "사회 계약" 형태를 띤다는 점이다. 이를 통해 임노동자들은 가능한 한 고용의 안정성을 얻고 그 대가로 경영 측은 자신들이 감당할 수 있을 만한 임금 상승의 전망을 얻을 수 있게 하는 것을 목표로 삼는다. 한 예로 독일에서는 노동조합의 대표들이 수많은 기업의 이사로 참여하며, 그래서 그 기업들의 결정적인 전략과 같이 내밀한 사안들에 대해서도 관계를 맺는다. 대신에 이 대표들은 그 기업이 감당할 수 없을 임금 상승을 막무가내로 요구하지 않겠다고 동의한다.

유럽의 경제적 사회에서 두드러진 두 번째 측면은 노동자들을 경제적 불안에서 보호하는 여러 규제들을 채택했다는 점이다. 예를 들어 노동자들을 집단 해고할 때에 요구되는 일정한 요건들을 확립한다든가 유급 육아 휴직을 보장한다든가하는 각종 노동 시장 규제를 해고된 노동자들에게 부조와 직업 훈련을 제공하는 등의 적극적 노동 시장 프로그램들과 결합하는 것이 전형적인 모습이었다.

코포라티즘의 세 번째 측면은 전 세계의 생산에서 그 나라의 입지를 강화하기 위한 동의를 창출한다는 것이다. 예를 들어 루르 지방의 철강 생산자들이 고도로 전문화된 반反공해 장비를 생산하는 사업에 각각 뛰어드는 일은 엄청난 비용 때문에 엄두조차 내지 못할 것이다. 그래서 이들은 각자가 보유하고 있는 숙련 노동력과 특수 자본 장비를 모두 합쳐서 이러한 난관을 극복한다. 또 다른 형태로 민관 합동이 있다. 세계 시장에서 한자리를 차지할 만한 고난도 기술과 많은 자금이 들어가는 사업에 뛰어들기 위해 정부가 돈을 내고 기업이 경영을 맡아 생산에 착수하는 경우이다. 이것이 성공한 특출한 예가 바로 유럽의 에어버스Airbus로서, 이 회사는 이제 미국 보잉사Boeing Company의 강력한 적수로 성장하였다. 1980년대가 되면 일종의 코포라티즘이 오스트리아, 덴마크, 핀란드, 독일, 네덜란드, 노르웨이, 스웨덴, 스위스 등에 현저하게 나타났고, 프랑스와 이탈리아에서도 몇 가지 측면들이 분명하게 나타났다.

유럽, 침체를 맞다

그런데 유럽 제도 변화의 진화 과정에 초점을 맞추다 보니 그 경제 발전의 궤적을 잠시 놓치고 말았다. 몇 가지 사실들로서 이를 간단히 요약할 수 있다. 앞에서 우리는 마샬 플랜의 도움을 얻어 유럽 경제의 놀라운 회복이 시작되었으며, 유럽 경제는 1960년대가 되면 의심의 여지 없는 강력하고도 제대로 작동하는 실체로 자리 잡았다는 점을 보았다. 이러한 전후 호황은 1980년대까지 계속되었다. 그런데 그때부터 경제 성장이 둔화되기 시작하여 당시 마찬가지로 힘이 떨어지고 있던 미국 경제의 모습을 거울처럼 반영하고 있었다(미국 경제의 침체는 다음 장에서 다룰 것이다.). 이렇게 일정 기간 동안 경제가 갑자기 속도를 내거나 둔화하는 경우에는 그 원인을 분명히 찾기가 힘들 때가 종종 있는데, 이번에도 그런 경우라고 할 수 있다. 이에 대해서 사람들은 소위 "유럽병"이라는 것을 종종 이야기하곤 한다. 이 말의 정확한 의미는 모호하지만, 노동자들이 지나치게 보호를 받기 때문에 경제적 동력이 약화된 게 아니냐는 느낌을 담고 있다. 하지만 이 말은 전후에 계속되던 유럽 대호황의 동력이 떨어지게 된 이유 —— 이 현상은 이 책에서 계속 다룰 것이다. —— 를 제대로 해명하지 못하고 있다는 창피한 사실을 숨기기 위한 것에 불과하다.

이 둔화의 원인이 무엇이건, 그 둔화가 코포라티즘이 더욱 발전하는 데 부정적 효과를 가져온 것은 분명하다. 유럽의 실업률이 미국의 두 배로 뛰어오르게 되었다. 미국의 실업률은 5~6퍼센트 정도인 데에 반해 유럽 대륙의 대부분에서는 10퍼센트가 넘고 있으니까. 이에 따라 코포라티즘을 지지하는 데에 필요한 사회적 분위기도 상당히 각박해져버리고 말았다. 경영진과 노동조합의 우호적 관계는 사라지기 시작하였다. 충분히 예측할 수 있는 일이지만, 유럽의 보수주의자들 다수는 유럽이 복지 프로그램의 규모를 줄여야 한다고 요구하고 나섰다. 10년 전처럼 경제 성장이 강력하지 못한 상태에서 같은 규모의 복지 프로그램을 유지하다 보면 국가 재정에 심한 압박이 온다는 것이었다. 또 하나 재미있는 사실은 몇몇 유럽 나라들에서 정부와 민간 기업의 연계를 끊기 시작하였다는 점으로서, 이는 영국의 BOAC나 독일의 루프트한자와 같이 이전에는 국유화되었던 항공사들을 사유화한 것에서 가장 뚜렷하게 볼 수 있다. 하지만 이러한 주장은 공기업 형태가 사회적 혜택을 가져오는 데에 어떤 유리함이 있는지는 완전히 무시한 채, 무조건 민간 기업이 국영 기업보다 효율성이 뛰어나게 되어 있다고 강변하는 것이다.

자본주의의 다양한 모델들

이번 장은 짧은 내용에 많은 측면을 다루고 있지만, 여기에는 상당히 흥미로운 질문 하나가 암시되어 있다. 여러분은 그 질문이 자본주의가 발칸 국가들이나 중동 혹은 아프리카의 여러 지역으로 확산되는 가운데 미래의 자본주의 모습이 어떻게 될 것인가라고 생각할 수도 있겠다. 물론 이는 분명히 중요한 질문이며 우리가 12장에서 "지구화된" 자본주의의 전망을 논할 적에 다루어 질 것이다. 하지만 이 장에서 암시되는 문제는 그보다 훨씬 더 폭이 넓고 근본적인 질문이다.

잠깐 1장으로 돌아가보자. 거기에서 우리는 자본주의가 나타나기 이전에 인간 사회가 겪어왔던 엄청난 규모의 구조적 변화들을 추적한 바 있다. 그 첫 번째로 수렵과 채집으로 살아갔던 선사 시대의 사회들에 방향을 제시했던 전통이라는 기율 체제가 발전했다. 이는 친족 관계에 체현되어 수렵 및 채집 활동의 조직에 방향을 제시했으며, 이후 그 사회들이 오늘날에 이르도록 계속 발전해 오는 데 있어 일종의 보험과 같은 것이 되어 주었다.

나중이 되면 이집트의 피라미드 건설이나 구약 성경에 나오는 제국의 창업에서 볼 수 있듯이 정치적 명령이 생산 및 분배를 조직하는 데 핵심적인 역할을 맡게 되며, 이에 경제 생활을 조직하는 새로운 시스템이 모습을 드러내게 된다. 그로부터 천 년 정도가 지나고 나면 경제 생활의 방향 제시에 있어서 우리가 잘 알고 있는 시스템 즉 시장의 출현이라는 큰 진보가 이루어진다. 그리고 대공황을 거치면서 자본주의─이 단어는 이때가 되면 공공연히 사용되는 어휘가 된다─가 민간 부문의 보조물로서 또 그것의 견제 장치로서 잘 조직된 공공 부문을 필요로 한다는 점이 널리 인정되었던 것도 6장에서 우리는 살펴보았다.

유럽 자본주의를 다루는 이 장의 결말로 어째서 이런 것들을 언급하는가?

자본주의의 확산은 우리가 묘사했던 그 구조적 요소들에 대해서도 다시 생각하게 한다. 이러한 요소들은 과연 오늘날의 여러 모델의 자본주의에서도 발견되는가? 전통은 기업들과 정부가 지배하는 오늘날의 세상에서 비록 그 자리가 크게 줄어들기는 했지만, 여전히 수많은 경제 활동에 있어서 방향을 제시하는 역할을 버젓이 하고 있다. 예를 들어 어떤 분야에서든 경험 많은 고참들과 신입자들의 관계에서 이는 어김없이 발견된다. 시장 또한 말할 것도 없이 어디에나 존재한다. 그리고 작동 가능한 자본주의는 항상 역동적인 민간 부문뿐만 아니라 강력한 공공 부문 또한 필요로 한다.

여기에 새로운 질문을 더해보자. 이러한 여러 구조적 요소들을 합쳐놓으면 오늘날의 자본주의를 이해할 수 있는 청사진이 나올까? 얼마 전까지만 해도 우리는 "그렇다"고 답했을 것이다. 하지만 오늘날에는 그렇게 확신할 수가 없다. 유럽 각국의 여러 형태의 자본주의를 볼때 두드러지게 나타나는 바, 자본주의를 동일한 하나의 시스템이 아니라 여러 다른 시스템의 모습을 띠게 만드는 요소가 분명히 존재한다.

똑같은 경제 제도를 공유하는 여러 자본주의 사회들이 얼마나 다른 사회적 정치적 문화를 보여주고 있는지는 실로 놀라울 정도이다. 북유럽 나라들로 가보면 자본주의가 강력한 사회적 지향성을 갖는다는 것이 보이지만, 미국의 자본주의는 여간해서는 그런 모습이 보이지 않는다. 영국의 자본주의는 상당히 보수적이며 독일의 자본주의는 상당히 진보적이다. 규모를 좁혀서 한 나라 안을 들여다보아도 이탈리아 북부의 자본주의는 현대적이지만 이탈리아 남부의 자본주의는 근대적인 모습이 크게 약하다. 뉴욕과 메릴랜드의 자본주의와 텍사스 및 메인의 자본주의와 북캐롤라이나 및 남캐롤라이나의 자본주의를 서로 비교해보라. 과연 그 차이를 빚어내는 것이 기본적인 경제적 제도들일까? 아닐 것이다. 이는 각각의 지역적 역사, 사회적 관습, 문화에서 빚어지는 차이점들일 것이다.

이렇게 흥미로운 문제를 어째서 이제야 제기하는가? 앞으로 다가올 수십 년 동안 여러 나라로 자본주의가 (혹은 여러 형태의 자본주의가) 생겨나게 되겠지만 여기에도 전통, 명령, 시장 메커니즘 그리고 민간 부문 및 공공 부문의 조합 등은 분명히 발견될 것이며 이로 인해 우리는 이러한 형태들 또한 자본주의라고 확인할 수 있게 될 것이다. 하지만 아시아, 라틴아메리카, 아프리카 등과 같이 대단히 상이한 문화를 가진 나라들에서 그 기본적 구조들이 건설되는 가운데에 여러 형태의 자본주의가 보여주는 스펙트럼은 갈수록 더 넓게 벌어지게 될 것이다. 우리는 앞으로 이어질 장들에서도 이 문제를 계속 주시할 것이며, 우리 각각이 가지고 있는 형태의 자본주의가 앞으로 펼쳐질 몇십 년 동안에도 계속 올바른 것으로 남아있을지 또한 예의주시해야 할 것이다.

무역의 붕괴	1. 유럽 자본주의는 봉건적 유산과 심각한 국가 간 경쟁으로 그 발전이 심각하게 저지당했다. 봉건적 유산은 자본주의 발전을 가로막는 심각한 정치적 문제들을 야기했으며 심각한 국가 간 경쟁은 국제 무역을 불구로 만들어버리고 말았다. 그 결과 유럽의 생산성은 미국에 비해 훨씬 뒤처지게 되었다.
사회주의자들의 저항 **보수주의자들의 개혁주의**	2. 유럽의 자본주의는 또한 광범위한 **사회주의자들의 저항**으로 위협당했다. 하지만 1차 대전이 끝난 후 보수 정당들 또한 전반적으로 사회주의자들의 개혁주의적 프로그램을 받아들였고, 여기에는 각종의 풍부한 사회 복지 프로그램들이 포함되어 있었다.
공동 시장	3. 유럽의 경제적 후진성을 극복하려는 많은 시도들 중에서도 가장 중요했던 것은 관세 장벽이 없는 **공동시장의** 창출로서, 이는 유럽을 현대화하고 통일시키는 돌파구가 되었다. 이러한 조치들이 합쳐지면서 유럽의 경제 성장과 복지가 괄목할 만큼 다시 살아나게 되었다.
"사회 계약" **민관 합동 투자**	4. 유럽 자본주의는 소련 몰락 이후로 "코포라티즘"적인 방향으로 움직여왔다. 경영-노동 협정(사회적 협약)을 맺을 뿐 아니라 에어버스 및 여타 공공-민간 사업체들에서 보듯이 정부와 재계가 민관 공동 투자에 나서는 것을 장려하였다.
코포라티즘의 향후 전망	5. 이러한 조치들은 처음에는 아주 성공적이었지만 지금은 일정한 의문에 처해 있다. 경제 상황이 나빠지게 되면

서 사회적 협약도 창출하기가 어려워졌고, 또 몇몇 국영 기업들은 지금 사유화되고 있는 중이다. 코포라티즘 운동의 미래는 확실하지 않다.

질문들

1. 유럽의 경험에는 미국 자본주의를 위한 교훈들이 있다고 보는가? 아니면 미국의 경험이 오히려 유럽인들에게 교훈이 될 것인가? 혹은 양쪽 모두 서로 배울 것이 있는가?

2. 유럽의 사회주의 정당들이 시장이라는 틀을 전반적으로 받아들임으로써 자본주의와 사회주의의 역사적 대립이 종식되었다고 생각하는가?

3. 미국의 50개 주가 함께 달러라는 공동 통화를 만드는 것은 어렵지 않았건만 어째서 유럽 공동시장에서 단일 통화를 창출하는 일은 그토록 어려운 것일까?

4. 유럽의 경험에서 공공 부문의 한계에 대하여 어떤 결론을 끌어낼 수 있을까? 유럽에서와 똑같은 한계가 미국에도 적용될 것이라고 생각하는가?

346

THE MAKING
OF
ECONOMIC SOCIETY

| 9장 |

자본주의의 황금시대

전후 세계에 열린 가능성

2차 대전은 1천만 명 이상의 죽음을 가져왔다. 유럽의 지리가 바뀌어 버렸고 세계 정치는 새롭게 규정되었다. 유럽과 일본의 기간 시설과 산업 생산 설비는 초토화되었다. 이와 대조적으로 미국 경제의 생산 능력은 전쟁 기간의 동원의 수요에 대응하는 가운데에 크게 확장되었다. 전시 기간 동안 미국의 생산량은 꾸준히 늘었을 뿐만 아니라 전시 생산에 요구되는 기술들 —— 자동차, 비행기, 무기류, 통신 장비, 심지어 의류까지 —— 로 인해 효율적인 대량 생산 체제가 갖추어졌을 뿐만 아니라 생산물의 품질 또한 크게 개선되었다.

하지만 전쟁이 끝나게 되자 이렇게 전쟁 기간 동안 제조업을 크게 진작시켰던 자극도 함께 사라지게 되었고, 그러자 수요가 크게 줄어드는 것이 아니냐는 공포가 확산되었으며, 급기야 미국 경제가 1930년대의 공황 상태로 되돌아가는 게 아니냐는 가능성까지 논의되었다. 그런데 당시의 최고의 경제 분석가들을 깜짝 놀라게 한 것은, 이러한 일들이 전혀 벌어지지 않았다는 것이다. 오히려 그 반대로 1945년에서 1973년의 기간은 세계 역사에서 가장 빠르게 경제가 성장한 시기였다. 그래서 이 기간은 자본주의의 "황금시대"라고 알려져 있다. 미국 경제가 대단히 빠른 속도로 성장했을 뿐만 아니라 유럽과 일본 또한 경제 재건과 함께 대단히 높은 성장률을 보여주었다. 식민 통치는 대부분 종식되었으며, 일부 개발도상국들은 선진국들보다 더 빠르게 성장하였다. 선진국들의 경제가 살아나면서 호황에 박차를 가하였고, 여기에서 중동의 산유국들처럼 자원이 많은 나라들은 큰 혜택을 보았으며 한국, 싱가포르, 말레이시아, 타이완 등 동아시아의 "호랑이들"과 같은 몇 나라들은 산업화의 중심지가 될 수 있었다. 따라서 이 황금시대는 미국뿐만 아니라 그 밖의 넓은 지역의 나라들도 급속한 경제 성장을 이룬 기간이었다. 실로 이 기간은 인류 역사상 유례없는 전 세계적 차원의 호황이었던 셈이다.

무엇이 이러한 황금시대를 가져왔는가? 전후의 세계 경제 곳곳에 지뢰처럼 도사리고 있던 위험 요소들을 어떻게 피할 수 있었던 것일까? 단일한 대답은 없다. 그 대신 우리는 현대 자본주의의 중심 제도들 —— 대기업, 노동조합, 국가 —— 의 진화 과정을 보아야 하며, 또 국제적 세력 관계, 사회적 압력, 기술 변화 등의 요인들이 이러한 제도들에 어떤 영향을 가져왔는가를 살펴보아야 한다.

국제적 세력 관계

이 중 첫 번째 요소부터 살펴보자. 미국은 전쟁 이전보다 더 큰 생산 능력을 가지게 된 유일한 나라였으며, 장차 국제 경제 관계의 틀을 결정할 전후 세계의 제도들을 고안하는 데에 주도권을 행사하였다. 1944년 열린 브레턴우즈 회의(이 회의가 열린 뉴햄프셔의 휴양지에서 따온 이름)에서 미국과 유럽연합국들은 유럽의 재건을 도울 수 있는 새로운 국제적 금융 체제와 틀을 수립하였다.

350

존 메이너드 케인즈의 카리스마적인 리더십 아래에서 이 회의는 이후 황금시대에서 주요한 역할을 수행할 세 가지 제도를 탄생시켰으며, 그중 두 가지는 오늘날에도 국제 관계에서 중요한 역할을 맡고 있다. 그 첫 번째는 국제통화기금(IMF)으로서, 어려움에 빠진 나라들에 달러와 같은 "경화 硬貨 hard currency"를 대출해주어 그 대출금으로 경제 개발에 필요한 재화들을 사올 수 있게 하는 제도였다. 두 번째는 또 하나의 국제 은행 즉 개발과 재건을 위한 국제은행International Bank for Reconstruction and Development ─ 세계은행World Bank이라고도 불린다. ─ 이었으니, 이는 특히 서유럽에 도로, 교량 등과 같은 큰 규모의 투자 프로젝트 자금을 공급하기 위해 설립되었다.[1] 이 두 제도는 지금도 존재하고 있으며 경제 발전 자금을 조달하고 국제 금융 관계를 원활하게 하는 중요한 기능을 수행해왔다.

새롭게 창출된 세 번째 제도가 아마도 가장 중요할 것인데, 그 제도는 국제 통화 체제를 규제하는 일련의 규칙이다. 브레턴우즈 협정은 미국 달러의 가치를 금 1온스당 35달러로 고정시켰고 다른 통화들은 이 달러와 고정된 비율로 그 가치를 고정시켜서 간접적으로 금 가치에 고정되도록 하였다. 그리하여 만약 영국의 파운드화가 미화 5달러라고 했을 때 그 금 가격은 1온스당 7파운드(35를 5로 나눈 것)가 되는 것이다. 미국은 달러를 들고 오면 언제든 금으로 바꾸어줄 수 있다는 것을 보장하였다. 이러한 약속을 믿을 수 있었기에 다른 나라 정부들도 기꺼이 달러를 외환 준비금으로 보유하였다. 이제 달러는 "금과 똑같이 믿을 수" 있는 것이니까. 이리하여 달러는 국제 거래의 중심 통화가 되었고 국제 금융 체제를 안정되게 고정시킬 수 있었다.

국제적 협조를 더욱 심화시키는 데에 도움이 된 두 가지 제도가 더 있었으며, 여기에서도 미국은 방향타를 쥐고 있었다. 1947년 23개국이 조인한 무역과 관세에 관한 일반 협정(GATT)은 관세 인하를 장려하고 차별적인 무역 정책을 없애는 데에 진력하였다. 즉 이 협정에 조인한 나라들은 특정 국가에 다른 나라에 매긴 관세보다 더 높은 관세를 매기지 않기로 한 것이다. 이것이 GATT의 "최혜국 대우most-favored nation" 조항에 담긴 원리이다. 이에 따르면 "최혜국 대우"의 지위를 얻은 나라는 자동으로 다른 조인국들이 똑같은 범주의 재화에 대해 내놓은 가장 낮은 관세의 적용을 받게 된다는 것이다. 예를 들어 미국이 프랑스의 포도주에 대해 3퍼센트의 관세를 걸고 있다면 독일 포도주에 대해서만 10퍼센트의 관세를 매길 수 없도록 한다는 것이다.

마지막으로 지금까지 언급한 제도들 가운데에서 가장 직접적인 충격을 가져온 국제적 발의가 있었으니, 이것이 마샬 플랜이었다. 이 이름의 주인인 조지 마샬 장군은 2차 대전 중 미군 참모총장Chief of Staff을 지냈고 그 후에는 트루먼 행정부의 국무장관을 맡고 있었다. 그가 기획한 마샬 플랜은 미국이 내놓는 120억 달러의 원조 패키지로서 전쟁으로 무너진 여러 나라의 경제를 재건하는 데에 쓰이게 되어 있었다. 당시 유럽 경제는 구매력이 간절하게 필요했고 마샬 플랜의 자금은 그들에게 바로 이 구매력을 제공하는 결정적인 역할을 하였다. 하지만 이 플랜의 목적은 그것만이 아니었다. 이 기금의 관리가 일종의 국제기구에 맡겨져 있었기에 마샬 플랜을 통해 유럽 여러 나라의 정책 조율이 크게 촉진되었고, 궁극적으로 이것이 유럽의 공동시장으로 이어지게 되었다. 덧붙여서 이 플랜은 미국에게도 경제적인 혜택을 주었다. 전쟁이 끝난 뒤 미국은 주요한 산업 강국이었기에, 유럽이 얻게 된 구매력도 대부분 미국 경제에서 제품을 구매하는 데에 사용될수밖에 없었다. 그리하여 마샬 플랜은 유럽에게 원조를 제공했을 뿐만 아니라 미국의 수출을 크게 끌어올리는 역할 또한 해준 셈이다.

지정학의 등장

국제적 경제 정책에 관한 이러한 주요한 창의적 발의들은 오랜 길을 돌고 돌아 전후 세계 경제의 지반이 되는 원칙들을 형성하고 제공하였다. 하지만 이러한 원칙들이 작동하게 된 세계는 정치적으로 전쟁 전의 세계와는 전혀 다른 세계였다. 이 전후 세계의 첫 번째 특징은 새로운 전쟁 즉 미국과 소련이라는 양대 초강국 사이의 소위 냉전이었다. 이 두 나라는 2차 대전 기간에는 동맹 관계에 있었지만 전쟁이 끝나자마자 서로를 의심하게 되었다. 그 첫 번째 갈등 지점이 된 독일은 두 개의 주권 국가로 갈라지게 되었다. 공산당이 이끄는 동독과 자본주의적이며 서구 지향적인 서독으로. 그 후로도 30년 동안 이 두 초강대국은 한국, 쿠바, 콩고, 앙골라, 베트남, 칠레, 아프가니스탄 등의 다양한 나라에서 서로 간접적으로 맞대결을 벌였다.

  냉전은 2차 대전 이후의 지구적 경제를 규정하는 데에 결정적인 중요성을 띠고 있었다. 미국과 소련 모두가 경제 정책을 만들어낼 적에 서로와 적대 관계에 있는 나라들과 강력한 동맹을 유지한다는 것을 목표로 삼았다. 예를 들어 미국이 유럽 통합을 장려하려고 노력한 것은 부분적으로는 자본주의적 유럽에서 서독의 자리를 보장하기 위해서였다. 좀 더 직접적인 차원도 있다. 두 강대국 모두 상당한 에너지와 자원을 군수 부문에 바쳤다. 두 나라가 군비 경쟁에 돌입하고 다른 나라들 —— 특히 개발도상국 —— 과의 동맹 관계를 유지하려 온 세계를 돌며 동분서주하는 가운데에 양국 모두에서 무기와 전쟁 관련 장비의 생산이 경제의 주요 부문으로 자리 잡았다. 이러한 군수 부문의 대두는 미국에서 벌어진 경제 변화의 방향에도 영향을 미쳤다. 오늘날 미국 경제에 활력을 불어넣고 있는 기술의 많은 것들 —— 컴퓨터(하드웨어와 소프트웨어 모두), 레이더, 항공기 설계 —— 은 2차 대전 및 냉전과 연관된 군수 산업 연구에 기원을 두고 있는 것이다.

국제 상황에서 벌어진 이렇게 복잡한 변화를 어떻게 갈무리하여 파악할 수 있을까? 한편으로는 전후 복구의 방향으로도 변화가 있었고, 또 한편으로는 개발도상국들을 돕는 노력의 방향으로도 변화가 있었고, 또 "자유세계"에서 미국이 패자覇者hegemon —— 지도자 —— 의 위상을 확보하기 위한 변화도 있었다. 상황이 이렇게 다양했기에 2차 대전 이후 국제 상황을 온전하게 요약하는 일은 불가능하다. 자본주의의 황금시대는 군사적-정치적인 여러 고려 사항들로써 추동되었고 또 그 방향이 결정되었다. 소련이 20년만 더 일찍 무너졌더라면 경제 성장을 위한 동력이 아주 크게 부족하게 되었을 수도 있다. 앞으로 우리가 보여주려는 바는, 황금시대 자체는 서양 역사에서 가장 건설적인 시대 가운데 하나임에 틀림없지만, 그 원동력은 부분적으로 군사적인 고려 사항들에서 나왔으며 이것이 서구 세계 전반과 특히 미국 경제의 성장에서 깊고도 오래 지속되는 추동력을 제공했다는 점이다.

한편, 미국에서는

이제 지정학의 세계에서 떠나 미국 국내 경제로 돌아와보자. 비록 브레턴우즈 회의에서 합의된 여러 제도들이 여러 나라들 사이에 더 이상 경쟁과 보복이 아닌 협조가 이루어질 수 있는 기초를 놓았고, 여기에 마샬 플랜이라는 원조까지 나와 유럽에 상당한 자금을 주입해주었지만, 그래도 유럽은 아직 전쟁으로 초토화된 상태에 있었기 때문에 미국 경제가 생산하는 것들을 많이 소화해줄 것으로 기대할 수는 없었다. 따라서 미국 경제가 계속 성장하려면 국내의 수요에 의지하지 않을 수 없었다. 따라서 문제는 이 국내 수요가 어디에서 나오느냐는 것이었다. 전쟁이 끝나고 나자 정부 지출은 확실하게 줄어들어보였다. 민간 투자는 지난 4년의 전시 동안 뒷전으로 밀려나 있었기에 분명히 이러한 손실을 벌충하고자 하는 의지가 충만해 있었지만, 전쟁 무장으로 벌어졌던 호황에 견줄 수 있을 정도로 늘어날 만큼 강력한 것은 못되었다. 결국 짐은 소비 부문의 어깨로 떨어질 수밖에 없었다. 하지만 전쟁이 끝나 도처에서 실업자가 늘어나고 있는 상황인데, 이렇게 큰 규모의 수요를 창출하는 데에 필요한 수십억 달러를 가정 경제 부문이 과연 벌어들일 수 있단 말인가?

여기에서 사회적 압력이라는 요소가 등장한다. 실로 놀라운 사실은 전쟁이 끝난 직후 ── 실로 1945년에서 1955년 사이의 기간 ── 소비자 수요가 힘차게 증가했다는 점이다. 이 수요는 어디서 나온 것일까? 그 직접적인 원천은 사회로 하여금 4년간이나 사람들에게 "없이 지내도록" 했던 결과였다. 전쟁 기간 동안 전쟁에 필수 물자라는 이유에서 가솔린뿐만 아니라 식료품까지 배급에 묶여버렸다. 대규모 생산 라인이 모조리 비행기 생산으로 전환했기에 자동차도 생산되지 못했다. 신규 주택 건설 또한 정체 상태에 있었다. 군복 생산 때문에 보통의 의류 생산은 뒷전이 되어버렸다. 마침내 전쟁이 끝나게 되자 미국인들이 축하했던 것은 전쟁의 승리와 평화만이 아니었다. 이제는 오랫동안 굶주려왔던 소비자 물품에 대한 욕구를 맘껏 충족시킬 수 있을 것이라고 생각하니 절로 신이 났을 것이다. 게다가 4년간의 임금 수준은 아주 높았던 데에다가 쓸 곳도 없는 판이었으니 저축은 불어날 대로 불어나 있는 상태가 아닌가!

19세기 동안 표준화된 재화들의 대량 소비가 미국의 경제 성장에 박차를 가하게 했던 것처럼, 전후 초기에는 소비 내구재의 대량 소비가 경제 성장의 강력한 힘으로 작동하였다. 뉴욕 주 롱아일랜드의 레비타운Levittown이 좋은 예가 될 것이다. 레비타운은 집들이 촘촘히 몰려 군락을 이루는 마을이었는데, 이 집들은 중간 정도 혹은 중하위권의 소득층들이 살 수 있는 저렴한 가격에 맞추어 사실상 판박이처럼 똑같은 모습으로 설계된 집들이었다. 이 집들은 그야말로 호떡집에 불난 듯이 신나게 팔렸다. 게다가 이 집집마다 한 대 이상의 차가 있어야 하고, 텔레비전, 냉장고, 전화기, 세탁기, 건조기 등등의 가전 제품들 또한 마땅히 갖추어져야 했다. 이러한 내구재들의 소비가 아메리칸 드림의 일부가 되었다. 중산층의 지위를 획득했다는 증거는 특정한 묶음의 소비재들을 가지고 있느냐 마느냐로 드러난다고 사람들이 믿기 시작한 것이다.[2]

미국 자본주의의 구조적 변화들

기술이 도움을 내려주다

마지막으로 기술 진보를 살펴보자. 아무리 가정 경제에서 소비의 욕망이 불끈거리고 있었다고 해도 기업이 적당한 가격으로 대량 생산을 해줄 능력이 있어야 그것도 충족될 수 있었을 것이다. 전쟁 기간 동안 새로운 생산 기술들이 발전하였고, 여기에는 생산 과정의 자동화 —— 즉 기계가 인도하는 생산 —— 도 있었다.

관광업이라는 새로운 산업이 아주 극적인 예이다. 전쟁 중에 쓰이던 폭격기를 개조하여 4기통의 프로펠러 비행기가 나온 것이 관광업이 발흥하게 된 결정적인 계기였고 조금 후에는 이것이 제트기로 바뀌었다. 1958년 10월 대서양을 넘어서 뉴욕과 런던 사이를 운항하게 된 제트 여객기가 영업을 시작하였다. 그로부터 몇 년 되지 않아 관광업은 미국에서 가장 빠르게 발전하는 산업이 되었다. 그전에는 플로리다까지 잠깐 내려갔다 오는 것만 해도 큰 모험이나 되는 듯 여겼던 미국인들이 이제는 가족 단위로 비행기에 올라타서 자기들과 비슷한 다른 미국인 가족들과 무릎을 맞대고 영국으로 —— 사람들이 영어를 쓰는 곳으로 —— 떠난다. 그리고 그다음에는 파리와 로마로 또 떠나며, 여기서도 놀랍게도 사람들이 영어를 쓴다는 것을 곧 알게 된다. 적어도 미국 관광객들에게는 말이다.

새로운 기술이 발전하면서 관광업 이외에도 수많은 분야에서 성장의 자극제가 나타났다. 예를 들어 1950년에는 미국 전체에 텔레비전 수상기가 1백만 대가 살짝 넘는 정도였다. 그런데 1960년이 되자 그 숫자가 5천만 대 이상으로 늘어난다. 자동 식기 세척기, 세탁기, 신종 오븐과 토스트 등이 (이상화된) 미국 부엌의 모습을 새로 만들어놓았다. 자동차 기어 또한 오토매틱으로 바뀌어 운전도 쉬워졌다. 그 밖에도 무수한 다른 크고 작은 기술 진보를 통해 그전에는 상상도 못하던 풍요가 실현되었고 사람들은 그 새로움과 상상력에 더욱 갈채를 보냈다. 하지만 이 새로운 기술들로도 성장을 무한정 끌어올리지는 못했다. 사실 어떤 기술 진보도 그렇게 할 수는 없다. 다음 장에서 보겠지만, 그중에서도 특히 인간 노동을 기계로 대체해버리는 종류의 기술들은 곧 숱한 문제들을 일으키게 된다. 하지만 자본주의 황금시대에는 일단 이런 문제들이 아직 나타나지 않고 있었다.

자본-노동 협약

전후의 경제 호황을 처음에 촉발시킨 것이 가정 경제의 소비 수요라는 요소였다면, 이는 곧 기업 쪽에서도 상당한 신규 투자의 형태로 호응해줄 것을 당연히 요청하게 된다. 하지만 민간 부문 투자는 투자가 가져올 이윤에 대한 예측에 좌우되는 것이며, 바로 그렇기 때문에 호황은 절대 어떤 경우에도 영원히 지속될 수가 없다고 볼 수 있다. 그렇게 호황이 지속된다면 노동에 대한 수요도 올라갈 것이며, 이것이 결국 임금 상승을 낳게 되지 않겠는가? 그리고 그렇게 되면 결국 호황도 끝장이 나고 말 게 아닌가?

그런데 실로 놀랍게도 바로 여기가 오히려 노동조합이 자본주의 황금시대를 가져오는 데에 결정적인 역할을 했던 지점이다. 더욱 놀라운 것은 그 노동조합의 결정적 역할이라는 게 임금 상승을 포기하겠다고 동의한 것도 아니었다는 점이다. 그 결정적 역할은 생산성 향상에 적극 협력한다는 협정이었다. 생산성이 상승함에 따라 노동자들에게 돌아오는 보상도 올라가게 되었다. 그래서 이러한 노동과 자본의 협정은 호황을 끝장내기는커녕 오래오래 지속되게 만들었다.

이제 노동자들은 처음으로 경영진과 함께 생산성 향상이라는 목표를 공유하게 되었다. 노동사 연구가인 제롬 로스토Jerome Rostow에 따르면, 1948년 제너럴모터스와 미국자동차노조(UAW)가 함께 서명한 단체 협약은 최초로 "체계적인 임금 인상 계획과 더불어서 노동조합이 생산성 개선에 앞장서고 또 급속한 기술 변화를 지원할 것을 약속하도록 만든" 협약이었다고 한다. 이는 두 가지 효과를 낳았다. 첫째, 노동자들은 우선 기업의 실적에 대해 직접적인 이익을 가지게 되었다. 따라서 생산성 향상을 가져올 만한 기술 진보에 반대하는 것이 아니라 오히려 그것을 지원하게 되었다는 것이다.

둘째, 노동조합이 좀 더 안정감을 느끼게 됨에 따라 작업장의 조직과 통제의 문제들을 경영자들의 손에 기꺼이 넘겨주게 되었다는 것이다. 한편 경영자들은 갈수록 뚜렷이 구분되는 강력한 사회 집단으로 형성되어갔다. 장기적 투자의 결정이나 작업장 조직의 구체적 문제들은 이들이 발벗고 나서서 보살피는 수밖에 없었던 것이다. 기업 경영 자체가 갈수록 "과학적"이 되고 전문적이 되었다. 이렇게 경영을 기업 소유와 분리하는 것이 최소한 미국의 대기업들 사이에서는 표준적인 관행이 되었다. 경제학자들은 심지어 기업에 대한 "경영자managerial" 이론을 발전시킬 정도가 되었다. 이 이론에 따르면 기업은 이제 그 소유자들의 근시안적인 전술이 아니라 경영자들의 장기적 전략에 따라서 운영되는 것으로 여겨졌다. 이 이론에 일리가 있음을 부인할 수는 없다. 그리고 이는 나중에 어째서 자본주의 황금시대가 그토록 오래 지속되었는가를 따져볼 때 해답의 실마리를 주는 것이기도 하다.

마지막으로 우리가 주목해야 할 점은, 이러한 새로운 장치 아래에서는 임금이 떨어지지 않는 덕분에 전체 국민 소득에서 임금으로 가는 몫도 일정하게 유지되고 또 노동자들이 생산성 향상에 따라 임금을 올리겠다고 합의해준 덕분에 이윤으로 가는 몫도 일정하게 유지되는 경향이 있었다는 점이다. 이렇게 체제에 안정을 가져다주는 메커니즘이 내장되어 있었기에 기업들은 또 미래에 대해 자신 있는 전망을 가질 수 있었고, 결국 그 미래를 현실화하기 위해 투자를 할 마음을 더 굳힐 수 있었던 것이다.

정부가 제자리를 찾다

마지막이지만 아주 중대한 요소가 있다. 전후 경제를 지도하는 데에서 정부가 중심적 역할을 맡았다는 것이다. 전쟁 기간 동안 총생산에서 정부 지출이 차지하는 몫은 전례 없이 높은 수준으로 올라갔다. 1940년에는 9퍼센트였지만 1945년이 되면 거의 45퍼센트로 올라갔으며, 개별 소비재 시장들도 그전에 결코 상상도 할 수 없었던 정도의 규제를 받게 되었다. 하지만 전쟁이 끝나고 났을 때에는 공공 부문이 어떤 역할을 맡게 될지 불투명하기 짝이 없었다.

1930년대의 뉴딜은 이미 일정한 "수급권들entitlements"을 확립한 바 있고, 여기에는 사회 보장, 실업 수당, 농산물 가격 보조금 등이 포함되어 있었다. 이러한 프로그램들은 엄청나게 인기가 좋았고 따라서 전쟁이 끝난 뒤에도 계속될 것임은 분명했다. 또 새로운 GI 법안GI Bill이 광범위한 환영을 받으며 통과되었는데, 이는 참전 병사들이 교육을 받고자 하면 이를 무료로 제공하는 프로그램으로서 정부의 각종 수당을 더욱 확장한 것이었다. 그 결과 대학 교육을 받을 만한 돈이 없는 수백만의 남녀가 혜택을 받을 수 있었다. 미국의 고등 교육 체제는 비약적으로 발전하였다. GI 법안은 또한 참전 병사들 및 그 가족들의 주택 구입 보조금과 여타 수당을 제공하였고, 이것이 당시 막 시작되고 있던 경제 호황의 폭넓은 원동력의 기초가 되었다.

두 번째, 미국은 군사적 지배력을 계속 유지해야 할 필요가 있음을 절감하였다. 특히 소련 공산주의의 위협을 억제하기 위한 전 세계적 노력을 지도할 위치에 오르게 되었으므로 이는 더욱 분명하였다. 앞에서 말했듯이, 냉전은 연방 정부의 엄청난 지출을 정당화해주었고, 연방 정부는 재래식 무기에서 우주 탐험을 위한 기초 과학에 이르기까지 다양한 분야에 지출할 수 있었다. 특히 우주 탐험은 아마도 역사상 그 어떤 정부보다도 비용을 많이 쓴 과학적 작업이었을 것이다.

세 번째, 정부의 확장된 생산 능력을 민간 경제의 여러 목적에 맞도록 전용하는 것이 새로운 목표가 되었다. 이 점에서 가장 중요한 노력은 전국적인 고속 도로망 계획 및 건설이었다. 공화당 소속 대통령이었던 아이젠하워 정권하에서 연방 정부는 뉴욕에서 로스앤젤레스까지, 마이애미에서 시카고까지 모든 주요 도시를 "초고속 도로super-highways" — 오늘날에는 당연한 것으로 여기지만 당시로서는 완전히 새로운 종류의 고속도로망이었다. — 로 연결하는 수백만 달러짜리 계획에 착수하였다. 이 프로젝트는 즉시 여러 주 사이의 상거래를 촉진하였고 또 미국 사회를 "자동차 문화"로 전환하는 결정적인 역할을 하였다. 이제 미국은 상업용 자동차의 으뜸가는 생산자가 되었을 뿐만 아니라 1인당으로 보나 총량으로 보나 전 세계에서 화석 연료를 가장 많이 소비하는 나라가 된 것이다. 공항 건설을 위한 정부의 자금 지원도 항공업에 커다란 행운이었다. 전쟁 기간 동안 군수 부문의 수요를 통해 심지어 자동차 생산보다 더욱 크게 힘을 받은 곳이 바로 항공업이었던 것이다.

전후 경제가 그 누구도 예측하지 못한 힘을 보여주자, 정부는 단지 수급권과 공공재를 제공하는 역할을 넘어서서 거시 경제 자체를 안정화시키는 것으로까지 역할 범위를 넓혀갔다. 비록 강력한 경제 성장의 경향이 꿈틀거리고 있었지만 그래도 경제는 여전히 호황과 불황의 순환을 주기적으로 겪는 상태에 있었다. 이제 최초로 정부는 재정 정책을 사용하여 이러한 순환을 최소화하는 실험을 시작한 것이다. 1961년 민주당 소속 대통령 존 F. 케네디는 경제자문위원회의 충고에 따라 경제를 부양한다는 구체적인 목적에서 세금을 삭감하였다. 경제학자들은 이제 "안정화 정책"이 정부의 중요한 임무라고 말하기 시작하였다. 1964년이 되면 이러한 세금 삭감의 경기 부양 효과가 분명하게 느껴지기 시작했으며, 대통령 경제자문위원이던 아서 오쿤Arthur Okun은 이렇게 말했다. "경제학자들은 이제 지금까지의 그 어떤 때보다 더욱 높은 존경과 평가를 얻게 되었다."[3] 나중에 다시 이 문제를 논의하겠지만, 1960년대 중반의 유명한 경제학자들이 쓴 논문집의 제목이 『경기 순환의 종말The End of the Business Cycle』이었다는 점은 참으로 흥미롭다. 오늘날 우리는 이들의 낙관이 심히 지나친 것이었음을 잘 알고 있다.

케인즈주의 경제학자들이 안정화를 추구하고 있는 가운데에 또 하나의 야심찬 전투가 본격적으로 시작되었는데, 이 또한 그 주요 공격 수단으로 정부 자원을 사용하고자 하였다. 이는 존슨 대통령의 "위대한 사회Great Society" 계획, 즉 빈곤 퇴치가 중심 목표인 부유한 사회 비전이었다. 이 비전은 곧 "빈곤에 대한 전쟁" ── 마을 개선, 주택, 교육 등을 위해 가난한 이들에게 보조금을 주는 다양한 프로그램들 ── 으로 변형되었다. 빈곤은 실제로 1960년대 말과 1970년대에 감소하였지만, 1980년대 들어 이러한 프로그램들이 해체되자 다시 증가하고 말았다. 다음 장에서 보겠으나 이는 오늘날까지도 해결되지 않은 큰 도전으로 남아 있다.

세계의 번영과 수렴 현상

지금까지 자본주의 황금시대에 벌어진 정부 역할의 증대를 분석하였지만, 우리 논의는 미국에만 초점을 두어왔다. 하지만 이와 비슷한 패턴은 다른 나라들에서도 발견된다. 물론 그 나라 고유의 문화를 반영한 차이점들은 있었지만. 프랑스에서는 국가 경제 계획을 활용하여

---

* 프랑스 자본주의는 20세기에 들어서도 비교적 파편적인 상태를 면치 못하고 있었다. 기업들은 대자본가 가족들의 가족 소유에 들어가 있는 경우가 많아 대규모 자본의 형성이 쉽지 않았고 경제의 작동 또한 19세기식의 자유방임으로 조직되는 경향이 강하였으며, 이것이 1930년대부터 많은 문제점을 낳고 있었다. 특히 2차 대전을 거치면서 기간 시설과 철도 등이 파괴되자 2차 대전이 끝난 뒤에는 좌파 우파 할 것

정부 지출과 보조금을 결정하면서 국가가 계속 "지휘dirigiste"* 역할
을 맡았다. 영국은 제국이 해체되어 불구가 되어버리는 사태를 겪었
다. 그리고 이에 대처하기 위해 노력하는 와중에서 전면적인 복지 국
가를 실현하려는 야심찬 시도와 그저 영국 산업에 다시 활기를 불어
넣자는 좀 더 소박한 노력 사이를 오가고 있었다(결국 어느 쪽도 완전히
성공을 보지 못했다.). 독일은 1차 대전 직후 무서운 하이퍼인플레이션
을 겪은 기억이 있어서 통화 공급에 대한 엄격한 통제를 강화하는 거
시 경제 정책을 펼쳤지만, 그래도 노동조합 성원들을 기업 이사진에
포함시키는 등 광범위한 노동-경영 협조를 장려하기도 했다. 그리고
스칸디나비아 나라들에서는 지극히 평등주의적인 노동당과 대단히
세련된 기업 엘리트들 사이에서 정략결혼이 맺어졌는데 이 결혼은 놀
라울 정도로 성공적이었다. 이탈리아의 경우 남부에서는 경제 침체가
지속되었지만 북부에서는 번영의 꽃을 피웠다.

이렇게 나라마다 정책은 다양하였다. 과거의 경험, 현재의 정치적
통합과 비전, 그리고 오래도록 이어져 내려온 국민적 문화 특질이 반
영된 결과였다. 하지만 이러한 모든 다양한 경제적 경험들을 하나로
엮는 일반화가 가능하다. 1950년에서 1973년 사이의 기간은 아마도

없이 경제 작동의 방식을 좀 더 집산화하고 합리화할 필요가 있다는 요구가 나오게
되었다. 여기에 1958년의 드 골 정권이 들어서면서부터 프랑스 자본주의는 좀 더 국
가 중심으로 합리화되는 경향을 띠게 되었고, 자본의 투자나 자원의 배분 등에서 국
가가 중요한 역할을 수행하는 형태로 전환된다. 이러한 변화의 성격과 본질을 날카
롭게 파악한 것으로 당시의 혁명 집단 '사회주의냐 야만이냐socialisme ou
barbarie'의 코르넬리우스 카스토리아디스Cornelius Castoriadis가 집필한 『현대 자
본주의와 혁명capitalisme moderne et révolution』에 주목할 만하다. 영어판은
Political and Social Writings: 1955-1960 (Minneapolis: University of Minesota
Press, 1988)에서 볼 수 있다.

표 9-1 경제 성장률 추세, 1830~2003년

연간 1인당 경제 성장률

연도	선진국	개발도상국	세계
1830~1870년	0.6	-0.2	0.1
1870~1890년	1.0	0.1	0.7
1890~1913년	1.7	0.6	1.4
1913~1920년	-1.3	0.2	-0.8
1920~1929년	3.1	0.1	2.4
1929~1950년	1.3	0.4	0.8
1950~1970년	4.0	1.7	3.0
1970~1990년	2.2	0.9	1.5
1990~2009년	1.5	3.1	1.3

출처: Paul Bairoch, *Economics and World History: Myths and Paradoxes* (London: Harvester, 1993). World Bank, *World Development*. http://data.worldbank.org/data.catalog/world-development-indicators.

자본주의 세계의 역사에서 가장 번창한 시기였을 것이다. 이 몇 십 년의 기간을 황금시대라고 부르는 것은 결코 과장이 아니다. 표 9-1에서보듯, 1920년대라는 짧은 호황기를 제외하고 나면, 1950년에서 1970년 사이의 기간은 19세기 초 이래 그 어느 때보다도 1인당 소득이 빠르게 증가한 기간이다. 그 기간이 지난 이후로는 선진국들이 그러한높은 성장률 근처에도 이르지 못하고 있다. 최근 들어 선진국들의 경제 성장률이 다시 황금시대에 구가했던 성장률에 이르고 있지만, 이는 어디까지나 동아시아의 개발도상국들 경제가 특이할 정도로 비상飛上해 올랐기 때문일 뿐이다.

전후 기간은 간혹 세계사의 유례없는 기간이라고 묘사된다. 주요한 기술 변화들과 함께 급속한 경제 성장이 있었고, 이와 동시에 여러 나라 국내에서는 여성 및 소수자들 —— 특히 미국 흑인들 —— 의 민권이 분명히 느낄 수 있을 만큼 개선되었다. 또 희망찬 새로운 지정학적 질서가 국제적 지평 위로 떠오르는 듯했다. 하지만 이런 전망은 곧 실망으로 이어지게 되었다. 몇 가지 단독 성공 사례를 빼고는 저개발 세계 전체라는 엄청난 크기의 덩어리가 도무지 나아질 기미를 보이지 않았기 때문이다. 한편 선진국 내부로 보아도 나날이 커져가는 지구화의 압력이 나타난 데에다가 정치적인 정서 또한 정부의 경제 활동에 대해 전반적으로 부정적 방향으로 선회하면서 황금시대를 이룬 저 놀라운 경제적 정치적 구성물들도 점차 침식당하기 시작하였다. 황금에 변색이 나타나기 시작한 것이다. 거의 사반세기에 달하는 성장과 안정의 시기가 있었고 이는 예기치 않은 것이기에 더욱 반가운 것이었지만, 이제 그 뒤를 이어 사반세기에 이르는 지속적 침체, 혼란, 불확실성의 시대가 이어지게 되었고 이 또한 예기치 못한 것이었기 때문에 더욱 당혹스러운 사태였다. 이 시대를 고찰함에 있어서 이에 못지 않게 중요한 점이 또 하나 있다. 이 시대를 통하여 경제사가 비로소 우리가 살고 있는 오늘의 시대로 이어진다는 것이다. 우리는 이제 현재의 우리가 어떻게 만들어지게 되었나를 발견하는 노력으로서의 "역사"에 대한 연구를 내려놓고, 우리가 앞으로 어떤 모습으로 변해갈 것인가를 이해하는 종류의 역사 연구로 들어서게 된다.

인플레이션의 등장

방금 한 이야기는 앞으로 남은 장들의 서론에 해당한다. 미래가 어떻게 될 것인가를 예측하는 것은 아주 위험한 일이지만, 그전에 반드시 해야 할 아주 중요한 작업이 있다. 도대체 어떤 변화들이 있었기에 황금시대가 사라지고 우리가 지금 살고 있는 아주 다른 세상이 나타나게 되었는지를 따져보는 것이다. 이 작업 자체도 실로 어려운 일이다. 불과 25년 동안 정치적 경제적 지형은 전혀 알아볼 수 없도록 완전히 뒤바뀌어버렸다. 그런데 이 대변화의 기간을 불과 몇 개의 장으로 충분히 다루는 일이 과연 가능할까?

전후 기간의 호황은 경제학자 월러스 피터슨Wallace Peterson이 "소리없는 공황silent depression"이라고[4] 부르는 시기로 접어들었다. 하지만 그 원인으로 어느 단일의 요소를 집어낼 수가 없다. 황금시대가 끝났음을 알리는 이정표로 굳이 하나의 현상을 집어낸다면, 오래도록 지속되어 결국 미국 경제에 기겁할 만한 현실을 가져온 인플레이션이라 할 것이다. 그 원인은 무엇이었는가? 어떤 나라의 경제 정책들은 보통 그 나라의 정치적 목적들을 반영한다고 많은 논평가들이 말한 바 있거니와 분명히 이는 미국의 경우에도 적용될 것이다. 왜냐면 인플레이션 경향의 시작을 알리는 단일의 사건이 1965년 미국의 전면적인 베트남 전쟁이었기 때문이다. 1964년까지 소비자 물가 지수는 매년 1퍼센트 남짓할 정도였다. 1962년 케네디 대통령은 당시의 인플레이션에 대한 정책 대응으로 유에스스틸이 공표했던 강철 생산물의 가격 인상을 거두어달라고 공적으로 호소하기도 했었고 유에스스틸도 그러한 호소에 순응한 바 있었다. 하지만 1966년에는 소비자 물가가 1.6퍼센트 상승했고 그다음해에는 2.9퍼센트가 올랐다. 3년 후에는 5.7퍼센트로 상승했고, 1974년이 되자 무려 11.0퍼센트로 급격히 뛰어올랐다!

하지만 그러한 전쟁 비용의 팽창이 가격 수준을 그토록 놀랍게 상승시킨 유일의 원인일까? 대부분의 역사가들은 아니라고 말할 것이다. 베트남 전쟁은 미국의 권력과 명예를 심하게 갉아먹었던 사건이었지만 인플레이션의 유일한 원인 —— 심지어 중심적 원인 —— 이라고 보기는 힘들다. 미국이 여러 사건들에 대해 발휘할 수 있는 자신의 통제력을 잘못 판단한 예들은 그밖에도 무수히 많으며, 베트남 전쟁은 단지 그 첫 번째 사례라고 보는 것이 옳을 것이다. 이 장 끝 부분에서 달러를 세계의 기축 통화로 유지하려는 미국의 노력이 어떻게 인플레이션이라는 결과를 낳고 말았는가를 다룰 것이며, 그때 이 문제에 대해 더 살펴볼 것이다. 물론 미국이 달러 기축 통화의 유지에 끝내 실패해버렸던 것은 베트남에서 자신의 의지를 관철시킬 수 없었던 것과는 별개의 문제이다. 하지만 어느 쪽이건 미국이 여러 사건들을 통제할 수 있는 자신의 역량을 심하게 과대평가했음을 보여주는 예인 것은 사실이다.

오일 쇼크

인플레이션이 펼쳐졌던 시나리오의 다음 장면을 쫓아가보자. 이번에는 석유가 악당 역할을 맡는다. 우리는 황금시대 동안 (그리고 그전에도 오랫동안) 미국이 세계 석유 생산을 지배했다는 사실을 잊는 경향이 있다. 1950년대와 1960년대 전체에 걸쳐서 텍사스와 오클라호마에 새로운 거대한 유전이 발견되었고, 그 결과 미국의 석유가 지구 전체에서 가장 저렴한 에너지 공급원이 된 것이다. 프랑스나 영국에서 차를 빌리는 미국 여행객들은 항상 석유 값이 너무 비싸서 깜짝 놀라게 되며, 자동차 연비에 신경을 곤두세우게 된다. 유럽 주유소의 가격이 더 비싼 이유는 부분적으로 유류세가 상당히 높다는 것으로 설명된다. 오늘날 독일의 1갤런당 세금이 4달러이며 프랑스에서는 3.56달러임에 반해 미국에서는 불과 0.39달러밖에는 되지 않는다.

미국의 소비자들은 유럽 소비자들처럼 석유를 아껴 쓰지 않았다. 그리고 황금시대 기간 동안에는 자동차의 보급 대수 또한 비약적으로 늘어나면서 미국의 석유 생산으로는 미국 국내 소비조차 충당할 수 없게 된다. 이리하여 오펙OPEC(석유수출국기구Organization of Petroleum Exporting Countries)이라고 불리는 중동 중심의 석유 카르텔이 나타날 무대가 조성된다. 조만간 이 오펙이 유럽뿐만 아니라 미국에 대해서도 석유를 어느 만큼 구할 수 있는지를 결정할 능력을 쥐게 된다. 1973년 이스라엘과 전쟁이 벌어졌을 때 대부분의 선진국들이 이스라엘을 지지했었다. 그러자 오펙은 이에 맞서서 갑자기 해외로의 석유 선적에 항해 금지령을 내려 해외 고객들에 대한 석유 공급량을 삭감해버렸다. 전 유럽과 전 미국의 모든 주유소 앞에 긴 줄이 늘어서기 시작했다. 석유에 대한 수요는 가격이 올라간다고 해서 줄일 수 있는 것이 아니므로 ── "가격은 얼마든 좋으니 꽉 채워주세요." ── 석유 가격은 하늘로 치솟았다. 미국에서는 배럴당 3달러에서 10달러로 세 배가 올랐고, 유럽과 일본에서는 석유 가격 상승이 이보다 훨씬 더 충격적인 수치였다.

하지만 단순히 자동차 운전자들이 골탕 먹은 정도로 끝난 것이 아니다. 오일 쇼크는 온 경제의 거의 모든 부문에서 생산 비용을 상승시켰다. 용광로를 사용하는 제철 산업에서 난방을 하는 여행사 사무실까지, 에너지를 사용하는 산업이라면 영업 비용이 모두 급속하게 또전혀 예기치 못한 상태로 뛰지 않을 수 없었다. 전반적인 재화 가격수준도 함께 올라갔다. 기업들은 이러한 비용 상승을 만회하기 위해제품 가격을 올리게 되었다. 그렇게 하지 않으면 이윤 마진이 줄어들판이니 다른 선택의 여지가 없었다. 사실 대부분의 기업들은 가격도올리고 동시에 이윤 마진도 줄어들 수밖에 없었고, 그 결과 물가는 상승 압력을 받았으며 또 동시에 투자율은 정체를 면치 못하게 되었다.

곧 두 번째 쇼크가 찾아왔다. 1979년 말 커져가는 물가 상승률로인해 오펙 카르텔 전체 수익의 실질 가치가 줄어들게 되자, 오펙은 다시 한 번 생산을 감축한다. 그림 9-1에서 보듯, 이번에는 그 효과로 석유 가격이 배럴당 35달러 이상 치솟았다. 이는 두 번째의 훨씬 더 강력한 인플레이션 압력의 물결을 만들어낸다.

또 다시 원자재 가격의 상승으로 광범위한 재화들이 영향 받게 되었다. 오일 쇼크는 소비자 물가 지수의 상승으로 재빨리 바뀌었다. 이미 본 바 있듯이, 1960년대 동안 이미 물가 상승률은 연간 4퍼센트에서 5퍼센트 사이에서 춤추고 있었고, 아마도 그 원인은 실업률이 낮은상태에서 임금 수준이 상승했던 때문인 것으로 보인다. 그리고 앞에서 보았듯이 1974년에는 소비자 물가 지수가 10퍼센트 이상으로 뛴다. 이제 정말 두려운 일이 벌어진 것이다. 2차 쇼크 이후 1980년이되자 물가 상승률은 실제로 13.5퍼센트로 뛰었으며, 이는 미국 역사에서 최악의 상승 중 하나이다.

오일 쇼크는 명확하고도 풀기 어려운 질문을 던지고 있었다. 이러

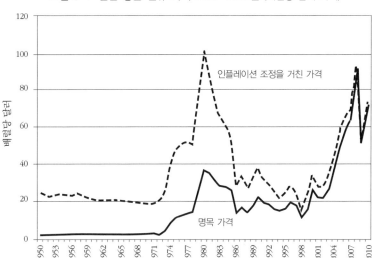

그림 9-1 연간 평균 원유 가격 1950~2010년 (배럴당 달러 가격)

출처: http://inflationdata.com/Inflation/Inflation_Rate/Historical_
Oil_Prices_Table.asp.

한 새로운 인플레이션 위협에 어떻게 대처해야 하나? 지금까지 보았
던 역사 이야기를 배경으로 한다면 이 질문을 다음과 같이 바꿀 수 있
을 것이다. 어째서 1970년대의 석유 가격 상승은 그토록 "전염성이 강
했는가"? 이 질문에 대한 대답의 아주 중요한 부분은 이 시대의 자본
주의가 50년 전의 자본주의와 달랐다는 데에 있다. 1920년대나 1930
년대에 오일 쇼크와 비슷한 사태 예컨대 급격한 석탄 가격 상승이 있
었다고 해보자. 당시에도 과연 이렇게 전국적인 인플레이션 위협이
생겨났을까? 그 당시였다면 이렇게 가격이 오르는 가운데에서도 개인
소득은 그대로였을 터이니 가정 경제로서는 허리띠를 졸라매고 석탄
소비를 줄이는 것밖에 다른 길이 없었을 것이다.

그런데 1970년대가 되면 근본적인 제도적 변화가 있었다. 그래서 사람들이 인플레이션으로 인해 굳이 허리띠를 졸라매기 위한 몸부림을 치지 않고도 살 수 있는 방법들이 존재했다. 새로운 소득 부양 체제 —— 사회 보장 제도, 실업 보험, 은행 예금자 보험, 임금 계약에 내장되어 있는 생활비 산정 체제 등 —— 가 있었기에 옛날처럼 갑자기 물가가 상승한다고 해서 소비자 지출도 확 줄어들게 되지 않았던 것이다. 이렇게 1930년대처럼 공황에 취약했던 자본주의가 이제 경기 침체에 저항력을 갖는 황금시대의 자본주의로 넘어가면서, 인플레이션에 대한 취약성도 함께 증가한다는 예기치 못한 효과가 생겨난 것이다.

스태그플레이션과 정책 딜레마

강력한 인플레이션과 미약한 투자가 결합되어 나타나자 경제적 환경이 아주 취약해졌다. 전후의 경제 정책은 인플레이션과 실업률 사이에 상쇄 관계trade-off가 존재한다는 생각에 기반하고 있었다. 가격 수준이 오른다면 그 원인은 노동 시장이 "빡빡하기tight" 때문이라는 것이다. 즉 실업률이 낮아서 임금 상승이 벌어지고 이것이 다시 여러 비용을 상승시켜서 그 결과 물가가 오르게 된다는 것이다. 물가 상승률이 떨어진다면 그 이유는 실업률이 높아서 임금 수준을 아래로 내리누르기 때문이며, 그 결과 물가가 함께 떨어지는 경향이 생기게 된다고 믿었던 것이다. 가격 수준과 실업률은 이를테면 시소의 양쪽 끝에 해당하는 것으로 그려졌던 것이다. 사람들이 이것을 믿게 된 이유가 있다. 높은 실업률은 아무도 원치 않지만, 최소한 이를 통해 물가는 낮출 수 있으며 이는 누구나 원하는 바이다. 아무도 인플레이션은 원치 않지만, 이는 낮은 실업률의 결과라고 여겨지며 이는 누구나 원하는 바이다.

그래서 결국 존 메이너드 케인즈의 경제 이론을 받아들이는 데에 이 이론이 기여한다. 우리는 앞에서 대공황에 대한 반응을 공부하면서 케인즈의 이론과 만난 바 있다. 1960년대가 되자 경제 침체에 맞서는 데에 정부 지출이 큰 힘이 된다고 강력하게 지지하는 케인즈 경제학이 단지 경제학자들뿐만 아니라 정치가들 사이에서도 널리 받아들여지고 있었다. 1970년대 초가 되면 닉슨 대통령이 저 유명한 말을 하기에 이른다. "우리는 이제 모두 다 케인즈주의자들이다."

하지만 정치가들과 경제학자들 사이의 케인즈주의적 합의는 이러한 새로운 도전에 직면하자 급격하게 깨지기 시작한다. 가격 인플레이션과 성장 및 고용의 하락이 동시에 나타나는 것이 당시의 새로운 상황이었다. 1970년대 전체에 걸쳐 인플레이션은 꾸준히 늘어서 두 자리 숫자의 수준이 되었던 반면, 실질 생산은 1970년, 1974년, 1975년, 1980년에 하락하고 만다. 이 새로운 환경은 스태그플레이션stag-flation이라고 불렸거니와, 전통적인 케인즈주의 연장통 안에서는 해결할 수 있는 도구를 찾을 수가 없었다. 인플레이션이 생겨날 때 케인즈주의가 내놓는 대응책이란 정부 지출을 줄이고 경제에 가해지는 제반 압박을 완화하는 것이다. 성장률이 낮거나 마이너스일 때에는 공공 지출을 올려서 경제를 부양시킨다. 따라서 지금 새롭게 나타난 상황 앞에서 케인즈주의는 속수무책이었다. 가격 수준이 오르고 총생산은 떨어지고 있으므로, 정부가 어떤 정책을 취하든 한쪽으로는 좋고 다른 쪽으로는 나쁜 것이 된다. 이렇게 막다른 골목에 들어서게 되자 권력의 고삐는 정부의 다른 기관으로 넘어간다. 그것은 정부의 통화 정책을 수행할 책임을 맡은 연준 즉 연방준비제도였다.

연준은 지체 없이 이러한 도전에 응전하였다. 왜냐면 연준은 기본적으로 은행이며, 은행가들에게 인플레이션이란 명백하게 화폐적 현상이었기 때문이다. 옛날 속담대로, "너무 많은 돈이 풀려서 너무 적은 재화들을 쫓아가고 있는 판"이라는 것이다. 그러므로 연준의 최대의 관심사는 개인들이나 기업들이 돈을 꾸는 것을 훨씬 더 어렵게 만드는 데에 있었다. 왜냐면 은행에서 돈을 꾸어가지고 지출을 하는 것이야말로 물가 상승 압력이 나오는 주된 원천임이 분명하기 때문이라는 것이다.

이러한 지출을 어떻게 줄일 수 있을 것인가? 그 대답은 연준이 산하 은행들에게 돈을 꾸어줄 때 매기는 이자율을 높이는 것이다. 일반 은행들은 고객들에게 대출해줄 자금을 얻기 위해 연준으로부터 정기적으로 다시 돈을 꾸어야 한다. 1979년 폴 볼커Paul Volcker가 연준 의장으로 취임한 이래로 연준은 인정사정없이 이자율을 올려서 마침내 1981년에는 거의 18퍼센트가 되어버렸다. 이 정도 이자율이라면 실제로 고객들이 일반 은행에서 돈을 꾸는 이자율은 20퍼센트를 훌쩍 넘게 됨을 의미했다. 미국에서 가장 큰 대기업이라고 해도 이러한 이자율로 돈을 꿀 여유는 없었다. 당연히 대출이 격감하였고 이에 따라 사람들의 지출도 줄어들었으며 그 결과로 물가 상승률 또한 급격히 떨어지게 되었다.[5]

이는 정말로 피도 눈물도 없는 정책이었지만 효과적인 정책이었다. 1982년이 되면 전국의 물가 상승률은 5퍼센트에서 6퍼센트로 줄어들었고, 이는 당시로서는 아주 완만한 비율이었다. 그러는 가운데에 지출도 감소하였으므로 실업률이 11퍼센트로 뛰어오르게 되었지만, 연준은 그 덕에 인플레이션이라는 재앙을 막을 수 있었다는 이유로 이를 환영하였다. 사실 이 시기는 종종 볼커 침체기Volcker recession라고 불리는데, 여기에는 찬양과 비난의 뜻이 모두 담겨 있다.

당연한 일이지만, 이러한 전반적인 사태의 진전은 일정한 상처를 남겼다. 이제 통화 당국의 중심적인 관심사는 전반적 경제 성장의 촉진이 아니라 인플레이션의 예방이 되었다. 심지어 1980년대에 걸쳐 경제 상황이 계속 악화되어가는 데도 연준의 관심사는 여전히 투자와 소비의 진작이 아니라 인플레이션 경향이 조금이라도 보일 때마다 그 즉시 미연에 싹을 잘라버리는 것에 있었다.

1980년대의 깊은 침체로 20년간 대부분의 선진국들에서는 황금시대보다 훨씬 높은 실업률이 나타나게 되었다. 독일은 역사적으로 볼 때 실업률이 대단히 낮은 나라였지만, 1990년대 말에는 실업률이 거의 10퍼센트로 올라간다. 프랑스와 이탈리아에서 실업률은 10퍼센트를 가뿐하게 돌파하였고, 그 이후로는 표 9-2에서 볼 수 있는 것처럼,

표 9-2 주요 선진국의 실업률, 1970~2010년 (백분율)

	1970~1979년	1980~1989년	1990~1999년	2000~2010년
미국	6.2	7.3	5.8	5.9
일본	1.6	2.5	3.1	4.7
캐나다	6.7	9.4	9.6	7.1
프랑스	3.8	9.0	11.1	8.5
독일	2.4	6.4	7.2	8.9
이탈리아	4.7	8.5	10.7	8.1
영국	3.6	9.6	8.0	5.6

출처: OECD *Economic Outlook* 78 database (May 2011). ILO Labor sta database, http://laborstailo.org/STP.

10퍼센트보다 약간 아래의 수준으로 아예 고착되어버렸다.

성장률의 감소가 불평등 증가로 이어지다

G7 국가들 가운데 실업률이 낮아졌던 것은 미국뿐이었고, 이곳에서도 경제학자들은 그 새로이 창출된 일자리들이라는 게 임금 중간값 이상의 임금이 나온다는 의미에서 "좋은" 일자리인지를 놓고 논쟁을 벌였다. 황금시대가 끝난 뒤에 나타난 정책 딜레마들은 계속해서 쌓여만 갔고, 거기에다가 다른 사건이 또 벌어졌다. 이는 그전의 오일 쇼크만큼 극적인 것은 아니었지만 설명하기는 훨씬 더 어려운 사건이다. 경제 체제에서 소득과 부가 분배되는 방식에 모종의 변화가 생겼던 것이다. 황금시대는 미국인들의 소득 총액은 꾸준하고도 만족스럽게 증가한 시대였을 뿐만 아니라 또 부자와 가난한 이들 사이의 격차가 느릿하게나마 꾸준히 줄어들던 시대이기도 했다. 그런데 우리가 다루고 있는 이 2십여 년의 기간 동안 이러한 바람직한 경향이 뚝 끊겨버렸다. 오히려 반대 방향으로 뒤집혀버리기까지 했다.

우선 부의 문제, 좀 더 정확히 말해서 여러 가정 경제가 소유한 금융 자산의 문제부터 시작해보자. 금융 자산은 위로든 아래로든 가장 쉽게 변화하는 형태의 부이기 때문에 여기부터 집중해보는 것이 좋다. 1920년대의 호황기에는 모든 가정 경제에서 상위 1퍼센트가 온 나라의 금융적 부의 42퍼센트를 소유하고 있었고, 이는 전례를 찾아볼 수 없게 높은 몫이었다. 1929년의 주식 시장 붕괴 이후 이 비율이 극적으로 떨어졌으며, 1930년대에 오랫동안 주가가 낮은 상태에 머무른 데다가 뉴딜의 새로운 조세 정책의 충격이 가해지면서 그 비율이 훨씬 더 심하게 떨어졌다. 그 결과 1940년이 되면 상위 1퍼센트가 소유한 금융적 부는 거의 절반으로 줄어든다.

그 이후 미국 경제가 살아나고 자본주의 황금시대가 본격적으로 시작되면서 국가적 부 또한 빠르게 증가하였다. 이 와중에서 부자와 가난한 이들에게 각각 돌아가는 몫은 1962년 시점에서 각 집단이 부를 보유하는 비율과 대략 같게 되었다. 즉 그때부터 1983년까지 미국의 상위 1퍼센트 가정은 부 증가분의 34퍼센트를 가져갔으며 그다음 19퍼센트가 48퍼센트를 가져갔고 아래 80퍼센트가 18퍼센트를 가져갔다. 이제 이러한 숫자를 1983년에서 1989년의 기간과 비교해보자. 이 단 6년밖에 안 되는 기간 동안 상위 1퍼센트가 부의 총 증가분의 62퍼센트를 가져갔고 그다음 19퍼센트는 단지 37퍼센트만을 가져갔으며 그 아래 80퍼센트는 겨우 1퍼센트밖에 안 되는 몫을 가져갔다.[6] 이 연구를 수행했던 에드워드 울프Edward Wolff의 말을 들어보자.

미국 역사에서 이 기간 동안 나타난 부의 불평등 증가는 거의 미증유의 것이다. 가계 부문의 부가 집중된 시기로서 20세기 동안 이와 비견할 수 있는 유일한 시기는 1922년에서 1929년의 기간이다. 이때 불평등 증가의 주된 원인은 주식 가격의 지나친 상승이었으며, 이는 결국 1929년 폭락을 맞이하였고 1930년대의 대공황으로 이어진 바 있었다.[7]

그렇다면 우리가 보통 불평등 문제의 척도로 여기는 부의 분배 경향은 어떠했을까? 이 경향을 묘사하는 가장 효과적인 방법은 아마도 평범한 남성 노동자의 임금을 최고 CEO의 봉급과 비교해보는 것이리

라. 1970년에 그러한 노동자의 평균 연봉을 대략 2만 5천 달러로 평가한다면, 그가 다니는 회사에서 최고 연봉을 받는 중역의 소득은 대략 1백만 달러 정도였다. 이제 2004년으로 가보자. 노동자의 평균 연봉도 4만 3천 달러로 오른다. 하지만 최고 CEO의 봉급은 이제 1천5백만 달러에 육박한다. 이 비율은 40 대 1에서 무려 350 대 1 이상으로 뛰어오른 것이다.[8] 불평등의 경향성은 이것만큼 극적이지는 않지만 저숙련 노동자와 고숙련 노동자의 임금 격차가 벌어지는 것에서도 명확히 드러나며, 특히 대학이나 그 이상의 학력을 가진 노동자들과 그렇지 않은 노동자들의 차이에서도 명확하게 드러난다.

이러한 몇 가지 비교만으로도 미국의 소득 분배 패턴이 악화되어가고 있는 그림이 극적으로 드러나지만, 더 폭넓게 소득 분배의 척도들을 살펴보아도 비슷한 패턴이 나타난다. 자본주의 황금시대의 기간 동안에는 모든 소득 집단들이 연간 약 2.5퍼센트의 소득 증가율을 경험하였다. 하지만 1973년 이후로는 소득 수준에 따라서 소득 증가율이 다르게 나타난다. 인구의 부유한 20퍼센트가 가장 빠르게 소득이 증가하게 되며 반면 그다음 20퍼센트의 소득 성장률은 더 낮으며 그 아래의 집단들은 소득 성장률이 아래로 내려갈수록 더 낮아지게 된다. 인구의 최하층 5분의 1은 1973년에서 1989년 사이에 소득이 사실상 더 줄어들게 된다. 경제학자 폴 크루그먼은 이 두 시대의 변화를 "말뚝 목책에서 계단 모습으로"라고 표현하였다. 말뚝 목책이란 소득 증가율이 높고 또 여러 소득 집단에 걸쳐서 가지런했던 초기 시절의 모습을 표현한 것이며, 계단 모습이란 소득 서열의 높은 쪽으로 갈수록 소득 증가율이 계단형으로 올라가는 모습을 표현한 것이다.[9] 설상가상으로 소득 불평등뿐만 아니라 빈곤율 또한 황금시대가 끝난 후로

올라가고 있다. 미국에서 소득이 빈곤선 이하인 이들의 비율은 1970
년대의 11퍼센트에서 1980년대와 1990년대에는 13~14퍼센트로 늘
어났으며 2009년에는 14.3퍼센트로 뛰어오른다. 이를 사람 수로 바꾸
면 4천3백6십만 명에 해당한다.[10]

따라서 소득 분배 패턴이 변화했다는 사실은 의심의 여지가 거의
없으며, 만약 이 책의 저자들처럼 불평등 증대는 심각한 도덕적 경제
적 문제를 나타내는 것이라고 믿는다면 그 변화의 방향은 악화일로에
있음을 의심할 여지가 없다. 이 현상은 미국만큼 심하지는 않더라도
거의 모든 자본주의 국가에서 발견되는 현상이다. 그렇다면 이러한
현상을 어떻게 설명할 것인가?.

불평등 문제의 뒷면

참으로 불편한 진실은, 이 질문에 대한 딱 부러진 대답이 없다는 것이
다. 이 문제를 대단히 훌륭하게 논의한 경제학자인 배리 블루스톤
Barry Bluestone은 아홉 가지 "용의자들"을 열거한다. 간략하게 말해
서 그 아홉 가지는 다음과 같다. 1) 기술 변화로 인해 숙련 노동자들이
프리미엄을 얻게 된 반면 숙련도가 덜한 노동에 대한 수요는 줄어들
었다. 2) 고용은 상업용 비행기 생산과 같은 고임금 부문보다는 맥도
널드 햄버거와 같은 저임금의 서비스 산업에 집중되어 있다. 3) 트럭
화물 등과 같은 많은 산업들에서 규제가 완화되면서 노동조합에 가입
되지 않은 저임금 노동자들이 유입되었다. 4) 노동조합 조직률 자체
가 크게 떨어져서, 한때 35퍼센트에 달하던 제조업 노동자들의 조직
률이 그 3분의 1 이하로 감소했다. 5) 기업의 인사 정책 또한 장기적

고용에서 단기간의 시간제 노동자로 중심이 옮겨갔다. 6) 현대적 미디어의 발전으로 대중적 명성을 누리는 이들의 생겨나면서 "승자독식" 시장이 생겨났고, 여기에서 연예인이나 스포츠 스타는 물론이고 경영자들 중에서도 소수의 이름 높은 자들이 소득의 큰 몫을 차지해 버렸다. 7) 그전에는 국내 노동자들이 비교적 좋은 임금을 받으며 생산하던 재화들의 시장을 이제는 외국의 생산자들이 점령하고 있다. 이 점은 11장에서 다시 다룰 것이다. 8) 지구화 현상의 여러 모순의 결절점이라 할 국제적 자본 이동성 또한 거의 똑같은 결과를 낳았다. 9) 이민자들의 유입으로 저임금 직종을 놓고 경쟁하는 노동 공급이 늘어났다.

이렇게 여러 용의자들을 찾아낸 블루스톤 본인은 막상 이 중 누가 범인이라고 보고 있을까? 그의 결론은 이렇다. 아마 애거사 크리스티의 추리소설 『오리엔트 특급 살인』에서 나온 대답과 동일할 확률이 아주 높다고. "그들 모두가 죽인 것이다." 블루스톤은 이렇게 말한다. "미국에 나타난 모든 주요한 경제적 경향들은 불평등을 증대시키는 데에 일조하였다." 그리고 이렇게 덧붙인다. "그리고 이러한 경향들 중 조금이라도 약화되는 징후를 보이는 것은 아무것도 없다."[11]

자본주의 황금시대 배후의 힘들	1. 이 장에서 우리는 아주 중요한 질문에 답하려고 했다. 모든 사람들을 놀라게 한 전후 호황은 어떻게 가능했던 것일까? 이는 여러 요인들이 복잡하게 결합된 것임을 우리는 발견하였다.
GATT 와 마샬 플랜	2. 부분적으로는, 국제적 차원에서 전후 호황에 유리한 여러 발전이 있었다. 그 첫 번째는 여러 나라들의 경제 정책을 서로 조율하기 위한 노력이 역사상 처음으로 확립되었다는 것이다. 여기에서 IMF, 세계은행, 브레턴우즈 협정 등이 확립된 의의를 발견할 수 있다. IMF는 전쟁으로 무너진 유럽 각국을 원조하는 것이었고, 세계은행은 개발도상국들을 돕기 위한 것이었고, 브레턴우즈 협정은 안정된 환율을 확립하기 위한 것이었다. 여기에 GATT와 마샬 플랜이 합쳐지게 되면서, 자본주의 황금시대를 떠받치는 강력한 군사적-정치적 원동력을 제공하였다.
억눌렸던 수요의 분출이 신제품들과 만나다	3. 자본주의 황금시대가 이렇게 냉전이라는 국제적 환경에서 강력한 추동력을 얻었던 것은 분명한 사실이지만, 핵심을 보자면 역시 각국 국내 경제 차원에서 만들어지고 또 유지되었던 호황이라고 보아야 한다. 여기에서 핵심적 역할을 했던 세 가지 요소를 들 수 있다. 첫째는 미국 경제가 방대한 수요의 잠재력을 보유하고 있어서 이것이 시장의 재화를 흡수할 수 있었다는 것이다. 미국인들은 전쟁 기간 동안 높은 소득을 벌어들인 바 있었고,

또 전쟁이 끝나자 자동차, 주택, 새로 발명된 텔레비전 같은 소비재들에 굶주려 있는 상태였다. 둘째, 2차 대전 기간 중 새로이 발명된 기술과 신제품들이 또한 추동력을 제공하였으니, 새로운 대중 교통수단이자 관광업이라는 신규 산업을 창출한 항공 기술이 그 예라 할 수 있다.

"경영자 자본주의"

4. 이러한 요소들 이상으로 중요한 것이 임금을 생산성 향상과 연계시켜놓은 새로운 종류의 단체 협상이었다. 이것을 통해 노동자들은 생산의 효율적인 경영에 대해 직접적인 이해관계를 갖게 되었고, 이 도움으로 경영자들은 장기적인 전략들을 성취할 수 있었고 또 노동자들도 국민 생산에서 임금이 차지하는 비율을 일정하게 유지할 수 있었다.

정부 역할의 확장

5. 이 황금시대 호황의 배후에는 여러 힘들이 작동하고 있었지만, 그중에서도 중요한 것이 정부 역할의 확장이었다. 부분적으로는 이것이 뉴딜 시대 여러 정책들의 연장이었고, 부분적으로는 냉전 기간의 군수 관련 정부 지출이 훨씬 더 크게 확장된 데에 기인하는 것이었고, 또 부분적으로는 사상 최초로 재정 정책을 경제 안정의 의도적인 수단으로 사용하는 것에 기인하는 것이었다.

유례없는 호황

6. 황금시대가 나타난 양상은 나라마다 가지가지였고 또 대단히 복합적이었지만, 자본주의 역사에서 전례를 찾아볼 수 없는 독특한 시기였다. 하지만 과연 그러한 시대가 미래에도 다시 나타날 수 있을지는 아직 두고봐야 할 것이다.

한 시대의 종말

7. 황금시대는 1970년대에 종언을 고했으며, 이는 어느 하나가 아니라 여러 변화들 때문에 빚어진 결과이다. 그 중 어떤 것들은 서로 연결되어 있고 어떤 것들은 그렇지 않다.

인플레이션

"오일 쇼크"

전체 경제에 걸친 물가 상승

8. 이러한 파괴적인 사태 발전의 시작은 명확하다. 그것은 인플레이션이었다. 처음에는 천천히 나타나다가 나중에는 폭발하고 말았다. 1967년 생계비의 상승률은 2.9 퍼센트였는데, 7년이 지나자 11퍼센트로 뛰어올랐다. 최초에 점차 인플레이션이 나타났던 원인은 아마도 미국의 베트남전 기간 동안 군비 지출이 늘어났던 압력이었을 것이다. 하지만 그 후 인플레이션이 폭발하게 된 것은 오펙 카르텔이 두 번에 걸쳐 석유 수출 봉쇄를 단행했던 "오일 쇼크"에 기인하는 것이었으니, 이로 인해 1973년에는 가솔린 가격이 3배로 뛰었고 1979년에도 똑같은 일이 벌어졌다.

스태그플레이션과 케인즈주의의 몰락

9. 물가 상승과 경제의 약화가 결합되어 나타나는 상태로서, 이러한 스태그플레이션이 나타나면서 강력한 경제 성장은 사라지게 되었다. 이는 또한 케인스주의적인 경제 운용의 적실성에 의문을 던지게 되었다.

불평등 증가

10. 이보다 더욱 중요한 문제가 있다. 가난한 가정과 중산층 가정으로부터 소득이 빠져나와 소득 피라미드의 최상층에 있는 이들 쪽으로 옮겨갔으며, 그 규모 또한 전례가 없는 것이었다. 이러한 소득 분배 재편의 원인들이 무엇인지는 분명하지 않지만, 이 새로운 시대의 가장 놀라운 변화의 하나가 노동자 소득과 최상층 경영자 소득

━━━━━━━━ | 의 격차가 벌어진 것임은 의심할 수 없다.

질문들

1. 여러 나라들의 경제를 끌어올린 추동력에서 전쟁이 항상 중요한 역할을 차지했는가? 1차 대전 당시는 어떠했는가? 승전국들과 패전국들을 비교해보면 어떠한가? 예를 들어 2차 대전의 전승국 가운데 하나였던 영국의 경우는 어떠했던가?

2. 전후에 나타난 수요의 급증이 경기 호황을 유지하는 데에 그렇게 중요했다면, 어째서 힘든 시기마다 그 말미에 이와 비슷한 압력이 작동해주지 않는 것일까?

3. 황금시대의 기간에는 **경영자 자본주의**managerial capitalism라는 말을 많이 들을 수 있었지만 오늘날은 그렇지 않다. 이 말이 유행에서 멀어져간 원인은 무엇이라고 생각하는가? 다시 이 말이 유행하게 될 만한 변화는 어떤 것들이 있을까?

4. 앞의 세 질문들은 대답하기 대단히 어렵지만, 대답하려 애쓰는 과정에서 많은 생각을 하도록 만들어주는 질문들이다. 네 번째 질문도 무척 어렵지만 생각을 자극하는 질문이다. 이 장에서 묘사된 경제 상황과 오늘날의 경제 상황은 무엇이 다르다고 생각하는가?

5. 황금시대 끝 무렵의 인플레이션은 어째서 그토록 파괴적이었는가? 두 차례에 걸친 오일 쇼크가 없었다고 해도 인플레이션이 그렇게 강력한 힘으로 변했을까? 베트남 전쟁이 없었다고 해도? 그것은 충분히 예상할 수 있는 불가피한 일이었을까 아니면 이 두 가지 정치적 사건들의 결과물이었을까?

6. "스태그플레이션"과 "인플레이션"의 다른 점을 묘사해보라. "스태그플레이션"이란 경제 성장이 이루어지는 상태인가 아니면 이루어지지 않는 상태인가? 그렇다면 성장률의 높이를 결정하는 것은 무엇인가?

7. 연방준비위원회는 산하 은행들이 자금을 꿀 때 거기에 매기는 이자율을 변동시킬 권한을 가진다. 산하 은행들이 더 많은 준비금을 원하게 되는 이유는 무엇인가? 연준의 이자율이 올라가면 어째서 일반 은행들이 대출을 원하는 기업에 매기는 이자율도 함께 올라가게 되는가?

8. 미국인들에게 경제적 불평등은 갈수록 큰 문제가 되고 있다. 당신은 모종의 "올바른" 소득 분배라는 것이 있다고 생각하는가? 있다면 그것을 어떻게 결정할 수 있을까? 고소득 가정에서 가져가는 소득의 비율이 늘어나는 반면 저소득 가정의 소득 비율은 떨어지는 상태가 어째서 달갑지 못한 현상인가? 그 이유는 도덕적인 것인가 경제적인 것인가? 혹 둘 다인가?

THE MAKING
OF
ECONOMIC SOCIETY

10장

사회주의의 발흥과 몰락

사회주의 대 자본주의?

황금시대가 종말을 고하고 난 뒤 자본주의가 보여준 이러한 애매한 실적을 보게 되면 자본주의 체제 자체의 가치에 대해 일정한 의문이 생겨나게 될 것이며, 아마도 어떤 대안적 체제가 있지 않을까 하는 생각을 가져볼 수 있다. 그런데 자본주의가 신통치 않은 실적을 보여주었던 지난 20년의 기간은 또 자본주의의 역사적 대립물이었던 공산주의 체제와 사회주의 체제가 몰락한 시기이기도 했다. 이 두 체제는 20세기 초반 이래 지구상의 많은 지역에서 경제 체제를 통치하는 원리 역할을 해왔다. 그런데 오히려 자본주의가 예전의 사회주의 나라들로 확산되는 예기치 못한 일이 벌어지게 되자, 우리가 경제사 자체를 이해하는 방식에도 아주 독특한 전환이 일어나게 되었다. 오늘날에는 몇 달이 지나도록 신문 지상에 공산주의에 대해서나 자본주의와 사회주의의 체제 경쟁에 대해 한 줄도 나오지 않는 것이 자연스럽게 되었다. 불과 15년 전만 해도 그렇지 않았다. 세계는 여전히 냉전에 묶여 있었다. 미국과 그 경쟁자인 소련이라는 양대 초강국들의 외교 정책과 국제 경제 정책의 상당 부분은 이 냉전이라는 정치적 대립으로 그 모습이 결정되곤 했던 것이다.

더욱 옛날로 거슬러 올라가 예를 들어 1930년대 말로 가보면, 역사의 흐름에서 눈 한번 깜빡하는 찰나에 불과하지만, 그때만 하더라도 세계 경제의 변화의 방향은 오늘날보다 훨씬 더 극적인 차이를 보여주고 있었다. 당시 세계 자본주의는 퇴출당하는 중이었고, 이런저런 종류의 사회주의가 대신 등장하고 있던 시기였다. 당시 서구의 자본주의 국가들은 단 하나의 예외도 없이 모두 역사상 가장 파괴적인 경제 공황에서 막 빠져나왔거나 여전히 거기에 휘말려 있는 상태였다. 그리고 대부분의 관찰자들이 상당히 정확하게 예견했듯이 당시에 막 다가오고 있던 세계 대전은 해외에서는 자본주의적인 식민 제국들의 해체를 그리고 국내에서는 '사회주의적' 복지 정책을 가져오게 되었다. 이런 사건들과 전망들이 속출하고 있는 판이니 그 누가 자본주의의 미래에 대해 낙관적인 기대를 가질 수 있었겠는가?

이렇게 자본주의가 운이 다한 반면, 사회주의는 그 운수가 형통하기 시작한 것으로 보였던 것이 당시의 실정이었다. 러시아 혁명은 세계의 많은 사람들의 상상력을 사로잡았고, 특히 옛날의 식민 지역들에서 그러했다. 이런 지역들에서는 이미 여러 사회주의 정당들과 지도자들이 아시아와 아프리카의 여러 나라들을 국가적 중앙 계획의 깃발 아래에서 새롭게 조직할 준비를 하고 있었다. 이 국가적 중앙 계획이라는 모델은 소련의 예를 통하여 사람들에게 전기충격과 같은 힘을 발휘했던 것이다. 따라서 당시에 임박했던 전쟁은 제3세계 사람들에게는 구질서의 종식을 알리는 거대한 전환점으로 보였다. 이러한 기대들을 가지고 있는 상황이니 그 누구인들 사회주의의 미래를 밝은 색으로 칠하지 않았겠는가?

하지만 일이 이런 식으로 풀리지 않았다는 것은 우리 모두 너무나 잘 알고 있다. 자본주의는 오늘날에도 건강이 썩 좋지는 않지만 멀쩡

하게 살아 있다. 더욱 충격적인 일은 사회주의가 붕괴했다는 것이다. 그 가장 극적인 사건은 소련과 동유럽의 소비에트 블록 국가들의 몰락으로서, 이들 나라들 모두는 급속하게 자본주의적 개혁을 도입하였고 그 일부는 심지어 유럽연합에까지 가입하였다. 중국은 여전히 공산당이 통치하고 있지만 이 또한 시장 지향적 경제 개혁을 급속하게 도입해왔다. 마지막으로, 그전까지는 자유 시장에 대해 전통적으로 의구심을 가지고 있었던 많은 자본주의 국가들 또한 더 넓은 시장과 지구화를 좇아 이동해왔으며, 여기에는 인도, 브라질, 멕시코, 이집트, 남아프리카공화국, 인도네시아 그 밖의 많은 다양한 나라들이 포함된다. 이러한 사태 전개를 눈앞에 둔 오늘날, 그 누가 자본주의는 사멸해가고 있으며 사회주의가 미래의 물결이라고 선언할 수 있을까?

역사적 전환에 대한 설명

이렇게 깜짝 놀랄 만큼 역사의 진전이 뒤바뀐 것을 어떻게 설명하면 좋을까? 지금까지 벌어진 일에 대해서 두 가지 일반화를 해두는 것이 우리의 사유에 도움이 될 것이다.

1. 자본주의는 변화하였다.

자본주의는 현대사에서도 여전히 경제의 사활을 결정하는 힘이지만, 조만간 망할 것이라는 음울한 예견이 따라다녔던 어제의 자본주의가 더 이상 아니다. 그 변화의 성격은 앞에서 개괄한 바 있으니 여기서 자세히 다룰 필요는 없다. 핵심만 추리자면, 선진 자본주의의 모습이 총체적으로 변화하였고 특히 퇴직 연금, 실업 수당, 건강 보험 등 사회적 보호를 제공할 수 있는 정책들이 크게 증가했다는 점이다.

이 책을 읽는 모든 분들은 그렇다고 해서 오늘날 자본주의에 심각한 문제들이 사라진 것이 아니라는 것을 꼭 명심해야 한다. 그럼에도 불구하고, 그다지 멀지 않은 과거의 자본주의와 오늘날의 자본주의가 왜 확연하게 다른 평가를 받게 되었는가의 근본적인 변화를 알아두는 것이 필요하다. 최소한 주요 자본주의 국가들의 미래를 내다볼 적에 이제 더 이상 선택은 자본주의냐 사회주의냐 하는 것은 아닌 듯하다. 선택의 문제는 이제 어떤 종류의 자본주의가 가장 잘 작동할 것이냐이다. 이 책에서 지금까지 추적해온 여러 논쟁들 —— 케인즈적 정책들, 복지, 재정 적자, 보호주의, 산업 규제, "사회화"의 필요를 인정할 것인가 등 —— 은 오늘날에도 계속되고 있지만, 자본주의의 생존 가능성에 대한 논쟁은 그 논쟁이 시작된 50년 전과는 전혀 다른 합의와 전망 속에서 이루어지고 있다.

2. 사회주의는 전혀 예측하지 못했던 경제적 정치적 난점들을 드러냈다.

크게 보아 초기에 사회주의를 열성적으로 지지했던 이들에게 자신들의 미래를 중앙 계획 경제 체제에 도박으로 걸게 만들었던 데에는 그 체제의 두 측면이 있었다. 첫째는 이 체제가 후진 경제 혹은 파멸에 처한 경제를 늪에서 끌어낼 능력이 있다는 점이었다. 둘째는 자본주의의 비효율성과 낭비를 제거할 수 있다는 점이었다. 그중 하나는 대박을 터뜨렸지만 다른 것은 그러지 못했다.

대박이 터진 쪽은 후진국들을 근대 세계로 끌고나온 중앙 계획의

392

능력 쪽이었다. 이것이 가장 극적으로 입증된 것은 소련(조금 후에 그 역사를 짧게 살펴볼 것이다.)과 중국이었다. 차르Tsar가 황제로 군림하던 옛 제국이나 절망적일 만큼 비효율적인 중국의 소작 체제를 소비에트 사회나 중국 공산주의자들이 창출해낸 사회와 비교해보면 실로 사상 유례없는 대전환이 벌어졌다는 것을 인정하지 않을 수 없다. 그 대가가 아무리 끔찍한 것이었다고 해도 말이다.

하지만 어떤 사회를 늪에서 끌어내는 것과 계속 앞으로 전진시키는 것은 전혀 다른 문제이다. 여기가 사회주의가 패배한 지점이다. 처음에는 대단히 인상적인 사회주의의 "이륙"이 벌어지지만 그 뒤에는 예외 없이 경제의 실적이 갈수록 실망스러워지고 마침내는 재난으로 끝나고 말았다. 더욱이 모든 경우에서 실패의 이유는 똑같았다. 초기의 동원 단계에는 강력한 힘이 나타나지만, 그 후에는 관료화의 타성이 두드러지기 시작하고, 그다음에는 아예 노골적으로 관료제가 해체되어버린 것이다. 사회주의가 가져다준 예기치 못한 교훈은 중앙 계획이라는 것이 말로 뱉어내기는 쉬워도 그것을 실현시키기는 어렵다는 것이었다. 중앙 계획은 자본주의의 여러 문제점들에 대한 치유책으로 의도된 것이었다. 하지만 많은 경우에서 이것이 오히려 질병 그 자체보다도 심각한 부작용을 일으키고 만 것이다.

소비에트 체제

소비에트 체제의 역사를 살펴보는 것으로 시작해보자. 우선 러시아의 체제가 자본주의처럼 시간이 흐르면서 점진적으로 진화해온 것이 아님을 알아야 한다. 이 체제는 1917년 혁명 이후에 강제적으로 만들어진 것이었다. 그 이전의 러시아는 기본적으로 반봉건 사회였으며 대규모 자본주의적 기업들이 어쩌다가 몇 개 있는 정도였는데, 마르크스를 아주 깊게 읽은 혁명가들이 이 나라를 점거하였다. 하지만 이들은 그 "사회주의" 경제라는 것을 어떻게 운영할지는 물론이고 어떻게 조직할지에 대해서도 정말 아무것도 아는 것이 없었다.

이 혁명가들에게 마르크스는 별 도움이 되지 못했다. 그의 걸작인 『자본론』은 전적으로 자본주의에 대한 것이지 사회주의에 대한 것이 아니었다. 마르크스가 미래를 다룬 몇몇 에세이를 남기기는 했지만 여기서도 그의 시선은 자본주의를 끝장낼 혁명적 활동 자체 이후로까지 나가지는 않고 있다. 혁명을 완수하고 나면 "프롤레타리아 독재"라고 알려져 있는 일시적인 체제가 나타나서 자본주의에서 사회주의로의 이행 과정을 주도할 것이라고 마르크스는 생각했다. 그 후에는 "사회주의 계획 경제"가 나타날 것이며, 이를 첫 발자욱으로 삼아 이후 "공산주의"까지 발전이 이루어진다는 것이었다. 하지만 이것이 무엇인지는 더욱 모호하였다. 마르크스에 따르면 공산주의는 경제적 혁명의 최종 단계로서 생산과 분배와 같은 따분한 과제들이 모든 시민들의 자발적 협력으로 대체되고 또 문화와 인문학 등과 같은 문제의 중요성에 사회 전체가 진지한 관심을 가지게 될 것이라고 하지만, 이러한 몇 가지 힌트 외에는 다른 말을 찾을 수가 없다.

그런데 현실에서 레닌, 트로츠키 등 신생 소비에트연방의 지도자들이 혁명을 통해 부닥친 문제들은 이런 식의 유토피아적인 장기적 기획보다 훨씬 더 복잡한 것들이었다. 혁명이 최초로 성공을 거두자 레닌은 즉시 은행, 주요 공장들, 철도, 운하 등을 국유화하였다. 그러는 사이에 농민들 또한 자신들이 소작인으로 일하고 있던 거대한 토지 재산을 낱낱의 토지 소유로 조각내어 자기들 것으로 취하였다. 중앙 당국은 그래서 다음 몇 년 동안 농장에서 식량을 징발하여 공장 노동 자들에게 배급하는 한편, 정부의 직접적인 통제 체제로 여러 공장들의 생산물의 흐름을 통제해야 했다.

경제를 작동시키기 위한 이 첫 시도는 재난만 낳고 실패해버렸다. 서투른 경영 관리로 인해 산업 생산은 뚝 떨어져, 1920년경에는 전쟁 이전의 겨우 14퍼센트밖에 안 되는 수준이 되고 말았다! 농민들이 얻을 수 있는 재화가 점점 더 희소해지자 이들도 갈수록 도시로 식량을 보내라는 요구에 따를 생각이 없어져버렸다. 그 결과는 심한 인플레이션이었으며, 그러자 경제 전체가 거의 물물 교환 수준으로 퇴행하는 일이 벌어졌다. 1920년이 저물 무렵 이 체제는 완전히 붕괴할 위협에 처했다. 이렇게 임박한 붕괴를 막아보려고 1921년 레닌은 소위 NEP라고 불리는 신경제 정책New Economic Policy을 시행하였다. 이는 시장 체제로의 회귀였으며, 현실적으로 자본주의를 부분적으로 다시 일으켜 세우는 것이었다. 예를 들어 소매업에서는 다시 사적 소유와 사적 경영이 허용되었다. 소규모 산업 또한 사적 소유의 방향으로 돌아섰다. 가장 중요한 점은 농장들이 이제 더 이상 징발의 대상이 아닌 독자적인 이윤 생산 단위로서 운영되게 되었다는 것이다. 산업과 금융이라는 "경제의 사령탑commanding heights"*만은 정부의 수중에 여전히 남아 있었다.

그다음에는 이제 어떤 행동 노선을 취할 것인가를 놓고 치열한 논

---

* 이 말은 레닌이 1922년 당 대회에서 제일 처음 사용한 것으로 알려져 있다.

쟁이 몇 년간 이어졌다. 소비에트 정부의 기본 목적은 변함없이 생산 수단의 사적 소유를 국가 소유로 대체하는 것이었지만, 문제는 얼마나 빠른 속도로 이를 진행시킬 것인가, 그리고 도대체 어떤 방법으로 이를 달성할 것인가였다. 산업화의 속도를 결정하는 요소들 중에는 대단히 불확실한 것이 하나 있으니, 이는 거대한 농업 부문이 과연 도시 노동자들이 산업화의 임무를 계속 수행할 수 있도록 식량을 공급해줄 의사가 얼마나 되느냐이다. 러시아 역사를 연구한 이들은 모두이 흥미로운 문제에 매혹된다.[1] 우리는 이 문제가 어떻게 해결되었는가만 이야기하겠다. 1927년 스탈린이 권력을 잡게 되자, 그는 말을 안듣는 농민들을 달랠 것이 아니라 그들의 소유를 국가의 이름으로 "집단화" 즉 몰수해버리자는 결정을 내렸다. 그 결과 러시아 역사의 끔찍한 한 시기가 시작되었으니, 이 기간 동안 처형당하거나 노동 수용소로 들어간 쿨락kulak(부유한 농민들)은 대략 5백만 명으로 계산된다. 한편 도시 노동자들은 파업을 금지당한 채 사람이 도저히 견딜 수 없는 끔찍한 작업 속도에 묵묵히 순종하여 일만 하도록 명령받았다.

이렇게 무력으로 산업화를 강제했던 역사는 경제 조직의 한 형태로서의 사회주의에 지워지지 않는 흉터를 남기고 말았다. 그렇다고 해도 이러한 산업화의 역사를 어느 정도 객관적으로 냉정히 평가해볼 필요는 있다. 스탈린 시대의 권력 당국이 벌였던 극단적인 짓들은 실로 엽기적인 것들이었고 아마도 스스로의 패배를 예약한 것이나 다름없지만, 우리는 본래 대규모의 산업화란 항상 아주 고통스런 과정임을 기억할 필요가 있다. 우리는 이미 산업 혁명 기간 동안 서유럽에 벌어졌던 일들을 살펴본 바 있으며, 여기에서 노동에 대한 무자비한 착취가 벌어졌음도 알고 있다. 이러한 짓들을 변명하거나 하려는 것은 아니지만, 최소한 자본 축적으로의 길을 닦는 데에 이러한 착취가 어떻게 기능했는지는 살펴본 바 있다.

마찬가지로 러시아에서 벌어진 일을 정당화하려는 것은 아니지만, 급속한 산업화 과정에서는 소비를 극도로 제한하는 것이 피할 수 없는 대가라는 점을 생각해볼 때, 이게 과연 "인기 있는" 정책이 될 수 있었겠는가를 생각해볼 필요는 있다. 가난한 사람들은 이러한 경제 변화 속에서 20년 혹은 40년간 아무 혜택도 없이 그저 고통만 당해야 할 터인데, 과연 이들이 이러한 정책을 기꺼이 지지하고 자신들의 한 표를 던지는 일이 있을 수 있을까? 우리는 영국에서 성인 남성들의 보편 선거권이 1860년대 말과 1870년대까지 주어지지 않았음을 기억해야 한다. 한 역사가는 이렇게 말한다. "만약 참정권이 모든 이들에게 주어졌다면 과연 산업 혁명이라는 과업이 가능했을지가 심히 의심스럽다. 우리가 오늘날 향유하고 있는 거대한 양의 자본 총량은 우리 아버지 세대의 노동자들이 형편없는 저임금을 감수한 결과라는 점을 생각해보면 더욱더 의심스러워진다."[2]

시장 대 계획

대규모의 산업화가 탄력을 받기 위해서는 소비를 최소한으로 줄이고 남은 자원들을 모두 자본 형성으로 이전시키겠다는 굳은 결의와 행동이 있어야만 한다. 그런데 전체주의적인 정치 기구가 있다면 이러한 결의와 행동이 아주 용이해진다. 하지만 그래도 다른 문제 하나가 남아 있다. 그렇게 소비에서 끌어내온 자원들을 산업 부문에 어떻게 배분해야 그 자원들이 적재적소에 가게 될까?

시장 경제에서 이 과제가 어떻게 해결되었는지 기억을 살려보자. 시장 경제에서는 수익성이라는 신호가 자원 및 노동의 배분을 끌어당겨오는 자석 구실을 한다. 혁신 기업가들은 수요가 생겨날 것을 예측하거나 혹은 이미 생겨난 수요에 반응하여, 미래에 이런저런 생산 설비가 필요하게 될 것이라는 희망 속에서 사적 자금을 지출하는 위험을 무릅쓰면서 그 설비를 세우게 된다. 그리고 이렇게 두각을 나타내는 산업들이 팽창하는 가운데에 이를 둘러싼 더 작은 규모의 위성 산업들도 함께 성장하여 그 큰 산업들의 필요에 부응하게 된다. 물자의 흐름은 결국 모든 부문에서 사적 수요의 힘으로 조절되며, 가격 상승 또는 하락의 신호를 통해 그 힘의 방향을 알 수 있게 되는 것이다. 매 순간마다 성장 산업에서 그다음 산업 부문으로 수요의 견인력이 자력처럼 흘러나오게 되는데, 이렇게 두각을 나타내는 성장 산업들을 지도하고 동력을 제공하거나 속도를 늦추는 것은 궁극적으로 물건을 구매하는 일반 사람들의 수요의 압력이다. 그리고 이렇게 수요의 견인력이 작동하는 가운데 이에 맞서서 공급의 완강한 저항력 즉 생산자의 비용표가 견제력을 발휘한다. 이러한 수요와 공급 각자의 포격이 빗발치고 교차하는 가운데에 성장을 위한 전체 경제의 노력을 통합해내는 예민한 사회적 도구가 작동하는 것이 바로 시장 경제이다.

그런데 시장이 없다면, 이 메커니즘을 중앙의 통제 및 계획 기관의 직접 명령이 떠맡아야만 한다. 시장 경제에서는 기업 경영 구조가 미래를 내다보면서 작동하게 되지만, 중앙 계획 기구가 이 기능을 떠맡게 되는 것이다. 시장 경제에서는 IBM이나 제너럴모터스가 자신들의 생산물에 대한 수요가 증가할 것을 예측하고 수요가 증가하고 나면 그 대응으로서 공장을 세우게 마련이지만, 이 경우엔 중앙 계획 기구

자체가 경제 계획을 위한 전체 목적과 목표들을 스스로 설정해내야 하는 것이다. 여기서는 수요의 힘을 결정하는 것이 소비자의 욕구와 판단이 아니라 중앙 계획자들 스스로의 욕망과 판단인 것이다.

하지만 전체의 여러 목표들을 설정하는 것은 계획 경제 메커니즘의 첫 단계일 뿐이며 아마도 가장 쉬운 부분일 것이다. 목표들만 세운다고 무어가 되는 것이 아니다. 전체주의적 경제에서의 중앙 계획은 가격과 이윤과 같은 동기 부여에 따라 개개인들이 생산의 세부적 사항들을 알아서 돌볼 여지를 주지 않는다는 것을 기억해야 한다. 총체적으로 중앙 계획에 의해 돌아가는 경제에서는 최종 계획에 들어가는 모든 품목들에 이르기까지 낱낱이 계획되어야만 한다. 철강, 석탄, 코크스, 목재부터 시작하여 쇠못과 종이 클립에 이르는 모든 물품들의 생산 계획이 필요하다. 계획 지도부 말고는 이러한 품목들의 생산을 가능케 해줄 자동적인 장치가 없기 때문이다. 노동의 공급 또한 계획되어야만 한다. 노동의 이동이 자유로운 경우라면 노동이 필요한 곳으로 노동을 유인하기 위해서 임금률 또한 계획해야만 한다.

따라서 수많은 하부 계획들의 위계가 전체 계획의 총체적 목적을 보조하고 완성시켜주어야만 한다. 그리고 이 하부 계획들의 총체가 필요한 최종 결과를 낳을 수 있어야만 하는 것이다. 여기에 진짜 어려움이 있다. 전체 계획에서 단 하나의 잘못만 벌어져도 그 자체는 작은 것이라 해도 그것이 생산의 연쇄 과정 가운데 모종의 전략적인 연관을 건드릴 경우에는 총체적 계획의 달성을 왜곡할 —— 심지어 불가능하게 만들 —— 수가 있는 것이다.

이 모든 어려움에도 불구하고, 중앙 계획은 2차 대전 이후의 세월 동안 제대로 작동하였다. 그리하여 전쟁으로 싹 털렸던 러시아 경제도 1930년대 초기와 닮은 폭풍우와 같은 에너지로 재건되었다. 하지만 그 이후로는 사회주의의 문제점이 변화하기 시작하였다. 일단 재건이라는 기초적 작업이 완수되고 나자 중앙 계획의 주된 과업은 건설이 아니라 조정으로 바뀌어갔다. 중앙 계획자들이 직면한 도전도 이제 더 이상 근대적 산업 국가의 기초 틀을 세우는 것이 아니라 그런 틀이 효율적으로 기능하게 만드는 것이 되었다.

이것이 그 이전의 노력보다 훨씬 더 어렵다는 것도 밝혀졌다. 스탈린의 후계자들 특히 니키타 흐루시초프와 레오니드 브레즈네프 시절에 이 체제는 실패의 경고음을 내기 시작했다. 미국 정부의 평가에 따르면, 소련의 실질 국민 총생산 성장률은 1965년에서 1980년까지에는 평균 연간 6.5퍼센트 정도였지만 1980년에서 1985년에 이르는 기간에는 1.8%밖에는 되지 않았다. 물론 대단히 까다로운 모종의 특별한 "소비자들"의 요구에 관료 조직이 완전히 순응하여 아낌없이 비용을 지출한 부분도 있었고, 여기에서는 소련 체제가 빛나는 성공을 거두기도 했다. 소련은 최초로 우주선을 쏘아 올렸고, 아주 뛰어난 전투기와 탱크를 만들었고, 전략적 지역들에서는 완전히 새 도시를 만들어내기도 했다.

하지만 관료제를 지배할 만한 특별한 이해관계가 없는 다른 영역에서는 아주 다른 결과가 나왔다. 소비재들은 양은 풍족하게 생산되었지만 그 질이 너무 형편없었던지라, 사용할 수조차 없는 신발과 형편없는 옷감으로 창고가 터질 지경이었다. 비록 소련은 미국과 비교하여 일인당 철강 생산은 두 배였으나, 철강을 재료로 사용하는 과정에서 너무나 많은 낭비가 발생하여 철강 부족이 만성적 상태가 되었다. 목재도 공급 부족이었다. 미국과 캐나다에서는 수확량의 95%를 사용할 수 있었으나, 소련의 경우에는 약 30%밖에는 쓸 수가 없는 상태였다.

러시아의 중앙 계획이 갈수록 실패임이 분명해진 까닭은 무엇일까? 중앙 계획이 실제로 작동한 방식을 알게 되면 답이 주어질 것이다. 소련의 중앙 계획은 일련의 다른 단계들을 거쳐 이루어졌다. 우선 중앙에서 시작된다. 여기에서는 공식 국가 계획 기관인 고스플란 Gosplan이 5년에 걸친 기본적 지침을 작성한다. 이 5개년 계획은 소비와 투자의 증가율이라든가, 소련과 그 위성국들 사이의 대외 무역 수지라든가, 어떤 연구에 우선점을 둘 것인가 등과 같은 결정적인 문제들을 일방적으로 결정한다.

전체 계획은 그다음에 1개년의 단기 계획들로 분해된다. 이 1개년 계획은 산업의 주요 부문들의 생산량을 구체적으로 정하고, 그다음에는 철강 생산, 철도 교통, 목재 조달 등과 같은 구체적 문제들을 관리하는 다양한 정부 부처로 이관된다. 그러면 이 부처들은 이 1개년 계획들을 다시 대규모 산업 단지의 수장들, 전문가들과 조언자들 등등으로 전달하게 된다. 이렇게 하여 전체 기획은 구성 부분들로 계속 쪼개져 나가고, 결국엔 생산 과정을 따라 가능한 멀리까지 즉 공장 운영을 책임지는 관리들에게까지 그 과정이 이어지게 된다.

이러한 방식으로 어느 한 공장 —— 예를 들어 코크스 제련 —— 의 경영자는 일련의 지침을 받게 되는데, 그 지침은 자기 공장의 투입물로 들어오기로 되어 있는 산업들과 자기 공장의 생산물을 투입물로 받기로 되어 있는 산업들과 딱 들어맞게 자기 공장을 운영하도록 되어 있다. 그러면 경영자는 생산 공학자들 및 공장 감독관들과 회의를 거쳐서 "목표량"을 달성하는 데에 필요한 것들 —— 아마도 몇 명의 노동자들을 더 고용하도록 해달라든가 몇 대의 기계들을 더 주문해달라든가 —— 을 상부에 보고한다. 이런 식으로 해서 수요의 요청 사항들은 명령 체계를 따라 위에서 아래로 내려가며, 공급의 제약 사항들은 거꾸로 아래에서 위로 흘러가게 되고, 이 모든 것들이 고스플란 사무실에서 하나의 거대한 생산 청사진(컴퓨터로 출력된 어마어마한 종이 묶음)으로 종합된다.

중앙 계획의 비효율성

아마 예상할 수 있겠지만, 이러한 계획들을 조정하고 통합하는 것은 상상하기 힘들 만큼 복잡한 과제이다. 가장 세련된 중앙 계획 기술을 사용한다고 해도 이 과정은 느리고 둔하고 실수가 생길 수밖에 없는 것이다. 그리하여 상시적인 부족 사태가 나타나게 되고 그렇게 되면 모든 것이 정지 상태가 되어버린다. 이를 피하기 위해서 공장 경영자들에게 주어진 계획량을 초과 달성하도록 강력한 금전적 동기를 부여하기도 했다.

그렇지만 이는 또 다른 문제를 낳을 뿐이었다. 계획량의 달성을 측량할 성공의 지수를 무엇으로 두든 간에 항상 그 나름의 왜곡과 병목이 발생하였다. 어떤 섬유 공장에게 목적량을 몇 야드의 옷감이라는 식으로 지시하게 되면 그 공장에 투입물로 주어지는 실은 양이 정해져 있으니 옷감 길이를 최대한 늘리기 위해서는 옷감을 최대한 성기게 짜고픈 강한 유혹이 생겨나는 것이 당연하다. 성공의 지수를 만약 무게로 둔다면, 품질이나 디자인 따위는 아예 뒷전으로 돌려버릴 유혹이 생겨날 것이다. 소련의 풍자 잡지인 『악어Krokodil』의 한 시사만화를 보자. 어떤 못 공장이 자랑스럽게 "산출 신기록"을 뽐내고 있는데, 단 한 개의 거대한 못을 만들어서 기중기로 들어 올리고 있는 모습이다. 실제로 소련 경제 체제는 곧 톨카치tolkachi라고 불리는 족속들에게 크게 의존하게 된다. 이들은 공장들 사이에서 활약하는 수완 좋은 중개인들로서, 선적의 행선지를 조종하고 부족 물품들을 조달해주고 남아도는 재고품들을 처분해주는 역할을 했다. 당국은 이를 알지 못하든가 알고도 묵인해주든가 했다.

이렇게 질식할 것 같은 비효율성을 제거하기 위해서 미하일 고르바초프가 1985년 글라스노스트gloasnost —— 개방 —— 와 페레스트로이카perestroika —— 경제 체제의 근본적 개혁 —— 를 이야기하기 시작했다. 하지만 고르바초프의 계획은 정치적 통제를 아주 점진적으로 완화하면서 일종의 시장 메커니즘을 들여온다는 것이었는데, 그 계획은 소련을 정치적 경제적 혼란 상태로 급격하게 몰고 간 일련의 사태들 속에 휘말려버렸고, 결국 경제가 점차 해체되는 결과만 낳고 말았다. 이러한 혼란은 모든 이들이 전혀 예상치 못한 가운데 터져나왔고, 아직도 이 혼란은 명확하게 이해되지 못하고 있다. 아마도 단순히 경화증이 점점 늘어나서 위기의 지경까지 차올랐을 가능성이 아주 높다. 한 공장이나 지역에서 다른 공장이나 지역으로 약속된 물량이 운반되리라고 확신하기가 갈수록 어려워졌고, 그러자 생산은 급격하게 하락하기 시작했다. 우리가 미국에서 심각한 경기 후퇴가 벌어졌다고 하면 이는 보통 GNP가 1~2퍼센트 하락한 것을 일컫는다. 그런데 소련에서는 1990년대 초반 몇 년 동안 생산이 25%가 하락하였고, 어쩌면 그 이상 떨어졌을 가능성이 높다. 주요 도시들에서 식량 부족 사태가 터지면서 톨카치 "해결사들"도 사라지고 대신에 사기꾼 장사꾼들이 설치게 되었다. 아마도 이 기간 동안 러시아 경제에서 유일하게 성장한 부문은 암시장이었을 것이다. 이렇게 소비에트연방을 엮어주던 실이 풀리자 정치적 해체로 연결되는 것은 순식간의 일이었다.

자본주의로의 이행

소비에트연방의 해체는 내부의 정치적 경제적 이유로 벌어졌지만, 소비에트 체제의 종말은 소련 영토 바깥에서 일어난 사건들로 인해 촉발된 것이다. 소련이 경제적으로 쇠퇴하고 정치적 정당성 또한 무너지게 되자 소련의 정치적 경제적 블록을 구성하는 "위성국"들이 1989년 일련의 "벨벳" 혁명 —— 즉 비교적 평화적 혁명 —— 을 거치면서 소비에트 및 사회주의의 연결 끈을 끊어버린 것이다. 가장 중요한 나라들로는 폴란드, 헝가리, 체코슬로바키아를 들 수 있다. 2년 후, 권력이 해체되고 개혁이 내부적으로 너무 늦고 보잘것없어 보이면서 소련은 해체되었다. 그리고 러시아와 15개의 작은 독립국들이 다시 태어났다. 이 나라들 중 일부는 경제적으로 자립이 불가능했지만, 모든 나라들이 공통적으로 민족주의적 열기로 가득 차 있었고 소비에트 지배의 종식에 환호하였다.

　그런데 대부분 나라들에서 자본주의로의 이행은 평탄하지 못했다. 사회주의 국가들은 수많은 문제들이 있었지만 그래도 예전에는 사람들에게 일자리, 건강 보험, 주택 등 요컨대 사회 안전망을 제공해주었었다. 그런데 좀 더 시장에 기초한 경제로 옮겨가면서 이 나라들은 시장의 흥망성쇠에 명운을 내맡기게 되었다. 표 10-1에서 볼 수 있듯이,

어떤 나라들에서는 실업률이 두 자리 숫자의 수준으로 뛰어올랐다. 한 세대 만에 처음으로 가격 인플레이션이 나타났고, 러시아는 거의 하이퍼인플레이션 수준의 가격 인상을 경험하였다. 국제적으로 경쟁이 불가능한 많은 나라들이 무역 적자를 겪게 되었고, 세계 시장에서 그 나라 통화 가치 또한 심각하게 약화되었다. 아마 이보다 훨씬 더 충격적인 것은 시장과 자원의 통제를 둘러싼 부패와 범죄였을 것이다. 이러한 경제적 법적 문제들 뒤에는 또 정치적 사회적 문제들이 있다. 러시아인들뿐만 아니라 자본주의로의 이행 과정 속에서 자유와 번영을 얻기 위해 몸부림치는 동유럽의 옛날 사회주의 국가들의 모든 이들이 이러한 문제들을 겪고 있다. 그럼에도 불구하고 2000년대 중반이 되면 헝가리, 폴란드, 체코 등 주요한 동유럽 국가들 다수가 급속한 경제 성장을 이루어 국제적인 경쟁력을 갖추고 지구적 자본주의

표 10-1 자본주의로 이행 중인 유럽 나라들의 주요 경제 지표들

	GDP 성장 1990~1999 년(연평균 %)	GDP 성장 2000~2004 년(연평균 %)	실업률 2000~2010 년(기간평균 %)	인플레이션 2000~2010 년(연평균 %)	경상 수지 2000~2010년 (연평균, 백만 달러)
체코공화국	0.9	2.9	7.2	2.7	-3,616
헝가리	1.0	3.5	7.4	6.0	-60,818
폴란드	4.7	2.8	14.4	3.4	-10,666
루마니아	-1.2	5.5	7.3	15.4	-8,920
러시아연방	-6.1	6.1	7.7	17.3	63,538
슬로바키아 공화국	1.9	4.8	15.3	4.8	-3,000

출처: IMF *World Economic Outlook, 2005* (인플레이션), Washington, DC: IMF. *World Development Report 2006* (GDP, 경상 수지 적자), Washington, DC: World Bank. ILO, LABORSTA database, 2006 (실업).

에 성공적으로 통합되었다.

자본주의로의 이행에 나타나는 어려움들을 다음과 같이 요약할 수 있다.

1. "시장"을 도입하는 것과 그것이 가져올 변화들을 받아들이는 것은 완전히 다른 문제이다. 계획 경제에서 시장 사회로 이행한다는 것은 단순한 경제적 전환이 아니라 권력이 정부 관리에서 자본주의적 기업가라는 새로운 계급으로 이동하는 정치적 전환을 의미하는 것이다. 역사적으로 보았을 때 이러한 이행은 단 한 번밖에 없었던 바, 그 상업 혁명의 와중에서 사람들이 얼마나 피비린내 나고 힘든 과정을 겪어야 했는지는 우리가 3장에서 살펴보았다. 이러한 전환은 몇 세기에 걸쳐서 벌어졌던 것이다. 그런데 오늘날의 개혁가들은 이를 10년이나 20년 만에 달성하고 싶어 하는 것이다.

2. 자본주의를 통해 회춘하자고 주장하는 이들은 시장 사회가 가져올 여러 개선을 강조한다. 이들은 시장 사회에 나타날 수밖에 없는 실업, 인플레이션, 격렬한 국내 및 국제적 경쟁 등은 말하지 않는다. 자본주의로의 이행에 불가피하게 따라오는 이러한 부수 효과들은 경제 성장과 풍요가 찾아온 뒤에도 그 상처가 오래도록 남아 있게 될 가능성이 높다. 엄청난 규모로 나타날 수밖에 없는 여러 정치적 압력은 이 나라들을 아주 오랫동안 갉아먹을 것이 분명하며, 이는 경제 성장을 늦추게 될 뿐만 아니라, 이러한 경제적 진보보다 훨씬 더 중요한 목적인 민주주의의 후퇴가 벌어질 상황을 조성할 것이다.

3. 마지막으로, 골치 아픈 제도적 법적 문제들이 한 묶음 존재한다.

자본주의의 여러 제도들을 도대체 어떻게 도입할 것인가? 사적 소유를 확립하고 규정하는 여러 법률들을 누가 정할 것인가? 국유 재산 —— 무엇보다도 국영 기업들은 앞으로 큰 이윤을 낳을 잠재력이 있다. —— 은 어떻게 사적 부문의 임자들을 찾아줄 것인가? 그리고 그것을 소유하게 될 자들은 누구일까? 또 다른 장애물들이 무수히 많다. 민간 은행도 없고 상법 변호사들도 회계사들도 없고 당좌 계정 (여러 정부 기관들과 그 산하의 공장들 사이에서 현금으로 혹은 장부상으로 이루어질 모든 지불을 위한)도 사실상 없는 데에다가 급기야 전화번호부의 주요 상호 명부도 아예 전화번호부 자체도 없는 상태인데, 어떻게 경제를 작동시킬 수 있단 말인가?

이러한 문제들이 극복된다 하더라도 그 과정이 어떤 것일지 두고 보아야 할 일이다. 하지만 한 가지는 분명하다. 우리가 경제적인 문제라고 지금까지 이야기했던 것들은 궁극적으로는 본성상 정치적인 문제들이다. 따라서 많은 것들이 정치 문화의 유형으로 결정될 것이다. 어떤 경우에는 헝가리와 폴란드의 예처럼 강력한 노동자 계급과 중간 계급 집단들이 정치 무대에 뛰어들어서 좀 더 정치적으로 정당성을 갖춘 정치 체제를 확립하는 경우도 있다. 하지만 러시아와 같은 다른 경우에서는 시민 사회의 건설은 물론 그를 딛고 생겨날 민주적 과정들도 별다른 진보를 보지 못하고 있다.

사회주의의 미래

우리의 주된 관심사는 소련 몰락의 분석이라기보다는 이러한 시대적 사건이 우리 책의 주요 주제에 어떠한 의미를 가지는가이다. 우리 책의 주제는 서구 문명의 경제 사회의 주요한 형태로서 자본주의가 어떠한 궤적을 그려왔고 그려갈 것인가라는 것이다. 한때 중앙 계획으로 작동하는 사회주의가 자본주의에 대한 강력한 경쟁자이며 조만간 자본주의를 밀어치우고 그 자리에 들어설 것으로 보였던 시절이 있었다. 그런데 중앙 계획 경제가 이렇게 완전히 무너지고 난 지금, 과연 "사회주의"라는 것에 무언가 남아 있는 게 있을까?

이 질문의 한 부분은 어느 정도 확실하게 금방 대답할 수 있다. 강력한 중앙 계획을 중심으로 해서 세워진 사회주의 사회는 최소한 발전된 산업국에 관한 한 경제 사회의 형태로서는 전망이 아주 어두워 보인다는 것이다. 하지만 후진적 농업 사회를 근대적 산업 사회로 바꾸려 노력하는 저개발 국가들에서는 옛날 소련에서 한동안 그러했듯이 중앙 계획이 성공적일 수가 있다. 중국이나 다른 가난한 나라들처럼 산업적 풍요의 단계로 올라서기 위해 몸부림치는 사회에서는 모종의 "군사적 사회주의"가 당분간 계속될 만한 이유가 충분히 있다.

만약 서구의 경험이 어떤 교훈이 될 수 있다고 한다면, 이러한 종류의 사회주의 또한 일단 최초의 산업적 과제들이 완수된 이후에는 희망했던 결과들을 낳을 수 없을 것이다. 다시 한 번 서구의 경험으로 판단해본다면, 소비자들의 필요 욕구를 충족시키는 데에 적합하면서도 부드럽게 작동하는 복합 경제를 창출하는 것은 중앙 계획 아래에서는 아주 어려운 일이며, 아마도 불가능한 일로 판명될 것이다. 관료제의 관성과 정치적 획일화로 사람들을 질식시키는 분위기는 경제적 역동성에는 치명적인 장애물들이다. 독재 사회는 혁신 기업가 정신이 숨쉬기에는 좋지 않은 환경이다. 성공적인 중앙 계획 사회주의란 아무래도 우리가 예측할 수 있는 미래에 대해서는 가망 있는 가능성이 되지 못하는 듯하다.

하지만 사회주의의 미래를 생각하는 데에는 다른 방식도 있다. 현존하는 여러 자본주의 국가들에서 가장 바람직한 특징들만을 골라 모은 나라를 상상해보라. 프랑스 사람들이 향유하는 문화 수준, 스웨덴의 학교 체계, 캐나다가 이룩한 공공 의료, 노르웨이의 소득 분배 유형, 독일의 노동자-경영자 협정, 네덜란드의 시민적 자유. 그 밖에도 독자 여러분들이 만족할 만한 그 어떤 나라의 제도들도 모두 합쳐보라. 그렇다면 사회주의를 어떻게 달성할 것인가라는 질문은 다음과 같이 바꾸어 내놓을 수도 있을 것이다. 이러한 상상 속의 나라 하지만 분명히 자본주의인 나라를 "사회화"된 나라, 즉 자본주의도 사회주의도 아니면서 시장과 국가 부문이 모두 활발하고 또 문화적으로 사회적 연대의 관심이 높은 나라를 얻기 위해서는 어떤 변화들이 필요할까?

이 질문은 다음에 올 사회가 어떤 것인가라는 질문을 역사적 맥락속에 놓을 수 있게 해준다. 왜냐면 이 질문은 어떤 이데올로기적 비전의 문제가 아니라 제도적 현실의 문제로 질문을 바꾸어놓는 것이기 때문이다. 예를 들어 그 경제적 미래의 이름을, 사회주의의 다른 제도들 일부는 그대로 두면서 중앙 계획 대신에 시장을 사용하는 "시장 사회주의"라고 붙이면 어떻게 되는가? 이에 우리는 다음과 같이 질문하게 된다. 어떤 제도들을 남겨둘지를 어떻게 결정할 것인가? 어떤 영역에서 어떤 종류의 계획을 사용할 것인가? 좀 더 평등한 소득 분배는 어떻게 이룰 것인가? 얼마나 평등하게 할 것이며 이를 어떻게 달성할 것인가? 노동자의 참여는 어떻게 되는가? 어떤 의사 결정에 노동자들이 참여할 것이며 이를 어떤 구조로 만들 것인가?

이러한 어려운 문제들을 보면 우리는 선진 자본주의의 제도적 형태를 그려내는 일이 쉬운 게 아니라는 현실에 봉착하게 된다. 자본주의의 일반적인 제도적 형태 내에서 "사회주의적" 이상들을 어느 만큼 밀고 나갈 것을 소망할 수 있을까? 그리고 자본주의라는 테두리 자체까지 부술 필요가 있을까? 있다면 어느 지점에서일까?

여기에 어떤 궁극적인 판단이 있을 수 있을까? 아마도 이렇게 말할 수 있을 것이다. 가까운 미래의 자본주의는 여러 제도들을 받아들일 수 있는 능력이 아주 크다는 것이다. 그래서 사적 소유와 시장적 관계의 틀 내에서 사회화된 자본주의와 닮은 어떤 것을 달성할 수 있는 나라들이 있을 것이라는 점이다. 하지만 그보다 더 장기적인 관점에서 보면 그러한 자본주의의 능력에 한계가 있을 듯하다. 예를 들어서 생태적인 지평이 정말로 좁아들어가거나 선진국 및 개발도상국 사이의 관계가 계속해서 현재와 같이 적대적인 길을 가게 된다면 자본주의가 그 생명력을 유지할 수 있을지는 불확실하다. 만약 이러한 변화들이 나타나게 된다면 결국 여러 역사적 변화들이 생겨날 것이고, 그 변화의 일반적 성격은 우리가 정확하게 예견할 수 없는 것이리라. 이 장에서 우리는 소련에 초점을 맞추었다. 다음 장에서는 공산주의로부터 경제적 이행을 이룬 더욱 괄목할 만한 예로서 중국을 논의할 것이다.

410

중국은 공산주의의 정치 체제를 유지하고 있으며 국유 기업과 민간 기업을 결합시킬 뿐만 아니라 해외 자본 및 해외 시장과 깊은 연관을 가지고 있는 나라로서, 사회주의의 흥망을 논함에 있어서 대단히 흥미로운 경우를 보여준다. 단일 국가 경제로서는 조만간 세계 최대의 자리에 오를 것이 분명한 중국 경제가 떠올라 급속한 경제적 팽창을 이루는 과정에서 지구 전체에 걸친 자본주의의 모습은 크게 바뀌어왔다.

유토피아적 이상으로서의 공산주의

소비에트 블록의 붕괴를 기점으로, 수십 년간 이어졌던 공산주의와 자본주의의 분열은 종식되었다. 오늘날 자본주의는 역사상 그 어느 때보다 더 지구 구석구석으로 확장되었다. 사실 이러한 자본주의의 팽창이야말로 다음 장에서 우리가 논의할 지구화라는 것을 정의하는 한 방법이기도 하다. 공산주의의 종말은 옛 소비에트 블록 국가들에 살고 있었던 수많은 사람들, 특히 정치적 억압의 고통과 경직된 통제, 형편없는 생활수준에서 질곡을 겪던 이들에게 크나큰 구원이었다. 이 장에서 우리는 이 나라들에 살던 많은 이들이 공산주의에서 자본주의로 급속한 이행이 벌어짐에 따라 겪어야 했던 여러 어려움들을 묘사하였다. 지금 돌이켜보면 그러한 이행이 간단한 일일 거라고 여기거나 생활수준이 금방 상승할 거라고 기대했던 것은 참으로 순진무구한 생각이었음을 알 수 있다.

이 책에서 전달하고자 하는 교훈 하나가 있다면, 경제적 사회의 창출이란 자연적 현상이 아니라 사람들, 그들의 생각, 그들의 행동으로 이루어지는 것이라는 점이다. 오늘날의 경제를 만들어 내는 것은 바로 우리이며, 그 사회가 얼마나 제대로 기능하는가는 대개 어떠한 사회가 가능한가를 우리가 어떻게 상상하는가에 달려 있다. 공산주의라는 생각은 여러 세대에 걸쳐서 그러한 상상력을 형성할 뿐만 아니라 사회의 여러 가능성에 대한 우리의 감각을 넓혀 주고 또 그 속에 잠재된 위험성들을 경고하는 데에 있어서 중심적 역할을 수행했다. 소비에트의 통치가 종말을 맞으면서 개인들이 여러 자유를 얻게 된 것을 축하해야 하지만, 공산주의라는 생각에 체현되어 있었던 유토피아적 차원까지 간과해서는 안 된다. 이론상으로 보면 공산주의는 평등, 공정함, 협동에 기초한 체제이다. 19세기의 경제학자이자 철학자로서 공산주의 이론을 창시했던 칼 마르크스는 이 체제가 "만인은 능력에 따라 기여하며 필요에 따라 분배받는다"[3]는 원리에 기초하여 작동할 것이라고 믿었다. 그런데 소련의 기억과 함께 공산주의의 이상마저 기억이 희미해지면서 이러한 분배 정의의 비전까지 망실될 위험이 나타나고 있다. 비록 마르크스주의가 구축했던 현실은 억압을 담은 끔찍한 것이었지만, 그러한 억압을 제거하면서도 마르크스주의가 상상했던 평등, 공정, 협동의 감각을 잃지 않고 살아있게 만드는 것—이것이 이후 세대들이 짊어져야 할 도전이다.

자본주의로의 이행	1. 놀라운 변화가 우리 시대에 벌어졌다. 오랫동안 자본주의의 도전자였던 사회주의는 엄청난 후퇴를 겪어야 했다. 사회주의 체제는 세계 어디에서나 자본주의의 중심적 메커니즘인 시장 메커니즘으로 이동했다. 이 장에서 우리는 이러한 변화의 원인들과 전망들을 다룬다.
소비에트연방	2. 소비에트 경제는 우리의 경제처럼 자유롭게 진화한 것이 아니라 명령에 의해 창조되었다. 차르 시절의 러시아는 농업적이었고 부분적으로만 자본주의의 틀을 갖추고 있었는데, 러시아 혁명이 벌어지고 난 뒤 처음에는 마지못해 명령 체제로 조직되었고 그다음에는 냉혹한 폭력을 통해 전체주의 구조로 조직되었다.

3. 초기에 명령 체제가 효과적으로 작동할 수 있었던 이유는, 과제가 전 자본주의적 사회의 기초 위에다가 산업화를 "강제"한다고 하는 비교적 단순한 것이었고 이러한 목적으로 자원을 동원할 수 있었기 때문이다. 지금 와서 돌이켜보면 산업화란 실로 고통스러운 변형 과정이므로 여기에는 항상 어느 정도의 정치적 명령이 수반되게 되어 있는 듯하다는 점을 알 수 있다. 하지만 스탈린의 권력 남용은 가증스러울 만큼 과도한 것이었다.

4. 2차 대전 뒤의 재건 과정이 완수되자 명령 경제 체제는 심각한 어려움을 보여주기 시작했다. 명령 경제는 자원의 동원에는 효과적이지만 적응력이나 탄력성에 있어서는 그렇지 않다. 경제 체제가 부족 사태나 불비례를 면

하기 위해서는 전체가 잘 조화될 수 있도록 적절한 신호를 발생시킬 수 있어야 한다. 그런데 옛날의 중앙 계획 체제가 내놓는 성공 지표라는 것은 이러한 신호를 제대로 발생시킬 수 없었고, 결국 이 체제가 더 이상 작동할 수 없게 된 것이다.

5. 미하일 고르바초프는 1985년 소비에트 체제를 기본적으로 재구조화하겠다고 발표하였다. 이러한 재구조화는 자본주의의 기본 제도들을 도입하기 위해 먼 길을 떠나게 되었지만 끝까지 가지는 못했다. 이 계획은 결코 실제로 제도화된 적이 없으며, 1991년에는 정부가 나서서 소비에트연방을 해체하였고 새로운 선거를 통해 러시아 정부를 구성하였으며 또 예전에 소비에트연방의 일원이었던 나라들을 새롭게 독립시켰다.

6. 이와 비슷한 경제적 해체와 정치적 혼란이 사실상 유럽의 모든 중앙 계획 사회주의 나라들에서 벌어졌다. 이 나라들은 하나씩 하나씩 공산당의 정치적 지배를 거부하고 자본주의 경제를 도입하였다. 그러한 변형은 아주 큰 여러 어려움들을 가진 것이며, 그것이 성공할지 여부는 불확실하다.

7. 그렇다면 자본주의는 그 미래를 보장받게 된 것일까? 최소한 중앙 계획 경제가 더 이상 도전자가 될 수는 없을 것 같다. 하지만 자본주의 역사의 특징은 특유의 역동성에 있으며, 앞으로도 분명히 이를 특징으로 가질 것이다. 무엇보다도 경쟁 시장이 정하는 한계 내에서 계속 팽창하고자 하는 원동력이 있다. 이것이 자본주의를 사회화

 ── 사회주의가 아니다. ── 의 방향으로 몰고 갈 가능성이 대단히 높다. 금융 시장 규제라든가 기업 행동의 법령 등을 통해서 자본주의의 불안정성을 줄이고 시장에 의한 불평등을 바로잡는 경향으로 말이다.

질문들

1. 소련의 중앙 계획 체제의 장점과 단점은 어떤 것들이 있었는가?
2. 동유럽 사회주의의 쇠퇴는 순수하게 경제적 요인들의 결과였는가? 정치와 문화는 어떤 역할을 담당했는가?
3. 마르크스주의의 여러 이상들이 사회주의 나라들의 실제 경험에서 대부분 실현되지 못했던 이유는 무어라고 생각하는가?
4. 예전의 공산주의를 경험했던 동유럽 국가들에서 자본주의는 큰 성공을 거두지 못했다. 어째서라고 생각하는가?
5. 몇몇 나라들 ── 특히 중국, 쿠바, 북한 ── 은 동유럽의 자본주의로의 이행에도 불구하고 여전히 사회주의 체제를 고수하고 있다. 이런 나라들은 어떤 장애에 부닥칠 것이라고 생각하는가? 또 이 나라들의 미래는 어떻게 될 것이라고 생각하는가?

11장

지구적 자본주의 사회의 출현

모습을 바꾸는 세계 경제

오늘날의 경제학에 새로이 등장한 단어가 있다. 지구화globalization이다. 지구화라는 말이 암시하는 바와 같이, 세계 전체가 새롭고도 아주 중요한 경제적 시각에서 조명받게 된 것이다. 이 말의 초점은 부분적으로는 인도, 브라질, 중국, 동아시아 일반 등의 지역이 전면적으로 세계 경제에 뛰어든 것에 있다. 이런 나라들이 호황을 맞게 된 것은 세계의 다른 지역으로 수출할 수 있는 능력을 크게 신장시킨 것과 밀접하게 연결되어 있다. 하지만 지구화의 기간 동안 이렇게 위로 떠오른 나라들도 몇 있었지만 경기 침체와 빈곤에 시달리는 나라들이 많은 것도 사실이다. 그래서 지구화라는 말의 초점은 또 부분적으로는 이러한 지구적 빈곤에 있기도 하다. 아시아, 아프리카, 중남미 등에서 벌어지고 있는 여러 참상의 소식들이 텔레비전에서나 신문에서나 들려오지만, 이제는 지구화라는 개념을 통해서 이러한 참상의 원인과 가능한 해결책에 대해 다시 생각해보도록 하자.

지구화의 두 번째 측면은 미국 경제의 운명에 대해 다시 생각하게 만든다는 점이다. 지구화는 분명히 경제적 상호 연관의 증대와 관련이 있다. 미국이 세계 경제에 점점 더 깊게 얽혀 들어가게 되면 위험도 커지게 된다. 지구화되면 외국에서 재화와 서비스를 사들여오는 것이 늘어나게 되기 때문에 결국 일자리들이 사라지게 되기도 하고, 또 미국인들이 갈수록 외국의 자본 시장으로 급작스레 투자하며 몰려 나가는 일이 많아지기 때문에 금융적 손실이 벌어지기도 한다. 이 장에서 우리는 지구화의 시대가 1980년대에 시작된 과정과 그 여러 원인을 이야기할 것이다. 우리의 초점은 그동안 국제 무역과 금융에 더 많이 참여하고자 노력해 온 "신흥 시장" 그리고 이제 막 떠오르기 시작한 나라들에 있다. 이 두 집단의 나라들은 경제 발전 과정에서 처하고 있는 도전들이 서로 다르지만, 과거와는 아주 달라진 세계의 환경속에서 산업화를 이루기 위해 애쓰고 있다는 점은 동일하다. 우리는 먼저 1970년대 중반에 국제 통화 영역에서 벌어졌던 붕괴를 시작으로하여 지구화의 이 최근 국면의 역사를 짧게 개괄해 볼 것이다.

브레턴우즈 체제의 붕괴

자본주의의 황금시대가 저물게 되면서 핵심적인 문제 하나가 떠올랐다. 그러한 초기 시절의 번영을 되찾을 수 있는 정책이 뭐가 없을까? 문제는 그 이전 시대로 돌아가는 것을 불가능하게 만드는 중요한 요소 하나가 있다는 것이다. 그것은 고정 환율제를 채택한 1944년의 브레턴우즈 협정의 폐기가 결정되었다는 것이다. 이 협정의 전제가 국제 금융에서 미국이 지도자 역할을 할 능력과 의사였다는 것을 여러분도 기억할 것이다. 브레턴우즈 협정은 달러와 금 사이에 고정된 교환 비율을 보장하는 한편, 이 협정에 참여한 나라들이 경제 활동과 국제 무역의 양을 증대시킬 수 있도록 전체 금융 구조에 충분한 양의 달러를 주입해주게 되어 있는 것이었다. 미국이 달러의 금 가격을 고정된 비율로 유지하겠다는 약속이 굳건하기만 하다면 외국인들이 달러를 소유하더라도 이는 금을 소유하는 것이나 마찬가지가 된다. 사실 달러를 갖는 쪽이 더 낫다. 달러는 많은 국제 거래에서 사용할 수 있지만, 금덩어리는 쌓아놓고 지키는 데에만도 많은 비용이 드는 것이니까. 그래서 브레턴우즈 협정은 자본주의의 황금시대를 떠받치는 가장 중요한 초석의 하나였다.

브레턴우즈 초기 시절에는 미국의 금 "창구"에서 거래가 벌어지는 일이 거의 없었다. 다시 말하자면 외국 정부들이 미국의 은행에 달러 지폐를 들이밀면서 대신 금을 내놓으라고 하는 일이 거의 없었다는 것이다. 오히려 전후 초기 시절에는 되레 달러가 부족하여 금융 체제 전체가 고통을 겪었다. 외국인들이 손에 쥔 달러 준비금이 희소했다는 것이다. 국제 거래를 위한 준비 통화의 역할을 달러가 맡고 있었던 데에다가 전후 세계 경제를 지배했던 것이 미국이었기에, 단지 미국과의 무역에서만이 아니라 다른 나라들 사이의 무역은 물론 특히 곡물이나 석유와 같은 주요 원자재 상품들의 거래에도 미국 달러가 사용되었다. 이렇게 미국 밖에서 달러에 대한 수요가 폭증하고 또 그 때문에 세계 어디에서나 달러를 외화로 보유하고픈 욕구를 가지게 되었으므로, 달러의 부족이 조만간 나타나지 않을 수 없었던 것이다.

그런데 1960년대 중반이 되자 이 체제에 금이 가기 시작했다. 1968년 미국의 수입이 수출을 초과하였다. 즉 외국인들이 미국의 재화 및 서비스를 구매한 금액보다 미국이 외국의 재화와 서비스의 구매에 쓴 돈이 더 많아지게 된 것이다. 이러한 무역 적자가 계속 늘어나게 되자 미국의 수입 초과로 인해 뿌려댄 달러가 세계 시장에서 넘쳐나게 되었다. 게다가 미국이 베트남 전쟁에 뛰어들게 되면서 외국의 재화와 서비스에 대한 미국의 수요가 더욱 늘어나게 되었고, 이것이 문제를 더욱 악화시켰다. 결국 1944년 직후의 만성적인 달러 부족은 이제 달러 과잉dollar glut으로 역전되었다. 즉 외국 은행들과 거래자들이 자신들에게 필요한 것보다 훨씬 더 많은 달러를 손에 쥐고 있는 사태가 벌어진 것이다.

이러한 달러 과잉으로 나타난 직접적인 위험은 바로 미국이 축적해둔 금이 모조리 빠져나갈 위험이 생겼다는 점이다. 브레턴우즈 협정의 규칙대로 하자면 미화 35달러는 언제든지 1온스의 황금을 살 수 있게 되어 있다. 이제는 외국인들이 자신들이 필요로 하는 것보다 더 많은 달러를 손에 쥐고 있다는 것은 누구의 눈에도 분명하였다. 그 위험은 두 가지였다. 첫째, 달러 값이 떨어지게 될 것이니 달러를 쥐고 있는 사람들이 달러가 더 심하게 폭락하기 전에 자신들이 보유한 달러를 치워버리자는 생각을 하게 될 것이다. 이 경우에 미국 정부는 자신이 발행한 달러가 더 이상 "금과 동일하다."고 여겨지지 않는 사태에 직면하게 될 것이다. 그런데 이보다 훨씬 더 큰 위험이 있다. 나름대로 안정적인 환율을 유지해온 세계 통화 체제가 무너지고, 모든 통화의 가치가 완전히 제멋대로 날뛰는 세계가 나타날 수 있다는 것이었다.

미국 정부도 점차 이 가능성을 깨닫자 경각심이 커졌다. 그래서 1960년대 후반부터 달러에 가해지는 압력을 낮추어보려고 무수히 많은 노력을 기울였다. 하지만 그 어떤 것도 달러에 대한 투기 공격의 물결을 막을 만큼 충분하지는 못했다. 1973년 8월, 드디어 닉슨 대통령은 공식적으로 금 창구를 닫아버린다. 이로 인해 브레턴우즈 체제는 종말을 고하였으며, 이는 암묵적으로 미국 달러가 더 이상 세계에서 가장 믿을 만한 통화가 아니라고 선언한 셈이었다.

변동 환율제의 시대

금 창구가 닫히면서 국제적 통화 협력 시대는 종말을 고했고, 이는 오늘날까지 전혀 소생하고 있지 못하다. 브레턴우즈 체제의 붕괴는 미국 내의 여러 이유에서 벌어진 일이며 무슨 외부 충격의 결과 따위로 벌어진 것이 아니다. 이 체제의 규칙들은 대개 미국이 기획한 것이었는데, 미국 스스로가 그 규칙들 — 특히 스스로의 대외 적자를 통제하고 달러 저하로 인한 금 유출 사태를 막겠다는 — 을 준수할 능력도 의사도 없어져버렸기 때문에 붕괴한 것이다. 사회사가인 프레드 블록Fred Block에 따르면, "전후 통화 질서 붕괴의 근원적 원인은, 미국에게 그 전에 고안했던 국제적 통화 행동 규칙을 준수하면서 자신의 전반적인 목적을 추구할 능력이 사라졌다는 것이었다."[1]

브레턴우즈 협정의 축이었던 고정 환율제를 무엇으로 대체할 수 있을까? 조만간 이제 가능한 체제는 단 하나뿐이라는 것이 분명해졌다. 즉 모든 나라 통화의 교환 비율이 그 통화들에 대한 수요와 공급으로 결정되는 체제이다. 그 의미는 이제 미국을 포함하여 그 어떤 강력한 정부라고 할지라도 자국 통화의 가치를 보장할 능력이 없는 새로운 경제적 공존의 시대로 접어들었다는 것이었다. 가장 중요한 것은, 모든 자유 시장에서 나타나게 되어 있는 가격 변동의 위험을 사업을 위해서이건 여행을 위해서이건 외국 통화를 사용해야 하는 민간 기업들과 개인들 또한 외환 시장에서도 감수할 수밖에 없게 되었다는 것이다.

브레턴우즈 체제의 붕괴는 자본주의 황금시대의 종말을 알리는 신호였다. 10장에서 본 바 있듯이, 대부분의 선진국에서는 1973년 이후 총생산과 실질 임금의 성장률이 상당히 낮아졌고, 실업률도 올라갔으며, 임금 불평등도 증가하였다. 하지만 성장률 둔화 이외에도 황금시대 이후의 세계에서 특징이 된 것들이 또 있다. 그 하나는 경제 활동의 국제화가 증가했다는 점이다. 우리는 성장률 둔화와 경제 활동 국제화 사이에 어떤 관계가 있는가를 이 장 말미에서 다룰 것이다. 하지만 먼저 지구화라고 알려지게 되는 극적이고도 복합적인 과정을 이해해보자.

생산과 금융의 지구화

자본이 전 지구를 돌아다니다

지구화라는 용어는 팝 음악, 영화, 패션 등이 지구적으로 확산되는 것에서부터 지구적 교통 통신이 갈수록 쉬워지는 것까지, 보건 환경 문제들이 국경을 넘어서 급속하게 전파되는 것부터 새로운 기술의 국제적 확산과 대기업의 시야가 갈수록 국제적으로 넓어지는 것까지, 실로 다양한 현상들을 묘사하기 위해 쓰이는 말이다. 하지만 본질적으로 경제적 지구화란 여러 나라의 시장들 사이에 상호 연결이 증가하는 것을 지칭한다. 이러한 과정은 국제 무역과 해외 투자의 증가 그리고 특히 국제적 금융 흐름의 증가에 반영되어 있다. 이 모든 과정들의 공통적 특징은 자본의 국제적 이동성이 크게 증가했다는 것이다.

이 점은 생산과 금융 모두에 영향을 미치게 된다. 포드 자동차 회사가 엔진 생산 공장 하나를 멕시코의 치와와Chihuahua에 세운다면 이는 해외 직접 투자라고 불린다. 이러한 투자는 보통 더 많은 국제 무역을 불러오는 것이 정상이다. 포드 회사가 멕시코에서 생산된 엔진을 배에 싣고서 미국 디트로이트에 있는 조립 공장으로 가져간다면, 이는 멕시코로 보자면 수출이요 미국으로 보자면 수입이 된다. 비록 그 교환이 동일한 회사 내부에서 이루어진 것이라 해도 말이다. 뉴욕에 기반을 둔 제이피모건체이스와 같은 은행이 인도의 방갈로르Bangalore에 있는 회사에게 그 전화상 고객 서비스(계좌 관리라든가 신규 서비스 판매라든가) 하청을 준다면, 이는 인도로서는 수출이요 미국으로서는 수입이 된다.

해외 투자는 국적을 막론하고 생산적 자산에 지출하도록 외국에 돈을 쓰는 것도 포함한다. 예를 들어 펩시콜라는 병에 콜라를 채우는 공장을 필리핀에 세웠으며, 소니는 할리우드에 있는 기존의 영화사를 매입하기 위해 미국에 투자하였다.

이와는 대조적으로 금융의 지구화에는 국제적 은행 대부와 포트폴리오 투자 —— 이는 외국인들이 주식, 채권, 은행 계좌 등을 구매하는 것을 말한다. —— 등이 들어간다. 요컨대 금융의 지구화란 순수하게 화폐의 흐름을 말하는 것이며, 생산의 지구화란 해외 직접 투자와 국제 무역 모두를 포함한다.

"갑절로 대약진"

지구화의 또 다른 측면 하나는 이전에는 자본주의 경제 체제에 적대적이거나 의구심을 가지고 있던 많은 나라들과 지역들이 세계 자본주의 체제로 너도나도 들어오게 되었다는 것이다. 중국은 그 정치 영역이 전적으로 중국 공산당에 지배된다는 점에서는 여전히 공산주의 국가로 남아 있다. 하지만 그 경제를 보면, 사적 기업들이 번성하고 있고 부동산 투기와 개발업자들이 주요 도시의 부동산을 지배하고 있는데에다가 외국 회사들이 떼거리로 중국으로 몰려들고 있으므로 이런 의미에서 자본주의라고밖에 할 수 없다. 동유럽과 러시아의 여러 나라들 즉 예전의 소비에트 블록 지역은 1989년 이후 사회주의에서 자본주의로 급속하게 전환하였는데, 그 과정에서 국가 소유의 재산을 사유화하기 위해 총체적인 계획을 실행하기도 했다. 이 나라들 중 다수가 지금은 유럽연합과 WTO의 성원이기도 하다.[2] 그리고 인도는 1947년 독립 이후 전혀 볼 수 없었던 규모로 지난 10년 동안 외국 무역과 투자에 개방하였다. 이런 나라들이 세계 경제로 들어왔다는 것은 전 세계에 걸쳐 새로운 생산자 시장이 열렸으며, 이 시장들이 결국 재화 및 서비스의 저임금 경쟁에 불을 붙이는 원천이 되었음을 뜻하는 것이었다. 이 나라들이 세계 자본주의 체제에 진입하게 되자 세계 체제 전체에 새로운 효과가 나타났으니, 그것은 16억이라는 숫자의 노동자들이 새로이 지구적 노동력에 추가된 것이었다. 이를 리처드 프리먼Richard Freeman은 "갑절로 대약진great doubling"이라고 불렀다.[3] 세계 노동 시장이 이렇게 팽창하고 여기에 국제적 자본 이동성의 증가가 결합되었으니, 여러 다른 나라들의 노동자들이 서로 더 크게 경쟁을 벌일 수밖에 없고 결국 세계 많은 곳에서 임금 상승이 정체되었다는 것도 놀라운 일이 아니다.

신흥 시장 : 브릭스(BRICS)의 발흥

이렇게 노동 시장, 자본 시장, 정책 등에서 지구적인 지각 변동이 벌어지면서 각국 내부에서나 또 국제적으로나 승자와 패자들이 생겨났다. 앞으로 보겠지만, 많은 나라들은 여전히 가난하고 또 소득 불평등은 더욱 증가하였다. 그런데 몇몇 나라들은 이러한 변화의 지평 속에서 번영을 이루었으며, 수십 년간 대부분의 개발도상국들이 이룰 수 없었던 정도의 생산, 수출, 혁신의 능력을 갖춘 새롭고 강력한 경제국가로 부상하였다. 이 나라들은 지구 전역에 흩어져 있으므로 이번에는 지역적 현상이 아니다. 브라질, 러시아, 인도, 중국, 남아프리카공화국(이른바 BRICS)은 소득과 수출 경쟁력에 있어서 대단한 성장을 보여주었고 이를 통해 세계 시장과 지구적 경제 정책에 있어서도 중요한 행위자들로 떠올랐다(표 11-1을 보라). 이 나라들은 2007~2008년의 혹독한 세계 경제 하강 속에서도 아주 빠르게 회복을 이루었다.[4] 이 BRICS라는 약자로 표기된 나라들 말고도 급속한 경제 성장과 생활수준 향상을 이룬 나라들은 많이 있다. 또 러시아의 경우 그 호황은

표 11-1 브라질, 러시아, 인도, 중국, 남아프리카공화국의 경제 성장
(연간 GDP 성장률 %)

	브라질	러시아	인도	중국	남아공
1991~2000년	2.6	-3.6	5.5	10.5	1.8
2000~2010년	3.6	4.8	7.8	10.5	3.5

출처: http://data.worldbank.org/data-catalog/world-development-india World Development Indicators & Global Development Finance(May 19th 2011).

엄격히 말해서 산업 전반의 단계 상승보다는 석유 판매 수입과 더 밀접하다고 해야 할 것이다. 그럼에도 불구하고 이 나라들은 세계 경제 위기의 와중에서도 더욱 빠르게 성장하고 있으며 새로운 수요의 원천을 창출하고 있다. 이들의 수요는 2000년대 말 이후 여러 경제 문제에 휩싸여 침체를 보이는 선진국들의 수요를 대신하게 될 가능성이 갈수록 커지고 있다.

지구화의 정도

국제적 경제 활동의 양으로 보자면 현재와 비견될 만한 기간은 오직 1

그림 11-1 세계 무역, 해외 직접 투자, GDP, 1970~2004년 (1970년 = 100)

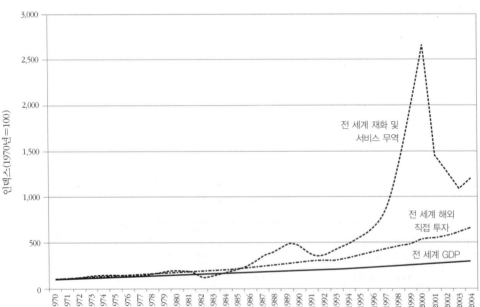

출처: World Bank Group, *World Development Indicators Online*, 2006.

428

표 11-2 GDP에서 상품 수출이 차지하는 백분율

	1870년	1913년	1950년	1973년	1985년	1993년	2000년	2006년	2009년
세계	5.1	11.9	7.1	11.7	14.5	17.1	20.1	24.5	21.4
미국	5.4	6.4	3.8	5.2	5.2	7.0	7.9	7.0	7.5

출처: Milberg, W. "Globalization and International Competitiveness," in *Improving the Global Economy* (Aldershot, UK: Edward Elgar, 1997). World Bank, *World Development Report 2006.*
http://inflationdata.com/Inflation/Inflation_Rate/Historical_Oil_Prices_Table.asp
(May 19th 2011).

차 대전 이전 1870~1913년의 금 본위제 시대뿐이다. 더욱 중요한 사실은 1960년대 이후 특히 1980년대 이래로 세계 경제 활동에서 국제 무역과 투자가 차지하는 몫이 계속 증가해왔다는 것이다. 그림 11-1을 보면 1982년 이후 국내 총생산으로 측정한 전 세계 총생산의 증가율보다 세계 무역량의 증가율이 훨씬 더 높다는 것을 알 수 있다. 오늘날 총생산에서 상품 수출이 차지하는 몫은 1950년대 수준과 비교하여 세 배가 늘었고, 표 11-2에서 보듯 기록된 역사의 그 어느 때보다도 높은 수준에 도달한 것이다. 또 미국이 오늘날에조차도 세계 대부분과 비교하여 개방이 훨씬 덜 된 —— 즉 대외 무역에 대한 지향성이 훨씬 낮은 —— 경제임을 주목하라. 이는 미국의 국내 시장이 엄청난 크기를 가진 데에다가 지리적으로 다른 크고 부유한 시장들과 고립되어 있다는 이유에 기인한다. 이러한 미국마저도 국제 경제와 깊숙이 얽혀 있다. 2005년의 재화 및 서비스 수출은 1조 3천억 달러에 이르고 수입은 2조 달러에 달한다. 미국은 또 해외 투자로 보게 되면 세계 최고이다. 미국은 1994년 캐나다 및 멕시코와 북미자유무역협정(NAFTA)을 맺고 또 같은 해에 관세 및 무역에 대한 일반 협정(GATT)의 우루과이 라운드 협정 — 이 협정의 결과로 세계무역기구(WTO)가 형성되었다. — 을 맺게 되면서 세계 경제와 더 긴밀하게 통합되었다.*

하지만 국제 무역 및 투자는 지구화의 지표 가운데 하나에 불과하다. 좀 더 극적인 지표는 초국적 기업 — 두 나라 이상에서 영업을 벌이는 기업 — 들의 숫자 및 범위의 증대이다. 2008년경이 되면 초국적 기업의 숫자는 8만 2천 개 이상이 되며 이들이 거느린 자회사의 숫자는 85만 개를 넘게 된다. 이들의 외국 자회사가 고용한 인원은 2009년 현재 8천만 명을 넘고 있으며 매출은 29조 달러 이상으로 추산되고 있는 바, 이 숫자는 1990년의 매출보다 다섯 배가 늘어난 것이며 또 전 세계 수출 가치 총액을 넘어서는 것이다. 오늘날 초국적 기업들이 지배하고 있는 업종을 보면 원유 정제, 자동차, 식료품, 전자 제품, 화학 약품들에 이르도록 다양하다. 많은 회사들에게 해외 시장은 국내 시장만큼 중요하다. 제너럴모터스는 본국인 미국 바깥에서 15만 3천 명을 고용하고 있다. 스위스 회사인 네슬레Nestle는 스위스 국내에서의 고용 인원은 9천4백 명이지만 스위스 밖에서 27만 1천 명 이상을 고용하고 있다. 미국에 본사를 둔 은행 및 금융 서비스 회사인 시티그룹은 오늘날 미국 내 영업보다 미국 바깥에서의 영업으로 더 많은 이윤을 올리고 있다. 여러 회사들은 온 지구의 시장에서 경쟁을 벌여야 할 필요에 대응하기 위해 갈수록 외국 회사들과 인수 합병을 벌이고

---

* 1990년대 중반 이래 해외 직접 투자의 등락이 무역 및 GDP에 비해 유례없이 큰 점에 대해 설명할 필요가 있다. 이렇게 급격한 증가와 감소는 대개 국제적인 기업 인수 합병이 반영된 것이다. 이 거래의 액수가 해외 투자 흐름으로 잡히면서 이렇게 큰 등락 폭을 만들었던 것이다.

있다.

지구화 과정의 가장 충격적인 세 번째 차원은 국제 금융이다. 외환 시장에서 단 하루에 거래되는 양이 이제 4조 달러 정도이다. 이는 1년 내내 온 세계가 행하는 무역 총액보다도 많은 돈이다! 오늘날 외환의 구매와 판매는 20년 전보다 10배로 늘어났다.[5] 외환 거래의 속도와 총량은 현 시대를 규정하는 특징들 중 하나가 되었다. 외국의 빌딩이나 공장을 매입할 경우도 있고, 순전히 투기 목적으로 외환을 사고 팔 때도 있다. 이윤을 찾아 헤매는 자본은 국제적으로 돌아다니게 되는 것이다.

이러한 여러 통화들 사이의 경쟁을 통해 세계적으로 기업 효율성이 개선되었을 것이라고 생각할지도 모르겠다. 하지만 이토록 엄청난 양의 국제적 금융 흐름이 이따금씩 어떤 한 나라에 엄청난 규모로 밀려들었다가 또 엄청난 규모로 빠지는 식으로 흘러 다닌다고 생각해보라. 이는 아주 파괴적인 결과를 낳고 말았다. 실제로 1987년의 월스트리트 주식 시장 붕괴가 일부 일본 투자자들이 자기들의 미국 금융 자산을 팔아버리겠다고 위협한 것 때문에 발생했다고 주장하는 이들도 있다. 1994년의 멕시코 페소 위기 또한 멕시코의 은행 체제를 거의 파산 지경으로 몰고 갔거니와, 그 원인 또한 너무 늦기 전에 자기들의 멕시코 자산을 팔아버리려고 했던 국제 투기꾼들로 인해 급속한 자본 도피가 벌어졌기 때문이다. 태국, 한국, 브라질, 러시아 전체에 걸쳐 진행된 1997년의 금융 위기는 국제 금융 시장을 지배하는 투자자들의 떼거리 행태herd behavior에 원인이 있다는 주장이 널리 퍼져 있다. 또 당시 브라질의 경제 침체로 인해 아르헨티나 경제가 피해를 입기 시작했다. 아르헨티나의 대외 채무는 계속 늘어서 마침내 2001년 말에 아르헨티나 정부는 그 채무를 갚을 수 없음을 선언하였고, 이로 인해 아르헨티나에서 엄청난 규모의 자본 도피를 촉발시켰다. 아르헨티나 페소화의 가치가 대폭락하게 되자 아르헨티나인들도 은행에서 자기들 예금을 찾으려고 몰려들었다. 경제는 아주 빠르게 바닥없이 추락하였다. 실업률은 공황 수준에 달했고 해외에서의 자금 융통 — 개발도상국이라면 어디든 이것이 결정적으로 중요하다. — 은 완전히 말라붙어버렸다.[6] 오늘날 세계 최강대국이라고 해도 통화 및 재정 정책을 운영할 때에 국제 금융 시장을 면밀히 주시하지 않을 수 없게 되었다.

외주화

정보 컴퓨터 기술은 또한 기업들이 생산을 조직하고 경영하는 방식을 바꾸어놓았다. 새로운 정보 기술들은 생산의 '파편화' — 생산 과정을 부분으로 나누어 각각을 다른 나라들에 찢어놓는 것 — 에 있어서 괄목할 만한 증가를 가져왔다. 이제 회사들은 전체 생산 과정을 단일 장소, 심지어 단일 기업에서 수행하는 대신에 생산을 갈수록 기업들의 네트워크로 조직하게 되었으며, 그 네트워크가 국제적일 때가 많아진 것이다. 이러한 생산의 파편화는 초국적 기업들의 해외 투자 혹은 외국 기업들의 하청을 통해 진행되었다. 파편화와 연관된 외주화의 발흥은 부분적으로는 재화의 운송과 정보 이동의 비용이 하락한 것에 의해 추동되었다. 특히 후자가 중요하다. 생산 정보는 이제 하이테크 반도체의 디자인이든 새 컴퓨터 게임의 복잡한 소프트웨어 코드이든 고급 여성 의류의 패션 디자인이든 혹은 고층 빌딩 청사진이든 인터넷을 통하여 순식간에 그리고 거의 아무 비용도 없이 국제적으로 전송이

가능하다. 이는 생산자들과 디자이너들이 전혀 다른 나라에 살면서도 조화롭게 일할 수 있다는 것을 뜻한다. 디자이너들은 선진국에 모여 있는 경향이 있지만, 생산은 갈수록 저임금의 개발도상국에 자리 잡고 있다. 각종 서비스 또한 오늘날 아웃소싱되고 있다. 콜 센터와 소프트웨어 개발자들은 최근 들어 서비스업에서도 외주화가 증가했다는 최고의 예가 되겠지만, 이는 결코 거기에 국한되지 않는다. 금융 분석, 엑스선 진찰, 설계 도면, 기초 과학 연구 등 또한 외주화의 팽창을 경험하고 있다. 심지어 여러분이 보고 있는 이 책의 영어판 원본 또한 그 제작(편집, 포맷 작업 등등)은 피어슨Pearson 출판사가 인도 퐁디셰리Pondicherry에 있는 인티그라Integra라는 이름의 회사에 외주를 준 것이다.

국가 주권의 축소

생산과 금융의 지구화로 인해 상당한 경제 변화가 있었지만, 그 정치적 함의는 더욱 심각하다. 왜냐면 기본적인 정치 단위인 국민 국가의 정당성 자체가 의문에 처하게 되었기 때문이다.

생산은 이제 세금이 높고 규제가 심한 지역에서 심하지 않은 지역으로 가볍게 이동할 수 있게 되었다. 그러자 국가 주권이 불안정해졌다. 지구화는 이렇게 국경을 넘어 움직일 수 없는 생산 요소들 —— 노동과 정부 —— 보다는 이동성이 높은 생산 요소들에게 유리하다. 국제 시장이 국내 시장과 똑같이 중요하고 혹은 더 중요해지게 되고 또 기업들이 갈수록 국가 간 활동을 통합할 수 있게 되자, 기업의 국적은 이제 점점 중요하지 않게 되고 있다. 기업은 부담스런 규제와 조세를 강제하는 나라와는 이해관계가 맞지 않으므로 그런 나라에서의 활동을 최소화하려 하게 된다. 금융의 흐름은 최고의 수익률과 다각화를 좇아 운동한다. 이 흐름에서 특정 국가가 필요로 하는 생산의 투자는 아무런 의미도 없다.

이러한 지구화의 압력에 대한 각국 정부의 대응은 다양했다. 이들은 여러 면에서 무역과 투자를 자유화하고 금융 시장을 탈규제화하면서 지구화를 장려해왔다. 많은 나라들 특히 개발도상국들은 지구화의 논리를 적극적으로 받아들여 다국적 기업들에 대한 규제와 조세의 부담을 줄여주었다. 이렇게 하면 자신들이 필사적으로 필요로 하는 외국 자본을 좀 더 끌어들일 수 있을 것이라는 희망에서였다. 또 이러한 변화들을 통해서 외국 기업이든 국내 기업이든 기존의 기업들을 계속 그 나라에 머물게 하는 것이 목표였다.

이 모든 것들을 볼 때, 선진국에서 사적 영역과 공적 영역 사이에 근본적으로 새로운 관계가 나타났다고 할 수 있을까? 오늘날은 전반적으로 정부가 미시 경제 영역과 거시 경제 영역 모두에서 퇴조를 보이는 시대임에 분명하다. 그런데 이와 동시에 정부의 역할이 조만간 팽창할 수밖에 없는 측면들이 몇 가지 있다. 첫째는 이 새로운 지구적 경제에서 생겨나는 여러 문제들에 대응할 필요가 있기 때문이다. 기업들이 어떤 나라를 떠나는 바람에 일자리에서 떨려난 노동자들이 있다면 그들은 생활 보조를 받아야 하며, 아마도 다시 직업 교육을 받아 새로운 일자리를 찾게 해야 할 것이다.[7] 만약 소득 불평등 — 이 또한 부분적으로 지구화의 결과이다. — 이 심각한 정치 문제가 된다면, 소득 피라미드의 최상부에 더 높은 조세를 매기고 대신 아랫부분을 부양할 수 있는 체제를 강화하라는 요구가 나타날 가능성이 아주 높다.

공공 부문의 강화가 나타날 두 번째 영역은 국제적인 통치 기관들이다. 1994년 무역 자유화를 촉진하기 위해 창출된 WTO가 그 한 예이다. 시애틀 WTO 회의 때 벌어졌던 대규모 항의 집회에서 잘 드러난 바 있듯이, 최근 들어 WTO가 노동자들의 조직권과 단체 협상권과 같은 국제적 노동 기준을 마련하고 강제할 수 있도록 업무를 확장하려는 노력이 보이고 있다. 환경 기준 또한 마찬가지로 WTO를 통해서 확장하고 강제할 수 있을 것이다.

전 세계를 아우르는 통치 기관이 효과적이었던 선례가 없으므로, 이런 제도들은 아무래도 지구적 수준이 아닌 지역적 수준에서 발전하게 될 가능성이 크다. 이러한 방향으로 여러 단계를 이미 밟아나간 경우들이 있다. 1997년 마스트리히트 조약으로 생겨난 유럽중앙은행은 11개 유럽 국가들의 통화 정책을 관리한다. 유럽의회와 유럽법원은 이미 상당한 권력을 가지고 있으며 앞으로 권력이 더 커질 것으로 보인다. 서유럽은 세계에서 가장 통합이 심화된 지역이다.

마찬가지로 북미자유무역협정(NAFTA)도 여러 면에서 획기적인 조약이다. 이는 발전 단계가 아주 다른 나라들 사이에서 자유 무역 협정이 맺어진 첫 번째 경우이다. 미국의 연간 일인당 소득은 2만 2천 달러인 데 반해 멕시코는 3천 달러에 불과했었다. NAFTA에서 특기할 만한 일은 노동과 환경에 대한 부수 협정을 포함하고 있다는 것이다. 지구화 과정에 본질적으로 따르게 마련인 사회적 기준을 조화시키는 문제를 푸는 데에 자유 무역 협정이 사용된 경우는 이번이 처음이기 때문이다. 물론 이러한 부수 협정들은 온건할 뿐만 아니라 노동 및 환경 규제의 집행을 각국 정부에게 일임하고 있으며 또 집행 메커니즘도 상당히 거추장스럽다. 하지만 이렇게 NAFTA에 부수적 협정이 포함되었다는 것 자체는 갈수록 규제의 필요가 절박해져가는 세계에서 일정한 최소한의 사회적 기준을 강제하려는 세계적 노력의 첫 번째 단계라 할 수 있다.

지구적 경제의 균형이 무너지다

지구화는 또한 경제적 불균형을 낳았고 이는 안정성을 무너뜨릴 수 있다. 여기에서 가장 중심적인 문제는 미국이 중국과의 무역에서 내고 있는 엄청난 양의 무역 적자이다. 중국이 제조업 수출에 있어서 세계의 공장이 되겠다고 본격적으로 나서기 시작한 것은 1990년대의 일이다. 중국의 공산당 정부는 수출을 목적으로 저숙련 제조업을 일으키려 하였고 이에 대한 투자를 외국 회사들에 (주의깊은 규제가 있었지만) 의지하였다. 중국인들은 의류에서 장난감과 플라스틱 재화들에 걸친 제조업을 육성하기 위해 "경제 특별 구역"을 조성하였고, 여기에서 일할 노동자들을 구하기 위해 농촌 지역에서 해안 도시들로의 이주를 권장하였다. 홍콩, 일본, 미국 등지에서 밀려온 외국 투자가 자본, 경영 기술, 해외 시장 등으로의 접근을 제공하였고 중국 노동자들은 값싼 노동력을 제공하였다. 중국 기업들(국유 기업) 또한 수출에 나서도록 장려하였다. 미국에서는 마침 소매 유통 혁명이 진행되고 있었으며, 대형 유통업체들은 갈수록 중국 제품들을 구매하였다. 비록 처음에는 중국이 수출에 상응할만큼 외국 제품들을 수입할 구매력이 거의 없었지만, 해외 기업들은 언젠가 중국의 어마어마한 인구가 엄청난 규모의 국내 수요로 이어질 것이라는 희망에서 중국에 투자할 충분한 동기를 얻고 있었다. 게다가 중국은 달러에 대한 자국 환율을 아주 낮게 유지하여 중국 제품이 미국 구매자들에게는 저렴하게 되는 한편 수입품들은 중국 소비자들에게 비싸지도록 만들었다.

그 결과는 수출 붐으로 나타났지만 그에 상응하는 수입의 확장은 벌어지지 않았으며, 결국 이 두 나라 사이의 무역 불균형은 급속하게 불어났다. 중국에 대한 유럽의 적자 또한 비록 속도는 느렸지만 비슷한 방식으로 불어났다. 1990년경 중국에 대한 미국의 무역 적자는 110억 달러 정도였다. 하지만 2007년이 되면 그 수치가 2천5백6십억 달러로 불어난다.

중국 정부는 그렇게 벌어들인 달러 —— 외환 준비금 —— 로 미국 재무부 채권을 사들였다. 이 채권은 수익률은 그다지 높지 않았지만 가장 안전한 금융 상품이었다. 그리고 그 구매량은 매년 무역 불균형이 커짐에 따라 함께 불어났다. 미국은 이러한 메커니즘에 만족하였으니, 정부가 적자 예산을 편성해도 그것을 융통할 원천이 생기기 때문이었다. 중국은 미국 적자의 자금 원천으로 단일 국가로서는 최대가 되었다. 중국이 보유한 미국 재무부 증권 보유액은 2000년의 5백9십억 달러에서 2010년이 되면 1조 달러 이상으로 늘어난다.

"거시 경제 불균형"이라고 불리는 이 상황에 대해 경제학자들과 정책 입안자들 사이에는 미국에 좋지 못한 것이라는 걱정이 있다. 혹시 중국이 급작스럽게 미국 국채를 매각하기라도 한다면 미국은 국채 매수자를 끌어들이기 위해 이자율을 올리게 될 것이며 이는 기업들의 설비 투자의 욕망을 감소시켜서 국내의 경제 상황을 악화시킬 것이라는 것이다. 하지만 중국은 자국의 환가치를 인상하여 수출 경쟁력을 감소시키는 일은 하려 들지 않았다. 2007~2009년의 경제 위기를 거치고 난 뒤에도 이러한 상황의 "재균형"은 일어나지 않았다.

불균등 발전의 문제

지구화라는 이름과는 반대로 세계의 모든 이들이 지구화 과정에 포용된 것은 아니었다. 경제생활의 지구화가 진행된 지난 20년간은 여러 나라의 내부에서 또 그 나라들 사이에서 불평등이 증가한 기간이기도 했다. 오늘날 세계의 대부분의 사람들은 힘겨운 노동 조건과 지독하게 적은 임금만 받고 등이 휘도록 일하고 있다. 그림 11-2를 보면 부자 나라의 소득 수준에서 보면 정말 돈 같지도 않은 돈으로 살아가는 사람들이 얼마나 많은지를 한눈에 알 수 있다. 소득이 높은 나라에서는 연간 1인당 평균 소득이 2만 5천 달러에 가깝지만, 세계 인구의 나머지 6분의 5는 소득이 그 3분의 1밖에 되지 않는다. 세계 인구의 3분의 2는 연소득이 5천 달러 미만이다. 세계은행에 따르면, 2001년에 전 세계 인구의 절반 이상이 하루에 2달러가 되지 않는 돈으로 살아가고 있으며 21퍼센트는 하루 소득이 1달러도 되지 않는다고 한다. 이는 세계적으로 30억의 사람들이 하루에 2달러 이하의 소득으로 살고 있다는 것을 뜻한다. 2005년 현재 사하라 사막 이남의 아프리카와 남아시아에서는 인구의 40~50퍼센트가 하루에 1.25달러 이하의 소득으로 살고 있다.[8]

어떻게 21세기에 이런 일이 있을 수 있을까? 어떤 나라들은 아주 높은 생활 수준을 누리고 있는 반면, 다른 나라들은 절망적인 빈곤의

438

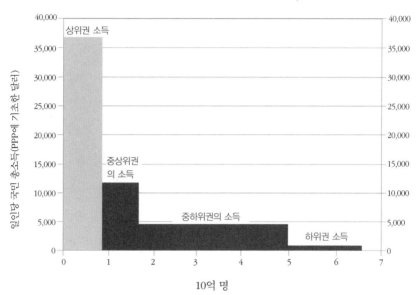

그림 11-2 전 세계의 1인당 국민 총소득(GNI), 2004년

상위권 소득

중상위권
의 소득

중하위권의 소득

하위권 소득

10억 명

(세로축) 일인당 국민 총소득(PPP에 기초한 달러)

PPP란 구매력 평가purchasing power parity를 말하며, 이는 여러 나라의 생계비를 비교하여
조정한 수치이다.
출처: World Bank, *World Development Report*, 2006.

늪에서 허덕이고 있다. 어떤 이들은 평균 수명 75년의 삶을 즐기고 있
는 반면, 어떤 이들의 평균 수명은 55세밖에 되지 않는다. 어떤 나라
에서는 고숙련 노동자들이 떼로 존재하는 반면, 다른 나라에서는 아
무 직업 훈련도 없고 심지어 글조차 못 읽는 군중들만 우글거리고 있
다. 이런 상황은 도대체 어떻게 설명할 수 있는가?

이는 대단히 중요한 질문이다. 그 첫 번째 대답은 아주 자명하다.
세계의 자원이 불균등하게 배분되어 있기 때문이다. 어떤 나라 주민
들은 글자 그대로 태어날 때부터 부자이며 다른 나라 사람들은 태어
날 때부터 가난하다. 어째서 남극과 사하라 사막에 공장이 없느냐라

는 질문을 복잡하게 생각하는 사람은 아무도 없다. 그런데 따지고 보면 이러한 지리적 차이로 모든 것을 설명할 수는 없다. 완전히 영하는 아니지만 아주 추운 나라인 아이슬란드에만 가도 공장들이 많고, 사하라 사막까지는 아니어도 상당히 땅이 척박한 멕시코의 여러 지역에서도 아주 바쁘게 돌아가는 경제가 있다. 그리고 얼마 전까지만 해도 희망이 없다고 여겨지던 중국의 많은 지역들은 말할 것도 없다.

그렇다면 이러한 불균등한 지리적 자원 배분으로 인한 불평등이라는 조건도 개선될 여지가 있는 게 아닐까? 또 반대로 더 나빠질 수도 있는 게 아닐까? 이 장에서 우리는 부와 빈곤이 전 세계에 불균등하게 배분되어 있음을 볼 것이며, 여기에서 몇몇 나라들은 절망적인 경제 침체에 내맡겨졌던 반면 다른 몇몇 나라들은 어떤 방법으로 자신들의 경제적 조건을 개선해나갔는지를 따져 볼 것이다. 사실 경제 전체를 지구적 차원에서 향상시킬 수 있는 공식 따위는 분명히 없지만, 최소한 내다볼 수 있는 가까운 미래에서 우리가 할 수 있는 것이 무엇인지는 좀 더 명확하게 이해할 수 있을 것이다.

식민주의와 그 유산

우선 시야를 과거로 돌려보아야 한다. 여러 세기에 걸쳐 누적된 해묵은 장애들을 극복할 능력에 따라 진보가 좌우되는 것인지를 살필 필요가 있기 때문이다. 현재의 빈곤의 뿌리가 억압과 방기의 역사에 있음이 분명한 지역들은 세계 어디에나 있다. 이는 특히 사하라 남쪽의 아프리카와 남아시아에 해당하는 것으로, 이 나라들은 빈곤, 끔찍한 조건의 의료 보건, 문맹 등의 우울한 모습들을 골고루 보여준다. 이 나라들은 서구 열강의 식민지 감독에 오래도록 종속되었다가 해방된 나라들이다. 예를 들어 영국은 인도를, 프랑스와 벨기에는 중앙아프리카의 여러 나라들을 식민지로 지배했었다.

이렇게 과거를 잠깐만 반추해보면 이들이 해방된 이후 어떤 가능성을 열망하는지도 쉽게 짐작할 수 있다. 그것은 바로 정치적 행동을 통하여 과거를 청산해버리고 스스로의 길을 가는 것이다. 이것이야말로 인도 같은 나라가 상당히 성공적으로 수행했던 바였다. 우간다와 같은 중앙아프리카 나라들도 이를 이루기 위해 애쓰고 있지만, 인도보다 훨씬 더 큰 어려움을 겪고 있다. 이 나라들은 초기에는 그전보다 더 나쁜 상태로 후퇴하였으며, 심지어 오늘날까지도 경제의 건강한 발전에 필요한 사회적, 교육적 경제적 변화를 얻지 못하고 있다. 결국 다음의 사실은 분명한 것으로 보인다. 우선 경제적 변화가 지속적으로 벌어지기 위해서는 사회 정치적으로 여러 변화가 반드시 필요하다. 노동자들을 배출하기 위해서는 그들에게 글을 읽을 정도의 교육은 반드시 필요하다. 여성들도 다양한 직업을 가질 수 있어야만 한다. 노동자들이 투표권을 가지고 있어야 한다.

이러한 변화를 얻어내는 것은 결코 간단한 일이 아니다. 한반도의 경우를 보자. 수십 년 전 이곳은 빈곤과 정체의 늪에 빠져 있는 나라였다. 그리고 일본 제국주의 통치 기간이 끝나자마자 험난한 국제적 정치 갈등의 시대로 다시 빠져들어야만 했다. 1950년 미국이 지지하는 남한과 러시아 및 중국이 지지하는 북한이 전쟁을 벌이게 된다. 이 전쟁은 1953년에 끝났지만, 1961년에는 또 다시 남한에서 군사 쿠데타가 벌어진다. 그를 통해 들어선 정부는 억압적이었지만, 생산을 근대화시킨다면 경제적 이익뿐만 아니라 정치적 이익도 거둘 수 있다는 점을 이해하고 있었다. 이 정부는 산업 부흥을 위하여 금융 자금을 지원했지만 무조건적인 것은 아니었고, 생산성이 개선되거나 일정한 수출 목표를 달성한다는 조건을 붙였고 또 이를 관철시켰다. 이리하여 남한 정부는 낮은 금리의 자금 대부와 여타 보조금들을 통해 경제 근대화를 정치적 강화로 연결시키는 산업 정책을 시행할 수 있었다.

그 결과는 아주 극적인 것이었다. 불과 25년 만에 남한은 철강, 컴퓨터 심지어 자동차까지 수출할 만큼 산업적 기반을 충분히 넓힐 수 있었다. 임금 수준 또한 상승했으며, 평균적인 교육 수준 또한 높아졌다.

이렇게 정치 변화는 어떤 나라의 경제 변화의 방향을 돌려세울 수 있는 상당히 효과적인 수단의 하나이다. 하지만 잊어서는 안 될 사실도 있다. 독재는 그 나라의 정치 지도자들이 사치스런 삶을 유지하는 데에 그 나라 자원을 사용하면서 그 나라의 천연자원을 벗겨 먹고 그 시민들의 기본적 자유를 빼앗아가는 효과적인 장치이기도 하다는 사실이다.

물론 이러한 몇 가지 사례들만 가지고서 우리 시대의 지구적 후진성이라는 광대한 문제의 해결책이라고 내놓을 수는 없다. 하지만 이런 정도만으로도 두 가지 정도의 일반화가 가능하다. 첫째, 어떤 나라가 심각한 빈곤을 털어내기 위해서는 현명한 정치적 감독이 필수 조건이다. 둘째, 산업화에는 정해진 경로가 있어서 가난한 나라들이 발전하려면 그 경로를 따라가지 않을 수 없다는 것도 거의 확실한 것으로 보인다. 옛날에 일본이 이미 여기에 성공하였고, 한국, 멕시코 등의 나라들 또한 그것이 가능하다는 것을 입증하였다. 일본에서보다 먼저 서유럽과 북미 대륙에서는 이미 18세기와 19세기에 걸쳐 산업화의 고전적인 시기를 통과한 바 있었다.

산업화는 노동 생산성을 올리기 위한 가장 확실한 경로이므로 경제발전의 열쇠가 된다. 노동 생산성이란 어떤 경제의 노동 인구가 평균적으로 어느 만큼의 재화와 서비스를 생산할 수 있는가를 재는 척도이다. 물론 부존자원이 많다면 실질적 부를 얻을 수 있게 된다. 남아프리카공화국의 황금이나 쿠웨이트의 석유를 생각해보라. 하지만 산업화를 이루지 못한다면, 이러한 부의 축적도 자원이 고갈되는 순간 끝나고 말 것이다.

초기 산업화와 후기 산업화의 대비

그렇다면 오늘날의 산업화 과정은 18세기와 19세기의 산업화와 동일한 것일까? 대답은 그렇기도 하며 그렇지 않기도 하다는 것이다. 두 시대 모두 산업화를 시작하는 나라들에서 산업화 과정을 발생시킬 최초의 핵심 산업은 몇 개에 불과했으며 어떤 때는 단 하나뿐인 때도 있었다. 18세기의 영국과 마찬가지로 일본이나 남한이나 모두 산업화 과정의 출발점은 섬유 산업이었다. 그리고 두 시대 모두 제조업 전반의 노동 및 경영 기법, 마케팅, 기계 건설의 발달은 모두 이 핵심 산업에서 이루어졌다. 여기에서 이러한 기법과 기술이 일단 발전하게 되면 그 기법과 기술은 다른 산업들을 탄생시키는 데에 활용되었다.

최근의 산업화의 물결이 19세기의 전례와 비슷한 두 번째 측면이 있다. 그것은 정부가 수행한 역할로서, 이 두 경우 모두 대외 무역에 관한 한 정부가 의식적으로 개입주의의 입장을 견지했다. 최근의 산업화 물결에서도 정부가 스스로 산업화 과정에서 전략적으로 중요하다고 본 산업들과 기업들을 보호하고 또 보조금을 지급하였다. 일례로 일본의 통산성Ministry of International Trade and Industry(MITI)은 경쟁 전략을 날카롭게 찾아내는 감각과 일본 기업들의 숙련과 생산성을 향상시키는 놀라운 효과로 1980년대에 유명해진 바 있다.

하지만 최소한 한 가지 점에서 오늘날의 산업화 과정은 200년 전 유럽 및 북미의 산업화 과정과 차이가 있다. 4장에서 보았듯이, 산업화의 첫 번째 국면은 발명과 혁신으로 추동되었다. 기계류, 증기 기관, 대량 생산 기술 등으로 생산에 혁명이 일어났던 바 있다. 그런데 후기 산업화 시대는 혁신보다는 모방으로 특징지워진다. 그 기초가 된 것은 새로운 기계나 재화의 발명이라기보다는 선진국 기술을 따라잡는 능력과 세계의 지배적 생산자들과 틈새시장에서 경쟁을 벌이는 능력이었다.

아프리카는 경제 개발이 불가능한가?

많은 아프리카 나라들은 저발전의 악순환 속에 갇혀 있다. 어떤 나라들은 천연자원이 없어서 그것을 팔아 산업화 초기에 필요한 자금을 구할 수가 없다. 이런 나라들은 제대로 된 교육 체제나 보건 의료를 갖출 수가 없고 또 스스로의 산업 부문들을 발전시킬 수도 없다. 사하라 사막 이남의 나라들은 생산성이 낮을 뿐만 아니라 주요 세계 시장과 상당한 거리가 있기에 외국 투자를 끌어올 수도 없었다. 그리고 풍부한 천연자원(예를 들어 나이지리아, 콩고, 우간다)이나 아주 비옥한 땅

(짐바브웨, 코트디부아르, 가나)을 가진 나라들의 경우에는 폭압적이고 타락한 정권이 지배하고 있어서 산업 부문 발전에 써야 할 천연자원을 마구 엉뚱한 데에 써버리고 있다.

사하라 사막 남쪽의 아프리카 지역 대부분은 두 번째 산업화의 물결에서 뒤쳐졌다. 따라서 독자들은 이렇게 물을 수 있다. "아프리카는 다른 지역과 본질적으로 다른 게 아닐까?" 즉, 아프리카의 나라들은 저발전이라는 악순환의 고리를 깨고 나올 능력이 없는 게 아닐까? 아프리카를 연구한 대부분의 학자들은 이 질문에 대해 "아니오."라고 대답할 것이다. 비록 많은 아프리카 나라들에서 식민주의의 유산이 비교적 큰 장애가 되고 있으며 몇몇 독재자들(우간다의 이디 아민Idi Amin과 자이레의 모부투Mobutu가 확실한 예가 될 것이다.)이 상상조차 못할 엄청난 양의 국부를 낭비해버렸지만, 아프리카에도 다른 지역들과 마찬가지의 발전 전망이 있다고 말할 이유가 충분히 존재한다. 일단 이 나라들이 도로, 원격 통신, 학교, 의료 등과 같은 최소한의 기간 시설을 갖추고 거기에 기초하여 산업 발전에 착수하게 된다면, 이 과정에서 계속 민주적인 정치 변혁을 요구할 지속적인 동력이 생겨나게 될 터이며 따라서 이 나라들의 발전 경로 또한 다른 성공적인 신규 산업 국가들의 경로와 비슷하게 될 것이라고 충분히 생각할 수 있는 것이다. 지금 현재에도 희망이 엿보이는 변화의 조짐이 있다. 우간다는 이디 아민 시대에서 빠르게 벗어나 더 확대된 민주주의와 신속한 경제성장의 시대로 들어서고 있다. 마우리티우스와 보츠와나는 광업에서 상당한 부를 얻었는데 이를 교육에 성공적으로 투자했을 뿐만 아니라 수많은 다른 산업에도 투자하여 국제적인 성공을 거두었고 결국 지속적인 경제 성장을 일구어낼 수 있었다.[9] 남아프리카공화국은 해묵은 백인 통치 정부 형태 —— 아파르트헤이트apartheid라고 불렸다. —— 를 종식시킨 후 주택, 전기, 상수도, 통신 등에서 굉장한 성장을 보였다. 하지만 그래도 성공 사례는 아주 드물다. 그래서 사하라 남쪽 지역의 아프리카에서 생활 수준의 개선과 산업화를 향한 실질적인 진보가 벌어지는 것은 아직 먼 미래의 일임이 분명한 듯하다.

경제 발전의 정치학

이렇게 문제를 아주 슬쩍만 훑어보아도 경제 발전이 경제만큼이나 정치에 결정적으로 달려 있다는 것은 명백하다. 각국 정부는 경제 활동의 자발성을 자극하는 것뿐만 아니라 정치적 안정을 가져오는 방법을 통해서 경제 발전을 살찌운다. 경제 발전의 마인드를 가진 정부라면 경제적 동기 부여를 제공하는 것에 그치지 않고 간접 자본을 건설하고 교육 체제를 개선하는 일들에 직접 뛰어듦으로써 산업화를 촉진할 수 있다. 하지만 정부가 타락했다면 국내의 부를 빨대로 빨아내어 정부 공직자들의 개인적 이득을 위해 국외로 유출시킬 것이다. 이렇게 되면 산업화 과정은 반드시 정체를 맞게 되고 심지어 역행해버릴 수도 있다. 게다가 기근과 같은 문제에는 정치적 성격도 있다. 노벨상 수상자인 아마르티아 센Amartya Sen의 연구는 민주주의 국가는 단 한 번의 기근도 겪은 적이 없다는 놀랄 만한 사실을 밝혀냈다.[10] 지난 몇 년간 우리는 또한 정치적 불안정성이 민족 간 혹은 종교 간 갈등과 연결되어 있다는 사실을 상기하게 되었다. 이렇게 경제 발전의 전망은 정치뿐만 아니라 문화와도 연결되어 있는 것이다.

국제기구들의 역할

지금까지 우리는 저발전의 문제들에 대해 국내적 차원에서의 해법들을 살펴보았다. 하지만 국제적 차원의 통로들도 중요하다. 여러 국제기구가 일국 차원의 개발 노력과 긴밀히 결합하여 역할을 한다. IMF와 세계은행은 2차 대전에서 승리한 연합국들 사이에서 체결된 1944년 브레턴우즈 협정의 일부로서 생겨났었다. 그 이후로 이들은 경제 발전 과정을 형성하는 핵심적인 국제 제도가 되었다.

IMF는 외채를 갚기 위해 단기 대부가 필요한 나라들에게 자금을 융통해주기 위해 설립되었다. 세계은행은 전쟁으로 갈기갈기 찢어진 유럽에 주요한 기간 시설 재건 계획을 지원하기 위해 장기 대부를 제공하기로 되어 있었다. 이러한 제도들은 유럽 재건을 돕는 데에 많은 점에서 성공을 거둔 것이 사실이다. 유럽은 이 과정에서 세계에서 가장 높은 소득 수준에 근접하게 되었고, 좀 더 최근에 들어서는 강력한 경제적 통화적 동맹체를 건설하였다.

유럽 재건의 과제가 대충 완성되자 IMF와 세계은행은 저개발 국가들의 금융 및 경제 문제들을 새로운 과제로 맡게 되었다. IMF의 임무는 일시적으로 외채를 갚을 수 없게 된 나라들에 단기 대출을 해주는 것이었다. 세계은행은 대부분의 자원을 계속 개발 프로젝트에 돌렸지만, 이 또한 과도하게 외채가 쌓인 나라들에게 도움을 제공하였다.

이 두 기구가 이 새로운 과제에 도전한 지 40년이 지났다. 하지만 그 40년의 경험을 돌이켜볼 때, 처음의 유럽 재건이라는 과제에 비해 이 새로운 과제에서 두 기구가 거둔 성공이 훨씬 뒤떨어진다고 말하는 것이 정당할 것이다. 물론 여기에서 만나게 되는 장애물이 더 크고 많았다는 것은 당연하다. 유럽 나라들은 숙련된 노동 인구를 가지고 있는 데에다가 전쟁 뒤에도 상당한 양의 기간 시설이 무사히 남아 있었다. 하지만 개발도상국들은 많은 경우 완전히 맨땅에서 새로 시작해야만 했다. 게다가 옛날에는 국제 고정 환율제가 시행되고 있었지만 이제는 변동 환율제로 바뀌었고, 이 때문에 그 어떤 규제 당국도 감히 거스를 수 없는 거대하고도 해로운 통화 이동이 가능해진 상태였다.

1994년, IMF와 세계은행에 이어 세 번째 국제기구가 나타났으니, 이번에는 대외 무역을 규제하기 위한 것이었다. WTO(세계무역기구)가 확립되어 국제 무역을 규제하는 가장 중요한 다자간 조약 즉 관세와 무역에 관한 일반 협정(GATT)을 관리하게 되었다. 오랜 기간에 걸친 협상 끝에 이 협정에 141개국이 조인하게 되었다. 이 협정은 의류, 섬유, 농산물을 포함한 대부분의 재화에 대한 조세를 낮출 것과 지금까지 규제된 적이 없는 종류의 무역, 예를 들어 서비스나 지적 재산권(음악, 영화, 그 밖에 특허권 보호를 받을 만한 다른 것들) 같은 유형의 무역에 대해서 규제를 가할 것을 요구하는 협정이다. 그런데 WTO는 그 전임자인 GATT와는 달리 회원국들이 서로에 대해 불만을 품을 경우 제소할 수 있도록 하였고, 그 제소 내용이 일리 있다고 생각하면 다른 쪽 나라에 일정한 벌금을 부과할 능력을 보유한다.

자유 무역의 추구가 개발도상국의 이익에도 복무해야 한다는 점을 인정하여, WTO의 회원국들은 1997년 도하Doha에서 무역 협상의 "발전 라운드"를 공표하였다. 하지만 이 협상은 난관에 처했다. 부유한 나라들의 농산물 시장을 개방하는 데 실패한 데에다 개발도상국 단체가 이에 저항하였기 때문이다. 미국과 유럽연합 양쪽 모두 여러 다양한 농산물의 수입에 대해서는 강력한 보호 장치들을 가지고 있으며 또 이 보호 장치들을 지지하는 여러 세력들이 강력한 로비를 계속하고 있다.

신자유주의: 기회와 도전

이렇게 IMF, 세계은행, WTO가 장려하는 "시장 친화적" 경제 개발 접근법 ── 종종 신자유주의라고 불린다. ── 은 여러 나라에게 엄청난 기회를 열어주기도 했다. 파키스탄은 의류 생산과 수출에 성공하여 소득과 일자리를 창출하였고, 이것이 기초가 되어 산업 다각화 프로그램이 이루어지기도 했다. 중국은 매년 수십억 달러의 외국 투자를 끌어올 능력이 있으며, 그 능력은 새로운 기술, 새로운 경영 방식, 대외 시장과의 더욱 강력한 연계 등을 가져올 것이다. 헝가리는 비교적 숙련도가 높은 노동력을 가지고 있으며 부유한 서유럽 시장과 거리도 가깝기에 다양한 중간 수준 기술의 제품들을 생산하는 데에 경쟁력을 가지게 되었다.

하지만 신자유주의적 정책들은 또 실질 임금을 낮추고, 금융 위기에 대한 나라 전체의 취약성을 증대시키며, 이러한 경제적 취약성 증대로 인해 사회적 긴장 또한 증가시키며, 게다가 사회 안전망 또한 축소시키는 등 심각한 부작용을 안고 있다는 것도 밝혀졌다. 국제적 자본 시장에 대한 규제를 풀어버렸기 때문에 금융 불안정성이 나타났으며, 이는 1980년대와 1990년대의 신자유주의 정책들에 대한 광범위한 문제 제기로 이어졌다. 멕시코는 1994년에 투자자들이 무더기로 그 나라를 떠나자 멕시코 페소의 가치가 하락하여 경제 전체가 오래도록 침체로 떨어지는 위기를 겪은 바 있다. 1997년 동아시아에서도 비슷한 금융 위기가 벌어졌고, 이는 태국에서 시작되어 곧 한국, 아시아 전체, 러시아, 우루과이 등등으로 확산되었다. 브라질과 아르헨티나는 자본 이동에 대한 제한 조치를 취함으로써 가까스로 붕괴를 면할 수 있었지만, 그 조치들로 인해 경제의 침체를 겪게 되었다.[11] IMF와 세계은행이 이러한 위기들을 피할 수 없었기에 수많은 나라 정부들과 경제학자들이 오늘날에도 세계은행과 IMF를 대폭 개혁할 것을 요구하고 있다. 다양한 제안들이 논쟁 중이지만, 그 대부분은 은행들과 여타 금융 기관들을 규제하여 이들이 붕괴할 위험을 줄이고 또 이들이 대규모의 단기 국제 자본 이동에 뛰어드는 것을 줄이자는 데에는 목소리를 함께하고 있다.[12]

미래의 여러 전망들

어째서 어떤 나라들은 여전히 가난한 것일까? 물론 그 대답은 나라마다 다르다. 어떤 나라들은 부패한 데에다가 경제 발전에 해를 끼치는 정부 때문에 몸살을 앓고 있다. 어떤 나라들은 교육, 보건, 기반 시설 등에 투자할 자원이 너무나 부족한 상태여서 낮은 생산성, 빈곤, 느린 경제 성장의 악순환 고리에 갇혀 있으며, 설령 좋은 의도를 가진 정부가 들어선다고 해도 이 고리를 깰 수가 없는 상태이다. 이렇게 가지가지의 악재들이 존재하는 데에다가 또 지구 경제의 여러 압력이라는 요소까지 넣어야 한다. 앞에서 보았듯이, 세계 시장의 개방성이 증가하게 되면 많은 나라들에게 더 많은 기회도 생겨나지만 더 많은 장애물과 함정 또한 생겨나게 된다. 특히 사하라 사막 이남의 아프리카 나라들의 경우에는 아예 이러한 지구화 과정에서 완전히 배제되어 해외 자본을 끌어올 수도 없으며 또 효율성이 떨어져서 세계 시장의 저숙련 틈새시장에서조차도 경쟁할 수가 없다. 그리고 방글라데시나 아이티처럼 지구적 생산 과정에 참여하고 있는 나라들도 있지만, 이런 나라들 또한 저숙련 저임금 생산의 역할에 고착되어버려서 좀 더 숙련도가 높은 부문으로 이동할 기회를 거의 가질 수 없게 되어 있다. 또 여기에다가 수많은 나라들이 특정한 재화들 —— 예를 들어 강철 —— 을 생산할 기술과 역량을 얻게 됨에 따라 공급량만 늘어나고 이를 흡수할 충분한 수요를 찾을 수 없게 되었다는 문제도 있다.

하지만 이러한 장애물에도 불구하고, 경제 발전을 지속시키는 데에 필요한 소득, 기술, 교육, 보건 의료의 수준을 천천히 끌어올린 나라들도 많다. 물론 그러한 것들이 정치적 민주화와 함께하는 경우도 종종 있지만, 또한 상당한 정도로 국가의 경제 개입을 필요로 하는 것이었다. 시장 경쟁과 개방성을 늘려서 얻게 되는 이득을 잘 챙길 능력 또한 중요했다. 이는 세심한 주의가 필요한 길이지만, 한국, 멕시코, 헝가리, 도미니카공화국, 우간다 등 아주 다양한 나라들이 저마다 성공을 거둔 길이기도 하다.

완전히 통합된 지구적 시장이라는 개념은 무언가 조화롭고 건강한 경제 경쟁 환경이라는 이미지를 떠오르게 만든다. 하지만 현실로 와보면 지구화는 잘 발달된 나라들("북쪽")과 개발도상국들("남쪽") 사이의 긴장이 높아가는 영역들을 일정하게 창출하기도 했다. 이러한 긴장의 많은 부분은 대외 무역이 고용에 가져오는 충격 때문에 생겨났다. 선진국들이 개발도상국에서 저임금 노동으로 만들어진 물건들을 자국 시장에 들여오기 위해 시장을 개방하자, 선진국의 더 높은 보수를 받던 노동자들은 일자리를 잃게 되었다. 예를 들어 미국의 섬유 및 의복 회사들과 섬유 노조는 파키스탄이나 중국과 같은 저임금 개발도상국들에게 무역을 개방하게 되면 자국 내의 산업이 파괴될 것이고 그에 따라 일자리도 없어지게 될 것이라고 불평한다. 그리고 인도, 파키스탄, 태국 등과 같은 개발도상국 정부들은 되레 선진국들이 자국 시장을 보호하려 드는 바람에 발전의 전망이 가로막히고 있다고 불평한다.

양쪽 다 옳다. 그리고 이러한 긴장을 앞으로 어떻게 해결할 것인가가 미래의 경제적 사회 형성에 있어서 중요한 요인이 될 것이다. 한 가지는 분명하다. 지금이 만약 경제가 크게 성장하고 있는 상태라면 수입이 증가했을 때 고용이 줄어든다든가 하는 따위에는 아무도 신경조차 쓰지 않았을 것이라는 점이다. 하지만 황금시대가 끝난 이후로 세계 경제의 성장률이 크게 둔화되었기 때문에 시장 자유화로 창출되는 긴장은 더 아프고 고통스럽게 받아들여질 수밖에 없다. 만약 세계 여러 나라들이 경제 성장의 수준을 옛날 황금시대 수준으로 되돌릴 방법을 찾지 못한다면, 지구화는 계속해서 사회적 긴장을 낳을 것이며, 사람들은 이 긴장을 해소할 다른 방도를 찾지 않을 수 없을 것이다. 이는 간단하게 답할 수 있는 문제는 아니지만, 이 책의 마지막 장에서 세계 자본주의가 직면하고 있는 도전들을 논하는 가운데에서 어떠한 가능성들이 있을지를 가늠해보도록 할 것이다. 하지만 먼저 우리는 경제사의 최근 국면에서 벌어졌던 아주 극적이고도 당혹스러운 사건을 직시해야 한다. 바로 2008~2009년의 "대침체Great Recession"이다.

브레턴우즈 체제의 몰락	1. 미국 달러를 기축 통화로 삼았던 브레턴우즈 체제가 몰락한 것은 미국 패권이 종말을 고하고 지구화라는 새로운 시대가 시작되었다는 신호였다.
상호 연결된 시장들	2. 지구화는 재화의 모습을 띠는 자본이나 돈의 모습을 띠는 자본이나 모두 이동성이 증대되는 새로운 시대를 열었다. 국제적인 경제 활동도 전례 없이 증가했다.
초국적 기업들	3. 초국적 기업들은 오늘날 모든 선진국 경제에 있어서 중심적인 중요성을 차지하고 있다.
금융의 흐름	4. 외국 화폐의 매매는 주요한 활동의 하나가 되었고, 매일 거래되는 금액은 1조 3천억 원으로서 전 세계 연간 재화 무역액을 넘는다.
기술과 조직	5. 지구화의 배후에는 경영 기술의 개선뿐만 아니라 교통 통신의 기술 개선도 있다. 포드 회사의 "월드카"는 새로운 패턴을 여는 사건이었다.
일국 경제에 주는 충격	6. 지구화로 인해 외환 시장에서의 투기가 심해짐에 따라 일국 경제는 압력을 받지 않을 수 없다. 멕시코 사태가 그 예였다. 지구화는 또한 경쟁의 압력을 더욱 격화시킨다.
지구화는 불평등을 증대시킨다	7. 지구화는 임금에는 하락 압력을 가져왔고 이윤은 아주 크게 만들었다. 이는 불평등 증대 현상의 한 원인이다. 지구화로 인해 한 나라가 국제적 흐름을 거스를 수 없게 만드는 압력이 생겨났고, 이로 인해 공공 부문의 위치와 위신 또한 더욱 실추되었다.
지구화의 여러	8. 지구화가 어느 만큼 더 나아갈지 지금으로서는 알 수

한계	없지만, 산업 발전이 이미 이루어진 세계 밖으로 확장되지 않을 듯한 징조가 보인다. 지구화 과정의 달갑지 않은 특징들 일부를 막아줄 보호막을 얻을 수도 있다.
불균등 발전	9. 역사적으로 볼 때 세계 경제는 지역과 나라에 따라서 발전 속도가 아주 상이하였고, 그 결과 오늘날은 전 세계 인구의 20퍼센트가 채 되지 않는 고소득 선진국들과 세계 인구 대부분이 살고 있는 개발도상국 사이의 격차가 엄청나게 벌어진 상태이다.
후기 산업화	10. 1960년대 이래 동아시아에서 산업화의 물결이 일본에서 시작되어 그다음으로는 한국, 대만, 홍콩 등으로 퍼져나갔다. 하지만 이 나라들의 경험은 18세기와 19세기 유럽의 산업화와는 몇 가지 점에서 차이가 있었다. 최초의 산업 혁명의 경우에는 이를 촉발시킨 거대한 혁신들이 있었지만, 후기 산업화는 혁신보다는 기존의 기술과 제품들을 모방하는 것에 더욱 크게 의존했던 것이다.
발전 국가	11. 경제 발전에는 정치적 요인들이 중요한 요소로 작용한다. 예를 들어 발전 국가들은 국내 산업과 인적 자본과 간접 자본에 공공 투자를 촉진시킨다. 반면 소수의 정치 엘리트들의 이익을 위해 온 나라의 부를 전유해버리는 약탈 국가들predatory states도 있다. 많은 국가들은 완전히 발전 국가이거나 완전히 약탈 국가이기보다는 그 두 극단 사이 어딘가에 위치한다고 볼 수 있다.
브레턴우즈 제도	12. IMF와 세계은행은 1944년의 브레턴우즈 회의에서 창설되었으며 오늘날에는 경제 개발 문제에서 가장 중요한 두 개의 국제기구이다. IMF의 역할은 국제 수지에

서 위기를 맞은 나라들을 돕기 위해 단기 대출을 제공하는 것이다. 세계은행은 대규모 발전 계획들을 위한 대부를 제공한다. WTO(세계무역기구)는 세계 무역과 관련된 여러 규제를 관리하기 위하여 1994년에 창설되었다.

13. 이 세 국제기구 즉 IMF, 세계은행, WTO는 모두 규제 완화를 촉진하고 국제 무역과 금융에서 시장 자유화를 촉진하는 경향을 갖는다. 이러한 정책적 입장에다 재정적 엄격성을 지지하는 입장이 결합된 것을 신자유주의의 특징이라고 한다. 이러한 신자유주의적 정책이 과연 거시 경제적 위기에 빠진 나라들을 구출하여 신속한 경제 발전의 경로로 들어서도록 도움이 되었는가는 경험상으로 볼 때 전혀 간단하지 않다. 그 결과 신자유주의 정책은 논란에 휩싸여왔다. 이러한 국제기구들의 연례 회의마다 항의 집회가 열리고 있는데, 이 집회의 항의자들은 신자유주의가 초래하는 사회적 비용들(노동자들에게 또 환경에 전가되는 각종 비용들)에 초점을 둔다.

질문들

1. 변동 환율제 아래에서의 국제 무역의 위험을 "고정" 환율제를 시행하여 제거할 수 있게 되는 경로가 무엇인가? 예를 들어 미국 화폐 5달러가 영국 화폐 1파운드로 교환 비율을 고정해놓으면 달러와 파운드의 시장에서의 가치가 수요와 공급에 따라 아래위로 변동한다고 해도 무역 위험을 제거할 수 있을까? 어떻게?

2. 지구화라는 말을 한 번도 들어보지 못했다고 해도 광고나 가게에 갈 때마다 지구화가 계속 증가하고 있음을 눈치챌 수 있는가? 예를 들어 자동차, 식료품, 의복 등으로 예를 들어볼 수 있는가?

3. 외환 시장에서 외환을 사고파는 이들이 일치단결하여 행동할 경우 온 나라의 경제가 위협을 받게 되는 과정을 설명할 수 있는가? 만약 당신이 멕시코에서 스포츠 의류를 만들어서 유럽에 수출하는 사업가인데 미국에서 지퍼를 수입해야 한다고 해보자. 이 경우 페소의 가치가 무너지게 되면 사업이 아주 힘들어지거나 심지어 불가능해질 수도 있다는 것을 설명할 수 있겠는가?

4. 1차 세계 대전 이전의 금 본위제에서는 모든 주요 국가들이 자신들 통화의 가치를 금과의 교환 비율로서 공표한 바 있었다. 이러한 종류의 안정된 환율 체제를 오늘날 다시 확립하려고 한다면 어떤 장애물들이 있겠는가? 당시 세계 무역의 패권국이던 영국이 어째서 1차 대전 이후에 그 지위를 잃게 되었는지를 설명할 수 있겠는가?

5. 가난한 나라들의 경제 발전을 촉진하는 것이 소득이 높은 국가들에게도 이익이 되는가? 어째서인가?

6. 사하라 사막 이남의 아프리카 나라들 대부분이 경제 실적이 좋지 않은 이유는 무엇인가?

7. 멕시코의 미국 접경 지역에는 공단 지역들이 있고(주로 외국인들 소유) 이들은 마킬라도라maquiladora라고 불린다. 지난 10년간 이 마킬라도라 지역이 확장된 이유는 무엇이라고 생각하는가? 마킬라도라는 멕시코의 경제 발전에 있어서 긍정적인 요인이라고 생각하는가?

8. 산업 발전을 이루려고 한다면 정부는 관세와 규제 등으로 자국

산업을 보호해야 할까? 아니면 해외 경쟁에 노출시켜야 할까?

9. 가장 경제 개발이 뒤진 나라들의 대외 부채를 줄여주자는 운동이 현재 전 세계적으로 벌어지고 있다. 이런 나라들의 부채를 줄여주면 어떠한 경제적 혜택이 생겨나는지 논의해보라.

10. 1950년대 사이먼 쿠즈넷Simon Kuznet이라는 경제학자는 소득 분배와 경제 발전에 대하여 유명한 가설을 제시하였다. 개발도상국들이 경제 성장을 이루게 되면 처음에는 불평등의 증대를 반드시 겪게 된다는 것이다. 쿠즈넷의 주장에 따르면 불평등의 감소는 오로지 경제 개발이 진행될 때에만 가능하다는 것이다. 쿠즈넷의 이론 배후에 있는 논리는 무엇이라고 생각하는가? 최근의 여러 연구들은 쿠즈넷이 말한 식의 관계는 더 이상 존재하지 않음을 보여주었다. 그 이유가 무엇이라고 생각하는가?

11. 개발도상국들에 미국이 제공하는 원조는 GDP에 대비해볼 때 대부분의 다른 선진국들에 비해 대단히 낮다. 어째서인가?

12장

역사적 시각에서 본 "대침체"

"**다**시 '그것이' 벌어질 수 있을까?Can IT Happen Again?" 이는 경제학자 하이먼 민스키Hyman Minsky가 1930년대와 같은 방식으로 또 대공황이 찾아올 가능성을 논한 그의 1986년 저서의 제목이다. 그 당시 대부분의 경제학자들이 이 질문이 현실과 동떨어진 것이라고 여겼다. 하지만 미국과 세계 여러 나라가 금융 붕괴 및 대규모 경기 하락으로부터 경제 회복을 이루고자 안간힘을 쓰고 있는 오늘날, 민스키의 분석은 뜨거운 관심을 모으고 있다. 2007년 중반에서 2009년 말에 이르는 사이 미국에서의 실업률은 두 배 이상으로 뛰어 올라 10.1퍼센트에 달했고, 8백만 세대 이상의 가정이 가택 압류를 겪었고, 주식 시장은 40퍼센트 이상 하락하였다. 세계 무역 총액은 단 9개월만에 38퍼센트가 줄어들면서 급전직하하였다. 이 과정에서 세 개의 주요 금융 회사들이 파산하였고, 326개의 은행과 신용 조합도 함께 무너졌다. 미국 정부가 개입하여 1조 달러가 넘는 돈을 지원함으로써 미국 금융 기관들을 구제하였으며, 미국 의회는 7천8백억 달러짜리 경기 부양책을 승인하였다. 유럽 여러 나라들 사이에는 재정 위기가 나타났으며 이로 인해 유럽연합의 미래까지도 불투명해졌다.

이 장에서 우리는 지난 몇 년간에 벌어진 이 극적인 경제 및 경제 정책의 사건들을 좀 더 넓은 맥락에 놓고 볼 것이다. 이 책의 독자들은 모두 이 놀랍고도 고통스런 사건에서 겨우 살아남은 이들이니 너무 자세하게 이야기할 필요는 없을 것이다. 우리의 목적은 현재의 상황을 역사적 관점으로 조망하여 경제적 사회의 미래에 대해 또 우리가 경제에 대해 생각하는 방식에 대해 어떤 시사점을 얻을 수 있는지를 살펴보는 것이다.

이 책 전체에 걸쳐서 우리는 자본주의가 전 세계의 경제사에서 차지하는 한 단계임을 강조해 왔다. 이 단계에서는 시장 —— 이윤 추구 기업과 임금 노동자로 구성되며 또 정부에 의해 규제받는다 —— 이 자원 배분, 기술 변화, 소득 분배의 배후에 있는 중심적인 제도이다. 경제 성장이 급속하게 벌어지는 시기가 되면 우리는 이러한 역사적 맥락과 자본주의의 여러 다양한 형태들을 망각하고 그저 시장의 효율성에만 초점을 두는 경향이 있다. 하지만 금융 위기로 치달았던 일련의 사태와 2008~2009년의 "대침체"에서 뚜렷이 나타난 것처럼 이 시장 시스템이 기능부전을 보이게 될 때에는, 전체 시스템의 작동 자체에 대해 의문을 품지 않을 수 없게 되며 또 사회의 물질적 필요의 조달을 조직하고 관리하는 새로운 방식을 찾게 되어 있다. 최근의 경제 위기에서도 그러한 의문과 생각의 전환이 대중 매체, 학계, 정책 집단들에서 널리 울려 퍼지고 있다.

무슨 일이 벌어졌나?

모든 시스템 위기는 단기적 원인과 장기적 원인이 있게 마련이며 2008~2009년의 대침체 또한 예외가 아니다. 그 직접적인 원인은 주택 가격의 하락, 주택담보대출 부실의 급증, 그리고 주택담보대출 및 주택 시장의 건전성이 유지되어야만 가치를 지탱할 수 있는 모든 금융 상

462

품들이 갑자기 대폭락을 겪었던 것 등이다. 주택 가격 하락의 원인은 주택담보대출이 더 이상 유지될 수 없을 정도로 과도하게 확장된 데에 있으며, 그 원인의 일부는 "비우량(서브프라임)" 담보대출의 유혹 때문이었다. 이는 자기 지불금의 비중이 아주 적은 데에다가 처음에는 아주 낮은 이자율이 적용되는 담보 대출이다. 하지만 시간이 지나면서 다달이 내야할 돈이 늘어가게 되자 차입자들이 도저히 감당할 수 없게 되어 채무 불이행으로 이어지게 되었다. 이렇게 하여 압류로 넘어간 주택이 수백만 채에 달했고, 주택 가격은 급격히 하락하게 되었다.

주택 가격 거품이 터지자 이는 줄줄이 연쇄반응을 낳았다. 주택담보대출에 문제가 생기자 그 대출을 기초로 삼아 나온 각종 유가증권들의 가치도 폭락하였다. 투자은행들은 이러한 파생 상품들을 엄청난 규모로 보유하고 있었기에 그들 중 가장 심하게 물린 곳들은 파산의 위험까지 몰리게 되었다. 이 금융 상품들에 대한 보험으로 추가적인 파생 상품들(신용부도스와프credit default swap라고 부른다)을 발행했던 기업들 또한 그렇게 많은 보험 "청구액"을 동시에 지불할 수가 없었기에 또한 파산의 위험에 몰렸다. 최대 규모의 투자 은행들 중 그러한 유가증권에 아주 크게 투자했던 베어스턴스와 메릴린치가 사실상 무너지고 말았다. 이 회사들은 상상도 할 수 없는 헐값으로 다른 회사에 매각되었다. 그리고 2008년 9월 9일, 가장 크고도 성공적인 투자 은행이던 리먼브러더스가 파산하고 말았다. 이는 월스트리트 전체를 공포에 얼어붙게 만들었다. 2008년 5월에서 2009년 3월 사이 주식 시장은 44퍼센트나 하락했다. 신용 시장은 얼어붙었고, 이는 곧 기업들이 은행에서 돈을 빌릴 수 없을 뿐만 아니라 은행들 또한 단기적인 자금 필요를 위해 다른 은행에서 돈을 빌릴 수가 없게 되었음을 뜻했다. 전 세계의 금융 시스템이 붕괴 직전에 있었고, 미국 경제는 1930년대와 같은 공황의 문턱에 와 있었다.

이 모든 일들은 느슨한 규제와 정치적 변화라는 조건 속에서 벌어진 일들이었다. 금융 기관들은 파생 상품 시장에다가 자신들이 얼마나 투자했는지를 정확히 밝히지 않아도 되었고, 그 결과 이 기업들이 얼마나 큰 손상을 입었는지도 제대로 이해되지 않았다. 금융 회계사들과 신용 평가 기관들은 자신들이 평가하는 자산을 보유한 기업들에 갈수록 종속되었다. 그리고 정치적으로 보자면 대통령 선거가 한창 진행 중이었기에 정부의 리더십과 정책 우선순위의 문제를 놓고 불확실성이 가중되었다. 부시 대통령은 은행의 재무 상태를 개선하기 위하여 "독성" 은행 자산을 7천억 달러만큼 매입하겠다는 계획을 재빨리 내놓았고 또 시행하였다. 2008년 11월 오바마 대통령이 선출되면서 새로운 경제 정책 팀이 자리를 잡았으며, 이전 정권의 금융 구제 정책 일부를 지속하면서 재정 정책 요소 — 즉 경기 부양책 — 도 추가하였다. 이는 신속하게 의회에서 통과되어 법령화되었다. 이 법안("2008년 경기 부양법The Economic Stimulus Act of 2008")은 1천6백8십억 달러의 지출을 요구했으며, 그 뒤에 나온 2009년의 미국 회복 및 재투자법American Recovery and Reinvestment Act of 2009에는 4백억 달러의 실업 수당 확대는 물론 각 주정부가 학교, 교통 시스템, 의료, 지방 경찰과 소방서 등에 계속 지출할 수 있도록 1천4백4십억 달러의 지원 그리고 좀 더 나중에 사회간접자본 및 여타 투자에 쓸 1천1백1십억 달러도 담겨 있었다.

이 정책이 효력을 발휘했는지는 말하기가 애매하다. 수조 달러의

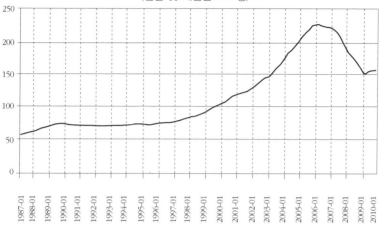

그림 12-1 S&P/케이스-쉴러 주택 가격 지수("Composite-10"),
(월별 및 계절별로 조정)

공적 자금이 배분되었다. 확실히 금융 시스템의 붕괴는 막아냈으며 고용도 2009년 말이 되면 늘어나기 시작했다. 하지만 미국의 실업률은 지금도 거의 10퍼센트 지점에 고착되어 있고, 총 생산에서 제조업 생산이 차지하는 몫은 계속해서 줄어들고 있으며, "더블 딥" 즉 부드러운 회복이 아닌 두 번째의 침체가 나타날 불길한 징후들이 사방에 존재하고 있다.

위기를 낳은 장기적 경향들: 가계 부채와 금융화

2008년의 극적인 사건들은 또한 가계 부채, 탈산업화, 세계 무역, 금융 시장의 팽창과 탈규제 등과 관련된 미국 경제의 장기적 경향들에서 그 원인을 찾을 수 있다. 이 문제들을 고찰해보면 위기가 벌어졌던 시점이 장기적 불균형과 부채가 더 이상 지속가능하지 않게 되어 모종의 조정이 불가피했던 때였음을 알게 된다. 조정에는 높은 사회적 비용이 따르게 되며, 이 비용의 부담은 정부의 정책에 좌우된다. 이 위기의 시스템적 성격을 고찰하고 이전의 위기들 특히 대공황과 비교해보는 작업으로 들어가기 전에 먼저 이러한 장기적 요인들을 하나씩 짧게 논의해보자.

임금의 정체와 가계 부채

2000년대에는 가계의 소비 수요가 상당히 건실하게 경제 성장을 추동하였다. 흥미로운 것은 이 기간 동안 임금은 크게 오르지 않았다는 점이다. 임금이 정체할 때 가계가 소비를 확대하고 생활 수준을 올릴 수 있는 방법은 차입 뿐이다. 그림 12-2는 1960년대 이후 남성 노동자의 임금 중위값의 성장을 보여준다(인플레이션을 조정한 실질 단위). 우리는 임금의 등락이 존재했지만(일반적으로 우리는 경제적 팽창기에 임금의 상승을 볼 수 있다), 1970년대 중반 이후 2010년에 이르는 기간에는 임금이 오르지 않았음을 알 수 있다. 임금 소득이 이렇게 정체한 결과의 하나는, 느리지만 꾸준한 가계 부채의 증가이다. 이는 주택 구입의 용도도 있지만 보다 일반적으로 소비재 수요를 위한 차입도 있다. 미국에서의 주택담보대출의 팽창은 그림 12-3에 나타나 있다. 여기서 우리는 1980년대에 가속도가 붙고 또 1990년대부터 2008년 경제 위기까지의 기간 동안에도 급격한 가속도가 나타나는 것을 볼 수 있다.

임금 중위값의 정체는 여러 많은 요인들로 설명되어 왔다. 여성들의 노동 시장 참여가 증가하면서 노동 공급이 늘어난 것도 그 하나이

466

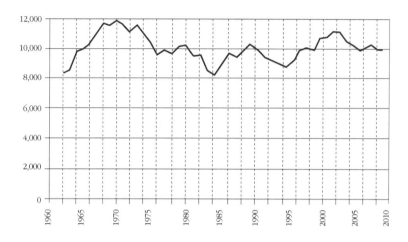

그림 12-2 남성 노동자 실질 임금 중위값(1983년 달러로 평가)

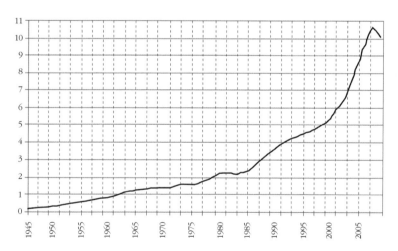

그림 12-3 주택담보대출 가계 부채 (2005년 달러로 평가. 단위는 1조 달러)

다. 또 다른 요인은 저숙련 노동자들의 임금 하락으로서, 기술 변화와 국제적 경쟁으로 이러한 노동자들에 대한 수요가 줄어들었다는 것이다. 세 번째 요인은 노조 조직률의 감소이다. 1935년에는 미국 노동력의 36퍼센트가 노조로 조직화되어 있었다. 오늘날 조직률은 7.4퍼센트이다. 이러한 조직률 감소는 경제에서 제조업이 차지하는 역할이 전반적으로 줄어들었다는 것과 관련이 있다. 보수도 괜찮은 데다가 연금과 의료 보험까지 따라오는 제조업 일자리가 사라지고 그 대신 서비스 부문의 일자리들이 나타났다. 그 중 일부는 좋은 보수의 고숙련 일자리이지만, 대부분은 저숙련에 보수도 낮은 데고 고용 안정성과 각종 수당도 옛날의 제조업 일자리보다 훨씬 안 좋은 것들이다.[1]

주택 가격 거품

부채가 증가하는 것은 돈을 빌려주는 이와 빌려가는 이가 모두 원금과 이자의 지불에 대해 충분한 확신이 있을 때에만 벌어지는 것이 일반적이다. 미국의 가계와 그 채권자들이 이러한 확신을 가지고 있었던 것은 주택 가격이 항상 오르는 것처럼 보이는 데에 근거하고 있었다. 하지만 2008년 주택 가격이 무너지자 이러한 부채 주도의 소비 모델 또한 무너지게 되었다.

주택 가격 상승에 가속도가 붙기 시작한 것은 1990년대였으며, 그 속도는 2007년까지 계속해서 증가하였다. 보통의 시장에서는 가격이 오를 때 이에 상응하여 수요량의 하락이 나타나게 되어 있다. 그런데 주택 시장의 경우 가격이 오르자 오히려 주택 구매를 위한 차입의 증가에 박차를 가하는 꼴이 되었다. 이는 여러 다양한 요인들에 기인하였다. 첫째, 주택 가격은 계속해서 오를 것이며 따라서 주택을 구매하는 것은 괜찮은 투자라는 기대가 존재했다. 둘째, 연방준비제도이사회에서 팽창적인 통화 정책을 통해 이자율을 낮게 유지하였고 그 결과 신용차입의 가격이 무척 낮았다. 셋째, 임금 소득이 계속 정체 상태에 있었고 여기에서 가계부채는 임금 소득자들이 소비를 확대할 수 있는 한 방법으로 자리 잡고 있었다. 넷째, 주택담보대출이 이루어지는 즉시 그 대출이 뭉텅이로 묶여서 판매되었다. 이렇게 해서 은행들과 중개인들이 벌어들이는 수수료가 차입자에 대한 신용 평가보다 더 중요하게 되었다. 투기적 금융 시장과 주택담보대출(그리고 이에 근거한 각종 유가증권들)이 연결되면서, 은행들은 전통적인 기준에서 볼 때 차입자들이 대출을 받을 만한 이들이 아닐 때에도 대출을 확대하라는 강력한 신호를 받게 되었다. "비우량(서브프라임)" 대출이 그 예로, 차입자 부담의 지불 요구는 거의 혹은 전혀 없고 최초에는 이자율까지 아주 낮은 조건으로 제공되는 주택담보대출이었다.

이러한 요인들이 결합되면서 주택담보대출의 양은 도저히 지속가능할 수 없는 크기로 불어났다. 그러다가 이자율이 오르자 거품이 터졌고, 집을 소유한 이들이 다달이 내야할 돈도 그들의 능력 밖으로 불어났다. 경제학자 조지프 스티글리츠는 그의 저서 『끝나지 않은 추락 Freefall』에서 다음과 같이 묘사하고 있다.

꿀 수 있을 만큼 최대한 주택담보대출을 받으라는 말을 충실히 따랐던 이들은 갑자기 도저히 자신들이 낼 수 없는 크기의 원리금에 맞닥뜨리게 되었다. 이들이 모두 자기들 집을 팔아버리려고 들자 주택 가격이 뚝 떨어져 버렸다. 자기 부담이 전혀 없이 순전히 담보대출로만 집을 구입한 이들의 입장에서는 이렇게 되면 더 돈을 빌릴 수도 없을 뿐만 아니라 갚아야 할 돈을 낼 수도 없으며 결국 살고 있는 집을 뺏길 수밖에 없게 된다. 주택 가격이 계속 떨어지자 이제는 90퍼센트 대출로 집을 산 이들까지 심지어 어떤 때에는 80퍼센트 대출을 받은 이들까지도 이러한 상황에 처하게 되었다. 결국 주택담보대출을 갚지 못해 집을 내놓을 수밖에 없게 된 숫자가 몇백만에 달하게 되었다.[2]

모종의 악순환의 고리가 형성되었다. 주택 압류가 늘어나자 주택 가격은 더욱 떨어졌다. 그리고 주택 가격이 떨어지면서 이로 인해 집을 내놓게 되는 이들의 숫자도 늘어났다. 2007년에서 2010년 사이에 압류당한 주택의 수는 8백만 채 이상에 달하였다.

금융 탈규제와 "금융화"

이러한 가계부채 사태의 뒷면에는 신용의 팽창이 있었다. 1980년대 이후 전체 경제에서 금융 시스템이 차지하는 비중은 계속 늘어났다. 주식 시장에서의 자금 수요에 대응하여 새로운 여러 형태의 금융 기관들이 출현하였다. 게다가 1978년 의회가 국내세법Internal Revenue Code을 수정하여 민간 퇴직 연기금(401(K) 계정)이 생겨나자 이 엄청난 자금이 주식 시장에서의 자금 수요를 충당하는 큰 힘이 되었다. 1974년에는 금융, 보험, 부동산을 합쳐도 미국의 국민 소득에서 차지하는 비중이 12퍼센트에 불과했지만, 2009년이 되면 이 몫이 25퍼센트로 증가한다. 2000년대에 걸쳐서 이 세 산업은 미국 경제에서 발생한 이윤의 50퍼센트 이상을 차지하게 된다.

경제 활동이 이렇게 "금융화"된 원인은 앞에서 말한 각종 금융 자산에 대한 수요가 증가했다는 것 뿐만 아니라 이 기간 전체에 걸쳐서 은행 및 금융 부문에 벌어진 탈규제에도 있다. 그 중요한 계기 하나는 1999년에 벌어졌던 글래스-스티걸 법의 철폐였다. 1929년 주식 시장 붕괴의 여파로 통과되었던 이 법은 은행들이 주식 시장에 투자하는 것을 금지하였고, 은행의 여러 활동에서 투기적 성격을 줄이고 대출 공급에 있어서 은행이 특정 기업 고객들만 유리하게 차별하지 못하도록 하는 것을 목적으로 삼았다. 그런데 이 법이 철폐되자 은행들은 이제 금융 시장에서의 투기적 투자 활동에 종사하는 여타 금융 기관들과 경쟁할 수 있게 되었다. 이를 통해 모든 금융 기관들이 동등한 조건에서 경쟁할 수 있게 한다는 점에서 당시로서는 이 조치가 합리적이라고 여겨졌지만, 이로 인해 은행들도 투기적 활동에 유혹을 받게 되었고 기업과 가계에 대출을 제공한다는 본래의 역할로부터는 점점 더 멀어지게 되었다.

탈규제로 인하여 새로운 금융 도구들과 새로운 유형의 금융 기관들의 출현이 촉발되었다. 금융 시장으로 들어오고자 하는 수많은 소비자들을 잡기 위하여 무수한 화폐 시장 펀드들이 출현했다. 이 소비자들 중에서도 가장 부유한 이들의 입맛에 맞는 헤지 펀드들이 설립되었다. 헤지 펀드는 그 이름과는 달리* 투기를 일상의 업무로 삼았다. 이렇게 하여 각종 금융 자산에 대한 투기적 수요가 증가하게 되자 이는 여러 자산 가격의 예측하기 힘든 등락을 낳았고, 사람들과 기업들

---

* 헤지hedge란 본래 '울타리를 친다'라는 뜻으로서, 미래에 있을지 모를 위험에 대비하기 위해 (예를 들어 환율의 급격한 변화 등) 벌이는 안전 지향적 금융 활동을 말한다.

은 이러한 등락이 자신들에게 불리하게 움직일 리스크에 대비하고 또 자신들의 자산 선택을 다변화할 수 있게 해 줄 여러 금융 도구들을 필요로 하게 되었다. 이러한 다변화, 위험의 헤지, 투기의 용도로 다양한 파생 상품들이 사용되었다. 자산의 가치가 떨어질 위험에 대비할 보험으로서 각종 신용부도 관련 상품들이 판매되었다. 주택저당증권 mortgage-backed securities은 그 해당 주택담보대출의 상환 신용도에 따라 가치가 결정되는 상품이다. 이는 그 기초가 되는 자산인 주택의 가치가 끊임없이 상승할 것이라고 여겨졌으므로 특히 괜찮은 금융 상품이라고 여겨졌다.

거시경제적 불균형

2000년대에 빚더미를 꾸준히 쌓은 것은 가계 부문만이 아니었다. 미국의 공공 부문 또한 적자를 누적하고 있었던 바, 이는 9·11 사태 이후의 이라크 및 아프가니스탄 전쟁 때문이기도 했고 또 2001년에 법령화된 대규모 조세 감면 때문이기도 했다. 이렇게 민간과 공공 부문 모두가 엄청난 양의 차입을 행하였으니 해외로부터 상당한 차입이 불가피했다. 외국 자본이—특히 중국으로부터—미국으로 물밀듯 밀려들어와 미국 기업과 지분을 구매하기도 했고, 무엇보다도 미국 재무성 채권의 구매로 들어갔다. 2009년이 되면 중국이 보유한 미국 재무성 채권의 양은 거의 1조 달러에 달하였으며, 이는 2000년 초와 비교하여 50배가 늘어난 것이었다.

이러한 미국으로의 중국 자본의 유입을 가능하게 했던 것은 중국으로부터의 미국의 (순)수입의 팽창이었다. 미국과 중국의 양자 간 무역

수지는 1985년에는 0이었지만 2001년에는 8백3십억 달러 그리고 2008년에는 2천6백8십억 달러로 늘어났다. 이러한 무역수지와 자본 수지 양쪽에서 나타난 불균형은 비록 2000년대 미국 경제의 부채 주도 성장을 지탱하였지만, 도저히 지속될 수 없는 수준에 도달하였고 미국 경제의 취약성의 또 다른 원천을 이루게 되었다.

유럽에서의 위기

미국에서의 금융 붕괴와 함께 대침체Great Recession가 시작되었고 빠르게 전 세계로 확산되었다. 다른 선진국, 특히 주요 유럽 국가들과 일본은 전 지구적 성격을 띠는 은행 산업의 특성상 직접적 영향을 받게 되었다. 전 세계의 은행들과 그 밖의 금융 기업들은 다량의 주택저당증권 및 여타 파생 상품들을 다량으로 보유하는 자산 관리 전략에 빠져 있었다. 이러한 자산들의 가격이 폭락하자 이 기관들 또한 유동성 경색에 처하게 되었다. 그 중 일부는 아예 지불능력 자체의 위기에 빠졌다. 아이슬란드는 은행 시스템의 규제를 풀어서 많은 외국 은행들을 끌어들였는데 이러한 사업 중 다수가 파생 상품 시장이 폭락하면서 파산하게 되었다. 아이슬란드의 금융 시스템 전체가 무릎을 꿇게 되는 일이 벌어졌다.

하지만 선진국 세계에서의 경제 성장 둔화는 더 많은 문제들을 가져왔다. 성장이 정체되면 세수도 줄어든다. 그리고 실업 보험 등과 같은 자동적 경제 안정 장치들이 작동되기 시작하면서 정부 지출은 늘어난다. 정부 부채가 많은 나라가 경제 침체로 들어설 경우 그러한 재정적 경색에 특히 취약해진다. 미국은 세계의 기축 통화를 여전히 쥐고 있는 데에다가 미국 국채 또한 항상 수요가 있게 마련인지라 이러한 문제를 대부분 비껴갔다. 하지만 이런 특권이 없는 다른 나라들은 그럴 수가 없었으며, 특히 유럽 나라들이 운신의 폭이 좁아들고 있었다. 이 나라들은 유로 체제에 묶여 있었기에 고정 환율을 유지해야만 했고, 이 때문에 자국 통화의 가치를 낮추어 자국 생산물의 수출 경쟁력을 올리고 또 자국 통화로 가치가 매겨진 부채의 부담을 덜어내는 일이 불가능했기 때문이다. 처음으로 그리스가 위기에 몰리게 되었지만, 스페인, 포르투갈, 아일랜드, 이탈리아 등도 비슷한 메커니즘의 취약성을 갖고 있다고 여겨졌다. 유럽연합에서 맺어진 협정으로 프랑스와 독일의 자본이 그리스 정부로 전달되었지만, 그 대가로 앞으로는 공무원 봉급의 지출과 연금 등 여타 형태의 사회 보호를 줄여 적자를 메꾸겠다는 약속을 받아냈다.

대침체 대 대공황

금융 투기의 물결 하나로 미국 경제는 재난에 가까운 침몰을 겪고 말았다. 익숙하게 들리지 않는가? 2007년 이후에 경제에서 벌어진 여러 사건들을 우리는 1929년의 붕괴 및 대공황과 비교할 수밖에 없다. 지금까지 우리는 1930년대만큼 생산과 고용이 무너지는 일은 피할 수 있었다. 하지만 이번의 침체는 1930년대 이래 최대의 것으로서, 1981~1982년의 경기 하강도 훨씬 넘어서는 것이었다. 비록 근년에 들어와서 무역량이 회복되고 있기는 하지만 이번 침체 기간에 벌어졌던 세계 무역의 하락 또한 속도만큼은 대공황 때보다 훨씬 급격했다. 하지만 이 두 사건 사이에서 가장 중요한 비교의 지점은 금융 시장의 역할과 위기에 대한 정치적 대응이라는 문제들이다.

왜 거품이 생겨났으며 왜 터졌는가

앞서 2008~2009년의 위기를 불러온 데에는 여러 다양한 힘들이 작동했음을 살펴보았다. 하지만 이렇게 별로 대수롭지 않은 문제들이 하나의 거시경제적 재난으로 바뀐 이유는 무엇일까? 경제학자들은 그러한 변곡점들을 미리 알아내야 한다는 압박을 많이 받는 이들이지만, 사실상 대부분의 경제학자들과 정책 입안자들이 이러한 여러 경향들을 무해한 혹은 기껏해야 가볍게 걱정할 문제 정도로 여겼으며, 일정한 정책 조정만 이루어진다면 분명히 관리할 수 있는 것들이라고만 여겼다. 금융 붕괴를 설명하는 경제 이론은 여러 가지가 있지만, 1929년의 폭락과 오늘날의 주택 가격 거품 붕괴에 있어서 특별히 적실성이 있다고 여겨지는 이론은 두 개다. 이 두 이론 모두 시장의 심리학을 열쇠로 삼는다. 첫 번째 관점에 따르면, 금융 위기가 벌어지는 원인은 금융 자산의 가치 평가에 대한 신뢰의 붕괴에 있다고 본다. 이러한 신뢰의 위기는 설명하기는 쉽지 않지만 정기적으로 벌어지는 것으로 보인다.[3] 카르멘 라인하트Carmen Reinhart와 케네스 로고프 Kenneth Rogoff는 수백 년에 걸친 여러 금융 위기를 연구하여 여러 다양한 금융 위기들 사이에 괄목할만한 유사점들을 찾아냈다. 그 하나는 위기가 벌어질 때마다 시장 참여자들은 "이번엔 다르다This time is different"라고 (이는 이들의 책 제목이기도 하다) 생각하며, 정보가 더 좋아졌고 투자자들이 더 똑똑해졌기 때문에 붕괴 따위는 벌어지지 않을 것이라고 생각한다는 것이다. 이들에 따르면, 호황기의 자신감은 필연적으로 자신감의 위기로 이어지게 되어 있다고 한다.[4]

　이 장 첫 부분에서 언급한 바 있는 하이먼 민스키의 금융 취약성 이론은 여기서 한 발 더 나아가 과도한 낙관주의 그리고 그 뒤에 찾아오는 파국을 직접 경기순환 주기와 연결시킨다. 크게 보아 민스키는 고용을 추동하는 것은 미래의 매출에 대한 기업마다의 예측이며 자본주의에서의 생산은 금융의 공급으로 크게 도움을 받는다고 하는 케인스의 혜안을 따르고 있다. 민스키가 제안했던 것은 모종의 금융적 경기순환 이론이었다. 즉 호황기에는 경기에 대한 자신감이 증가하지만 이로 인해 기업들은 과도한 차입을 행하게 되고 마침내 갚지 못한 대출의 이자를 갚기 위한 이유만으로 더 많은 돈을 빌려야 할 정도로 차입이 늘어나게 된다고 한다. 이러한 상황은 (민스키는 이를 "폰지 금융 Ponzi finance"이라고 불렀다) 금새 불안정 상태로 이어지게 되어 있으며, 기업은 마침내 더 이상 차입을 할 수 없어서 파산하든가 아니면 그 지출 및 차입을 크게 줄여야만 하는 상황에 이르게 된다. 민스키의 모델에서 가장 중요한 점은, 이러한 순환을 추동하는 것은 다름 아닌 금융 시장 내부에 있는 여러 힘들이라는 것 곧 이러한 순환이 금융 시스템 내부의 원인으로 생겨나는 것이라는 점이다. 즉 이러한 경기 순환이 그 어떤 외부적 혹은 외생적 힘이나 심리적 변덕의 결과가 아니라 경기 상승 자체에 의해 빚어지는 논리적 귀결인 것이다.

정책 대응: 뉴딜 대 오바마의 경기 부양책

대침체와 대공황이라는 대변동 모두 큰 개요는 비슷했지만, 한 쪽의 금융 붕괴는 20퍼센트가 넘는 장기 실업과 수많은 사람들이 집과 식량이 없는 빈곤 상태에 처하는 결과를 낳은 반면 다른 한 쪽은 실업률은 그 절반에 불과했고 빈곤율은 약간 증가하는 결과를 낳았을 뿐이다. 전자는 대규모의 은행 시스템 붕괴를 특징으로 삼았지만 후자는 그렇지 않았다.

대침체가 이렇게 그저 침체 이상의 상태로 악화되지 않았던 이유 하나는, 옛날의 대공황의 경험에서 여러 교훈들을 배웠기 때문이다. 공황기에 있었던 여러 제도들 중 일부는 오늘날에도 건재하며, 이번 위기의 사회적 손상을 일정한 크기로 제한하는 데에 큰 역할을 하였다(예를 들어 1933년에 창설된 미국연방예금보험공사FDIC의 은행 예금에 대한 보증이나 1935년에 시작된 실업자들에 대한 수당 지급 등). 다른 교훈들도 있었다. 이번에 연준이 보여준 대단히 공격적인 행태 ── 통화 공급의 팽창, 극도로 낮은 이자율의 유지, 금융 기관들로부터 민간 자산을 직접 매입한 것 등 ── 는 1930년대에 중앙은행이 너무나 수동적이었다는 깨달음의 결과였다. 그리고 이번의 경기부양 패키지 또한 사회간접자본 프로젝트들(수력발전 댐, 전화 시스템 등)에 대한 지출의 확장과 사회 보장과 같은 새로운 사회 보호 기관들에 대한 지출 확장을 담고 있었던 뉴딜로부터 그 영감을 빌어온 것이 분명했다. 이번에는 실업 수당, 자동차 산업 지원, 주정부에 대한 지원금, 에너지 효율성을 올리기 위한 것 등 각종 사회간접자본 프로젝트에 대한 지출이 늘어난 바 있다.

더 많은 재정 정책을 통한 경기 부양의 여러 장점들에 대한 논의가 오늘날에도 지속되고 있으며, 이러한 맥락에서 1930년대에 미국 경제를 부양하는 데에 과연 뉴딜이 얼마나 효과가 있었는가를 놓고서 뜨거운 논쟁이 벌어져왔다. 8장에서 지적했던 바와 같이, 뉴딜의 주요한 방향은 재정 팽창을 통한 경기 부양이 아니라 미국 자본주의의 여러 제도들을 개혁하는 것이었음이 연구를 통해서 드러난 바 있다. 캐리 브라운E. Cary Brown은 지금 고전이 된 그의 1956년 연구를 통하여 1930년대의 적자 지출의 양이 그다지 크지 않았으며 1937년경이 되면 심지어 마이너스로 떨어진다는 것을 보여주었다.[5] 후속 연구 또한 브라운의 결론을 확증해 주었을 뿐만 아니라, 연방 정부의 지출 프로그램이 그렇게 크지 않았던 것을 벌충하기 위해 주정부 및 그 하부의 지방 정부들이 재정적으로 상당한 압박을 받았다는 것을 보여주었다. 하지만 이렇게 경기 부양 패키지의 크기가 비교적 작았다고 해서 효과가 없었다는 것은 아니다. 실제로 1932년에 23퍼센트에 달했던 실업률은 1937년에는 9.1퍼센트로 떨어진다.[6] 또한 1937년의 경험도 명심할 필요가 있다. 정부가 경기 부양을 위해 추가적으로 제출했던 지출 계획이 삭감되자 경제가 다시 침체 상태로 떨어지고 말았다. 오늘날 이른바 "더블 딥"을 걱정하는 이들이라면 이를 잘 기억해야 할 것이다.

자본주의가 기초부터 흔들리다

2008~2009년의 대침체는 대공황의 재판이 되지는 않았다. 그럼에도 불구하고 자본주의가 그 기초까지 흔들리고 말았으며, 자본주의 시스템 내부에서 여러 구조적 변화들이 벌어지고 있으며, 따라서 시장 시스템은 안정적이며 정부의 개입은 아주 제한된 정도 외에는 불필요하다는 오래도록 널리 받아들여졌던 관점도 근본적으로 다시 생각할 필요가 있다는 관점이 널리 공유되고 있다. 근자에 우리가 경험한 사건들이 장기적으로 어떤 결과들을 가져올지를 지금으로서는 알 수 없으며 따라서 대침체를 대공황과 비교하는 여러 주장들에 대해서도 더 확실한 결론을 내릴 수는 없다. 하지만 우리는 두 사건 사이의 여러 유사점들 몇 가지를 지적함으로써 독자들로 하여금 최근의 경험을 좀 더 넓은 역사적 틀에서 바라보도록 자극을 주고자 한다.

대공황 당시에는 농업이 위기를 겪었고 소규모 영농에 조종弔鐘이 울려 퍼졌다. 식량 가격은 폭락했고 이 가격을 지지하기 위한 조치들이 시행되었다. 그 후 몇십 년간 농업 생산성은 계속해서 증가하기는 했지만, 미국의 경제 성장과 혁신의 중심적 추동력으로서 확고하게 자리잡은 것은 제조업이었다.

오늘날의 경제적 쇠퇴 또한 이와 비슷한 모종의 구조적 변화를 알리고 있는 것일지도 모른다. 그리고 이번에는 쇠퇴하고 있는 것이 제조업이다. 탈산업화 — 이는 GDP에서 제조업 생산량이 차지하는 몫의 감소를 말한다. — 라는 장기적 추세는 이번의 대침체로 더욱 더 강화된 것으로 보인다. 대침체 이전의 10년간 금융과 보험업이 팽창하여 마침내 제조업의 자리를 빼앗기에 이르렀다. 그런데 금융 및 보험 부문이 계속해서 크기를 유지하고는 있지만, 탈산업화로 인해 없어진 일자리를 공급할만큼의 크기는 되지 못할 것으로 보인다. 정보 통신 부문도 비록 2000년대에 자체적인 거품 형성과 붕괴를 겪기는 했지만 결국에는 정리 과정을 거쳐 천천히 회복하였다. 의료와 교육과 같은 다른 서비스 산업들 또한 팽창해왔다. 2009년이 되면 미국에서 제조업에 종사하는 이들보다 소매업에 종사하는 이들의 숫자가 더 많아진다.

이렇게 제조업이 쇠퇴하는 이유는 여러 가지가 있다. 대외 무역이 팽창하고 지구적인 공급 사슬이 정교하게 발달하면서 제조업 생산품들은 주로 외국에서 수입되게 되었다. 어떤 이들은 제조업의 쇠퇴가 한 세기 전 농업의 쇠퇴와 마찬가지로 자연적으로 벌어지는 일이라고 주장해왔다. 하지만 이런 주장들 어떤 것도 생산과 고용 성장의 원천으로서 장래에 제조업의 자리를 대체할 것이 무엇인지에 대해서는 뚜렷하게 보여주지 못하였다.

대침체를 통해 가속화된 또 다른 구조적 변화는 지구적 불균형의 조정이다. 세계 경제가 위축에서 벗어나는 가운데 떠오른 이 문제에는 두 개의 측면이 있다. 첫째, 미국의 가계가 큰 규모로 스스로의 부채를 정리하여 저축률도 상승하고 있다. 이는 미국 경제의 성장 속도를 느리게 할 수는 있지만 그래도 성장을 더욱 지속가능하게 만들어 줄 수 있다. 또한 이는 다른 나라들이 장차 "최종 수입국"으로서 미국에 의존하는 정도가 떨어질 수 있다는 것을 뜻한다.

이러한 "지구적 재균형화"의 다른 하나의 측면은, 여러 신흥시장국들 특히 중국, 브라질, 인도가 빠르게 성장하여 세계 경제의 수요의 구조를 바꾸어 놓았으며 그 과정에서 세계 무역의 방향까지 바꾸어 놓고 있다는 점이다. 대침체로 가장 큰 타격을 받은 것은 선진국들이다. 미국은 2009년 마이너스 2.4퍼센트의 GDP 성장을 겪었으며, 유럽연합의 성장률은 마이너스 4.1퍼센트로 떨어졌다. 소비자들은 자신들의 높은 수준의 부채를 정리하기 위해 차입과 지출을 모두 줄였다. 그럼에도 불구하고, 주요한 개발도상국들은 계속해서 경제 성장을 이루었다. 2010년, 중국의 GDP 성장률은 10.5퍼센트였으며 브라질은 7.5퍼센트, 인도는 9.9퍼센트였다. 그 결과는 세계 경제의 수요 원천에 있어서 중대한 변동이 벌어졌다는 것이다. 선진국에서 아시아와 라틴 아메리카의 신흥시장국들로.[7]

경제학의 위기

그런데 어째서 경제학자들은 이번 위기를 예견하지도 또 그것을 피하기 위한 정책들을 제안하지도 못한 것일까? 이는 대단히 심각한 질문이며, 이미 1930년대에도 한번 불거졌던 문제이기도 하다. 1980년대를 시작으로 경제학자들은 위기가 터지기 전까지도 계속해서 시장을 자유화하기만 하면 안정성과 효율성이 모두 달성될 수 있다고 주장해 마지 않았다. 그런데 이번의 경제 붕괴의 원인 중 하나로서 밝혀진 것은 규제의 결핍 특히 금융에서의 규제 결핍이었다. 그래서 이번 경제위기는 세계를 이해하는 데 있어 과연 경제학 이론이 얼마나 쓸모가 있는 것일까에 대해 아주 심각한 물음을 제기한다. 심지어 영국 여왕

폐하까지도 그러한 목소리에 동참하여 영국 왕립경제학협회Royal Economic Society 회장에게 질문을 보내기도 했다. "어째서 신용 경색이 다가오고 있음을 아무도 눈치채지 못한 것인지요?"[8]

이번 위기를 보면서 경제학자들 스스로도, 개개인들이 (현재와 미래에 대해) 완벽한 정보를 가지고 합리적인 선택을 내린 효율적인 결과물이 바로 시장의 상태라고 가정하는 여러 경제 모델들이 과연 유효한 것인지에 대해 심각한 여러 의문을 제기하기 시작했다. 경제학자들은 그러한 시스템이 효율적이고 안정적이라는 주장에 관해 여러 수학적 증명에 힘입어 정부는 최소한의 역할만을 맡아야 한다고 주장해왔던 것이다.

이러한 내부적 비판의 한 줄기는, 경제학자들이 현실에 대한 적실성에는 관심을 잃어버리고 오로지 세련된 수학적 논리에만 넋을 잃고 빠져들었다는 점을 지적한다. 그 결과 제한되고 비대칭적인 정보들에 입각하여 생겨나는 사람들의 여러 예측을 마치 모든 정보에 입각하여 합리적으로 형성된 것인 양 가정하는 일이 벌어졌다는 것이다. 그리하여 경기순환은 시장 체제 자체의 작동으로부터 생겨나는 것이 아니라 점차 "외생적 충격들"(예를 들어 유가 인상 등)로 인해 벌어지는 것이라고 이해되었다는 것이다. 그리고 금융 시장은 모든 정보를 반영하며 가격 탄력성이 대단히 크다는 의미에서 각별히 효율적인 시장으로 이해되었다고 한다. 그러니 이러한 시스템이 최근에 나타난 사태처럼 망가지고 부서지는 일이 어떻게 상상이나 가능하겠는가?

오늘날 경제학자들 사이에서 큰 논쟁과 자기비판이 행해지고는 있지만, 그 결과로 위기 이후의 시대에 나타날 경제 사상이 어떤 것인지는 분명하지 않다. 1930년대에는 케인스의 『고용, 이자, 화폐에 대한 일반 이론』이 출간된 이후 케인스주의의 물결이 경제학계에 터져나온 바 있었다. 오늘날에는 경제에 대해 그에 맞먹는 대안적 사유 방식이 나타나지 않았다. 몇 가지 주목을 끌었던 생각들은 있었지만, 그 중 어떤 것이 장기적으로 승리를 거둘지는 불투명하다. 그 중 하나는, 모든 시장은 정보 불일치와 각종 외부성이 속속들이 배어들어 있으며, 이로 인해 지속불능의 거품은 물론 각종 비효율성을 낳게 되는 것이 정상적인 상태라는 것이다. 이 주장이 함의하는 바는, 시장에 대한 규제와 감독이 전통적으로 경제학자들이 생각해왔던 것보다 훨씬 더 광범위해야 한다는 것이다.[9]

또 다른 관점으로, 결국 케인스가 옳았으며 1970년대에 케인스의 생각을 거부했던 것은 잘못이었다는 주장이 있다. 이러한 관점에 따르면 (여기에 민스키의 금융 불안정성 이론이 가미될 때가 많다), 설령 시장이 효율적으로 또 각종 외부성이 없이 작동한다고 해도 자본주의는 경기 하락과 만성적인 실업으로 이어지는 경향을 가지고 있다는 것이다. 여기에서 안정성을 회복하기 위해 정부가 해야 할 역할은 총수요의 관리 그리고 금융 규제를 통한 과열 진정이라고 한다. 경제 위기를 설명하고 또 명확한 정책 대응의 정당화를 제시하는 데에 분명히 도움이 되었던 경제 이론들이 있었음에도 불구하고 (특히 케인스와 연관된 이론들), 1970년대 이후 경제학자들은 이러한 관점을 경멸하여 무시해왔다. 하지만 케인스주의 경제학자들은 20세기의 가장 위대한 경제학자였던 케인스가 오늘날에도 경제 문제의 진단에서 뿐만 아니라 처방 제시에 있어서 큰 적실성을 갖는다고 다시 주장하였다.[10]

세 번째의 관점은, 경제란 어느 한 가지 방식으로 모델화하기에는 너무나 복합적이라는 것이다. 이러한 관점에 따르면, 경제학의 임무는 사회가 미래에 어떤 방향으로 나갈지를 생각하는 데 유용할 만한 다양한 모델들을 사용하여 설명을 확장하는 것이지, 사회의 개선을 위한 구체적 정책들을 제안하는 것은 아니라고 한다. 만약 경제학이 이러한 방향을 취한다면, 경제학자들은 20세기에 비하여 그 역할이 훨씬 축소되고 또 겸손해져야 할 것이다.[11]

시장 거품	1. 가격이 계속 오를 것이라는 믿음으로 인해 벌어지는 상품 혹은 금융 자산 가격의 지속 불가능한 상승. 거품을 만들어내는 것은 투기(즉 위험한 한탕식 도박으로 이득을 취하고자 하는 행위)일 수도 있고 차입에 대한 리스크 평가를 줄여주는 가격 상승에 대한 과도한 확신일 수도 있다. 역사를 보면 거품이 생겼다가 결국 터지는 이야기가 가득하건만, 시장 참여자들은 변함없이 "이번엔 다르다"고 믿는다.
금융화	2. 국민 소득과 기업 이윤에서 제조업, 광업, 농업, 비금융 서비스 등에 비해 금융 부문이 차지하는 몫이 증가하는 현상. 비금융 기업들마저도 갈수록 각종 금융 서비스를 제공하고 있으며 또 금융 자산을 구매하는 데 자원을 사용하게 되면서 이러한 금융화 과정에 편입되어 들어간다.
임금 정체	3. 미국의 경제 성장에도 불구하고, 미국 남성 노동자 임금의 중위값은 지난 30년간 거의 오르지 않았다. 황금시대의 기간 동안 미국의 임금이 노동 생산성 증가 추세와 밀접한 관계를 유지하며 증가했던 것으로부터 크게 이탈한 것이다. 이러한 임금 정체의 결과 중 하나는 가계가 생활수준을 개선하려면 한 사람만의 소득으로는 충분하지 않게 되었다는 것이다. 또한 가계 부채도 늘어났는데, 특히 의료 보험과 교육비 같은 중요한 범주의 지출이 실질 가격으로 따져도 꾸준히 증가한 것이 중요한 이유였다.

4. 생산과 고용을 결정하는 것은 유효 수요라는 케인스주의적 생각에 입각하여 볼 때 민간 수요(소비 지출, 기업 투자, 수출에 대한 해외 수요 등)가 사회적으로 적정한 수준의 고용을 창출할 만큼 충분하지 못하다면 정부의 역할이 결정적인 것이 된다. 하지만 정부 부채에 대한 이자 지출의 부담이 과도해질 경우 공채 발행에 제약이 올 수 있으며, 이로 인해 재정적 경기부양에도 여러 한계가 주어진다.

5. 미국의 기업들은 갈수록 생산을 외주화하고 또 미국의 민간 및 공공 부문의 차입이 늘어나면서 여기에 필요한 외국 자본이 밀려들어오게 되자 2000년대 들어서 미국의 무역 적자는 (그리고 중국의 무역 흑자는) 만성적으로 늘어나게 된다. 이러한 불균형은 장기적으로 지속될 수 없다는 견해가 지배적이다. 어떤 이들은 이 불균형의 원인을 중국의 과도한 저축에 돌리기도 하며, 또 어떤 이들은 미국인들에게 대출을 조장하는 과도하게 방만한 미국의 통화 정책에 원인을 돌리기도 한다.

질문들

1. "대침체"의 직접적 원인은 어떤 것들이었나? 모종의 위험한 경제적 불균형이 누적되고 있을지 모른다는 것을 암시했던 보다 장기적 추세들은 어떤 것들이었나?

2. 금융 부문은 노동 및 생산으로 구성되는 "실물" 경제와 어떻게

연결되는가?

3. 대침체와 대공황을 원인, 위기의 심각성과 정도, 경제 하강의 규모 등에서 비교하라.

4. 대침체가 모종의 지구적 현상이었다는 것은 어떤 점에서인가?

5. 금융 붕괴의 가능성을 공중公衆에게 경고했던 경제학자들의 수는 왜 그렇게 적었던가? 이렇게 경제 이론의 실패가 분명하다면 전면적인 수정이 필요할까?

6. 대침체에 대한 정책 대응은 어떤 것이었으며 효과는 어떠했는가?

THE MAKING OF ECONOMIC SOCIETY

13장

우리가 처한 문제들,
우리에게 놓여 있는 가능성들

그 다지 길지 않은 이 책에서 우리는 고대 로마와 중세 유럽의 고립된 경제적 사회들로부터 오늘날의 지구화된 생산 그리고 거의 붕괴에 이를 뻔한 금융 공황까지 참으로 긴 여정을 거쳐왔다. 우리의 미래가 어떻게 될지를 우리는 알고 싶어 한다. 하지만 이 질문을 던지는 순간 이미 우리는 이 질문에 믿을 만한 대답이 있을 리 없다는 것도 알고 있다. 그러니 10년 후 세계 경제 속에서 우리나라 경제의 위치가 어떻게 될지, 일자리는 늘어날지, 불평등의 추세는 어떻게 될지 등등에 대한 이런저런 예측으로 이 마지막 장을 채운다면 실로 경솔한 짓일 것이며, 또 지각 있는 독자라면 우리의 말을 그다지 믿지도 않을 것이다. 하지만 이 질문은 누구나 궁금해 하는 질문이니, 이 답을 찾아나갈 길은 없을까? 우리의 대답은 이렇다. 미래를 좀 더 명료하게 생각하고 싶다면 과거를 잘 활용해야 한다는 것이다. 그래서 좀 이상하게 들릴 수도 있으나, 다음의 질문을 우선 던지고자 한다. 지금까지 역사에서 존재했던 과거의 사회들은 미래를 어떻게 보아왔던가?

전통 원리로 작동하는 사회들

이 책은 아주 먼 옛날 지구상 인류의 99퍼센트가 수렵과 채집을 유일한 사회 조직 방식으로 삼던 시절에서 시작하였다. 그 사회의 사람들은 미래를 어떻게 생각했을까?

얼핏 보면 이 질문은 대답이 불가능한 것 같다. 하지만 이 부족 무리에 대해 우리가 알고 있는 것과 합리적으로 재구성할 수 있는 것을 잘 종합해보면 그렇게까지 불가능한 것은 아니다. 사실 이 원시 사회에 대해 어느 정도 일반화가 가능하므로, 그를 통해 그 사회에 살던 사람들이 실제 자신들의 미래를 어떻게 생각했을지도 상당히 개연성이 높은 방식으로 재구성할 수 있다. 그렇게 하여 나오는 답은, 그들이 미래를 과거의 연장으로 생각했었다는 것이다.

이러한 일반화의 근거는 무엇인가? 강력한 이유 하나는 원시 사회의 자연과의 관계가 보통 성공적이었지만 또 매우 제한적이었기에 그 사회의 물질적 조건을 바꿀 수 있는 수단도 존재하지 않았다는 것에 있다. 또 마찬가지로 우리의 먼 조상들은 정치 문제에서도 단순하면서도 충분한 삶을 향유했다. 자기 집단의 수렵지를 옮겨야 할지 어떨지는 전부가 참여하며 마을의 장로들이 주도하는 토론으로 결정되었다. 만약 원한다면 개인들은 집단에서 떨어져 나와 나름대로의 길을 갈 수 있었고, 누구도 이를 막지 않았다. 따라서 정치 과정을 변혁해야 하겠다는 절박한 동기가 생길 이유도 없었다. 마지막으로, 수렵 채집 집단들 각각의 의식 속에는 성원들 각각이 어떤 책무를 가지고 있는지 — 특히 친족 관계에서 — 가 뚜렷이 정해져 있었다. 그러니 변화시키고 말고 할 게 무어가 있었겠는가?

이러한 일반적 명제들에서 나올 결론은 단 하나이다. 우리의 먼 조상들에게 미래란 사람들이 불안한 마음으로 응시하는 숙명이 아니다. 아주 대단히 확실한 것이었다. 미래가 어떤 모습일까. 미래는 과거와 같은 모습일 것이다. 달리 무슨 가능성이 있었겠는가?

492

명령으로 작동하는 사회

이렇게 전통 원리로 작동하던 사회들이 기원전 5000년과 4000년경 나일강, 티그리스 및 유프라테스 강, 양쯔강, 갠지스 강 유역에서 명령으로 작동하는 사회로 전환하였음을 또 우리는 보았다. 정착 농경 및 최초의 금속 제련 기술이 나타나면서 그보다 옛날의 사회와는 상당히 다른 사회 구조들이 생겨날 수 있었다. 돌로 만든 거대한 피라미드만 생겨난 것이 아니라, 사회라는 놀라운 피라미드 건축물 또한 탄생한 것이다. 이 사회적 피라미드의 밑바닥에는 농민들이 지방 행정관과 마름들의 감독 아래에서 허리가 휘도록 일을 하여 상설 군대를 부양해야 했다(수렵 및 채집 생활을 하는 부족 사회에는 이런 감독자가 없었다.). 이들 위에는 성직자들과 공직자들이 있었고, 맨 위에는 전능한 파라오, 왕, 황제 등이 있었다.

따라서 그 이전과는 정말로 상상할 수 있는 가장 다른 종류의 사회가 출현한 것이다. 이 새로운 사회는 그렇다면 미래에 대한 새로운 비전을 가지게 되었을까? 참으로 이상한 일이지만, 그렇지 못했다. 이 새로운 사회들에서 정상을 차지했던 지배자들은 분명히 그 이전 수만 년 동안의 세상사 그 어떤 것도 넘어서는 야망을 품고 있었다. 이들은 대륙을 넘나들 수 있는 군대와 현대인들조차 경탄을 금할 수 없는 구조물을 세운 노동력을 거느렸기에, 그전에는 상상조차 할 수 없는 방식으로 세상을 바꿀 그림을 머릿속에 품을 수 있었다.

하지만 이러한 최정상의 지배자들에게서 아래쪽으로 시야를 돌려보면 이야기는 전혀 달라진다. 왕들과 황제들은 미래에까지 긴 그림자를 남길 만한 일들을 꿈꾸고 실행했지만, 그 사회의 아래쪽 사람들에게 그런 위업들이 무슨 의미가 있었겠는가? 선한 왕들도 있었고 악한 왕들도 있었다. 정복 전쟁은 대승을 거두기도 했고 재앙으로 끝나기도 했다. 하지만 이런 일들은 항상 있는 것이었다. 풍년이 드는 해도 있고 흉년이 드는 해도 있는 법이다. 결국 사회의 대다수 성원들에게는 명령으로 운영되는 사회 또한 전통으로 운영되는 사회나 마찬가지로 그 미래의 모습이란 그저 텅 빈 미래의 스크린에 현재를 투사한 것에 불과하였다. 위대한 정치 사상가 니콜로 마키아벨리가 15세기에 썼던 바 있듯이, "미래를 예견하고자 하는 이들은 과거를 참조해야 한다. 왜냐면 인간 세상의 일들은 항상 예전 시대의 일들과 항상 비슷하게 되어 있기 때문이다."[1]

자본주의

이렇게 미래를 수동적으로 바라보는 관점의 태도는 언제 변화를 겪게 되었을까? 이제는 우리 모두 그 답을 알고 있다. 그 시기는 바로 근대의 경제 사회가 출현했을 때였다. 즉 우리가 이 책에서 주된 연구의 초점으로 삼았던바, 자본주의 세상이 출현하면서부터 그러한 변화가 나타나게 된 것이다. 미래가 성장, 축적, 팽창, 변형 등과 같은 무한한 가능성을 담고 있는 것이라고 관념되기 시작한 것은 오로지 자본주의 시대에 들어와서 생겨난 일이다.

아마 이제는 어째서 과거에 대한 연구가 미래에 다가올 일들의 모습을 조명하는 데에 도움이 되는지를 알 수 있을 것이다. 자본주의의 역사는 그 이전의 어떤 사회에도 없던 세 가지 속성을 반영하고 있다. 그중 첫째는 자본 축적에 대한 욕망이 속속들이 배어 있다는 것이다. 이로 인해 자본주의 경제는 그 특유의 생명력 넘치는 에너지를 가지게 되며, 이는 새로운 기술과 새로운 시장에 대한 지칠 줄 모르는 탐구로 표출되게 된다. 이것이야말로 과거에는 산업 혁명을 오늘날에는 컴퓨터 혁명을 가져다준 자본주의 경제의 속성이었으며, 또 과거에는 제국주의 시대를 현재에는 지구화의 시대를 열어젖힌 자본주의 경제의 속성이었다.

미래로의 운동에서 자본주의가 갖는 두 번째 속성은 내부의 조정 메커니즘을 경쟁 시장들의 네트워크가 제공해준다는 점이다. 그 이전의 사회 질서에서는 판매자와 구매자 사이에 경쟁의 규율과 선택의 자유와 같은 것이 없었다. 첫 번째로 우리가 든 자본 축적의 욕망의 경우와 마찬가지로, 이 시장 네트워크라는 것이 사회 질서에 엄청난 활기와 끊임없는 혁신의 노력을 제공해주었다. 이에 해당하는 것을 그 이전 사회에서는 찾을 수 없다.

세 번째는 앞의 두 가지처럼 바로 익숙하게 보이지는 않는다. 하지만, 이 또한 자본주의의 뚜렷한 특징이자 미래에 대한 지향성 또한 전혀 새롭게 모습 짓는 특징이다. 이는 자본주의가 두 개의 뚜렷이 구별되는 영역 혹은 부문으로 나뉘어 있다는 점이다. 첫째는 명확히 규정된 정부이다. 이 정부는 경제 문제에 개입할 권리가 엄격하게 제한되어 있다. 둘째는 이 정부를 에워싸고 있는 훨씬 더 큰 규모의 민간 경제로서, 이 부문이 정부에 대해 갖는 특권들 또한 마찬가지로 세심하게 제한되어 있다. 비록 경제에 대한 "정부의 지나친 간섭"이라든지 정부에 대한 "재계의 지나친 영향력" 등의 불평이 아주 익숙하게 들려오지만, 중앙 정부이든 지방 정부이든 그 어떤 정부도 명시적인 인가가 없이는 민간 기업들과 경쟁하며 이윤 추구 사업을 벌일 수 없다는 점 그리고 민간 기업 또한 문제를 일으킨 노동자들을 감옥에 보내고 싶어 안달이 났다 해도 멋대로 그렇게 할 수 없다는 점을 잊어서는 아니 된다.

한마디로 말해서, 자본주의에 들어오면서, 사회의 주요한 생산 활동을 맡고 있는 민간 부문 그리고 그 기본적 추진력을 인도하고 보호할 책임을 맡은 공공 부문이 나란히 공존하면서 그 이전 어느 때보다 경제적 미래를 형성할 능력이 뛰어난 강력한 사회 구조를 만든 것이다. 물론 그렇다고 해서 이러한 능력이 항상 현명하게 쓰여왔다거나 이를 통해 얻어낸 해결책들에 아주 당혹스런 또 다른 문제들이 생겨나지 않았던 것은 아니다. 그렇지만 예전에는 없었던 능력이 오늘날의 자본주의에 존재하고 있음 또한 분명하다.

우리는 이제부터 이런 점들을 논의할 것이다. 하지만 이 마지막 장을 시작하면서 과거 시대의 사람들이 미래를 생각하던 방식과 우리가 미래를 생각하는 방식 사이에 차이가 있다는 점을 다시 한 번 지적해 두고자 한다.

미래를 분석한다

이제 우리가 한번 제대로 다루어보고 싶은 질문으로 들어가보자. 앞의 9장부터 12장까지 개괄한 많은 문제들이 앞으로 어떻게 풀려나갈까? 여기에서 자본주의의 구조와 동학 특유의 미래를 들여다보는 방법이 두 가지가 있는데, 그 둘의 결정적 차이를 알아보는 데서 시작해보자.

그 두 가지란 예언과 분석이다. 첫 번째 것은 주로 결과에 관심을 두며 두 번째는 그런 결과가 나오는 과정들에 관심을 둔다. 경제생활 안에서나 밖에서나 우리는 매일 다양한 예언을 만나고 있다. 이번 경주에서는 '불한당'이라는 말馬이 틀림없이 3위로 들어올 것이라고 말해주는 경마장의 예상가나, 다우 존스 지수가 연말쯤 되면 확실하게 치솟게 되어 있다고 말하는 경제신문 칼럼니스트나, 예언을 하고 있기는 마찬가지이다. 경마장의 예상가는 그 말의 족보에 대한 정보에 근거해서 또 다우 존스 지수 예측가는 엄청난 양의 데이터를 놓고서 그런 결론을 내렸을 것이다. 그런데 경제적 예언을 할 때에는 분석이 더욱 무게를 가지게 된다는 점을 명심해야 한다. 경제적 사건들에 대한 통계 정보의 양이 다른 곳보다 훨씬 더 많아서이기도 하지만, 이제는 독자들도 잘 알고 있듯이 경제생활에는 수요와 공급과 같은 인간 행태의 핵심 경향들 몇 가지가 있게 마련이고 이를 통해 경제가 어떻게 작동하는지를 일반적인 법칙으로서 이해하는 것이 가능하기 때문이다. 이는 경마장이나 정치 혹은 국제 정세 등에서는 크게 적용되지 않으며, 따라서 이런 영역에서는 분석이 차지하는 역할도 훨씬 작을 수밖에 없게 된다.

예언과 분석의 구별은 이 장에서 아주 결정적 역할을 한다. 우리는 향후 1년이나 2년, 혹은 10년 안에 인플레이션이나 실업 또는 불평등이 정확히 어느 정도 혹은 어느 만큼 더 좋아지거나 나빠질 것이다라는 식의 예언은 삼갈 것이다. 그 이유는 두 가지가 있다. 첫째, 이런 예언에는 경제뿐만 아니라 정치적, 국가적, 심지어 국제적 변수들까지 작용하게 되는데, 이렇게 변수가 많은 상황을 예견한다는 것은 불가능하기 때문이다. 둘째, 이보다 더 근본적인 이유가 있다. 미래의 불확실성이라는 말은 단지 모든 예언은 빗나갈 수 있다는 뜻이 아니라 미래란 한마디로 알 도리가 없는 것이라는 뜻을 담고 있다.

이렇게 미래란 본래 알 방법이 없다는 점에 비추어볼 때, 우리의 목적은 예언이 아니다. 우리가 목적하는 바는 우리가 관심을 두는 여러 경향들의 근저에 어떠한 경제적 힘들이 작동하는지를 가능한 한 명쾌하게 밝히는 것이다. 앞으로 보겠으나, 우리의 분석을 통해 미래의 방향에 대해 몇 가지 결론을 얻게 될 것이다. 하지만 이러한 지적은 결코 예언과 같은 것이 아니다. 또 우리가 결론 내린 방향대로 실제의 미래가 움직이지 않을 수도 있다. 이 경우에는 또다시 흥미롭고도 중요한 다음의 질문이 나오게 된다. 즉, 분석을 통해 얻었던 방향이 현실과 어긋난 이유는 여러 다른 요소들이 개입했기 때문인가? 아니면 분석 자체가 잘못되었기 때문인가? 우리의 분석이 빗나간다면, 독자들은 그 이유를 스스로 논의하고 생각해보라. 그러면 경제학과 경제사에 대해 이 책 전체에서 우리가 늘어놓은 내용보다 오히려 훨씬 더 많은 것을 배울 수 있을 것이다!

세 가지 주요 이슈

1. 실업과 늘지 않는 소득

미국 경제가 1970년대 중반부터 지속적으로 실업 문제를 안고 있었음을 상기하라. 1983년 실업률은 노동력의 7.3퍼센트로 치솟았고 그 뒤로는 1989년의 5.3퍼센트로 점차 떨어졌다가 1992년에 다시 7.5 퍼센트로 오르게 되고 1990년대 후반에는 다시 4퍼센트 조금 넘는 수치로 떨어진다. 2007~2009년의 대침체 이후 실업률은 거의 10퍼센트 지점에 고착된 채로 머물러 있다. 앞에서 보았듯이 여기에 만약 구직 활동을 포기한 노동자들, 비자발적인 파트타임 노동자들, 그리고 통계 조사에 빠진 노동력의 성원들까지를 더한다면 그 전체 수치는 이보다 훨씬 더 클 것이다. 물론 거의 25퍼센트에 달했던 대공황 당시의 실업률보다는 낮지만, 심각하게 받아들여야 할 수치임은 분명하다. 게다가 흑인계 미국인의 실업률은 2010년 현재 16퍼센트로서 백인계 미국인 실업률의 거의 두 배에 달하고 있다. 기업의 규모 축소로 인해 비교적 보수가 좋은 일자리들이 사라졌다. 그리고 새롭게 나타난 일자리들도 별 숙련을 요하지 않는 저임금 노동이다. 그 결과 가정 경제에서는 이제 한 사람만 일해서는 생계를 꾸려가기 힘들게 되었다. 실제로 평균 가구 소득은 1989년에서 1994년 사이에 2천 달러 이상 떨어졌다. 2차 세계 대전 이래 5년 단위로 증감 추세를 살펴보았을 때 최초로 하락이 나타난 것이다. 따라서 그 이전까지 비교적 오래도록 경제 성장 기간이 지속되었음에도, 미국인들은 일자리와 소득에 대해 불안감을 떨치지 못하고 있다. 유식한 말을 좋아하는 이들은 이 기간을 "일자리 없는 경제 회복jobless recovery"이라고 부르고 있지만, 임금이 늘지 않는 경제 회복이라는 이름이 더 나을 것이다. 거시 경제 정책은 이제 단순하고 순수한 의미에서의 경제 성장이 아니라 임금 특히 저임금 노동자들의 임금으로 관심의 초점을 옮기게 될지도 모른다.

이렇게 골치 아픈 상황이 나타나게 된 원인은 무엇인가? 여기서 우리는 두 가지 분석의 방향을 따로 살펴보아야 한다. 첫 번째는 실업 수준과 총생산량 사이의 관계로서, 이 둘 사이의 관계는 아주 잘 알려져 있다. 옛날 전쟁 시절처럼 모든 경제가 전쟁 물자 생산으로 굴러갔을 때에는 실업률이 노동력의 2퍼센트 이하로 떨어지기도 했었다. 자유로운 사회에서는 항상 더 좋은 직장을 찾아서 하던 일자리를 자발적으로 떠나는 노동자들이 있게 마련이다. 따라서 2퍼센트 정도라면 아마도 자유 사회에서 실업률이 떨어질 수 있는 최하치일 것이다. 2차 대전이 끝난 직후에는 미국인들이 어마어마한 지출과 소비의 잔치판을 벌였고, 실업률도 3퍼센트 정도를 오르내리다가 전후 붐이 점점 사그라지자 5퍼센트까지 올라가게 된다. 이 33년의 기간(1940∼1973년)은 잘 알려져 있듯이 1차 오일 쇼크로 끝나게 된다. 그렇다면 우리는 먼저 일자리가 샘솟던 저 황금시대로 우리가 돌아갈 수 있을지부터 분석해보도록 하자. 거시적 분석을 해보면 우리가 그런 시대로 되돌아가려면 대규모 투자 지출이 지속적으로 이어져야 함을 알게 된다. 그리고 그러한 경기 부양은 민간 기업 부문에서 자발적인 투자를 통해 이루어지든가 아니면 심사숙고를 거쳐 공공 지출의 증가를 통해 이루어지든가 둘 중의 하나라는 것도 알게 된다. 즉 새로운 황금시대가 오든가 새로운 뉴딜 시대가 오든가 둘 중의 하나라는 것이다. 물론 거시 경제 분석은 이 두 방향 중 어느 쪽이 더 가능성이 높은지를 말해주지는 못한다. 하지만 거시적 분석은 사람들이 더 많은 재화에 굶주려 있었던 1950년대와 오늘날이 얼마나 근본적으로 차이가 있는지, 또 프랭클린 루즈벨트와 린든 존슨의 시절과 빌 클린턴 및 조지 W. 부시의 시절 사이에 정치적 분위기가 얼마나 근본적으로 변화했는지도 가르쳐준다.

하지만 분석해야 할 방향이 하나 더 있다. 실업 수준이 전적으로 국민적 지출의 수준으로 결정되는 것은 아니기 때문이다. 앞에서 보았듯이, 실업률에는 기술 변화와 기업 구조 조정 등으로 벌어지는 기업 규모 축소나 해외 외주화와 같은 요소들도 영향을 미친다. 이러한 미시적 요인들을 고찰하기 위해 어떤 분석이 가능할지를 알아보자.

우선 전쟁이 없이도 실업률이 낮던 시절을 되돌릴 만큼 호황이 올 가능성부터 고찰해보자. 무언가 놀라운 신발명이 내일이라도 나타나서 완전 고용 시대가 되돌아올 가능성이 있을까? 이는 예언을 해보고 싶은 문제이지만 그만큼 또 예언이 불가능한 문제이기도 하며, 분석은 단연코 불가능한 질문이다. 실제로 1991년에서 1990년대 후반까지 미국 경제는 꾸준히 성장하였지만, 우리는 이 장밋빛 통계 뒤에 어떤 불편한 진실들이 숨겨져 있는지를 이미 본 바 있다.

그렇다면 우리는 단지 미국뿐 아니라 선진국 지역 전체에 걸쳐서 고용과 임금의 성장률이 아주 낮을 것이라고 체념해야 할까? 분명히 이것이 가장 가능성이 높은 전망이다. 하지만 만약 우리가, 수요를 자극하고 생산성을 높이면서도 낮은 실업률이 가져올 인플레이션 효과를 억제할 새로운 양식을 고안해낸다면 이야기는 달라질 수도 있다.

| 이해 당사자 만들기가 탈출구가 될 수 있을까 |

그런 방법이 있을까? 아마 있을 것이다. 몇몇 나라들 —— 예를 들어 독일, 스칸디나비아 3국, 네덜란드, 오스트리아 —— 에서는 노동자들과 고용주들 사이에서 "이해 당사자 만들기stakeholding"라고 불리는 관계가 출현한 바 있다. 이해 당사자 만들기란 노동자와 경영진 사이의 새로운

계약 행태로서, 노동에게는 일자리에 대한 권리를 보장하는 대신, 경영진이 경쟁적 입지를 유지하는 데에 필요하다고 판단할 때에는 임금 인상을 억제할 것을 노동자들이 동의해주는 것이다.

실제로 어떤 형태의 이해 당사자 만들기는 상당히 오랜 기간 동안 실업률을 낮게 유지하면서도 자기 파괴적인 임금 인상 압력을 피할 수 있는 기초가 되기도 했다. 과연 우리나라에도 이런 것이 현실적으로 가능할까? 오랜 역사 동안 노사 관계가 적대적이었던 우리나라에서는 이런 일이 불가능할 것이라고 답하기 쉽다. 하지만 시대는 변하며 우리도 시대와 함께 변해간다. 이해 당사자 만들기가 유럽에서 널리 확산되어간다면 미국 또한 큰 압력을 받지 않을 수 없을 것이다. 즉, 인플레이션이 없는 호황으로 가는 길이 어쩌면 이미 존재하고 있는지도 모르는 셈이다. 이렇게 광범위한 영향력을 가질 제도적 변화가 실제로 가능할지 어떨지는 분명히 예언의 문제는 아닐 것이다. 하지만 적어도 미래의 의제가 될 가능성만큼은 충분히 있다. 그리고 앞으로 보겠지만, 가능성을 품고 있는 의제는 이것 말고도 더 있다.

| 인구 증가와 이민 |

인구 증가는 인류의 식량 생산 능력을 망쳐놓고 결국 대규모 역병과 기아 사태를 낳게 될 것이라고 걱정하는 이론가들이 역사적으로 많이 있었다. 오늘날의 세계를 보면, 이는 실제로 벌어진 경우도 있었지만 대부분의 나라에서는 그렇지 않았다는 것을 알 수 있다. 어떤 나라가 산업화를 이루고 더 부유해짐에 따라서 그 출산율은 일반적으로 하락한다. 과거에는 인구 과잉이 고민이었을지 모르지만, 오늘날 많은 선진국들은 정반대의 고민을 안고 있다. 인구 증가가 너무 느려서 갈수

록 인구의 고령화가 심화되며 사회적 필요를 부양할 수 있는 노동 연령의 인구가 평균적으로 줄어드는 사태를 경험하고 있는 것이다. 이로 인하여 이민의 역할이 중요해졌다. 그런데 흥미로운 일은, 이렇게 미국, 유럽, 일본 등의 경제가 이민자들에 대한 수요가 커져가는 이 시점이 또한 이민자 유입을 놓고 정치적 논쟁, 사회적 혼란과 반대 등등이 생겨나고 있는 순간이기도 하다는 점이다.

UN의 예측에 따르자면 유럽, 일본, 러시아 등의 경제는 향후 50년 간 크게 쇠퇴할 것이다.[2] 게다가 이 나라들의 인구는 고령화 즉 평균 연령의 상승을 겪고 있다. 이 나라들은 노령 은퇴 인구와 노동 인구 사이의 비율을 일정하게 유지하려면 과거 그 어느 때보다 더 높은 비율의 이민자들을 맞아들여야만 한다.

그럼에도 불구하고, 많은 숫자의 터키인들이 프랑스로, 북아프리카인들이 파리로, 중동 전반의 이민자들이 네덜란드와 스웨덴으로 이주하게 되자 이민자 집단들과 토박이 시민들 사이의 갈등이 증가 일로에 있다. 대부분의 경우에서 이 집단들은 사회적 경제적으로 제대로 통합되지 못하고 있으며, 이 나라들 각각에서 모두 반反이민 정책들이 제출되어 있는 상태이다.

미국에서는 상황이 달라서, 2000년과 2050년 사이에 인구 증가율이 약 25퍼센트에 달할 것으로 예상되고 있다. 따라서 새로운 이주 노동자에 대한 요구도 유럽보다는 적다. 하지만 미국의 인구 또한 계속 노령화(평균 연령의 상승)하고 있기에, 늘어나는 은퇴 인구를 부양하기 위해서는 이민자들이 계속 필요할 것이다. 이민, 특히 멕시코 국경을 넘는 불법 이민은 항시적인 미국의 정치 문제이다. 2010년 현재 미국 내에서 제대로 된 체류 관련 서류를 갖추지 못한 이들의 숫자는 1천1

백만 명 이상으로 추산된다. 하지만 이런 사람들 대부분이 노동하고 있을 뿐만 아니라 조세 납부도 하고 있음을 기억할 필요가 있다. 따라서 이들의 사회적 기여를 인정하면서도 그것이 더 많은 불법 이민을 용납하는 것이 되지 않도록 할 방법이 무엇인가가 미국의 중요한 정치 문제 가운데 하나가 되고 있다.

2. 불평등

앞에서 우리는 실업률을 낮추고 소득을 늘리기 위한 전제 조건이 무엇인가를 상당히 명확하게 분석적으로 묘사할 수 있었다. 하지만 부의 재분배가 계속해서 상위 10퍼센트 아니 1퍼센트의 가계를 향해 지속적으로 벌어지고 있다는 우울한 심지어 충격적인 사실 앞에서는 그러한 명확한 분석이 가능하지 않다. 여기에 거시 경제적 고찰점과 미시 경제적 고찰점이 있다. 거시 경제의 관점에서 보면, 생산성 증대와 투자의 속도가 늦추어진 것이 저 황금시대 이후 기간의 특징이며 이것이 불평등 증대의 한 원천이 되고 있다고 말할 수 있다. 높은 파도가 밀려오면 모든 배가 다 위로 떠오르지만 — 황금시대에 그랬던 것처럼 — 파도가 거칠면 약한 배들은 아래로 내려앉게 된다. 우리가 12장에서 본 것처럼, 많은 개발도상국들에서는 교육이나 훈련이 없는 이들의 상대적 소득이 줄어들고 있기 때문에 불평등이 증대하고 있다. 많은 경제학자들은 이러한 상황에 대한 대처 방안으로 모든 곳에서의 노동 숙련도를 높일 것을 주문하고 있다.

그다음으로 우리는 기술 변화의 역할을 고찰해야 한다. 컴퓨터화는 양날이 달린 칼임이 분명한 것 같다. 한편으로는 한때 좋은 임금을 받았던 조립 라인의 여러 직종들을 낡은 것으로 만들어버리기도 했지만

504

또 한편으로는 새로운 서비스 직종들을 만들어 냈다. 하지만 이 새로운 서비스 직종들은 일부는 아주 높은 보수를 받지만 나머지의 경우는 아주 임금이 낮다. 컴퓨터화는 노동자들의 숙련 요건을 더 높게 만들기 때문에 교육을 잘 받지 못한 이들 —— 이들은 일반적으로 소득이 낮은 이들이다. —— 에게 불리하게 작용한다. 이제부터의 경제에서는 컴퓨터 기술이 갈수록 더 큰 비중을 차지할 가능성이 크다는 점을 생각해보면, 소득 분배의 향방은 더욱 악화될 가능성이 높다. 요약하자면, 이렇게 복잡한 그림 전체를 읽어볼 때 과연 현재의 소득 분배 수준이 개선될 수 있을지 심히 의문이다. 물론 이런 예견은 앞에서 우리가 실업 문제를 다루면서 내놓은 주장처럼 분석적으로 명확한 근거를 가지고 있는 것은 아니라는 점은 기억해야 한다.

그런데 우리가 불평등한 세상으로 가고 있음을 보여주는 지극히 중요한 요소가 또 하나 있다. 이는 최정상 CEO들의 보수와 그들의 노동자들 임금의 중앙값이 괄목할 만큼 차이가 벌어지고 있다는 것이다. 하지만 이 문제에서 미래가 어떻게 될지를 예측할 수 있는 분석적 설명이 기술 충격의 경우보다 훨씬 더 어렵다. 보수나 임금과 같은 사회 규범 및 제도는 그 시간적 변화 추이가 순수하게 경제적인 이유만이 아니라 정치 문화적 이유에도 좌우되기 때문이다.

이 점에서 볼 때 고려할 만한 사실이 두 가지 있다. 10장에서 우리는 보수의 중앙값과 최고값의 차이가 1960년대의 30 대 1에서 2004년에는 100 대 1 이상으로 벌어졌음을 보았다. 여기에 두 번째로 고려할 사항이 있다. 최정상 CEO의 보수와 그들이 거느리는 노동력의 평균 보수의 차이는 그 어떤 자본주의 국가보다 미국에서 훨씬 더 크게 벌어진다는 점이다. 이 수치는 독일에서는 20 대 1이며 일본에서는 10

대 1에 불과하다. 물론 미국 밖에서는 기업 관료 조직의 최고층이 져야 할 부담이 미국 기업의 경우보다 상당히 작다는 점도 함께 주목해야 한다.

이렇게 미국에서는 상층 관료들이 지나치게 큰 몫을 가져간다는 사실을 어떻게 설명할 것이며 그 같은 사실에서 미래에 관한 어떠한 함의를 얻을 수 있을까? 가능한 설명 하나는 다시 한 번 미국과 유럽의 비교로 돌아간다. 양쪽의 노사 관계를 비교해볼 때 경영 측과 노동 측의 사이는 그 어떤 유럽 나라들보다 미국에서 더욱 적대적이다. 이렇게 되면 미국의 기업들은 경영 측과 노동 사이에 긴밀한 상호 이해가 존재하는 경우보다 더 많은 감독 스탭들을 필요로 할 수밖에 없는 것이다.[3] 또 다른 설명으로서, 경영자들과 주주들의 이해를 더 긴밀하게 만들고자 1980년대에 시작되었던 운동이 지금 부작용을 일으키고 있다는 견해도 있다. 스톡 옵션의 형태로 경영자들에게 보수를 지급하다 보니 경영자들 또한 기업의 장기적 성장이 아닌 단기적인 주가 변동에 초점을 맞추게 되었다는 것이다.

분명한 것은, 이런 점을 따지다 보면 어째서 미국 기업들이 이해당사자 만들기처럼 다른 지역에서 유용한 것으로 판명된 여러 협조적인 제도들을 발전시키지 못했는가라는 의문이 더욱 깊어지게 된다. 물론 그 대답은 미국과 유럽의 매우 상이한 문화적 전통에 있다는 것이 분명하다. 하지만 이런 대답만으로는 앞으로 어떻게 될지를 짚어보는 데에 그다지 분명한 기초가 될 수 없다. 따지고 보면 1930년대의 미국도 오늘날만큼이나 노동에 대해 적대적인 사회였지만, 그렇다고 해서 뉴딜의 출현을 막을 수 있었던 것은 아니었고 또 바로 이 뉴딜이 그 이후 유럽에게는 하나의 표준이 되지 않았던가. 하지만 또 그렇다고 해서 기업의 태도에 있어서 필연적으로 여러 변화가 생겨날 것이라고 단언할 수도 없는 일이다. 그저 우리는 위험을 무릅쓰고서라도 이렇게 말할 수밖에 없다. 기업의 태도에 변화가 없는 한, 소득 분배의 형태에 변화가 있을 거라고 기대할 이유가 거의 없다고.

기업의 그런 변화가 현실적으로 가능할까? 미국에 있는 몇몇 기업들은 상당히 자주적인 임금 계약을 실험하는 변화를 시작하였고, 이를 통해 노동과 경영 사이의 상호 신뢰를 증진시켜서 상층의 경영진에게 고액의 보수를 지급해야 하는 보수 체계를 깨고자 노력하고 있다. 이런 식의 보수 체계는 기업의 효율성과 수익성을 증대시키기는커녕 궁극적으로 갉아먹는 것이기 때문이다.

3. 지구화

우리는 이제 우리 앞에 놓여 있는 세 번째 도전을 논할 차례가 되었다. 이는 아마도 가장 해결하기 어려운 난제일 것이다. 모든 선진 자본주의 국가들이 갈수록 세계 경제와 깊게 연관되어 가는 상황을 도대체 어떠한 역사적 시각에서 바라보아야 할까? 이러한 현상의 미래를 밝혀줄 만한 교훈을 과연 과거에서 끌어낼 수 있는가?

11장에서 우리는 지구화를 여러 나라의 시장이 점점 더 깊은 상호 연관을 가지는 것이라고 정의하였고, 특히 자본의 국제적 이동성에 초점을 맞추었다. 이제 우리의 임무는 한 걸음 물러서서 지구화라는 현상을 시장 사회의 형성이라는 우리의 폭넓은 확대경으로 고찰해보는 것이다. 이러한 시각에서 보면, 지구화의 힘은 자본주의가 이제 역사상 그 어느 때보다도 세계의 더 넓은 부분을 지배하는 경제 체제가 되었다는 사실에서 가장 뚜렷하게 드러남을 알 수 있다.

이러한 상황이 벌어지게 된 가장 중요한 원인은 소련과 동유럽 공산주의의 몰락이다. 1960년대와 1970년대에 사회주의 전략을 추구하는 많은 개발도상국들 —— 예를 들어 탄자니아, 자메이카, 니카라과 등 —— 이 이제는 시장 지향적인 방향으로 전환하였다. 명목상 사회주의 체제를 유지하는 나라들이라고 해도 이제 내부적으로는 주요 산업들을 사유화 —— 즉 국영 기업을 사적 부문에 매각 —— 하는 흐름이 엄청난 규모로 나타나게 되었다. 많은 나라들은 국제적 압력 때문에 혹은 자발적으로 국내 경제의 각종 보조금과 가격 보조 장치를 제거하고 대외 무역과 투자에 자신들의 경제를 개방하였다. 한 연구에 따르면 1980년대에는 18개의 나라들이 그리고 1990년 이래로는 16개의 개발도상국들이 그전보다 훨씬 더 자유 시장적인 무역 및 환율 정책으로 전환하였다고 한다. 이러한 정책 전환을 강력하게 장려했던 것이 또 바로 세계은행과 IMF였다. 이들은 이러한 자유 시장 정책들을 실행에 옮기는 데 동의하는 나라에게만 대출을 해주는 경우가 많았다. 이렇게 세계은행/IMF가 부과하는 조건들을 받아들이는 대가로 낮은 이자의 장기 대출을 받은 나라들은 무려 61개국에 달한다. 이들이 요구한 개혁은 주로 무역과 산업 부문 정책들로서, 여기에서 특히 중요한 것이 농업과 금융의 자유화였다.[4]

이러한 변형 과정이 경제 사회의 미래에 갖는 함의는 무엇일까? (지구적) 자본주의의 미래에 어떤 가능성이 열려 있는가를 평가하고자 한다면, 먼저 우리와는 아주 다른 경제 사회의 운명을 고찰해보아야 한다. 이는 우리가 **사회주의**라고 부르는 사회 질서이다.

사회주의

그런데 사회주의의 미래를 탐구할 이유가 있는 것일까? 분명히 그 대답은 이 말을 무슨 뜻으로 쓰는지에 달려 있다. 10장에서 우리가 논했던 러시아의 경험은, 고도로 중앙화되고 경직된 관료제로 작동하는 경제 체제는 반드시 일종의 경화증硬化症을 앓게 되며 결국 그 병으로 쓰러지게 된다는 경고의 교훈이었다. 사실 따지고 보면, 이렇게 비탄력적이고 비효율적이며 극도로 억압적인 체제에서 그토록 오랫동안 그토록 많은 이들이 경제 성장의 비밀의 열쇠를 찾으려 했다는 사실이 오히려 놀랍지 않은가!

중국이 다른 길을 뚫다

하지만 그렇다고 해서 다른 종류의 "사회주의 체제들"이 21세기에 중요한 역할을 하지 못할 것이라고 선언하는 것은 아니다. 특히 상대적으로 개발이 덜된 지역들에서 그러하다. 여기에서 중국의 예가 중요하다. 1947년 마오쩌둥의 지도 아래 중국 혁명이 일어난 이후 중국은 오랜 세월 소비에트와 상당히 닮은 "사회주의"를 추구하였다. 억압과 독재적인 정치 지도력을 소련과 아주 비슷한 중앙 계획 프로그램과 결합시킨 것이었다. 이를 통해 중국 경제는 비록 그 오래된 병상에서 힘을 차리고 깨어날 수 있었지만, 1970년대에 이르자 이미 중국 경제 또한 조만간 소련의 혁명을 망쳐놓게 되는 경직성으로 빠져들고 있음이 명백해졌다. 그래서 아주 조금씩이기는 하지만 소련과는 대단히 다른 정책들이 나타나 옛날 정책들을 대체하였다. 정치적 중앙 집중화는 여전했지만, 여기에 국내 및 외국 민간 기업에 고도의 재량권을 부여한 자본주의와 비슷한 장려책이 결합된 형태가 나타났던 것이다. 그리하여 오늘날의 중국은 정치적 엄숙주의와 이단적 자유방임이 흥미롭게 뒤섞인 모습을 가지고 있다. 그 결과 중국의 주요 도시에서는 놀라운 팽창의 폭발이 벌어져서 중국의 도시 지역을 지상 최대의 속도로 성장하는 경제로 만들어주었다. 하지만 중국의 농촌 지역은 여전히 그 어떤 종류의 민주적 자본주의 사회에서도 꿈꿀 수 없을 정도의 통제 아래에 놓여 있다.

그리고 특히 해안 도시들은 해외 투자를 받아들이는 피뢰침이자 수출 성장의 강력한 중심지가 되었다. 2003년 해안의 두 공업 도시가 생산한 양말은 무려 90억 켤레였고, 이 중 대부분은 같은 해에 전 세계로 수출되었다. 또 다른 도시의 공장들에서는 5억 1천만 벌의 웨딩드레스와 이브닝 가운이 생산되었다. 또 다른 도시에서는 9억 6천9백만 벌의 속옷이 생산되었다. 엄청난 크기의 공장에 수천 명의 직원들을 몰아넣고 서양 회사들의 주문을 받아 생산을 하는 모습은 아주 자주 발견된다.[5]

중국의 예는 장기적으로도 성공할까? 과연 아프리카, 남아시아 등의 정체된 후진 지역에서도 그 추종자들이 나타나게 될까? 어느 정도라도 확실하게 예견할 수 있는 것은 아무것도 없다. 중국은 비록 정치적으로는 공산주의이지만 여러 면에서 동아시아의 자본주의 이웃 나라들인 일본, 한국, 대만 등의 발전 전략을 따르고 있다. 하지만 일본과 한국의 평균 임금은 거의 미국 수준으로 올라갔음에 반해(이는 예전에 독일에서 벌어진 일이기도 하다.), 중국은 지난 10년간의 높은 경제 성장률과 수출 급증에도 불구하고 그 임금이 이제 겨우 오르기 시작한 상태이다(그림 13-1을 보라.). 중국 노동력의 크기와 성장률을 따져 볼 때 일본이나 한국이 보여준 수렴 현상이 나타나려면 한참을 기다려야 할 듯하다. 하지만 이 방향에서 모종의 "사회주의"가 작동할 가능성이 있다고 보인다. 민간의 경제 활동에 대한 큰 관용 ―― 심지어 장려 ―― 을 보이면서 이를 엄격한 규율하의 비민주적 운영을 핵심으로 하는 정치와 결합한 이런 "사회주의"는 21세기에 저개발 상태에 있는 넓은 지역을 근대화하는 데에 상당한 역할을 수행하였다. 여기에서 참으로 이상한 그림이 나온다. 이런 식의 상태가 확산되면, 세계의 가난한 지역에서는 국가의 존재가 계속 확장되어가는 가운데 또 세계 경제의 범위 또한 갈수록 확장될 것이다. 그리고 이 상태에서 이 지역

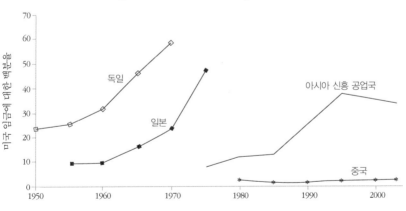

그림 13-1 임금의 "따라잡기", 1950~2003년

주: 이 데이터는 제조업 부문에 대한 것이다. "아시아 신흥 공업국"이란 동아시아의 6개 신흥 산업 경제들을 말한다.

출처: Andrew Glyn, *Capitalism Unleashed: Finance, Globalization and Welfare* (Oxford: Oxford University Press, 2006), 93쪽.

은 이 세계 경제와의 연결을 통하여 저 풍요한 서구와 튼튼하게 연결되기 시작할 것이다.[6]

서구의 사회주의

우리는 앞에서 지구의 가난한 지역에서 "사회주의"가 출현할 가능성을 논하면서 그 말에 종종 따옴표를 쳤다. 하지만 사회주의는 그 기원으로 보자면 분명히 서구 세계가 낳은 이상이었다. 그 위대한 옹호자였던 마르크스도 분명히 사회주의를 후진 지역을 근대화하기 위한 수단이 아니라 가장 발전한 선진국들이 자본주의를 넘어서 다른 무언가로 진화해가도록 이끄는 안내자로 보았다. 하지만 자본주의를 넘어서서 무엇이 올 것인가에 대해서는 마르크스 자신도 그다지 명쾌한 인도자가 되지 못했다. 『공산당 선언』에 나오는 강령은 옛날 소비에트연방의 현실과는 실로 거리가 멀어서, 차라리 미국의 뉴딜 운동이 이루고자 했던 바와 오히려 가까울 지경이다.

사실상 소비에트연방이 아닌 서구의 민주적 사회주의의 초점은 항상 정치적 사회적 민주주의였지 총체적인 경제적 재구조화는 아니었다. 이들의 사회주의가 자본 축적이라는 자본주의적 욕망을 종식시킬 것을 옹호한 것은 분명하지만, 결코 시장 자체에 반대한다든가 일정 규모 이하의 사적 소유에 반대한 적도 없었으며 더욱이 의회 민주주의의 여러 과정에 반대한 적도 결코 없었다. 중앙 계획이라는 요소는 후진 지역의 경제적 사회주의에서는 대단히 중요한 목표지만, 서구인들의 사회주의라는 관념에서는 결코 중심을 차지한 적이 없다. 차라리 서구의 사회주의에서 중요한 핵심은 생산의 의사 결정에 있어서

512

노동자들이 완전히 참여하는 것, 소유권이라는 권력을 무너뜨리는 것, 인간 생활의 경제적 측면의 중요성을 전반적으로 감소시켜 사회적, 정치적, 미학적 차원이 더욱 큰 중요성을 갖도록 하는 것 등이다.

그러한 사회 질서는 서양 문명에서 결코 나타난 적이 없었지만, 그것이 제시한 인간적 삶의 비전은 큰 호소력을 가지고 있어서 많은 사람들에게 영감의 원천이 되었다. 하지만 이 **사회주의**라는 단어에서 이러한 희망과는 전혀 다른 이미지를 떠올리는 이들도 많다. 이들에게 이 말은 마구 개입하는 정부, 엄청나게 팽창한 관료 기구, 공적인 표준으로 획일화시켜버려 개인들의 성취동기를 없애버리는 것 등을 뜻한다. 이 중 어느 쪽 생각이 더 정확한지를 선언하는 것은 이 책의 과제가 아니다. 하지만 이렇게 사회주의에 대한 관점이 양 극단으로 갈라져버린 것이 앞으로도 상당 기간 서구의 정치 생활의 한 요소가 될 것임은 분명하다. 우리가 사회주의 문제를 꺼내는 이유는 자본주의에 대한 탐구라는 우리의 과제를 마무리하는 방법을 찾기 위해서뿐이다. 우리가 직접 경험한 자본주의라는 경제 사회가 형성되는 과정을 살펴보는 도중에는 사회주의라는 관점이 결코 전면에 다루어진 적이 없었다. 하지만 이제 자본주의 사회의 미래를 역사가로서 평가해보는 시점에서는 사회주의라는 관점을 시야에 놓지 않을 수가 없다.

자본주의의 미래

자본주의의 미래를 따져보는 작업은 무엇을 출발점으로 삼아야 할까? 자본주의를 역사적으로 독특한 체제로 만든 저 복합적인 3중 구조를 마지막으로 한 번 더 반추해보는 것이 가장 좋은 출발점이라고 우리는 믿는다. "자본주의"라고 뭉뚱그려서 이야기하는 대신 첫째, 자본을 긁어모으고자 하는 욕망으로 작동하는 체제의 미래를 고찰해볼 일이며, 둘째, 여러 시장들로 짜여서 그 내부에 기율을 갖는 단일의 시장 네트워크를 고찰해볼 일이며, 셋째, 공적 영역과 사적 영역으로 권력이 나뉘어 있는 독특한 체제를 고찰해볼 일이다. "자본주의"를 하나의 단일한 실체로 고찰하는 것보다는 이렇게 서로 다른 세 개의 속성들로 따져보는 쪽이 아마도 앞으로 다가올 일들을 더욱 명확하게 생각할 수 있는 방법일 것이다.

자본 축적의 욕망

이 욕망이야말로 자본주의에 생명력을 부여했던 것이지만, 장기적 전망은 어떠할까? 경제학자들은 오래도록 이 욕망이야말로 자본주의 체제의 치명적 약점이라고 생각해왔다. 애덤 스미스조차도 일정한 시간이 지나고 나면 모종의 완벽한 자유 사회Society of Perfect Liberty —— 이것이 발생 초기의 자본주의를 애덤 스미스가 부른 이름이다. —— 가 나타나서 사람들이 필요로 하는 모든 재화를 창조하게 될 것이며, 그 이후로는 이 체제가 낮은 생계 수준의 일종의 침체 상태로 떨어지게 될 것이라고 믿었다![7]

이후의 경제학자들은 스미스 시절에는 아직 나타나지 않았던 산업혁명의 혁신적 역량에 믿음을 걸었다. 그럼에도 불구하고 사실상 모든 경제학자들이 이 체제가 결국은 종말을 맞게 될 것이라고 보았다. 이윤을 낳을 만한 새로운 투자 기회를 무한정으로 찾아낼 수는 없을 것이기 때문이다. 마르크스는 갈수록 더 자기 파괴적인 공황들이 나타나서 궁극적으로는 사회주의를 향해 체제 전체를 전복시킬 정치적 조건들이 창출될 것이라는 전망을 제시했다. 존 스튜어트 밀은 이보다는 폭력성이 덜한 변화 과정을 예견하였다. 노동자들이 고용주의 재산을 매입하여 그때부터 모종의 경쟁적이고도 시장을 통하여 조정되는 "사회주의적" 자본주의를 운영할 것 —— 어떤 면에서는 1950년대와 1960년대의 스웨덴과 비슷하다. —— 이라는 것이었다. 케인즈는 이보다 좀 더 보수적인 전망을 가지고 있었다. 정부 지출을 적절히 늘리기만 하면 경기 침체가 나타나도 일정한 테두리 내에 가둘 수 있다고 믿었던 것이다. 비록 그가 급진적 개혁가라는 평판이 떠돌기는 하지만, 기실 케인즈는 공공 투자가 갈수록 더 큰 몫을 차지하게 될 것이라는 점만 빼면 미래는 과거와 별반 다르지 않을 것이라고 믿었던 사람이다. 좀 더 보수적인 경제학자들도 있다. 이들은 자본주의의 장기적인 성장 둔화의 해법을 주로 "공급 측면"에서 찾으며, 조세 감면과 투자 보조금 등을 강력히 주장한다. 하지만 현재까지는 이런 식의 정책들이 현실에 끼친 충격이란 대단히 제한적인 것에 불과하였다.

생태 문제의 과부하

이제 다른 방향으로 논의를 돌려보자. 앞에서 자동화와 지구화의 여러 결과들의 의미가 불확실하다는 것을 보았거니와, 자본주의의 미래의 전망 또한 결코 우리 시대에 분명하게 결정되어 있는 것이 아니다. 자본주의의 팽창에 대한 장기적 전망은 한 가지 결정적인 점에서 옛날과 변하였다. 오늘날에는 더 이상 수익성 좋은 투자의 기회가 어느 만큼이나 널려 있느냐가 핵심적인 문제가 아니다. 오히려 그러한 투자가 무한정으로 지속되었을 때 어떠한 결과들이 나타날 것인가가 더욱 중요한 문제이다.

여기에서 가장 무서운 장벽은 생태적인 과부하라고 보인다. 오늘날 대기권, 물, 땅속으로 도저히 환경이 흡수할 수 없는 독성의 생산 부산물들이 넘쳐나고 있는 것이다. 이러한 부산물들 중에서도 가장 중요한 것은 대부분의 생산 과정들에서 발생하게 마련인 열熱이다. 하나의 거대한 에너지 담요와 같은 것이 대기권을 덮어버리면서 소위 "지구 온난화"라고 부르는 효과를 낳고 있다.

역사가이자 경제학자인 폴 케네디는 이 문제를 요약하면서 이렇게 말했다.

> 과학자들은 지구의 평균 기온이 1세기 전보다 0.3도에서 0.7도 더 올라갔다는 의견에 공감하고 있다. 이는 큰 온도 상승은 아니지만, 진짜 문제는 기온이 올라가는 속도 자체가 21세기에 들어와서 더욱 빨라졌으며, 특히 세계 인구와 산업 활동의 성장에 따라 그 속도가 더욱 빨라진 것이다. 이 분야의 과학자들은 대부분 그 결과가 심각할 것이라고 주장한다. 해수면은 상승할 것이며, 농업은 고갈될 것이며, 강수량은 줄어들 것이며, 보건의 위협이 늘어날 것이며, 기후는 더욱 불순해질 것이라는 것이다. 이 모든 것들은 선진국, 개발도상국 할 것 없이 모두다 지구 온난화를 근심하지 않을 수 없음을 암시하고 있다.[8]

이러한 심각한 장기적 위협은 생산 규모의 계속적인 확장에서 에너지를 공급받고 있다. 그런데 바로 이러한 생산의 확장이야말로 자본주의의 생명줄인 것이다. 지금 돌아가는 상황을 보면 다음 두 세대 혹은 세 세대 동안 공해를 대충 통제할 수 있게 될 가능성이 상당히 높은 듯싶다. 하지만 그렇게 된다면 우리의 사회적 질서의 재생산 능력은 어떤 영향을 입게 될 것인가? 또 전 세계의 가난한 지역에 살고 있는 사람들의 생활 수준은 어떻게 될까? 예를 들어 아프리카와 같은 곳은 아직도 끔찍한 빈곤에서 헤어나지 못하고 있는데, 부유한 나라들이 이들에게는 생활 수준을 올리는 데에 필요한 만큼 공해를 일으키도록 용인하면서 대신 자기들의 위험 생산물을 자발적으로 줄이겠다고 헌신하는 그런 일이 과연 벌어질까? 또 공해 물질을 통제하는 협정이 어떤 모습으로 나오든, 그토록 광대하고도 사활이 걸릴 만큼 중요한 협정을 관리하는 일을 누가 맡게 될까?

이러한 어려운 전망에서 우리는 다음과 같은 결론을 얻지 않을 수 없다. 미래에는 생태적 도전이 도사리고 있으며, 이 문제에 내포되어 있는 여러 측면들을 이제야 막 감지하기 시작했다는 점이다. 이 문제가 큰 도전이 되는 이유가 있다. 이 다가오는 위험의 핵심적 원인이 바로 자본주의 경제의 원동력에 있다는 점이다. 뿐만 아니라 그 피해의 정도가 얼마나 클지는 결국 선진국 세계 ─ 즉 자본주의 세계 ─ 의 정치적 의지에 달려 있다는 점 또한 중요하다. 다행히도 아직 우리에게는 유예 기간이 주어져 있다. 이 기간 동안 어떻게 하면 연구 조사, 결의, 사려 깊은 변화 등을 모두 이룰 수 있을까가 우리에게 주어진 도전인 것이다.

하지만 지구화와 자동화가 가져오는 압력은 직접적이며 그와 같은 유예 기간이 존재하지 않는 듯하다. 만약 새로운 정보 컴퓨터 기술들이 제조업과 서비스업 모두를 해외로 나가도록 장려한다면, 미국 안에 남아 있게 될 생산 업종과 일자리는 어떤 것들일까? 다른 말로 하자면, 미국 기업들이 갈수록 생산재들 ── 그리고 서비스 ── 의 생산을 외국의 저임금 지역으로 옮기는 쪽을 선택하고 있거니와, 이 사실이 미국 경제에 장기적으로 가져오게 될 함의가 무엇인가? 30년 후 미국인들은 무엇을 생산하고 있을까? 이 질문에 대한 대답은 추측에 기반한 것일 수밖에 없다. 하지만 두어 가지 경향들은 분명히 눈에 띄고 있다. 첫 번째, 미국 경제는 전통적으로 대단히 혁신적인 성격을 띠어왔던 고로 새로운 혁신의 영역이 또 나타나지 말라는 법이 없다는 것이다. 그 후보로 가장 많이 논의되고 있는 영역은 생명공학과 나노 기술 쪽이다. 두 번째, 미국의 기업들은 마케팅과 디자인에서는 계속해서 지배력을 유지할 것이다. 갭이나 나이키와 같은 회사들은 구체적으로 손에 잡히는 재화를 생산하는 일은 거의 혹은 전혀 하지 않지만, 그래도 대단히 효과적으로 브랜드 정체성과 로열티를 유지해왔으며 이윤도 성장했을 뿐 아니라 경영자, 디자이너, 주주들에게 모두 혜택이 돌아가게 만들었다. 마지막으로, 어떤 서비스 직종은 사람과 사람이 직접 대면 접촉을 해야 하는 것들이기에 한마디로 외국으로의 이전이 불가능한 것들이다. 몇 가지만 말해도 의사, 간호사, 치과의사, 변호사, 교사, 투자 은행가, 경영 컨설턴트, 사회 복지사, 심리 상담사, 주택 청소부, 바텐더, 웨이터, 스튜어디스, 이발사, 미용사 등 상당히 많다. (물론 오늘날에는 원격 교육 때문에 교사가 과연 이 목록 안에 있게 될지 확실치는 않다. 아마도 대학 강의조차도 미래에는 대규모로 외국으로 외주를 주게 될 것이다!) 그런데 흥미로운 일은 이러한 유형의 인격적 서비스 직종들은 생산성이 크게 개선되기 힘든 분야라는 사실이다. 그래서 궁극적으로는 지극히 역동적인 부문과 대개 역동성이 없지만 결정적으로 중요한 서비스 부문으로 양분된 경제가 나타나게 될 것이다. 이러한 사회에서는 정부가 나서서 재분배라는 중대한 역할을 맡아야 할 것이다.

시장 연결망이 조여들어온다

자본주의의 고유한 두 번째 특징은 그 시장 네트워크에 있다. 경제학자들은 대개 시장이야말로 자본주의 체제가 갖는 거대한 힘과 유연성의 원천이라고 본다. 그리고 그중 많은 이들은 만약 시장의 가장 중요한 특징인 스스로의 동기 부여로 움직이는 경쟁적 상호 작용이라는 성격이 약화될 경우엔 자본주의 체제가 그 즉시 사라지게 될 것이라고까지 단언한다.

이는 분명히 틀림없는 일반 명제로 보인다. 그렇지만 우리의 질문은 자본주의 질서가 먼 미래에 밟아나가게 될 궤적인 이상, 시장의 여러 측면 가운데에 우리가 특별히 관심을 기울여야 할 것이 하나 있다. 모든 시장은 예외 없이 두 가지 목적을 가지고 있지만 경제학자들이 자세히 살펴보는 것은 그중 하나뿐이다. 이 측면은 아주 자명한 것으로서, 애덤 스미스의 저 유명한 "보이지 않는 손"이라는 말에 담겨 있다. 생산과 분배를 조정한다는 실로 어려운 문제를 시장이 해결해준다는 측면이 그동안 집중적 관심을 받아온 이 측면이다.

하지만 시장에는 그보다 유명하지 않은 측면이 또 하나 있다. 바로 모든 시장에는 외부성이 존재한다는 측면이 그것이다. 즉, 시장 체제는 판매자와 구매자의 상호 작용으로만 그 작동이 결정되는 것이 특징이다. 따라서 다른 체제와 비교해볼 때 비교적 큰 감독을 받지 않게 되는데, 여기에서 의도하지 않았던 부작용들이 일어나게 된다는 문제이다. 예를 들어 공장에서 나오는 열과 연기 같은 것들은 우리가 방금 살펴본 환경 문제의 범주 안으로 들어가고 있다. 하지만 환경을 해치는 것 이외에도 사회를 심각하게 교란시킬 다른 외부성들이 얼마든지 존재한다. 이러한 외부성들은 평등과 정의의 문제들과 연결되며, 따라서 사회적 윤리의 지평과 닿게 된다.

물론 이는 새로운 문제들이 아니다. 13세기의 위대한 현인 토마스 아퀴나스의 저작들을 보라. 그는 『신학대전Summa Theologica』에서 어떤 물건을 그것의 가치 이상의 가격으로 판매하는 것이 합법인지를 묻고 있다.[9] 오늘날의 사람들은 이 질문 앞에서 심히 놀랄 것이다. 도대체 "어떤 물건을 그것의 가치 이상으로 판매"한다는 것이 무슨 말인가? 그 물건을 사는 사람이 지불하는 값이 있다면 바로 그것이 그 물건의 가치가 아닌가? 아퀴나스는 그렇지 않다고 말한다. 그는 마태복음 7장 12절을 인용한다. "무엇이든지 남에게 대접을 받고자 하는 대로 너희도 남을 대접하라." 어떤 것을 그 가치 이상의 가격으로 사야 하는 상황은 누구도 당하고 싶지 않은 일이라고 아퀴나스는 말한다. 따라서 이런 짓은 죄가 된다는 것이다.

이런 식의 선언을 듣게 되면 우리는 황당하지 않을 수 없다. 왜냐고? 시장의 기능들 중 하나는 우리로 하여금 비시장적 관계 —— 예를 들어 친구 관계 —— 에서의 우리 행동을 지도하는 도덕적 동기 따위를 완전히 잊어버리도록 만드는 것이기 때문이다. 사실상 시장이 효율성을 얻는 이유 또한 바로 우리가 그러한 골치 아픈 생각들을 머리에서 지워버리게 만들기 때문이 아닌가.

　그런데 시장의 이 두 번째 측면이 자본주의 체제의 수명에 대해 어떤 중대한 함의점을 갖는다는 것인가? 지구화의 냉혹한 현실들 앞에서 한 걸음 물러나 진실 말하기라는 관점에서 시장의 역할을 생각해보자. 시장의 속성 중 하나는, 판매자가 구매자에게 자기들 물건의 장점을 확신하게 만들기 위해 온갖 이야기를 다 늘어놓는다는 것이다. 옛날식 시장에서는 이를 "바람 넣기puffery"라고 불렀다. 그런데 오늘날의 자본주의에서 이는 아예 광고로 제도화되어 있다. 그렇다면 다시 텔레비전 화면에서 쏟아져 나오는 한 편에 몇 백만 달러씩 하는 이 광고라는 현상을 들여다보자. 광고를 보면 남녀노소 별의별 사람들이 다 나와서 이런저런 상표의 샴푸, 아스피린, 자동차 등을 풀어놓으며 물건을 사라고 한다. 하지만, 이는 모두 조심스럽게 미리 쓰인 대본에 따라 연기하는 것뿐이며, 그들은 그 대가로 돈을 받는다. 그리고 텔레비전 앞에 앉은 이들은 아이들, 젊은이들, 어른들 할 것 없이 이 사실을 모두 다 알고 있다. 어찌 보면 어처구니가 없는 일이다. 다 큰 어른들이 돈 좀 벌어보겠다고 "실제의 보통 사람들"인 척하면서 본래 관심도 없을 물건들에 대해 아주 강한 확신을 갖는 양 꾸며내어 이런저런 소리를 떠들고 있단 말인가? 이러한 행태에 과연 도덕적 문제가 전혀 없을까? 판단은 독자들 몫으로 남겨두겠다. 단지 우리가 지적하고 싶은 것은, 시장이라는 것을 있는 그대로의 모습으로 인식하자는 것이다. 이는 경제적으로는 효과적이지만, 우리의 경제적 행동의 동기를 부여하는 수단으로서는 도덕적으로 많은 문제를 가진 것일 때가 종종 있다. 이는 대단히 통제하기 어려운 문제이다. 하지만 우리의 자본주의 체제가 새로운 세기에도 무사히 앞으로 나아가려면 일정한 도덕적 지성을 반드시 갖추어야 한다. 그리고 그를 위해서는 이 시장의 도덕성이라는 문제를 결국 용감하게 마주할 필요가 있다.

두 개의 부문들

이 문제는 자본주의 사회의 마지막 핵심적 특징과 논리적으로 연결된다. 바로 자본주의의 권력과 권위가 정부와 사적 부문으로 분리되어 있다는 것이다. 이러한 분리는 자본주의에 고유한 현상이며, 아주 옛날부터 온갖 논쟁과 불화와 문제의 원천이 되어왔다. 이 문제에 대해 이렇게 의견이 엇갈려 있기에 아마도 우리는 이것이 또 자본주의가 갖는 힘의 핵심적 원천 가운데 하나이기도 하다는 사실을 깨닫지 못하게 되는 것이리라.

이렇게 권위를 두 갈래로 찢어놓은 자본주의의 독특한 관행이 앞으로 몇 십 년간 더욱 중요성을 띠게 될 것임은 분명해 보인다. 한 예로 생태적 과부하가 가져올 여러 재난들을 피하고자 한다면 공공 부문에 그 해법과 행동을 기대하는 수밖에 더 있겠는가? 지구화가 가져올 위험과 장점 및 매력을 서로 상쇄시키고자 한다면 정치적 제약과 지도라는 수단을 쓰는 것 말고 달리 무슨 방도가 있겠는가? 전쟁이나 생태적 재앙의 예방 등과 같이 아주 극단적인 경우는 모르지만, 공공 부문을 사적 부문 위에 군림하도록 올려놓을 필요가 있다는 것은 아니다. 필요한 것은 공공의 이익과 사적인 이익이 동일하다는 인식이다. 이는 실로 필요한 인식이지만 너무나 오랫동안 이루어지지 못하고 있는 실정이다. 그 결과 우리는 사적인 대출과 투자는 본질적으로 좋은 것이라고 생각하여 이를 "투자"라고 부르는 경향이 있으며, 반면 공적 영역이 빚을 내어 지출하는 것은 나쁜 것이라고 보아 "적자 지출"이라고 부르는 경향이 있다. 그 돈이 도로, 교량, 학교와 같은 공공 투자재를 세우는 것에 쓰였다고 해도 말이다. 사적 투자도 바보 같은 짓을 벌일 때가 있으며, 반면 공적 투자가 현명하게 이루어질 수 있음 또한 물론이다. 또 그 반대일 수도 있다. 자본주의 체제가 제대로 작동하게 만드는 우리의 과제는 양쪽 부문 모두가 현명한 목적을 위하여 효율적으로 작동하도록 하는 것이다. 하지만 이러한 깨달음은 이 두 부문의 문제를 새로운 시각으로 바라볼 것을 필요로 한다. 즉 어느 한쪽 부문만 색안경을 끼고 보는 일이 없어야 하며, 양쪽 부문 모두를 똑같은 도수의 똑같은 렌즈로 바라볼 수 있어야 한다는 것이다.

자본주의의 다양성

우리는 여기서 제시된 미래에 대한 분석의 관점에 전혀 동의하지 못하는 독자들이 계시리라는 점을 잘 알고 있다. 하지만 여기에서 우리의 말투를 통하여 우리가 지금 저자들의 개인적 관점들을 제시하는 것이지 논박의 여지 없는 절대 진리를 말하고 있는 게 아니라는 점을 간파하시기 바란다. 미래에 대한 자신의 생각을 개진하려는 노력은 반드시 위험하고 수많은 오류를 안을 수밖에 없는 일이다. 그럼에도 이 책의 말미에서 그렇게 하려는 데에는 목적이 있다. 그것은 바로 독자들 스스로가 미래에 대해 마찬가지로 위험하고 수많은 오류를 낳을 수밖에 없는 여러 생각을 해보도록 격려하고자 하는 것이다. 물론 그렇게 생각을 해본다고 해서 절대 진리에 도달할 수 있는 것은 아니다. 하지만 그런 생각을 해보는 과정에서 독자들의 머릿속에 경제학적 사유가 하나의 습관으로 자리 잡을 수 있게 될 것이라고 생각하기 때문이다.

마지막으로 한 가지 일반화만 더 제시하고 끝내겠다. 우리 눈에 들어오는 바의 현대 경제 사회를 가만히 재어볼 때 다음의 일반화를 도저히 피해갈 수가 없다. 자본주의는 21세기 동안 최소한 선진국들 사이에서는 지배적인 경제 조직 양식이 될 것임이 거의 확실하다. 그리고 아마도 그다음 세기에도 그럴 것이다. 하지만 오늘날 우리가 쓰고 또 이해하는 이 **자본주의**라는 말은 아주 다양한 종류의 사회들을 포괄할 수 있을 만큼 탄력적인 것이 되었다. 모든 사회는 자본 축적의 필요로 움직일 것이며, 모든 사회는 시장이라는 틀로 조정될 것이며, 모든 사회는 두 가지 부문을 가지게 될 것이다. 물론 이러한 공통점이 근원적이고도 아주 중요한 것임에는 틀림없지만, 그럼에도 이 사회들은 여전히 서로서로 크게 차이가 날 것이다. 어떤 사회는 높은 이윤 마진을 거두는 것에 맞추어져 있을 것이고 어떤 사회는 그보다 이윤율은 훨씬 낮아도 노동이 만족스러운 사회일 것이다. 어떤 사회는 상층에 권력이 집중된 경영 관료들이 기업을 지배할 것이며 어떤 사회는 그렇지 않을 것이다. 어떤 사회는 노동자와 경영자가 정면충돌을 벌일 것이며 어떤 사회는 대단히 만족스런 이해 당사자 만들기 협정을 발전시킬 것이다. 어떤 사회는 상대적으로 더 민주적일 것이며, 어떤 사회는 더 도덕적일 것이며, 어떤 사회는 환경 의식이 더 뛰어날 것이며, 어떤 사회는 공공 부문과 사적 부문 사회에 좀 더 상호 우호적이고 협조적인 협정을 발전시킬 것이며, 어떤 사회는 그렇게 하지 않을 것이다.

이 책을 맺으면서 우리의 독자들께서 꼭 챙겨가셨으면 하는 생각이 있다. 자본주의의 미래를 생각할 때, 비록 그 사회 질서가 아주 독특한 제도적 구조를 가지고 있지만 또 그 미래는 아주 다양한 가능성을 향해 넓게 열려 있다고 생각하는 것이 유용하다는 점이다. 게다가 미국은 그러한 다양한 가능성으로 자본주의가 나아가는 인류의 행진에서 최전방에 서 있는 나라이다. 우리는 독자들께서 이 점을 잘 의식하여 과연 우리 자본주의의 미래의 모습을 어떻게 선택할지를 적극적으로 만들어나가는 일에 도움을 주시기를 소망한다.

앞에 나온 장들에서는 말미에 요약과 질문들을 붙여서 각 장의 내용을 명확하게 하려고 했지만, 이 장은 그런 장이 아니다. 이 장은 무언가를 "배우는" 장이 아니라 깊게 고민해보아야 할 장이다. 우리는 이 장을 쓰면서 그전보다 훨씬 더 많은 생각을 하게 되었다. 독자들도 이 장을 읽고서 그렇게 되셨기를 진심으로 바란다.

우리는 21세기의 자본주의 체제를 경험하며 살고 있다. 하지만 이 '21세기 자본주의'를 이해하는 우리들의 인식의 틀은 지독하게 낡은 것인 경우가 많다. 마샬 맥루한은 자동차 운전석 백미러의 풍유諷諭를 통해 이를 설명한 바 있다. 운전자의 눈앞에 새로운 것이 계속 나타나고 있건만, 운전자는 그 모습과 백미러에 비춘 과거의 것의 모습을 헷갈려버린다. 그러면서 그는 자신에게 익숙한 백미러에 비춘 것을 보면서 새로 나타난 것을 자신이 익숙하게 이해하고 있다고 착각한다. 우파들은 산업 혁명도 벌어지기 이전 반농반상半農半商 상태의 18세기 영국에서 쓰인 애덤 스미스의 『국부론』을 들이댄다. 좌파들은 자본 시장도 중화학 공장도 변변치 않거나 아예 없었던 1850년대에 쓰인 칼 마르크스의 『자본론』을 들이댄다. 그러면서 우리에게 그것이 여전히 21세기 자본주의를 설명하는 "과학적 진리"라고 강변한다. 그 사이의 한두 세기 동안 세계 자본주의는 실로 뽕밭이 푸른 바다로 바뀔 정도의 큰 변화를 몇 번이나 거쳤고 이제 정보 혁명과 지구화를 거치면서 또 새로운 모습으로 변해가고 있건만, 이들은 계속 이렇게 말한다. 자본주의의 "본질"은 변하지 않는 것이라고.

그렇지 않다. 자본주의의 "본질"이라는 것이 무엇이건, 자본주의도

527

역사 속에서 살아가는 인간 집단들이 만들어낸 제도일진대 역사 속에서 변화하지 않는 것일 수 없다. 자본주의의 진화는 옛날 어느 시점에 완결된 것이 아니라, 어제도 오늘도 내일도 항상 이루어지고 있는 진행 중의 현상이다. 따라서 오늘날의 지구적 자본주의의 구조와 변화 과정을 포착하려면 오히려 자본주의의 역사적 변화의 궤적을 구체적 역동적으로 생생하게 파악하는 것이 반드시 필요하다. 토스타인 베블런Thorstein Veblen이 말한 바 있듯이, 인간 사회의 경제가 변화 발전해나가는 과정을 면밀하게 포착하는 "진화주의적 과학evolutionary science"으로서의 정치 경제학이 필수적이라는 것이다. 따라서 이런 의미에서의 정치 경제학은 과거에 자본주의가 진화해온 길에 대한 경제사적 파악과 한순간도 분리될 수 없으며 또 동시에 지금 우리가 살아가고 있는 현재의 현상들 또한 역사적인 진화의 과정으로서 파악해야 한다.

물론 주류 경제학과 마르크스 경제학 모두 경제사에 대한 나름대로의 시각과 연구를 발전시켜왔다. 하지만 양쪽 공히 자본주의의 "진화 과정" 자체에 대한 이론적 설명은 『국부론』과 『자본론』에 나와 있는 바의 산업 자본주의가 탄생하는 19세기 중반으로 끝나버린다. 그 이후의 경제사의 전개에 대한 연구는 그렇게 해서 탄생한 시장 경제 혹은 자본주의의 일반 법칙이 사방에서 관철되고 반복되는 것으로서만 그려진다. 요컨대, 자본주의의 진화는 19세기 중반으로 끝났다는 것이다. 현재 항간에 널리 읽히는 기존의 경제사 책들은 이러한 한계를 공유하고 있다. 먼저 19세기 말 이후의 미국 자본주의의 역사를 풍부하게 다룬 책이 많지 않다. 자본주의의 중심이 영국에서 미국으로 이동한 20세기 초 이후 자본주의의 이상형도 미국형 자본주의로 바뀌었을 뿐만 아니라 지구적 자본주의의 조직 자체가 미국의 변화에 결정적인 영향을 입게 되었고 이는 21세기가 밝아온 오늘날에도 그러하다. 따라서 미국의 독점 대자본big business이 등장한 19세기 말 이후의 미국 자본주의의 변화를 잘 이해하고 따라갈 필요가 있다. 둘째, 20세기 이후 그리고 21세기의 최근까지 벌어져온 자본주의의 역동적 진화 과정을 포착하는 동시대사contemporary로서의 경제사 책이 부족하다. 이 점에서 지금 널리 읽히고 있는 레오 휴버맨의 『자본주의 역사 바로 알기』와 같은 책이 큰 약점을 보인다. 이 책 자체는 실로 명저라 아니할 수 없지만, 대공황이 해결되지 않고 소련 경제가 승승장구하던 1930년대에 쓰인 책이라 이러한 요구를 해결해주기 힘들다.

지금 여기에 번역하여 내놓는 『자본주의: 어디서 와서 어디로 가는가』는 이러한 문제점들을 상당 부분 해소해줄 것이라고 기대된다. 이 책은 로버트 하일브로너Robert Heilbroner와 윌리엄 밀버그William Milberg의 *The Making of Economic Society* 13th edition (Upper Saddle River, NJ: Pearson and Prentice-Hill, 2012)을 번역한 것이다. 이 책의 1판은 이미 1962년 로버트 하일브로너의 단독 저서로 출간되어 그의 최고의 인기작 『세속의 철학자들』에 버금가는 성공을 거둔 바 있으며 그 자체로 이미 고전의 자리를 차지하고 있지만, 이후 40년이 넘는 개정과 추가가 이루어졌기 때문에 현재 이 책에 최초의 1판의 모습은 절반 정도밖에 남아 있지 않다.

나는 이 점이 자본주의의 역사를 다룬 다른 그 어떤 저서와도 다른 독특한 성격과 매력을 이 책에 부여하는 특징이라고 생각한다. 1960년대 이후 40년간의 기간은 현대 자본주의의 역사적 성격이 크게 변했던 역동적인 시기였으며, 지은이인 하일브로너는 이 시기 동안 체계적인 학자로서 또 사회 비판적 지식인으로서 세계 자본주의의 중심인 미국 사회를 열정적으로 살며 통과한 이이다. 그러한 그의 개인적 사회적 이력에 따라 13번이나 판을 바꾸며 나왔던 이 책에는 그래서 지난 40년간의 세계 자본주의의 변화와 그 속에서 벌어졌던 지은이 본인의 사유와 견해의 변화가 나이테처럼 빼곡히 적히게 되었다. 이 책 앞의 밀버그의 서문에 따르면 하일브로너가 자신이 출간했던 수많은 책 중에서도 가장 아끼고 높게 평가한 두 권의 책 중 하나가 이 책이라고 한다. 아마도 이렇게 오랜 시간 개인사와 또 세계사의 변화와 뒤엉키면서 계속 새로 쓰였던 것이 그 원인이 아닐까라고 생각해 본다.

하지만 이 책의 특징은 이 점만으로 다 설명할 수 있는 것은 아니다. 이 책이 가지고 있는 독특한 성격 그리고 그 성격을 최대한 살릴 수 있는 사용법을 더 충분히 알기 위해서는 한 사람의 경제 사상가로서 로버트 하일브로너가 경제학의 성격, 경제와 사회의 관계, 경제와 역사의 관계 등에 대해서 취했던 독특한 방법론적 입장에 대해서 알 필요가 있다.

경제학이 아니라 경제 사회학

하일브로너에게 가장 큰 영향을 준 이는 아마도 그의 박사 과정 시절 지도 교수였던 아돌프 뢰베Adolph Loewe였을 것이다. 킬Kiel대학교와 프랑크푸르트대학교에서 경제학을 가르치던 뢰베는 나치즘을 피해 미국으로 망명하여 뉴욕의 뉴 스쿨New School for Social Research에서 경제학을 가르치게 되고 이곳에서 하일브로너와 만나게 된다.

뢰베는 1920년대에 일반 균형 이론을 앞세운 신고전파 경제학을 철저히 신봉했으며 또 경기 순환을 설명하기 위한 경제 모델을 개발하려던 첫 세대의 경제학자 중 한 사람으로서, 당시까지 영향을 길게 드리우고 있었던 독일 역사학파 경제학에 대해 대단히 비판적인 입장을 가지고 있었다. 하지만 시간이 지나면서 뢰베는 모델에 기초한 경제 이론으로 경제 현상을 설명하고 예측할 수 있는지에 대해 회의를 품게 된다. 그 가장 근본적인 이유는 인간의 행동을 과연 경제 이론에서 그렇게 하는 것처럼 호모 이코노미쿠스라든가 이익 극대화 행동 등과 같은 몇 가지 공리로서 모두 예측하고 설명하는 것이 터무니없는 일이라고 생각하게 된 것이다. 인간은 무엇보다도 사회 속에서 살아가는 존재이므로, 그의 생각과 행동은 경제학에서 상정한 행동 논리 이외에도 무수히 많은 사회적 정치적 문화적 요인 등의 영향을 받게 되어 있다. 한 예로 어떤 개인이나 기업이 똑같은 양의 재산 혹은 자본을 가지고 똑같은 종류의 제약 조건에 부닥친다고 해도 그 행태 —— 자산 포트폴리오나 자본 구성 —— 는 결코 획일화되지 않는다. 우선 그 모든 각각의 존재들이 서로 다른 시간 지평을 가지고 있기 때문이다. 각각이 어째서 그러한 고유의 시간 지평을 가지게 되는지는 경제학의 공리로 설명할 수 있는 것이 아니다.

따라서 시간이 지나면서 뢰베는 경제 현상을 독자적으로 설명할 수 있는 '경제 이론'이라는 것에 대해 점점 더 회의적인 태도를 가지게 된다. 결국 그는 독자적인 과학으로서의 '경제 과학'이란 성립할 수 없으며, 경제 현상에 대한 연구는 사회에 대한 포괄적인 연구로서의 사회학과 불가분으로 결합된 '경제 사회학'이 될 수밖에 없고, 또 정책과 처방을 내놓는 점에 있어서도 사회적 관계 전체에 대한 포괄적인 고려의 맥락에서 생각해야 한다는 '정치적 경제학political econo-mics'이 되어야 한다는 결론에 이르게 된다.

하일브로너는 이 점에 있어서 뢰베의 깊은 영향을 받았다. 그는 평생 동안 모델을 구성하고 그 논리적 엄밀성에 치중하는 주류 경제학에 대해 거부의 입장을 견지하였고, 생의 말엽에는 이런 식의 사이비 과학적 태도로 인하여 오히려 원래 '세속의 철학'으로서의 경제학이 내놓아야 할 인간 사회의 미래 비전vision만 상실해버리고 말았다는 강한 비판까지 내놓는다. 그래서 그는 자신에 대해 '경제학자'라는 명칭을 심하게 거부했고 스스로를 '경제 사회학자'라고 여겼다고 한다. 즉, 경제 현상을 전체 사회의 질서라고 하는 좀 더 넓은 맥락 속에 놓고 이해할 것이며, 그러한 질서가 모종의 선험적인 법칙이 그대로 발현되어 결정된 것이 아니라 인간들이 역사적 과정 속에서 끊임없이 재창조해나가는 것으로 이해할 것이며, 그 결과 우리 세상이 어디로 가고 있는지 또 어디로 가야 하는지 인간의 미래에는 어떤 가능성이 열려 있고 어떤 선택을 해야 하는지 등의 아주 크고 근본적인 질문들에 대해서도 지혜를 내놓을 수 있는 '세속의 철학'이 필요하다는 것이다. 이것이야말로 경제 현상의 연구가 지향해야 할 방법이라는 생각이었다.

사회적 관계와 경제

그래서 이 책은 그냥 지나간 경제사 이야기를 쉽고 재미있게 풀어놓는 책만은 아니다. 물론 뛰어난 작가요 이야기꾼으로서의 하일브로너의 명성에 걸맞게 이 책은 그러한 기능도 훌륭하게 수행하고 있다. 하지만 이 책은 단순한 역사 이야기가 아니라 자본주의라는 독특한 경제 체제 나아가 사회 체제가 어떻게 발생했고 또 어떻게 변화했으며 그 특징은 무엇인가를 구조적인 시각과 역사적인 시각 모두에서 도해하여 보여주는 일종의 역사-경제-사회학이라고 할 수 있다.

이 점은 이 책의 1장에서 제시되고 있는 이 책의 이론적 시각에서 잘 드러나고 있다. 먼저 이 책은 그저 경제의 문제를 자연적으로 주어진 '희소성'에서 제기하는 관습적인 경제학의 문제 설정을 명시적으로 거부하고 있다. 그에 따르면, 경제의 문제는 자연적인 희소성의 문제가 아니다. 활동의 주체인 동시에 욕망의 주체이기도 한 인간이라는 존재를 어떻게 동원하고 어떻게 배치하고 어떻게 일을 시키고 어떻게 분배받게 할 것인가 즉 인간을 어떻게 조직할 것인가라는 사회학적인 문제인 것이다. 요컨대, 희소성이라는 자연nature의 문제가 아니라 인간의 마음이라는 인간 본성human nature의 문제가 핵심을 이룬다는 것이다.

여기에서 그는 인류 역사 속에 이 경제적 문제를 해결할 수 있도록 인간들을 조직하는 방법으로 존재해온 유형을 크게 전통, 명령, 시장이라는 세 가지로 제시한다. 여기에서 주의할 것은 이러한 유형론은 결코 '경제'라는 좁은 영역 안에 가두어둘 수 없는 것이라는 점이다. 이 세 가지의 조직 방식은 곧 그 사회의 권력 제도, 문화적 장치, 종교적 관습이나 신앙, 인간 간의 관계 등등 사회의 전 영역을 통틀어 모든 관계 망에 작동의 메커니즘이 뻗쳐져 있는 것이기 때문이다. 여기에서 어떤 사회의 경제 제도들이 정치, 사회, 종교, 가족 등 사회의 다른 제도들과 어떠한 연관 속에서 작동하고 있는지를 종합적으로 파악하고자 하는 '경제 사회학자' 하일브로너의 의도가 투영되고 있다.

그리고 이를 통해서 '시장'이라는 방법에 기초하여 출현하게 된 자본주의 경제 및 사회 체제가 그 이전 사회와 어떠한 차이점을 가지고 있는지를 효과적으로 부각시킬 수 있게 된다. 말할 것도 없이 이 책의 가장 중요한 주제는 시장 체제 혹은 근대 자본주의가 얼마나 독특한 체제이며 이렇게 독특한 체제가 발생하고 또 발전하는 과정은 또 얼마나 엄청난 규모의 전 사회적 역동성과 맞물려 있는가라고 할 수 있다. 따라서 자본주의의 발흥과 발전을 생산력이나 기술과 같은 단일의 혹은 몇 가지 요인으로 모두 설명하는 대신, 정치적 사회적 문화적 차원을 포함한 전반적인 사회적 관계의 변화와 폭넓게 연결 짓는 설명 방식을 내걸고 있는 것이다. 요컨대, 하일브로너에게 있어서 자본주의를 포함한 역사상 존재했던 모든 '경제적 사회economic society'는 포괄적인 사회적 관계의 내부에 그 일부로서 존재하는 것이지 독자적인 운동 법칙을 가지고 따로 존재하는 것이 아니다. 따라서 그에 대한 탐구인 경제학 또한 사회 전반이라는 넓은 시야 속에서 경제 문제를 바라보는 방법을 택하지 않을 수 없게 된다.

역사와 경제

여기에서 자본주의를 바라보는 하일브로너의 시각이 주류의 신고전파 경제학은 물론 마르크스주의 경제학과도 차이가 나는 지점 하나가 보인다. 즉, 자본주의란 불변의 내재적 법칙을 가진 완성된 체제가 아니라 역사 속에서 계속 끊임없이 변화해나가는 존재라는 것이다.

신고전파 경제학이나 마르크스 경제학이나 '경제'라는 영역이 그 자체적인 운동 법칙을 내장한 채 독립적으로 존재한다는 전제를 공유하는 것은 마찬가지이다. 이렇게 되면 자본주의 경제는 하나의 초역사적인 것으로 변하여 시간적 차원을 떠나게 된다. 신고전파 경제학 교과서에 나오는 여러 명제들 ── 희소성 공리, 생산 함수, 효용 함수 등등 ── 은 모두 영구불변의 초역사적인 법칙들이다. 따라서 이러한 법칙들에 따라 작동하게 되는 (자본주의) 경제라는 영역 또한 역사성을 갖지 않는다.

마르크스 경제학은 얼핏 보면 이 점에서 신고전파 경제학과 정반대의 입장을 갖고 있는 것 같다. 고전파 경제학자들이 사용하는 모든 경제 범주들이 역사성을 갖지 않는다는 것이 마르크스가 『강요 Grundrisse』에서 누누이 강조하는 비판이다. 따라서 그 모든 경제 범주들에 역사성을 부여하고 결과적으로 자본주의 체제 또한 역사적인 것이어서 언젠가 사라지게 될 것임을 밝힌 것이야말로 마르크스 경제학과 사적 유물론이 자신들의 가장 중요한 핵심이라고 주장한다는 것은 잘 알려진 사실이다. 하지만 자본주의 시대 내에서는 어떠한가? 마르크스주의에 내재한 역설 하나는, 일단 자본-임노동 관계가 형성된 이후 그 관계가 중심적으로 관철되는 것으로 여겨지는 모든 시대에 대해서는 사실상 항상 동일한 법칙 동일한 범주 동일한 모순을 설명 방식으로 내걸게 된다는 점이다. 마르크스 경제학에서는 자본주의가 다른 경제 체제에 대해서 갖는 역사적 특수성은 크게 강조되지만, 막상 자본주의 그 자체가 질문의 대상이 되면 역사성이 부인되는 기묘한 결과를 낳게 된다. 즉, 자본-임노동이 존재하는 자본주의는 어디에서나 동일한 본질과 모순을 갖는 동일한 체제라는 이야기가 된다.[1]

여기에 대해서 하일브로너와 밀버그는 큰 차이를 보인다. 자본주의는 그 이전과 이후의 경제 체제와도 역사적으로 다를 뿐만 아니라 그 스스로도 역사성을 갖는다. 즉, 계속 변화해나가는 체제이다. 앞에서 보았듯, 저자들은 자본주의라는 독자적인 '경제 영역'의 독자적 '법칙'을 부인하고 그것이 사회적 관계의 일부로서 섞여 있음을 강조한다. 사회적 관계는 필연적으로 시간 속에서 계속 성격을 바꾸어나간다. 이렇게 사회는 필연적으로 역사성을 가지게 되어 있으므로, 그 속에 묻어 들어 있는 자본주의 또한 사회 전체의 역사적 변화와 함께 계속 변하게 되어 있다는 것이다. 이렇게 자본주의의 역사적 성장 변태 metamorphosis를 역동적으로 포착해나가는 것이야말로 이 책이 노리고 있는 가장 중요한 목적의 하나라고 할 수 있다. 요컨대, 자본주의를 독자적인 경제 체제로 파악하는 것이 아니라 사회 속에 묻어 들어 있는 관계로 파악하는 관점에서 출발하고 그 귀결로서 자본주의 자체의 역사적 변화를 포착한다는 방법이 도출되는 것이다.

이는 단지 학문적인 차원을 넘어서서 실천적 차원의 함의를 가지고 있다. 하일브로너와 밀버그는 자본주의를 대체할 체제로서의 사회주의는 이미 실패하여 사라진 것으로 보고 있다. 하지만 자본주의 자체가 전체 사회의 정치적 사회적 변화에 따라 어떤 성격의 것으로건 대단히 유동적으로 변화하게 되어 있는 것이라고 보고 있다. 따라서 이들은 저 유토피아적인 이상으로서의 사회주의라는 구호에 집착할 것

---

1) 이는 이미 19세기 말부터 마르크스주의 운동에서 '자본주의의 성격은 변화했는가?' 라는 질문이 끊임없이 제기되고 또 끊임없이 부인되어왔던 것에서 명확히 나타난 바 있다. 그때마다 마르크스주의 진영 내의 '정통파' 들은 자본주의의 본질적 모순이 변하지 않았음을 강조하면서 항상 전통적인 정치 전략을 고수하면서 반대파를 '개량주의자' 라고 몰아붙인 바 있다. 이들에 따르면 자본주의는 마르크스가 『자본론』을 서술하고 기껏해야 힐퍼딩이 『금융 자본론』을 서술한 이후로 본질적으로 전혀 변하지 않았다는 것이다.

이 아니라, 인간적 사회적 가치가 가장 최고도로 실현될 수 있는 최상의 형태로 자본주의를 바꾸어나가는 것을 당면한 실천적 과제로 제시하고 있다. 이러한 자본주의 자체의 끊임없는 역사적 변동을 그려내는 것이 그래서 이 책의 가장 중요한 주제의 하나가 되는 것이리라.

미래의 비전: 시장 경제 이후의 세계

저자인 하일브로너와 밀버그는 둘이 함께 저술한 다른 책에서 현대 경제학이 인류의 미래에 비전을 제시할 수 있는 능력을 완전히 상실하고 무의미한 형식적 완결성 놀음에 빠져버렸다고 비판한 바 있다.[2] 이 책에서 이들은 시장 경제 이후의 세계가 어떤 모습이 되어야 하는가라는 비전을 제시하고 있는 것은 아니지만 아주 완곡하고 암묵적인 방식으로나마 그러한 비전을 그려볼 수 있는 몇 가지 주제들을 반복해서 부각시키고 있다. 첫째, 권력의 작동이다. 산업 혁명 특히 19세기 말 이후의 2차 산업 혁명이 벌어지자 그 이후로는 경제 사회의 형성이 항상 사회적 권력의 작동으로 결정되었고 또 반대로 그 권력 자체에도 큰 변동을 초래하는 것이었다. 21세기 인류가 이 사회적 권력의 문제에 맞서 소중히 간직하고 있는 가치인 민주주의이다. 경제의 변동으로 인하여 또 경제적 변화를 목적으로 하여 벌어지는 숱한 사회 변동 그리고 그 속에서 벌어지는 권력의 작동을 어떻게 최대한 민주주의라는 가치에 부합하게 또 민주주의라는 방법으로 통제할 것인가의 문제가 분명히 이 책에서 제시되고 있다.

---

2) 『비전을 상실한 경제학』, 박만섭 옮김, 필맥, 2007년.

둘째, 자본의 무한한 축적 욕구라는 자본주의의 본질적 성격이 경제 나아가 인류 사회의 미래에 어떠한 결과를 낳게 될 것인가라는 주제이다. 물론 저자들은 여기에 대해서 무조건적인 긍정이나 부정을 표할 만큼 이념적으로 단순한 입장을 취하지는 않는다. 하지만 이러한 자본 축적 욕구라는 것이 인류 사회 전체의 건전성과 미래에 가져오게 될 심오하고 근본적인 함의를 냉철하게 직시하는 것 또한 피하지 않는다. 과연 우리는 개인의 욕망과 자본의 무한 축적이라는 것을 앞으로도 계속 중심 원리로 삼아야 할 것인가 어떨 것인가.

이 책에서 저자들은 자신들의 신념과 입장을 명시적으로 내놓는 것을 삼가고 있다. 하지만 이 책 전체의 이론적 구성에서도 그러하지만, 특히 미래의 비전에 있어서 칼 폴라니Karl Polanyi와 두 저자의 유사성을 지적하는 주장도 있다.[3] 인간의 경제가 시장 체제의 법칙성으로만 이루어진다는 협소한 시각을 벗어나서 사회 전체에서의 인간의 경제라는 좀 더 폭넓은 틀로 바라볼 때에 비로소 21세기의 산업 문명에 걸맞는 사회 및 경제 체제를 구성할 수 있을 것이라고 보는 데에서 공통점이 있다는 것이다. 저자의 한 사람인 밀버그가 최근의 경제 위기 발발 후에 쓴 한 에세이에서도 명시적으로 이러한 점이 드러나고 있다. 지금 경제 위기를 맞아 지난 몇 십 년간의 시장 맹신주의가 후퇴하고 케인즈주의적인 국가 개입의 정당성이 다시 복권되고 있지만, 지금 필요한 것은 단순한 케인즈주의의 기술적 해법을 뛰어넘어서 인간 사회에서 시장 경제의 위치가 무엇인가라는 좀 더 근본적인 반성이며,

---

3) Robert W. Dimand, "Heilbroner and Polanyi: A Shared Visionm," *Social Research* 71.2 Summer 2004.

이 점에서 칼 폴라니의 경제 사상이 미래의 비전을 밝히는 데에 중심적인 위치를 차지하고 있다는 것이 그의 주장이다.[4]

이 책의 사용법

이 책은 마치 재미난 '경제사 산책'과 같은 범속한 외양을 하고 있지만, 그 내적인 논리 구성에 있어서나 지향하고 있는 바에 있어서나 상당히 복잡한 면모를 가지고 있으며 여러 각도와 방향으로 해석하고 활용할 수가 있다. 이 책의 1판 서문에서 하일브로너 본인이 직접 밝힌 바 있듯이, 이 책은 경제학 이론과 경제사를 반씩 섞어서 이론을 통해 역사를 조망하고 또 역사를 통해 이론을 조망하는 복합적인 방법으로 자본주의 경제에 접근하는 것을 목표로 하고 있다. 따라서 이 책은 경제사 교과서로도 쓸 수 있고, 경제 이론의 교과서로도 쓸 수 있으며, 또 나아가 산업 혁명 이후 인류의 운명에 있어서 경제가 수행하고 차지했던 역할이라는 좀 더 포괄적이고 일반적인 질문을 다루는 교양서로 읽을 수도 있다.

첫째, 이 책을 경제 이론을 이해하는 입문서로 활용할 수 있다. 물론 이 책에서는 경제학 교과서에 나오는 여러 이론과 개념들이 체계적으로 소개되고 설명되는 것이 아니다. 하지만 반대로 이렇게 한번 물어보자. 그 수많은 이론과 개념들 중 현실 세계를 이해하는 데에 실제로 도움이 되는 것이 과연 몇 개나 되는가? 역사가 페르낭 브로델

---

4) William Milberg, "Keynes's Stimulus, Polanyi's Moment," *Harvard College Economics Review*, 3.2 Spring 2009.

Fernand Braudel이 예전에 말한 바 있지만, 사회 과학의 모든 이론과 개념들이라는 배舟는 역사라는 물결 위에 떠워 과연 물이 새거나 가라앉지 않고 작동하는지를 검증할 필요가 있다. 이 책은 근대 자본주의 경제사의 굵직한 사건들을 이야기하면서 그것들을 설명하는 과정에서 여러 경제 이론과 개념들을 때로 명시적으로 때로 암묵적으로 전개하고 활용한다. 현실의 역사적 설명으로 자격이 있는 개념과 이론들은 나오지만 그렇지 않은 것들은 무시된다. 애덤 스미스나 케인즈의 경제 이론의 골자는 이런저런 복잡한 개념과 모델로 설명되는 것이 아니라 실제로 벌어졌던 일들의 현실적 설명으로 제시된다.

하도 사람들이 경제 경제 하니 나도 한번 '경제'를 이해해보겠다고 경제학 교과서를 펼쳤다가 질려버린 선의의 피해자들이 얼마나 많은가? 그런 이들에게 현실 속에서 경제 이론이 어떻게 작동하는가를 보여주는 좋은 입문서로서 이 책을 권하고자 한다. 당장 국가 고시를 앞두고 경제학의 여러 개념과 이론을 체계적으로 머릿속에 쑤셔넣어야 할 수험생들은 이 책을 읽지 말고 전통적인 미시 거시 경제학 교과서로 돌아갈 일이다. 하지만 그러한 '실용적'인 목적이 없이 그저 경제가 작동하는 바의 인과 관계를 좀 더 체계적으로 이해할 수 있는 도움으로서 경제 이론을 원하는 이들은 이 책을 교과서로 시작하는 것이 좋을 것이다.

두 번째, 이 책은 경제사 교과서로 사용할 수 있다. 하지만 이 책은 앞에서 설명한 바의 '동시대사'의 성격을 가지고 있기 때문에 기존의 경제사 책들과는 상당한 차이가 있다. 자본주의는 옛날 어느 시점에서 완성된 것으로 다루어지지 않고 끊임없이 변하면서 또 어디론가 변해가는 것으로 다루어진다. 그리고 그러한 변화 발전은 초월적인

540

역사 법칙 —— 고전파 경제학의 '시장 합리성'이 되었든 마르크스주의나 독일 역사학파의 '경제 발전 단계설'이 되었든 —— 으로 설명되는 것이 아니라 구체적으로 벌어졌던 기술적 제도적 사회적 변화와 역동에서 빚어진 것으로 설명되고 있다. 그래서 사실의 지루한 나열이거나 이론적 도식에 부합하는 사실만을 마구 강조하는 책이 아니라 어째서 이러한 일이 벌어졌는가를 계속 따지면서 그 와중에 경제 이론의 이해는 물론 사회 전체의 역동에까지 설명의 시야를 확장하고 있다. 그래서 이 책에는 다른 경제사 책에서 익숙하게 등장하여 길게 설명되고 있는 낯익은 주제들이 상당히 빠져 있기도 하다. 하지만 그 대신 자본주의의 제도적 형태의 진화를 가져온 큰 변화들에 대해서는 최근까지 초점을 두어 추적하고 있다. 따라서 단순히 자본주의의 '과거'에 대해 알고 싶은 이들이라면 굳이 이 책을 보지 말고 잘 정형화된 기존의 경제사 책들을 보는 것이 나을 것이다. 하지만 자본주의가 20세기에도 계속 변해왔으며 지금도 어디론가 끊임없이 변해가고 있다고 믿는 이들 그래서 과거 현재 미래를 잇는 변화의 '궤적'을 그려보는 것으로서 경제사를 읽고 싶은 이들에게는 이 책을 권한다.

마지막으로 근대 세계와 인류는 어디로 가는가라는 아주 크고 추상적인 질문에 관심이 있는 이들에게 이 책을 권한다. 나는 여러 면에서 H. G. 웰즈H. G. Wells의 『세계사 개관The Outline of History』과 이 책이 비교되는 점이 많다고 생각한다. 인류의 시작부터 끝까지를 동일한 저자의 시각으로 한 권의 책을 엮어내는 것이 그 첫 번째 닮은 점이다. 1차 대전을 겪고 난 뒤 큰 혼란에 처한 유럽인들은 웰즈의 도움으로 인류 역사 전체를 한눈에 바라보면서 자신들이 이제 어디로 가야 할지에 대해서 깊은 생각에 잠길 수 있었다. 마찬가지로, 만약 독자들이 미술관에서 그렇게 하듯 구석기 인류와 메소포타미아 제국으로부터 정보화와 지구화까지를 한 권에 다룬 이 책을 한 걸음 뒤로 물러나서 멀리 바라본다면 시장 경제와 산업 생산이 나타난 이래로 인류가 걸어온 경제생활의 변화의 의미를 큰 그림으로 볼 수 있을 것이다. 물론 이 정도 스케일의 시간을 한 권에 담은 책들은 많이 있지만 이 책이나 웰즈의 책과 마찬가지로 주제의 선택 그리고 서술과 논평의 방향 등에서 인류의 운명에 대한 저자의 깊은 관심과 열정 통찰력을 느낄 수 있는 책은 결코 흔하지 않다. 자본주의 문명이 지구적인 금융 및 재정 위기에 빠지고 기후 온난화와 오일 정점 등의 위기가 다가오고 있는 현재는 1차 대전 이후의 유럽 문명과 마찬가지로 결정적인 기로에 서 있다. 우리가 서 있는 이 결정적인 시점을 한번 망원경으로 멀리서 보고 싶은 이들에게 이 책을 권한다.

바쁜 일정 속에서도 무언가 맘이 허전하고 정돈이 되지 않는다 싶으면 컴퓨터 앞에 앉아서 틈틈이 이 책을 번역하였다. 시간이 오래 걸리긴 했지만, 한 페이지씩 옮길 때마다 경륜 있는 노학자가 후학들을 위해 쉽고 친절하게 베풀어주는 강연을 꼼꼼하게 노트 필기하는 즐거움을 얻을 수 있었다. 하지만 그렇게 쉬엄쉬엄 또 후딱 지나간 2년이라는 시간을 생각할 때 오래 참아준 미지북스 분들에게 민망함을 느끼지 않을 수 없다. 또 그 시간의 절반 동안 나의 삶을 떠받쳐준 글로벌 정치경제연구소의 동료들 그리고 아내 이지은에게 깊은 감사를 표한다.

하지만 번역자로서 무언가 공로를 인정받을 것이 있다면, 지난주에 태어난 내 아들에게 모두 돌리겠다. 노년을 넘어 지금은 저 세상으로

간 하일브로너도, 또 중년의 삶을 통과하고 있는 공저자 번역자도, 이 장구한 역사를 다룬 책을 바칠 대상은 응당 이 혼란과 고통의 시대에도 변함없이 태어나주고 자라나 주고 있는 아이들이라고 생각할 수밖에 없으니까.

1장 경제 문제

1 Karl Popper, *The Open Society and Its Enemies*, 3rd ed. (London: Routledge, 1957), II, 270쪽.

2 하지만 대도시의 길거리에 우글거리고 있는 무주택자들의 모습에서, 우리는 부유한 나라에도 빈곤이 깃들 수 있다는 것을 알게 된다.

3 인류학적 조사에 의하면, 소규모의 전통적 사회들은 수렵이나 채집이 아닌 여흥을 위해서 자발적으로 많은 시간을 보낸다는 점에서 또한 모종의 풍요를 누리고 있음을 알 수 있다. 다음을 보라. Marshall Sahlins, *Stone Age Economics* (New York: Aldine, 1972).

4 Adam Smith, *The Wealth of Nations* (New York: Modern Library, 1937), 62쪽.

5 Elizabeth Marxhall Thomas, *The Harmless People* (New York: Knopf, 1959), 49~50쪽.

6 '전통'에 대해 더 많은 읽을 자료들은 이 장 말미의 부록을 참조하라.

7 Cary, trans., *History* (Freeport, NY: Books for Libraries Press, 1972), II, 124쪽.

2장 시장 이전의 경제

1 Adam Smith, *The Wealth of Nations* (New York: Modern Library, 1937), 13쪽.

2 M. M. Postan, and H. J. Habakkuk, general editors, *Cambridge Economic History of Europe*, 2nd ed. (Cambridge, England: Cambridge University Press, 1966), II, 4쪽.

3 Miriam Beard, *A History of the Business Man* (New York: Macmilan, 1938), 12쪽.

4 George H. T. Kimble, *Tropical Africa* (New York: Twentieth Century Fund, 1960), I, 572쪽. 강조는 삽입.

5 아프리카 농업에서 낮은 생산성의 중요성에 대한 논의의 한 예로 다음을 보라.

Y. Akyuz and C. Gore, "African Economic Development in Comparitive Perspective," Cambridge Journal of Economics, 2001.

6 케빈 베일스Kevin Bales는 모리타니, 브라질, 태국, 파키스탄과 그 외 여러 지역의 사례를 통해 노예제가 계속 진행 중의 제도임을 보여준다. 다음을 보라. Kevin Bales, *Disposable People: New Slavery in the Global Economy* (Berkeley, University of California Press, 1999).

7 Postan and Habakkuk, *Cambridge Economic History of Europe*, II, 14쪽.

8 W. C. Cunningham, *An Essay on Western Civilization* (New York: 1913), 164쪽.

9 K. J. Beloch, *Die Bevölkerung der Griechisch-Römischen Welt* (Rome: "L'Erma" di Bretschneider, 1968), 478쪽.

10 즉, 빚을 갚지 못했다든가 하는 이유로 몰수된 땅들이 본래 소유자들에게 되돌아가야 한다는 것이다. 훗날 아모스와 같은 선지자들이 진노를 터뜨렸던 것을 보면 이러한 조치가 대부분 지켜지지 않았다는 것을 알 수 있다.

11 Aristotle, *Politics*, trans. T. Saunders (Oxford: Clarendon Press, 1995), I.

12 George G. Coulton, *Medieval Village, Manor and Monastery* (New York: Harper, Torchbooks, 1960), 15쪽.

13 1500년경 영국의 일반 노동자들이 받던 실질 임금 수준은 적어도 그 이후 3세기가 지나도록 최고 수준의 위치였음을 보여주는 증거들이 있다(*Economica*, November 1956, 296~314쪽).

14 이 말은 영주가 그 지역의 주교나 수도원장일 수도 있고 아니면 세속적 귀족 및 기사일 수도 있다는 것이다. 이렇게 장원을 소유한 귀족baron은 세습으로 그 토지를 물려받은 경우도 있었고 전쟁터에서 뛰어난 무공을 세우는 등등의 여러 이유에서 기사騎士로 서훈받고 토지를 수여받는 경우도 있었다.

15 T. H. Hollingsworth, "A Demographic Study of the British Ducal Families," *Population Studies*, XI (1957-58).

16 중세 유럽의 다양한 계급들의 생활을 묘사한 것으로는 Eileen Power, *Medieval People* (Garden City, N.Y.: Doubleday, Anchor Books, 1954)을 권하고 싶다. 이 책은 학술적이지만 역사 이면에 숨겨진 인간 존재의 현실을 실로 매혹적으로 설명하고 있다. 당시의 폭력적 정서에 대해서는 J. Huizinga, *The Waning of the Middle Ages* (Garden City, NY: Doubleday, Anchor Books, 1954), 1장. 봉건제 시대의 경제생활을 생생하게 그려놓은 책 두 권을 또 소개한다. H. S. Bennett, *Life on the English Manor* (Cambridge, England: Cambridge University Press, 1966)와 Marc Bloch, *French Rural History* (Berkeley, CA: University of California Press, 1965). 특히 마르크 블로크의 책은 경제사의 진정한 걸작이라

할 만하다. 경제생활 자체가 주된 관심은 아니지만(행간을 읽어 경제생활에 대한 함의를 추출해내야 한다.) 그래도 중세의 생활을 다룬 미시사의 놀라운 걸작으로서 14세기 남프랑스의 이단 종파가 창궐했던 도시를 다룬 Emmanuel le Roy Ladurie, *Montaillou: The Land of Promised Error* (New York: George Braziller, 1978)가 있다. 마지막으로 George Duby, *The Three Orders: Feudal Society Imagined* (Chicago: University of Chicago, 1980)는 현대의 고전이다.

17 Henri Pirenne, *Economic and Social History of Medieval Europe*, trans. by I. E. Clegg (New York: Harcourt, Harvest Books, 1956), 105쪽.

18 "도시의 공기를 쐬면 사람이 자유로워진다."는 속담이 그래서 나왔다. 장원에서 도망친 농노가 도시에 들어와 거기에서 1년 하고도 하루를 거주할 경우에는 보통 옛날 영주의 법적 관할에서 도시 자치체의 관할로 넘어가는 것으로 간주되었기 때문이다. 이렇게 장원에서 야반도주를 하는 것은 농노가 자신의 조건에 저항할 수 있는 정말 몇 안 되는 수단 중 하나였다. 도망친 농노는 붙잡히게 되면 도망친 노예나 마찬가지로 지독한 처벌을 받았다. 그래도 농노들은 한사코 계속 노시로 야반도주를 놓았고, 이렇게 보잘것없는 절망적인 방식으로나마 주인들에게 경제적인 압력을 행사하였다. 이 문제의 중요성에 대한 논쟁으로는 Rodney Hilton ed., *The Transition from Feudalism to Capitalism* (London: NLB, 1978).

19 이들은 모두 남자들이었다. 여성은 하녀로서가 아니면 길드에 들어올 수 없었다.

20 Georges F. Renard, *Histoire du Travail à Florence* (Paris: 1913), 190쪽 이하.

21 R. H. Tawney, *Religion and the Rise of Capitalism* (New York: Harcourt, 1947). 31쪽.

22 R. Heilbroner, "St. Thomas Aquinas," in Teachings from the Worldly Philosophy (New York: W. W. Norton and Co.), 13쪽.

23 Pirenne, *Economic and Social History of Medievl Europe*, 27쪽.

24 S. L. Thrupp, *The Merchant Class in Medieval London* (Chicago: University of Chicago Press, 1948), 177. 또 Renard, *Histoire du Travail à Florence*, 220쪽 이하.

25 Pirenne, *Economic and Social History of Medieval Europe*, 63쪽.

26 Tawney, *Religion and the Rise of Capitalism*, 31~32쪽.

3장 시장 사회의 출현

1 1328년의 한 스웨덴 귀족의 장례식에서 필요한 물품으로 주문된 항목을 보자.

스페인이나 이탈리아에서 온 사프란 옷감, 지중해에서 온 캐러웨이 향료, 인도에서 온 생강, 스리랑카에서 온 계피, 말라바에서 온 후추, 남부 유럽에서 온 아니스 열매, 라인강과 보르도 지역에서 온 포도주 등이다. 스웨덴은 그 당시 아주 후진적이며 심지어 원시 상태의 지역이었음에도 불구하고, 이 주문들이 모두 한 지역 상인에게 직접 배달해달라고 전달되었던 것이다. Fritz Rorig, *Mittelaterliche Weltwirtschaft* (Jena: 1933), 17쪽. (이 문헌을 알게 된 것은 요란 올린Goran Ohlin 덕분이다.)

2 M. M. Postan, and H. J. Habakkuk, general editors, *Cambrigde Economic History of Europe*, 2nd ed. (Cambridge, England: Cambridge University Press, 1966), II. 325~326쪽.

3 George Gordon Coulton, *Medieval Panorama* (New York: World Publishing, Medidian Books, 1955), 285쪽.

4 이 십자군 문제를 보게 되면 우리가 관찰하고 있는 과정의 복합적인 상호 작용이 보인다. 십자군 전쟁은 유럽의 경제 발전을 가져온 원인이기도 했지만, 그 자체가 이미 그전부터 이루어진 발전의 한 징후이기도 하다.

5 Postan and Habakkuk, *Cambridge Economic History of Europe*, II, 306쪽.

6 Postan and Habakkuk, *Cambridge Economic History of Europe*, II, 134~135쪽.

7 Miriam Beard, *A History of the Business Man* (New York: Macmillan, 1938), 160쪽.

8 Werner Sombart, *Luxury and Capitalism* (New York: Columbia University Press, 1938), 120쪽 이하. 또 H. Thirion, *La Vie Privée des Financiers au XVIIIe Siècle* (Paris: 1895), 292쪽.

9 다음에서 인용하였다. Albert O. Hirschman, *The Passions and the Interests: Political Arguments for Capitalism Before Its Triumph* (Princeton: Princeton University Press, 1977), 34쪽.

10 자연에 대한 과학 탐구에 기초한 새로운 기술에 대한 관심이 살아난 것이 지극히 중요한 영향이었다(이 점에 대해서는 다음 장에서 본다.). 또 다른 중요한 요인은 근대적 영리 사업이라는 개념과 기술이 발전한 것이었다. 독일의 경제사가 베르너 좀바르트Werner Sombart는 만약 굳이 근대 자본주의가 "시작된" 정확한 시점을 대야만 한다면 상업 부기 입문서인 『부기책Liber Abaci』이 나타난 1202년을 잡겠다고 했다. 역사가 오스발트 슈펭글러Oswald Spengler 또한 1494년의 복식 부기 발명은 콜럼버스나 코페르니쿠스에 맞먹는 중대한 성취라고 말한 바 있다.

11 Postan and Habakkuk, *Cambridge Economic History of Europe*, I, 557~558

쪽.

12 하지만 쾨르도 결국은 권력에서 추락하여 감옥에 갔다가 추방당하여 다른 나라에서 사망한다. 아직 금융업소가 귀족의 성채를 완전히 지배하지는 못한 것이다.

13 이 절의 논의는 칼 폴라니의 저 유명한 저서에 크게 빚지고 있다. Karl Polanyi, *The Great Transformation* (Boston: Beacon Press, 1957, paperback ed.) 2부 (칼 폴라니, 홍기빈 옮김, 『거대한 전환: 우리 시대의 정치적 경제적 기원』, 길, 2009년).

14 Eileen Power, *Medieval People* (Garden City, NY: Doubleday, Anchor Books, 1954), 125쪽.

15 다른 유럽 나라들에서도 울타리 치기가 벌어지기는 했지만 그 속도는 훨씬 느렸다. 영국에서 소농이 사실상 완전히 사라진 뒤에도 프랑스, 이탈리아, 남부 독일 등에서는 소농이 오랫동안 존속했다. 또 한편 북동부 독일에서는 소농이 토지 보유지를 빼앗기고 난 뒤 땅 없는 프롤레타리아로 전환되었다.

16 스미스가 "완벽한 자유"라는 말을 통해 강조하려 했던 것은 이러한 사회의 노는 행위자들이 임금 계약과 같은 경제적 관계에 들어올지 말지를 마음대로 결정할 수 있다는 점에서, 여러 의무들을 강제당하는 농노나 노예와는 날카로운 대조를 보인다는 점이다. 물론 이런 종류의 "자유"는 런던 빈민가에서 "자유롭게 계약을 맺는" 노동 소유자에게는 그다지 소중한 것으로 보이지 않았을지 모른다. 하지만 스미스는 자본주의 체제가 그전 시대와 다른 결정적인 차이점 —— 법적인 차이점이지만, 아직 스미스의 시대에는 법적으로 채 정비되지도 않은 상태였다. —— 을 확인한 것이다. 참고로 말해두면, 이 자본주의라는 말은 카를 마르크스조차 한두 번밖에는 사용하지 않은 단어이다.

17 여기에서 스미스의 모델에 흥미를 느껴 『국부론』을 들추어볼 학생이 있을까봐 한마디 덧붙여 두어야겠다. 이 어지럽고 두꺼운 책 어디를 뒤져도 우리가 방금 이야기한 것과 같은 깔끔한 상호 작용의 제시 따위는 찾아볼 수 없다. 이 모델은 스미스의 이야기에 함축되어 있지만, 꼭 해체된 기계처럼 이 텍스트 여기저기에 흩어져 있기 때문에 마음속에서 그것을 종합해야 한다. 그래도 우리가 하나로 맞추기만 한다면 이 모든 이야기들이 그 책에 있다는 것을 확인할 수 있다. 좀 더 자세한 설명은 R. Heilbroner, *The Essential Adam Smith* (New York: W. W. Norton, 1986).

18 Adam Smith, *The Wealth of Nations* (New York: Modern Library, 1937), 14쪽.

19 다음을 보라. R. Heilbroner, *The Essential Adam Smith* (New York: W. W. Norton, 1986).

4장 산업 혁명

1 Werner Sombart, *The Quintessence of Capitalism* (New York: Dutton, 1915), 34~35쪽.

2 M. M. Postan and H. J. Habakkuk, general editors, *Cambridge Economic History of Europe*, 2nd ed. (Cambridge: Cambridge University Press, 1966), II, 34쪽. John U. Nef, *Cultural Foundations of Industrial Civilization* (New York: Harper, Torchbooks, 1960), 131쪽. R. H. Tawney, *Equality*, 4th ed. (London: Macmilan, 1952), 59쪽.

3 E. M. Jope, "Agricultural Implements," in *History of Technology*, ed. Charles J. Singer et al. (New York: Oxford University Press, 1956), II, 533쪽. 하지만 광산 기술 특히 은과 구리의 광산 기술은 상당한 개선이 있었다.

4 18세기 중반 프랑스의 의사였던 프랑수아 케네François Quesnay는 경제적 생산 및 분배에 대한 최초의 체계적 설명의 하나를 제시하였다(중농주의Physiocracy라고 불린다.). 이 설명에서 그는 오로지 농업가만이 순가치net worth를 생산하는 이라고 여겼으며, 제조업자는 비록 그 유용성을 무시하지는 않았지만 그럼에도 "불임"(즉, 부를 낳지 못하는) 계급으로 격하시켜버렸다.

5 Barrington Moore, *Social Origins of Dictatorship and Democracy* (Boston: Beacon Press, 1966), 1장을 보라.

6 Phyllis Deane, *The First Industrial Revolution* (Cambridge: Cambridge University Press, 1965 paperback)은 영국에서 산업 생산이 출현하게 된 원인을 약간 다른 원인들로 돌리고 있다. 인구 증가, 식량 생산 기술의 개선, 외국 무역의 흥성, 교통의 광범위한 개선 등이 그것이다. 이런 것들 또한 빼놓을 수 없는 요소들이었다는 점은 의심의 여지가 없다. 이토록 복잡한 역사적 전환 과정에 대해 마치 단 하나의 "올바른" 설명 방식이 있는 것처럼 독자들이 생각하지 않도록 필리스 딘의 책을 언급해 두고자 한다. 이 과정에 대한 뛰어난 설명으로 또 다음과 같은 책을 들 수 있다. David Landes, *Prometheus Unbound* (Cambridge: Cambridge University Press, 1969). 또 다른 흥미로운 설명으로 다음을 보라. Joel Mokyr, *The Lever of Riches: Technological Creativity and Economic Progress* (New York: Oxford University Press, 1990).

7 Paul Mantoux, *The Industrial Revolution in the Eighteenth Century*, 2nd ed. (Chicago: University of Chicago press, 1983), 308쪽.

8 이 '수력 방적기'의 핵심은 그전보다 훨씬 더 튼튼한 무명실을 만들 수 있게 한 것이었다. 원래 무명실은 큰 힘을 견디지 못하기 때문에 직물을 짤 적에 대부분의 힘을 받아야 하는 가로줄 즉 날실은 꼭 린넨 실을 써야만 했다. 그런데 이제

아크라이트의 발명 덕분에 이제 씨실 날실 모두를 무명으로 짠 "면직물"이라는 것이 나오게 된 것이다. 이 새로운 옷감은 옛날 것보다 비교가 안 될 정도로 뛰어났기에 그 수요 또한 엄청났다.

9 Mantoux, *The Industrial Revolution in the Eighteenth Century*, 225쪽.

10 제조업자들과는 달리 발명가들은 보통 잘살지 못했다. 이들 중 대부분은 볼튼을 만난 와트와 같은 행운이 따라주지 않아서 가난하고 이름 없이 삶을 마감했다. 발명품들이 도난당하고 특허 사용료도 못 받고 법적 권리는 이리저리 유린당했다. 이를 해결하려고 고소도 해보았지만 별 성과가 없었다.

11 Mantoux, *The Industrial Revolution in the Eighteenth Century*, 397쪽.

12 Adam Smith, *The Wealth of Nations* (New York: Modern Library, 1937), 460쪽.

13 Lewis Mumford, *Technics and Civilization* (New York: Harcourt, 1934), 210쪽.

14 Mantoux, *The Industrial Revolutions in the Eighteenth Century*, 404쪽.

15 H. R. Fox Bourne, *English Merchants* (London: 1866), 119쪽.

16 Mantoux, *The Industrial Revolution in the Eighteenth Century*, 258쪽.

17 J. L. Hammond and B. Hammond, *The Rise of Modern Industry* (New York: Harcourt, 1937), 160쪽.

18 A. Dunham, *The Industrial Revolution in France, 1815-48* (New York: Exposition Press, 1955), 432쪽.

19 Mantoux, *The Industrial Revolution in the Eighteenth Century*, 313쪽.

20 하지만 오늘날에도 기계의 위협에 "반격"하려는 행동을 묘사할 때 우리는 러다이트라는 말을 쓴다.

21 R. H. Tawney, A. E. Bland, and P. A. Brown, *English Economic History, Selected Documents* (London: Bell, 1914), 510쪽.

22 F. Engels, *The Condition of the Working Class in England* (New York: Macmillan, 1958), 46쪽에서 인용.

23 Friedrich Hayek, ed., *Capitalism and the Historians* (Chicago: University of Chicago Press, 1954), 180쪽.

24 노동자 계급이 스스로의 의식을 각성하고 운동을 탄생시키는 과정을 실로 감동적으로 묘사한 것으로 E. P. Thompson, *The Making of the English Working Class* (New York: Pantheon, 1964).

25 Arnold Toynbee, *The Industrial Revolution* (Boston: Beacon Press, 1956), 113쪽.

26 자본이라는 말에는 또 다른 의미가 있다. 이는 임노동자와 그 임노동자가 일자리

를 찾는 자본재(즉 공장)를 소유한 자본가가 맺는 사회적 관계를 의미하기도 한
다. 사회적 관계로서의 자본을 통하여 자본가와 노동자 모두가 상호간의 거래에
서 자신의 권리를 확립하게 된다. 이는 마르크스가 최초로 제안한 의미로서, 자
본주의를 사회사의 특정한 기간으로 정의하고자 한다면 가장 중요한 의미라고
할 수 있다. 하지만 이 책에서는 관습적인 경제학의 용법을 따라 자본재를 자본
이라고 부르고자 한다.

27 David Ricardo, *On the Principles of Political Economy and Taxation*, ed.,
Piero Sraffa (Cambridge: Cambridge University Press, 1981).

28 이렇게 1백 년의 시간을 넘어서 생산성 비교를 하는 데에 중요한 유보 조항 하
나를 부기해두고자 한다. 우리는 1900년 이래로 변하지 않은 상품이 무엇이 있
는가 —— 못? 핀? 벽돌? —— 를 찾아보았다. (1백 년 간에 걸친 생산성 비교를 위해
서는 1백 년 전이나 지금이나 똑같은 모습과 상태를 유지하는 상품을 잡아서 그것을 두
시점에서 생산성이 얼마나 변하였는가를 비교하는 척도로 써야 할 것이다 — 옮긴이)
하지만 믿을 만한 통계로 뒷받침되는 경우는 전혀 찾을 수 없었다. 따라서 여기
에서 우리가 제시한 숫자는 생산성 상승에 대한 "순전한 어림짐작guesstimates"
일 뿐이다.

29 Barbara Ward, *India and the West* (New York: W. W. Norton, 1964), 113쪽.

5장 산업 기술이 가져온 충격

1 Allan Nevins, *Ford: The Times, the Man, the Company* (New York: Scribner's,
1954), I, 96쪽.

2 Allan Nevins, *Study in Power, John D. Rockefeller* (New York: Scribner's
1953), II, 109쪽.

3 경제학자 케네스 볼딩Kenneth Boulding은 만약 외계인이 미국을 방문한다면
이곳의 주된 생물체는 다음과 같은 종이라는 인상을 받게 될 것이라고 말한 적이
있다. 즉, 겉은 딱딱한 껍질에 쌓여 있지만 그 안은 부드럽고 물렁물렁하며, 그
달팽이 같은 껍질을 벗고 나와도 느릿느릿하지만 그래도 움직일 수 있는 생물이
라는 것이다.

4 Charle R. Walker and Robert H. Guest, *The Man on the Assembly Line*
(Cambridge, MA: Harvard University Press, 1952), 46쪽.

5 Nevins, *Ford*, II, 507쪽.

6 위의 책, 504, 506쪽.

7 앨프리드 D. 챈들러Alfred D. Chandler는 자신의 중요한 저서 *The Visible
Hand: The Managerial Revolution in American Business* (Cambridge, MA:

Harvard University Press, 1977)에서 특정 산업 부문들(예를 들어 자동차 산업)에서는 대기업이 출현하는 경향을 갖는데 어째서 그렇지 않은 산업 부문들(예를 들어 가구 제조업)이 존재하는가를 연구하였다. 그는 여기에서 결정적인 요소는 비용을 절감해주고 생산량을 대량으로 늘려주는 기술이 모든 산업에서 발달하는 것이 아니며 또 똑같이 중요한 대량 분배 기술 또한 모든 산업에서 사용할 수 있는 것이 아니라는 점에 있음을 보여주었다.

8 John Moody, *The Truth About Trusts* (Chicago: Moody, 1904). 또한 다음도 보라. Ralph Nelson, *Merger Movements in American Industry, 1895-1956* (Princeton, NJ: National Bureau of Economic Research, 1959).

9 Thomas Cochran and William Miller, *The Age of Enterprise*, rev. ed. (New York: Harper, Torchbooks, 1961), 139쪽.

10 Cochran and Miller, *The Age of Enterprise*, 141쪽.

11 Susan B. Carter, ed., *Historical Statistics of the United States: Colonial Times to 1970* (New York: Cambridge University Press), Ser. V, 30~31쪽, CD-Rom.

12 Richard Hofstadter, *The Age of Reform* (New York: Knopf, 1955), 231쪽.

13 Cochran and Miller, *The Age of Enterprise*, 171쪽.

14 Adolf Berle and Gardiner Means, *The Modern Corporation and Private Property* (New York: Macmillan, 1948), 36쪽.

15 위의 책, 40~41쪽.

6장 대공황

1 그림 6-1에서는 경제적 부의 총량을 GDP로, 또 일인당 경제적 부는 일인당 GDP로 나타내고 있음에 주목하라. GDP란 국내 총생산gross domestic product을 말한다. 경제학자들이 만든 용어로서 대부분의 미국인들이 일상적으로 사용하는 어휘이다. (하지만 아마 명확히 이해하고 쓰는 사람은 많지 않을 것이다.) 국내 총생산이란 우리가 1년 동안 최종적으로 생산한 재화와 서비스 전체의 시장 가치를 말한다. 이 "최종적으로" 라는 말의 뜻은, 각 생산물 항목의 시장 가치가 아니라 완성재 혹은 최종재에 들어 있는 시장 가치만을 포함한다는 것이다. 예를 들어서 정부의 통계 담당자들은 그 해에 생산된 모든 자동차들의 시장 가치(판매 가격)를 GDP에 합산하지만, 그 자동차 회사들이 원료로 구입한 페인트, 강철, 좌석 천가리개, 고무 등등의 가치는 포함시키지 않는다. 그 해에 생산된 최종재의 판매 가격에는 이러한 "중간적" 재화들의 가치가 이미 들어 있으므로, 자동차의 가치를 GDP로 잡아놓고 또 이 "중간적" 재화들의 가치까지 합산한다면 이중 계산이 되기 때문이다.

경제학자들은 최종재를 일반적으로 4가지로 구분한다. 첫째는 소비와 관련된 재화와 서비스 — 의복, 음식, 영화표 — 로서 이는 가계가 구매한다. 둘째 종류는 자본재 — 공장, 장비, 추가적 재고 등등에 이루어진 투자 — 로서 이는 기업들이 구매한다. 세 번째 범주는 각급 정부가 구매하는 재화 및 서비스들 — 경찰서비스, 교육, 도로, 방위비 등등 — 로 이루어진다. 마지막은 국내에서 생산되어 외국에 판매하는 재화들의 가치에서 외국에서 만들어져 국내에서 판매되는 재화들의 가치를 뺀 것, 즉 수출에서 수입을 뺀 것으로 이루어진다. 이 네 개 흐름의 생산물들이 우리의 국내 총생산의 총계를 이루는 것이다. 1인당 GDP는 이 총액을 인구로 나눈 것이다. 우리가 GDP에 사회 복지, 실업 보험 등과 같은 "이전 지불"을 포함시키지 않았음에 주목하라. 이러한 지불 항목들은 생산에서 직접 생겨난 것이 아니라 단지 생산에서 파생된 소득을 재분배하는 것뿐이다.

한 가지 더 주의할 점. 얼마 전까지 우리의 총생산을 재는 척도는 GDP가 아니라 GNP 즉 국내 총생산이 아니라 국민 총생산이었다. 이를 금액으로 따져보면 큰 차이는 없다. GDP는 미국 기업이든 외국 소유의 기업이든 미국 내에서 벌어진 모든 생산물의 가치를 합산하는 반면, GNP는 생산이 어디에서 벌어졌는지는 무시하고 그 소유권이 어디에 있는지만을 따진다. 어느 미국 기업이 프랑스에 공장을 가지고 있다면 이는 미국의 GNP에는 들어가지만 GDP에는 들어가지 않는다. 오늘날은 GDP가 GNP보다 훨씬 더 광범위하게 사용된다.

2 Frederick Lewis Allen, *Only Yesterday* (New York: Bantam, 1946), 349쪽.

3 Frederick Lewis Allen, *The Big Change* (New York: Harper, 1952), 248쪽.

4 Arthur Schlesinger, Jul, *The Crisis of the Old Order* (Boston: Houghton Mifflin, 1957), 249~250쪽.

5 이러한 거래의 다수는 위법성을 띨 만큼 고약한 것이었다. 한 예로 페루 대통령의 아들은 5천만 달러어치 채권 발행과 관련한 서비스를 해주는 대신 내셔널시티은행National City Bank(현재 시티그룹의 전신 — 옮긴이) 계열 증권사로부터 45만 달러를 받았고, 그런 다음 내셔널시티은행 계열사가 페루를 위해 그 채권을 유통시켰다. 그 대통령 아들이 한 "서비스"라고는 고작 이 거래를 방해하지 않겠다고 동의한 것뿐이었다. 물론 결국 이 채권은 지불 불능에 처하게 된다. John K. Galbraith, *The Great Crash, 1929* (Boston: Houghton Mifflin, 1955), 186쪽. (당시 페루 정부의 재정 상태는 지극히 취약하여 공신력 있는 채권을 발행할 수 있는 상태가 아니었지만, 내셔널시티그룹이 대통령의 아들을 매수하여 억지로 채권을 발행하게 만든 것이다. 이것이 유명한 "페루 채권Peru Bond" 사건이다 — 옮긴이)

6 다음을 보라. Milton Friedman and Anna Schwartz, *The Great Contraction* (Princeton, NJ: Princeton University Press, 1965).

7 다른 이들에 비해 특별히 보상 수준이 좋지 못한 상품이 있으면 이론상으로는 그

생산자들이 시장이라는 방법으로 문제를 풀 길이 없는 것도 아니다. 그렇게 보상이 낮은 분야를 떠나서 더 보수가 좋은 직업을 찾는 것이다. 실제로 미국 농부들도 이 해결책을 시도했었다. 당시 토지를 떠나 도시로 일자리를 찾으러 갔던 노동력은 도시에서 농촌으로 들어오는 노동력과 비교하여 20배나 많았다. 하지만 문제는 이 해결책이 너무 시간이 걸린다는 것이다. 농업 부문의 크기는 꾸준히 줄어들기는 했지만 그 절대적 숫자는 크게 줄어들 수 없었다. 1910년에서 1930년의 기간 동안 약 1천만에 가까운 농부들이 농장에 "붙들려 있었"는데, 아마 이들 중 그 보잘것없는 생활비 이상으로 국가 총생산에 기여한 이들은 절반도 안 될 것이다.

7장 공공 부문의 성장

1 Arthur Schlesinger, Jr., *The Crisis of the Older Order* (Boston: Houghton Mifflin, 1957), 457~458쪽.

2 하원 의원들이 이 법안을 보지도 않고서 통과시켰다는 것에서 당시의 절박한 심정을 조금이나마 알 수 있을 것이다!

3 Adam Smith, *The Wealth of Nations* (New York: The Modern Library, 1937), 277쪽.

4 달러 지폐를 보면 다음과 같이 적혀 있다. "이 지폐는 공공과 민간의 모든 부채를 지불하는 법화法貨입니다." 민간 은행은 감히 이런 주장을 할 수는 없을 것이다.

5 다음을 보라. Ben S. Bernanke, *Essays on the Great Depression* (Princeton: Princeton University Press, 2000).

6 뉴딜을 통해 들어온 주요한 개혁의 하나가 은행 계좌에 대해 연방 정부의 보증을 발행하는 것이었다는 점에 주목할 만하다. 우리가 미국의 모든 은행에서 보는 친숙한 표지 말 —— FDIC(연방예금보험공사)가 보증합니다. — 은 비록 은행이 파산해도 예금자 개인들의 돈은 정부가 보증한다는 약속으로서, 이는 아마도 현대 자본주의를 안정시키는 으뜸의 힘을 가진 조치였을 것이다.

7 여기서 주의할 점이 있다. 다른 나라의 중앙은행들은 그 나라 정부의 지휘 아래에 있음이 명시되어 있음에 반하여 미국의 연방준비제도는 정부로부터 독립적인 기관으로 생겨났다는 점이다. 이사회는 미국 대통령이 선임하지만, 연방준비은행의 정책 자체에 대해서는 대통령도 의회도 그 정책을 바꾸거나 수립하거나 할 권한이 없다. 따라서 연방준비제도의 경제 전망이 행정부나 입법부의 경제 전망과 다를 때는 상당한 마찰이 벌어지는 결과가 나오는 것이 당연하다.

8 Gavin Wright, "The Political Economy of New Deal Spending: An Econometric Analysis," *The Review of Economics and Statistics*, v.56, no.1,

554

30~36쪽 (Feb. 1974).

9 Smith, *The Wealth of Nations*, 324~325쪽.

10 위의 책, 65쪽.

11 John Maynard Keynes, *The General Theory of Employment, Interest and Money* (New York: Harcourt Brace, 1964, 초판은 1936).

8장 유럽에 현대 자본주의가 출현하다

1 Priscilla Robertson, *Revolution of 1848* (New York: Harper, Torchbooks, 1960), 194쪽.

2 Thomas Cochran and William Miller, *The Age of Enterprise*, rev. ed. (New York: Harper, Torchbooks, 1961), 58쪽.

3 1939년에는 국제 카르텔의 숫자가 109개로 추산되는데 여기에는 미국 또한 참여하고 있었다. 미국의 반트러스트 법은 미국 기업들이 국제적 차원에서 교역을 제한하는 협정에 참여하는 것은 금지하지 않았다.

4 Heinrich E. Friedlaender and Jacob Oser, *Economic History of Modern Europe* (Upper Saddle River, NJ: Prentice Hall, 1953), 224쪽.

5 *Der Deutsche Aussenhandel* (Berlin: 1932), II, 23. Friedlaender and Oser, *Economic History*, 206쪽.

6 나라마다 이렇게 기술 발전에 대처했던 다양한 국가적 "스타일들"에 대한 매력적인 분석으로서 Alfred Chandler, *Scale and Scope: the Dynamics of Industrial Capitalism* (Cambridge, MA: Harvard University Press, 1990).

9장 자본주의의 황금시대

1 세계은행은 또한 저개발 상태에 있는 나라들에서 진행되는 야심찬 프로젝트에도 자금을 빌려주도록 되어 있었지만, 여기에서는 불행하게도 성공을 거두지 못하였다. 아마도 그 이유는 세계은행이 지나치게 자유 시장 정책에 의존하였기 때문이었을 것이다. 다음을 보라. Catherine Caufield, *Masters of Illusion: the World Bank and the Poverty of Nations* (New York: henry Holt, 1997).

2 한 예로, Heinze, A. R., *Adapting to Abundance: Jewish Immigrants, Mass Consumption, and the Search for American Identity* (New York: Columbia University Press, 1990).

3 Michael A. Bernstein, *A Perilous Progress: Economists and Public Purpose in Twentieth-Century America* (Princeton: Princeton University Press, 2001), 138

쪽에서 인용.

4 Wallace Peterson, *Silent Depression: The Fate of the American Dream* (New York: W. W. Norton, 1994), 20쪽.

5 도대체 연준이 사용한 메커니즘이 정확하게 무엇이었기에 이토록 강력한 효과가 나온 것일까? 연준이 정책을 결정할 때 목표로 삼는 두 가지 주요 지표는 통화 공급량의 증감 그리고 이자율 수준이다. 여러 은행이 고객들에게 쓰도록 내주는 현금을 분배하는 책임이 연준에게 있으므로 이것을 연준이 통제하는 방법도 있겠지만, 그렇게 해서 분배되는 지폐와 동전은 전체 통화 공급에서는 단지 작은 부분에 불과하다. 화폐는 주로 수표 계정, 화폐 시장 계정, 심지어 어떤 화폐 정의에 따르면 이런저런 신용으로까지 이루어진다. 따라서 은행으로부터 돈을 꾸려 하는 이에게 은행이 수표 계정을 열어주면서 대출을 해주게 되면 은행들이 화폐를 창조하게 되는 셈이다. 그래서 연준은 그렇게 돈을 꾸는 가격(즉 이자 ― 옮긴이)을 올림으로써 화폐 공급을 통제하려고 했던 것이다. 대출 비용이 더 커지게 되면 신규 계좌도 줄어들게 될 것이고, 은행들은 대출을 할 때마다 고객에게 더 많은 이자를 물려야만 하게 된다.

6 Edward N. Wolff, *Top Heavy* (New York: The New Press, 2002), 12~13쪽.

7 위의 책, 13쪽.

8 Carola Frydman and Raven Saks, "Historical Trends in Executive Compensation, 1936-2003" (Working Paper, Harvard University Press, 2005).

9 Paul Krugman, *Peddling Propensity* (New York: W. W. Norton, 1994), 131쪽.

10 U.S. Census Bureau, http://www.census.gov/hhes/www/poverty.

11 Barry Bluestone, "The Inequality Express," in *Ticking Time Bombs* (New York: The New York Press, 1996), 66쪽. 노동 지원 제도들의 악화를 강조한 보다 최근의 연구로는 Frank Levy and Peter Temin, "Inequality and Institutions in 20th Century America," NBER Working Paper 13106, 2007.

10장 사회주의의 발흥과 몰락

1 다음을 보라. Alexander Erlich, *The Soviet Industrialization Debate: 1924-1928* (Cambridge, MA: Harvard University Press, 1960).

2 Aneurin Beval. Gunnar Myrdal, *Rich Lands and Poor* (New York: Harper, 1957), 46쪽.

3 Karl Marx, *Critique of the Gotha Program* (New York: International Publishers, 1938).

11장 지구적 자본주의 사회의 출현

1 Fred Block, *The Origins of International Economic Disorder* (Berkeley, CA: University of California Press, 1977), 215쪽.

2 중국은 2001년에 WTO에 가입했으며, 러시아는 아직 비회원 참관국이지만 조만간 WTO에 가입할 것을 희망하고 있다.

3 Richard Freeman, "China, India and the Doubling of the Global Labor Force: Who Pays the Price of Globalization?" *The Globalist* (June 3, 2005).

4 이 나라들은 2007-2008년의 혹독한 세계 경제 하강 속에서도 아주 빠르게 회복을 이루었다.

5 외환 흐름에 대한 정보는 Bank for International Settlements, *Triennial Central Bank Survey* (March 2005).

6 그리고 초국적 은행들 사이의 긴밀한 연관으로 인해 2008~2009년의 미국 금융시장 위기가 유럽, 일본 등지로 급속하게 퍼져나갔다.

7 그리고 기업 이윤이 갈수록 해외에서 오게 됨에 따라 궁극적으로는 해외 이윤에서 새어 나가는 조세 공백을 막아야 한다는 요구가 높아지게 될 가능성이 크다.

8 세계은행의 빈곤 관련 통계가 정확한지에 대해서는 논란이 있다. 이에 대한 개괄로는 Raphael Kalinsky, *Globalization, Poverty and Inequality* (Cambridge, UK: Polity Press, 2005).

9 다음을 보라. Dani Rodrik, *Making Openness Work* (Washington: Overseas Development Council, 1999).

10 Amartya Sen, *Poverty and Famines: An Essay on Entitlement and Deprivation* (Oxford: Clarenton Press, 1981).

11 그리고 많은 이들이 금융 규제 완화를 2007~2009년 금융과 경제 붕괴의 주요 인으로 지목해왔다.

12 그중 한 예로 다음을 보라. John Eatwell and Lance Taylor, *Global Finance at Risk* (New York: The New Press, 2000).

12장 역사적 시각에서 본 "대침체"

1 Frank Levy and Peter Temin, "Inequality and Institutions in Twentieth-Century America," Chapter 14 in Paul Rhode, Joshua Rosenbloom and David Weiman, editors, *Economic Evolution and Revolution in Historical Time*, Palo Alto: Stanford University Press, 2011.

2 Joseph E. Stiglitz, *Freefall: America, Free Markets, and the Sinking of the*

World Economy (New York: W.W. Norton, 2010), 88쪽.

3 George Akerloff and Robert J. Shiller, *Animal Spirits: How Human Psychology Drives the Economy, and Why it Matters for Global Capitalism* (Princeton: Princeton University Press, 2009).

4 Carmen Reinhart and Kenneth Rogoff, *This Time is Different: Eight Centuries of Financial Folly* (Princeton: Princeton University Press, 2009).

5 E. Cary Brown, "Fiscal Policy in The Thirties : A Reappraisal," *American Economic Review*, Vol. 46, No. 5, December, 857~879쪽.

6 민간 실업률의 수치는 다음에서 가져왔다. *Historical Statistics of the United States*, Millennial Edition online (hsus.cambridge.org).

7 이에 대한 분석으로는 다음을 보라. Raphael Kaplinsky, "The Shift in World Demand to the South" in O. Cateneo et al., editors, *Global Value Chains in the Economic Crisis and Recovery* (London: Palgrave Macmillan, 2010).

8 Tim Besley and Peter Henessy, "The global financial crisis?Why didn't anybody notice?" *British Academy Review*, V.14, 8~10쪽, 2010.

9 Joseph E. Stiglitz, *Freefall: America, Free Markets and the Sinking of the World Economy* (New York: W.W. Norton, 2010).

10 예를 들어 Lance Taylor, *Maynard's Revenge: The collapse of Free Market Macroeconomics*, Cambridge: Harvard University Press, 2011, Paul Davidson, *The Keynes Solution: The Path to Global Economic Prosperity*, New York: Palgrave Macmillan, 2009, Robert Skidelsky, *Keynes: The Return of the Master*, New York: erseus Books, 2009, John Eatwell and Murray Milgate, *The Fall and Rise of Keynesian Economics*, Oxford: Oxford University Press, 2011.

11 Testimony of David Colander submitted to the Congress of the United States, House Science and Technology Committee for the Hearing: "The Risks of Financial Modeling: VaR and the Economic Meltdown." September 10, 2009.

13장 우리가 처한 문제들, 우리에게 놓여 있는 가능성들

1 Nicolo Machiavelli, *The Prince and Other Discourses Book Three* (New York: Carlton House, n.d.), 43장, 530쪽.

2 이 수치들뿐만 아니라 이 절에서 인용되는 수치들은 모두 United Nations Population Division, "Replacement Migration: Is it a Solution to a Declining

and Ageing Population?" (New York: United Nations, March 2000).

3 다음을 보라. David Gordon, *Fat and Mean* (New York: The Free Press, 1996), 3장.

4 Dani Rodrik, "The Rush to Free Trade in the Developing World: Why So Late? Why Now? Will It Last?," in *Voting for Reform*, ed. S. Haggard and S. Webb (New York: Oxford University Press, 1994).

5 다음에서 가져온 수치들이다. David Barboza, "In raring China, sweaters are west of socks city," *The New York Times* (December 24, 2004).

6 다음을 보라. Alice H. Amsden, *The Rise of the Rest: Challenges to the West from Late-Industrialization Economies* (New York: Oxford University Press, 2001).

7 Adam Smith, *The Wealth of Nations* (New York: Modern Library, 1972), 9장, 96쪽.

8 Paul Kennedy, Preparing for the Twenty-First Century (New York: Random House, 1993), 105쪽, 111쪽. 좀 더 최근의 평가는 다음을 보라. William Nordhavs, A Question of Balance: Weighing the Options on Global Warming Policies (New Haven: Yale University Press, 2008).

9 R. Heilbroner, Teaching from the Worldly Philosophy (New York: W. W. Norton), 13쪽.

562